한자 자원 교육론

한 은 수

傳統文化研究會

머 리 말

한글과 한자는 우리가 언어생활을 하는 데 필수적인 양 날개이다. 한글은 우리말과 글의 독특한 미적 특질과 형태적 아름다움을 표현하고 있으며, 한자는 우리말과 글 속에 숨어있는 철학적 의미와 어원적 요소를 지니고 있다. 한글과 한자는 우리의 과거 역사와 문화의 곳곳에 스며있을 뿐만 아니라 현재와 미래를 위하여 여전히 서로 도움을 주며 각각의 구실을 하고 있다.

우리는 일상 언어생활에서 한자 · 한자어를 저버리고 소통하기 어렵다. 더욱이 초·중등학교의 학습 현장에서 사용하는 학습 용어나 전문 분야의 연구에서 사용하는 어휘는 한자어를 배제하고 제대로 표현하기 어렵다. 한자 · 한자어 · 한문은 우리말과 글을 이해하고 소통하며 발전시키는데 꼭 필요한 도구이다.

필자는 학부에서 국어교육과 국문학을 공부하였으며, 대학원에서 한문학과 한문 교육을 전공하였다. 필자의 경험으로 볼 때에 국문학과 한문학, 국어교육과 한문교육은 인접 학문으로서 서로 도움을 주고받으며 상생(相生)의 길로 나아가야 한다. 필자는 이러한 인식 아래 한자 · 한문 교육에 관심을 갖고 공부를 하게 되었으며, 앞으로도 그럴 것이다.

한문 교육은 교과 교육의 한 분야로서 독립적 가치가 있으며, 이를 충실히 연구하기 위해서는 한문학뿐만 아니라 국문학, 국어학, 국어교육학 등의 지식을 한자 · 한문 교육에 알맞은 교수학적 내용 지식으로 전환할 수 있는 노력이 필요하다.

지금까지 교육계나 지식층에서 한자교육에 대한 필요성과 당위성을 힘주어 말하였지만 그것을 이룰 수 있는 교수학적 내용 지식의 개발에는 소홀하였다. 설사 개발하려는 노력이 있더라도 시류에 편승한 교재를 만들거나 지나치게 상업성에 기울어져 눈살을 찌푸리게 하는 경우가 있었다. 또한 특정한 학습자나 특정한 교과의 상황을 저버린 채 단지 많은 양의 한자를 습득하게 하는 것을 목적으로 하는 경우도 많았다.

필자는 지금까지의 한자 교육이 학생들에게 유의미한 경험을 제공하지 못하고, 한자·한문 교육의 특수성을 충분히 고려하지 못한 채 이루어진 것에 대하여 안타까움과 책임을 통감한다. 한문과 교과 교육이 진일보하기를 기대하며 이를 위해 필자도 앞장서서 노력할 것이다. 곧 학습자가 학습의 중심이 되고, 학습자가 참여한 의미 있는 경험이 교과의 내용 지식으로 승화할 수 있도록 노력해야 한다. 이 연구는 이러한 노력의 시작이다.

이 책은 필자의 박사학위 논문을 저본(底本)으로 하여 깁고 채운 것이다. 필자는 학습자들이 한자를 의미 없이 암기하여 습득하는 것이 아니라, 자신에게 유의미한 경험으로 체화(體化)하여 교과의 내용 지식으로 통합(統合)할 수 있을 때 새로운 지식을 창출할 수 있다고 본다. 곧 한자의 형(形)·음(音)·의(義)가 형성된 과정을 학습자 스스로 탐구하고 의미 있게 구성할 수 있어야 학습자 개개인의 한자지식이 새롭게 정립된다.

산업화·국제화 시대라는 이름 아래 교육마저 교육 외적 시각으로 보려는 경향이 있다. 그러나 교육은 늘 그래왔듯이 교육으로서의 자존(自尊)과 가치(價値)를 지녀야 한다. 하나를 가르쳐도 바르게 가르쳐야 한다. 한 사람을 길러도 바르게 길러야 한다. 각각의 사람에게 알맞은 의미 있는 경험을 체험하고 그러한 경험으로부터 나온 삶의 조각들이 엉켜 학습자 각자에게 적합한 참다운 지식으로 자리하여야 한다. 이 모든 것이 필자를 포함한, 학교 현장에서 학생들을 가르치는 선생님들의 몫이다.

필자가 이 책을 상재(上梓)하기까지 많은 스승님들의 가르침이 있었다. 휘초리를 잡고 올바른 인성을 지닌 사람으로 성장할 수 있도록 이끌어주신 초등학교 은사 신평웅 선생님, 처음으로 한문에 눈을 뜰 수 있도록 해주신 모교의 석천 정우상 선생님과 은정희 선생님, 주경야독의 솔선을 보이신 정후수 선생님, 한문학과 한시에 대한 갈증을 풀어주신 김상홍, 박천규, 이신복, 신용호, 박성규, 정재철 선생님, 동양 고전에 대한 안목을 키워주신 정태현, 성백효, 장재한 선생님, 휴직 기간 동안 흔들리지 않고 정진할 수 있도록 격려해주신 최운식 선생님, 연구자로서의 자세를 가르쳐주신 김왕규 선생님, 박사 논문의 틀을 갖추도록 지도해주신 한철우, 신헌재 선생님, 학교생활 틈틈이 공부할 수 있도록 배려해주신 이번내 교장선생님. 이 분들의 은혜는 일생 잊을 수 없다. 지면을 빌어 큰절을 올린다.

또한 논문 정리에 도움을 준 이경석, 임동헌 선생님과 한문교육 연구실에서 밤샘을 하며 고락을 같이 한 원용석, 김재영 선생님, 석 · 박사 과정의 동학들에게도 고마움을 표한다. 연구실에서 맺은 인연으로 한문과 교과 교육에 대한 눈을 넓힐 수 있었으며, 이들과의 열띤 토론으로 논문의 깊이를 더 할 수 있었다. 틈틈이 도움을 준 백광호 선생님도 고맙기 그지없다.

그리고 못난 자식의 뒷바라지를 위해 애쓰신 부모님과 장인어른·장모님, 외숙부·숙모님, 양가의 형제들에게도 그 동안의 고마움을 글로 대신한다. 늘 마음에 빚을 지고 살아야 하겠다. 또한 공부하는 어려움을 이해하고 믿어준 아내 남주와 언제나 밝은 웃음을 띠었던 두 딸 경선, 민선에게 고마움을 전한다.

끝으로 어려운 여건 속에서도 흔쾌히 출판해주신 전통문화연구회에 감사한 말씀을 올리며, 고마운 마음 가득하다. 늘 초발심(初發心)의 마음을 잃지 않을 것을 다짐하며, 선배 동학 연구자들의 꾸짖음을 달갑게 맞으려 한다.

2009년 5월

晩翠堂에서 한 은 수

목 차

제1장 한자 교육과 한자학

한글과 한자는 우리가 문자생활을 영위하는데 필요한 두 가지 도구이다. 한글은 우리글의 표현수단으로 읽고 쓰기가 쉬울 뿐만 아니라 형태적 아름다움을 지니고 있다.

하지만 한글 낱말의 상당량이 한자어로 이루어져 있어 한자의 뜻을 이해하지 못하면 제대로 된 문자 및 언어생활을 하기 어렵다. 그러므로 우리말을 바르게 알고 쓰게 하기 위해서는 한자교육이 필요하다.

한글은 한글을 만든 동기와 목적, 창제와 반포 시기 등이 명확히 기록되어 있는 반면, 한자는 한자가 처음 만들어졌을 당시의 기록이 남아있지 않기 때문에 그것과 관련한 구체적인 대답을 하기 어렵다. 한자를 배우는 학습자들은 누구든지 한자가 만들어진 배경에 대해 의문을 갖고 궁금해 한다. 학습자들에게 학습의 동기를 유발하고 학습의 흥미를 꾀하기 위해서는 이와 같은 궁금증을 풀어주어야 한다. 특히 한자는 글자 하나가 한 음절이면서 한 단어의 구실을 하기 때문에 한자를 만든 구성원리에 대한 학습은 한자교육의 시발점이라고 할 수 있다.

이와 같은 한자교육의 근본문제를 해결하기 위하여 우리는 한자학의 연구성과를 충분히 활용하여야 한다. 한자의 초기 자형, 자체의 변화과정, 구성원리 등에 대한 연구는 이미 중국을 비롯한 동북아 한자문환권내의 한자학자들에 의해 깊이 있게 진행되었다. 비록 학자들마다 한자의 자원에 대하여 서로 다른 견해를 밝히고 있는 경우도 있으나 한자교육을 담당하고 있는 교사들이 학습자의 인지 발달 수준을 고려하여 적절하게 가르친다면 한자학과 한자교육은 상생의 길로 나아가게 될 것이다.

1. 한자와 한자학

1) 한자의 탄생과 변화

가) 한자의 기원

한자가 언제, 어디에서, 어떻게 하여 생겨났는지 현재로서는 확실히 알 수 없다. 한자의 창제에 관한 기록이 남아있지 않기 때문이다. 다만 고대 중국의 문헌들 속에서 한자의 기원에 관한 기록들을 볼 수 있다. 『周易』「계사전(繫辭傳)」에서는 "옛날에는 결승(結繩)으로써 다스렸는데, 후세의 성인이 그것을 서계(書契)로 바꾸었으며, 모든 관리들은 그것으로써 다스려지게 되고 모든 백성들도 그것으로 살펴지게 되었다."[1]라고 전하고 있다.

결승(結繩)이라는 것은 원시적인 기사(記事) 방법으로 큰 일이 있을 경우에는 새끼줄에다 큰 매듭을 매고, 작은 일이 있을 경우에는 작은 매듭을 매는 방법이었다. 매듭은 고대 중국뿐만 아니라 티베트, 일본, 시베리아, 아프리카, 캘리포니아, 폴리네시아 제도 등에서 폭넓게 사용되었다. 가장 잘 알려져 있고 완성된 형태의 매듭은 고대 페루의 퀴프(quipu)이다. 퀴프는 정보 저장을 위한 고도의 효과적인 수단이었으며 잉카제국의 행정은 이것에 대폭 의존했다고 한다.[2]

한자가 출현한 시기에 대해서 가장 널리 알려진 학설은 창힐(倉

1) 『周易』 卷第二十三 「繫辭 下」 上古, 結繩以治, 後世聖人, 易之以書契, 百官以治, 萬民以察, 蓋取諸夬.

2) Albertine Gaur, 강동일 옮김, 『문자의 역사』(서울 : 도서출판 새날, 1995), 41쪽.

頡)의 문자창제에 관한 전설이다. 허신(許愼)의 『說文解字』「自序」에서는 다음과 같이 말하였다.

> 신농씨 때에 이르러서는 결승에 의해 정치를 행하여 모든 일들을 해결하였으며, 모든 일이 지극히 번잡해지고 꾸밈과 거짓이 싹트기 시작했다. 황제의 사관인 창힐이 새와 짐승의 발자국을 보고 그 무늬와 결을 서로 분별할 수 있음을 알고서 처음으로 서계를 만들게 되었으며, 백관들은 그것으로써 다스려지게 되고 모든 백성들은 그것으로써 살펴지게 되었다.3)

위의 글은 황제의 사관인 창힐에 의해 한자가 처음으로 만들어졌음을 밝히고 있다. 그러나 창힐이 실존 인물인가에 대해서 아직까지 믿을 만한 자료가 없으며, 실존했다 하더라도 한 사람이 한자를 만들었다는 것은 인정하기 어려울 것이다. 글자는 한 개인이 만들 수 있는 것도 아니며, 또 한 시기에 만들 수 있는 것도 아니기 때문이다. 다만 창힐이라는 사람이 한자를 매우 좋아하여 한자에 관련된 일을 하였으며, 한자를 잘 정리하여 후세에 전했다는 『荀子』의 기록으로 보아4) 한자를 잘 정리한 사람이라고 할 수 있다.

이와 같이 한자가 생겨난 연원은 단정하기 어렵다. 오늘날 볼 수 있는 것 중에서 가장 오래된 문자는 상(商)나라 때 짐승의 뼈에 새겨놓은 갑골문(甲骨文)과 청동기에 새겨놓은 금문(金文)이다. 금문은 사용시기가 3,000여 년 전 이고, 갑골문은 3,300년 전이다. 그렇지만 갑골문은 상나라 후기의 문자로 이미 상당히 발전되고 성숙된 문자 체계를 갖추었기 때문에 한자의 창제는 상나라 때보다 훨씬 더 오래 전으로 보고 있는 것이 일반적이다.

---

3) 許愼, 『說文解字』「自序」及神農氏, 結繩爲治, 而統其事, 庶業其繁, 飾僞萌生. 皇帝之史倉頡, 見鳥獸蹏迒之迹, 知分理之可相別異也, 初造書契, 百工以乂, 萬品以察.

4) 『荀子』「解蔽」傳說中遠古時人, 黃帝之史官, 始作漢字. 一說, 爲伏羲以前或炎帝之世或神農, 黃帝之間人. 或以爲卽史皇. 當爲古代整理文字之代表人物.

은허(殷墟)의 갑골문보다 더욱 오래되고, 문자의 기원과 관련 있는 자료로는 도기상에 새겨진 부호가 있다. 신석기 시대부터, 중국 내의 몇몇 문화유적에서 출토된 도기상에서는 부호가 출현하기 시작했다. 어떤 부호들은 새긴 것이며, 어떤 부호들은 붓과 같은 도구로 그린 것이다.[5)]

한자의 역사와 관련하여 주목하여 볼 것은 중국의 고고학적인 연구 성과물이다. 중국의 고고학의 큰 성과로 1954년부터 발굴한 서안(西安) 교외의 반파(半坡) 유적을 들 수 있다. 반파유적의 추정연대는 B.C. 4800~B.C. 4300년인데, 유적 전체는 삶의 터〔居住區〕, 오지그릇을 만든 터〔陶器製作區〕, 무덤터〔墓葬區〕 등 세부분으로 나뉘어져 있다.[6)] 그 중 삶의 터에서는 생산도구와 생활용품이 거의 1만 점이나 발견되었는데, 문자 발전과 관련하여 볼만한 것이 채도(彩陶)라는 도기이다. 채도는 표면이 붉은 흙이라서 아름다운데, 거기에 여러 가지 문양을 더하거나 기호 같은 것을 그려 넣었다. 그 기호들은 대개 좌우 대칭인 것이 많은데 문자적인 표현의식이 뚜렷하게 드러나지만 문자와 다른 점도 드러난다.[7)]

반파유적에서 발견된 기호는 가로줄과 세로줄, 또는 그것을 엮은 엇갈린 꼴들의 직선모양이었다. 그에 반해 황하(黃河)유역에서 꽃피운 대문구(大汶口)문화 유적지에서 발견된 도기의 그림꼴은 그림 글자에 가까운 것이다. 대문구문화란 1959년 산동성(山東省) 태안현(泰安縣)에 있는 대문구 유적에서 발견된 신석기 시대의 문화를 이름붙인 것으로 B.C. 4300년 무렵에서 비롯되어 B.C. 2500년

---

5) 李學勤, 『古文字學初階(北京：中華書局, 2003), 19쪽. 比殷墟甲骨文字年代更古而與文字起源有關的考古材料, 是陶器上面的符號. 從新石器時代起, 我國境內某些種文化的陶器上便有符號出現. 有的符號是刻劃的, 有的符號則是用毛筆一類工具繪寫的.

6) 아츠지 데츠지, 金彦鍾·朴在陽 역, 『漢字의 역사』(서울：학민사, 1999), 17쪽. 이후 '갑골문'까지의 내용은 이 책을 주로 참고하였음.

7) 시라카와 시즈카, 심경호 역, 『文字講話 Ⅰ』(서울：바다출판사, 2008), 47쪽.

무렵에 용산(龍山)문화로 발전했으리라 보인다.

대문구문화에 속하는 무덤에서 1961년 '항(缸)' 또는 '준(尊)' 이라 불리는 도기가 발견되었는데, 위는 나팔 모양으로 열려 있고 아래는 뾰족하여 밑바닥이 없다. 이 도기의 높이는 50㎝가 더 되는데, 도기의 바깥쪽 가운데에 꽤 크고 눈에 띄도록 일종의 그림꼴〔圖象〕을 파놓았다. 이 그림꼴은 산에서 아침 해가 떠오르는 모양으로 보고 있는데, 단순한 장식으로만 여길 수 없다. 무엇인가 특정한 의미를 나타내기 위하여 새겼을 가능성이 높다. 반파유적의 기호가 직선을 아우른 것인데 반하여, 이쪽은 곡선도 썼을 뿐만 아니라 그림도 획기적이어서 그림글자에 가깝다고 볼 수 있다. 하지만 문자열(文字列)이 없는 것으로 글자라고 단정하기는 어렵다.

이후 신석기 시대의 유적으로 은대(殷代) 중기의 태서(台西)유적과 오성(吳城) 유적이 있다. 이들은 갑골문자가 사용되던 시대보다도 이른 시대의 것으로 갑골문자의 글자꼴과 유사한 기호들이 발견된다. 만약 그것이 갑골문자와 같은 체계에 속하는 것이라고 증명되면 현존하는 가장 오래된 한자로 생각할 수 있지만, 아직 해독되지 않았다. 다만 거기에 기호 형태가 10개 전후로 연속해서 새겨져 있기 때문에 어떤 문장을 적은 것이 아닐까 추측할 수 있다. 오성 유적에서 발견된 것은, 오직 하나만 새겨진 기호와는 완전히 다른 것으로 이 도문(陶文)이 현재로서는 가장 오래된 중국의 글자가 아닐까 한다.

나) 갑골문

현재 알려져 있는 가장 오래된 한자는 은(殷)의 말기(B.C. 1300년 무렵~B.C. 1000년 무렵)에 사용된 갑골문자(甲骨文字)이다. 은대(殷代)의 사람들은 자주 점을 친 뒤 거북껍질이나 뼈에 언제 누가 어떤 점을 쳤는가를 기록했으며, 때로는 거기다가 임금이 그 잔금을 보고 판단한 길흉의 예측 및 결과로 생긴 사건 등을 글자로 새겼다. 그 문장에 사용된 글자를 갑골문자라 한다. '갑골(甲骨)'의 '甲'이란 거북의 껍질〔龜甲〕, '骨'이란 소 등 짐승의 뼈〔獸骨〕를 뜻한다. 거북의 껍질이라 해도 등쪽을 사용한 것은 드물고 보통은 배쪽의 껍질을 썼으며, 또한 짐승의 뼈는 소의 어깻죽지뼈를 사용한 것이 많으나, 드물게는 사슴의 뿔을 사용한 것도 있다.

점치는 방법은 먼저 거북껍질이나 뼈의 모양을 깨끗하게 다듬고 안쪽에 둥글고 뾰족한 홈을 파서 홈마다 가로로 얕은 절구 모양의 구멍을 판다. 그 구멍에 불붙인 나무로 억눌러서 급격히 열을 가하면 거북껍질이나 뼈의 표면에 날카로운 줄무늬 잔금이 생긴다. 그 잔금의 생김새를 글자로 한 것이 '卜' 또는 '兆'라는 한자다. 다만 어떤 잔금이 생기면 길하고 흉한 것인가에 대해서는 전혀 알 수 없다. 갑골에 기록된 것은 주로 점친 내용과 결과이므로, 그 문장을 또한 '복사(卜辭)'라 부르기도 한다.

갑골은 청대(淸代)의 말기인 광서(光緖) 25년(1899)에 하남성(河南省) 안양(安陽)에서 서북쪽으로 5리쯤 떨어져 있는 소둔(小屯)에서 발견되었다. 당시 국자감좨주(國子監祭酒)였던 왕의영(王懿榮)이 북경 시내에 있는 한약방에서 사온 용골(龍骨)을 바라보고 있다가 우연히 그 표면에 새겨진 글자 같은 것을 보고 연구하여 갑골문이 세상에 알려지게 되었다는 일화도 있다. 그러나 실제로는 범유경(范維卿)이라는 눈치 빠른 골동 상인이 진기한 문물을 찾아 각지를 돌아다니다가, 하남(河南)에서 갑골을 구해 그것을 왕의영 등 당시 유명한 청동기 수집가의 집에 가져가면서 세상에 알려지게 되었다고 한다.

소둔촌(小屯村)은 은상(殷商)의 옛 도읍지이다. 1928년 이후 몇 차례의 발굴 작업을 거쳐 찾아낸 갑골이 10만 편 이상이나 되었는데, 그 중 절대다수가 상조(商朝) 후기 반경(盤庚)이 도읍을 은(殷)으로 옮긴 이후에 만들어진 것이었으니, 대략 기원전 13세기에서 11세기에 해당하는 셈이다. 갑골 각사(刻辭)의 대부분은 점을 친 것에 관한 것인데, 어떤 사실을 기록한 것도 일부 포함되어 있다. 현재 판독 가능한 글자의 수는 2천여 자에 이르며, 판독이 되지 않는 글자도 상당수에 이른다. 이미 판독한 글자로 보건대, 한자가 그림에서 발전되어 온 것이 분명한 사실인 것 같다. 그림에서 필획이 단순한 문자로 변하고, 그러한 문자로부터 다시 진일보하여 대량의 새로운 글자들이 창제된 것이다.[8)]

갑골문자는 지금부터 3천 년 전 이상의 시대에 쓰인 글자인데, 갑골문 전체에 쓰인 글자의 종류는 약 4500자라 한다. 지금은 인명이나 지명 등의 고유 명사를 제외하고 반 이상의 글자가 거의 해독되었다. 갑골문자가 이처럼 짧은 시간에 해독된 것은 그 동안 중국의 문자학 연구가 꽤 축적되었기 때문이며, 왕국유(王國維)나 동작빈(董作賓) 등 훌륭한 학자가 연구에 종사하여 성과를 거두었기 때문이다. 그러나 무엇보다 큰 이유는 한자가 수천 년의 긴 세월 동안 끊임없이 사용되었으며, 글자 그 자체 또는 글자와 함께 한 언어가 체계를 바꾸지 않았기 때문이다. 결국 갑골문이라는 것은 한자 글씨체의 한 종류에 지나지 않는 것이다.

다) 금문

갑골문의 뒤를 이어 나타난 것이 금문(金文)이다. 금문이란 청동기의 안쪽 벽에 새겨진 글자로서 대략 은대(殷代)부터 주대(周代)의 청동기 유물에서 발견된다. 청동기는 용도에 따라 공구(工具), 농구(農具), 병기(兵器), 예기(禮器), 악기(樂器), 용기(容器) 등으로 나눌 수 있다. 서주(西周) 시대에 왕실과 귀족들의 제사와 연회식에 예기와 악기는 필수품이었다. 예기 중 '정(鼎)'은 희생을 통한 제사나 고기를 삶을 때 사용하는데 도기(陶器)인 '격(鬲)'으로부터 발전한 것이고, '종(鐘)'은 상대(商代) 만기에 유행한 '요(鐃)'에

8) 全廣鎭 편역, 『중국문자훈고학 사전』(서울 : 동문선, 2003), 43쪽.

서 발전한 것이다. '鼎'과 '鐘'은 대표적 예악기(禮樂器)이다. 이곳에는 대부분 명문(銘文)이 있고, 또 많이 쓰여져 있기 때문에 금문을 종정관지(鐘鼎款識), 종정문(鐘鼎文)이라고도 했다.[9] 또한 명문(銘文)이 청동기에 많이 보이기 때문에 길금문(吉金文)이라 부르기도 한다. 청동기를 길금이라고 불렀기 때문이다.

금문은 오래된 것으로는 은(殷)의 갑골문자와 거의 같은 시대의 것도 있으나, 갑골문자가 날카롭고 가는 직선을 조합한 것인데 반하여, 금문은 부드러운 곡선이 많고 선도 굵어 얼핏 보아도 둘은 느낌이 꽤 다르다. 그것은 글자를 적는 소재와 도구가 다르기 때문이다. 갑골문자는 동물의 뼈나 거북의 배껍질에 칼 모양의 날로 새긴 것이기 때문에 직선적인 글자로 되었다.

고대 중국에서 사용한 청동기는 종류가 매우 많다. 금문은 이러한 청동기가 완성된 뒤에 새긴 것이 아니고 제작과정에서 거푸집에 새긴 뒤에 주조하는 것이 보통이다. 곧 거푸집의 흙이 부드러운 동안에 주걱 모양의 물건으로 적었기 때문에 곡선이 많고 선도 굵게 된 것이다. 결국 갑골문과 금문의 차이는 소재와 필기 용구의 차이이며, 문자의 구조는 거의 같다.

라) 소전

전국(戰國) 시대는 진(秦)을 중심으로 한 서방의 글자와 육국(六國)을 중심으로 한 동방의 글자가 모양이 다르게 나타난다. 전국 시대 진나라와 동방 육국의 문자는 모두 주나라 문자를 계승하였는데도 지역적, 경제적, 정치적, 문화적 차이로 인해 확연히 서로 다른 연변(演變)의 길을 걷게 되었다. 진계(秦系) 문자는 갑골문, 금문을 이어받아 소전(小篆)으로 발전하였고, 예서(隸書), 해서(楷書)의

---

9) 韓延錫, 『漢字學 槪論』(서울 : 보고사, 2008), 101쪽. 金文부터 行書까지의 내용은 한연석의 책과 이규갑 『한자가 궁금하다』를 주로 참고하였음.

길을 열어준 한자 발전의 중심축을 형성했다고 할 수 있다.[10] 동방 각국의 문자는 정체(正體)와 속체(俗體) 사이의 자형 차이가 컸다. 그리고 속체 사용이 매우 많아 전통의 정체가 궤멸되었다.

춘추시기부터 다시 금문과 차이가 나는 전서(篆書)가 나타난다. 전서는 대전(大篆)과 소전(小篆)으로 나뉘는데, 대전은 주문(籀文)이라고도 불리며, 소전보다 먼저 존재했던 글자들이다. 소전은 진(秦)나라가 중국을 통일한 이후, 진나라 문자와 다른 전국의 각 지역 문자를 승상 이사(李斯)가 통일할 것을 주장하면서, 자신들이 지금까지 쓰던 자체인 대전을 간략히 하여, 통일 진(秦)나라에서 쓰기 편한 글자로 개조한 자체라고 한다. 하지만 문자는 한두 사람의 노력에 의해 자체가 변화될 수 있는 것은 아니다. 소전의 탄생은 당시의 문자사용 정황과 통일 진나라의 통치 수단이 결합된 산물로 보여진다. 진나라가 다른 육국에 비해 주나라 문자를 충실히 계승하고 있었다고는 하지만, 진나라 역시 광범위한 속체 사용을 피할 수 없었다. 이런 상황에서 통일 중국을 원만히 통치하기 위해서는 우선 자국 문자의 규범화, 통일이 시급하였다. 이사 등이 소전을 만들었다는 것은, 이렇게 진나라 안에 존재했던 다양한 글자 가운데 통행체(通行體)를 정했다는 것이다. 당연히 간명한 자형, 정제된 자형을 중심으로 선정하였을 것이다.

이 간명한 자형, 정제된 자형이 바로 당시 진나라에서 사용하고 있던 자형임이 분명하고, 이것이 소전이다.[11] 소전의 형체는 대전에 비하여 간단하고, 구조도 금문에 비하여 가지런하고, 쓰는 방법도 일정한 규범을 지니게 되었다.

이상에서 기술한 갑골문, 금문, 소전 등을 고문자(古文字) 단계의 한자로 분류하고, 예서(隸書) 이후 현재의 간화자(簡化字)까지의 문자는 금문자(今文字) 단계의 한자로 분류한다. 고문자 단계의

10) 한연석, 앞의 책, 127쪽.
11) 한연석, 위의 책, 128쪽.

한자는 시대적으로는 상대(商代) 문자, 서주춘추(西周春秋) 문자, 육국(六國) 문자, 진계(秦系) 문자 등을 말한다.

마) 예서

소전은 황제의 명으로 제정된 국가의 표준 글씨체이므로 황제의 조칙(詔勅) 같은 정식 문서에는 그 글씨체가 사용되었다. 하지만 소전은 원래 곡선이 많아 쓰는 데 시간이 걸리므로 짧은 시간에 많은 글자를 써야 할 경우에는 불편한 글씨체다. 그래서 소전의 자형 구조를 간단하게 하고, 곡선을 직선으로 고쳐 빠르게 쓰기 위해 글씨체가 고안되었으니 바로 예서(隸書)이다.

예서는 전서의 속체(俗體)에서 기원한다. 처음 예서가 나왔을 때는 비교적 낮은 신분의 사람들이 많이 사용하였으므로 귀족층들이 이를 비하해 예서라고 불렀다고 한다. 하지만 소전보다 예서가 훨씬 간편하여 아무리 통치계급이 예서를 업신여기고 억제한다고 해도 그 변화를 막을 수 없었다.

진시황 시기 정식 문서에는 소전을 사용했지만, 행정문서나 일반인이 쓰는 글자는 예서가 사용되었다. 그러나 이때까지 사용된 예서는 아직 공식적으로 사용된 글자가 아니었기 때문에 자형이 대부분 난삽하며 형태가 체계적으로 정리되어 사용된 것은 아니었다. 예서가 본격적으로 사용된 것은 한대(漢代)부터이다. 한대로 넘어오면서 예서의 편리성이 주목받기 시작하여 귀족층이나 식자층에서도 쓰기에 불편한 소전을 버리고 점점 예서를 사용하게 되었다. 이때부터 예서는 자형의 균형과 아름다움을 위한 조형미가 추구되기 시작하여 서한(西漢) 중기에 와서는 매우 세련된 자형으로 발전하여 오늘날까지 사용하고 있다.12)

전국 시기부터 서한 초기까지 사용된 예서를 진예(秦隸)라고 한

---

12) 이규갑, 『한자가 궁금하다』(서울 : 학민사, 2001), 92쪽.

다. 진예는 자형이 방정(方正)하면서도 간혹 정방형의 형태가 있으며, 소전의 요소가 완전히 배제되지 않은 것이 특징이다. 서한 무제 이후 동한(東漢)까지의 예서를 한예(漢隸) 또는 팔분(八分)이라 한다. 예서는 소전이 갖는 둥근 형태의 곡선을 필획이 부드러운 직선 형태로 바뀌었으며, 형태가 유사한 편방은 합병하여 하나의 편방으로 만들고, 필획의 구분이 확실하게 나타나, 비로소 필획수를 헤아리기 시작하였다고 할 수 있다. 이러한 변화는 글자를 쓰는 속도를 매우 빠르게 했을 뿐만 아니라 글자 구조의 변화에도 영향을 끼쳐, 이때부터 한자는 예전의 상형문자적인 요소가 축소되고 본격적인 근대문자 단계로 진입하였다고 할 수 있다.

비) 초서

예서가 전서에 비해 쓰기는 간편하지만 아직도 자형이 복잡하여 약간 불편하자 한대(漢代)의 초서(草書)가 나타난다. '草'는 '거칠다', '간편하다'의 뜻이 있다. 초서라는 이름도 본래는 '초솔(草率)하게 쓴 글자'라는 뜻에서 나온 것인데, '초솔'이란 단정하지 못하고 정밀치 못하며, 거칠고 엉성하다는 뜻을 지닌다. 초서는 예서를 편리하게 쓰기 위해 예서의 윤곽만을 표시한다든가, 혹은 자형의 일부만을 쓴다든가 하는 방식으로 만들어진 것이다.

초서에는 장초(章草), 금초(今草), 광초(狂草)의 세 종류가 있는데, 가장 오래된 장초는 예서에서 변한 것으로 한대(漢代)에서 시작되었다. 진나라의 속체가 예서로 변화, 발전하는 과정에서 한나라의 장초(章草)가 나왔다. 장초(章草)는 초서 가운데 가장 예스럽고 점잖은 것으로 생략과 흘림이 한 글자의 내부에서만 이루어진다. 어떤 글자를 쓴 것은 매우 정교하고, 정성들여 써서 거칠게 쓴다는 뜻의 초서란 말과 부합하지 않는 것도 있다.

금초(今草)는 장초를 기반으로 해서 만들어진 것으로 장초에 비해 훨씬 더 흘려 쓴 것으로 예서의 기풍이 완전히 사라지게 되었다. 금초는 장초와 마찬가지로 글자마다 독립적으로 떨어져 쓰여진다. 그래서 그것을 독초(獨草)라고 불렀는데, 우리가 보통 초서라 말하는 것은 이 금초를 가리킨다.

광초(狂草)는 말 그대로 미친 듯이 흘려 쓴 초서체이다. 간단하거나 복잡한 글자를 가리지 않고, 모든 글자를 매우 심하게 흘려 쓴다. 한 글자 한 글자를 띄어 쓰지 않고 한 줄을 한꺼번에 이어 쓰는 방식이다. 광초는 글자와 글자, 행과 행 사이의 방향과 안배 및 서로 간의 호응도에 따라, 어떤 때는 윗 글자와 아래 글자의 크기가 다르게 나타난다. 심지어 글자의 구조가 완전히 해체되고 위 글자와 아래 글자가 서로 이어지기도 한다. 그래서 글자를 알아보기가 금초보다 훨씬 어렵다. 그렇기 때문에 초서는 일부 특정 계층의 사람들만이 사용하고, 일반인들이 보편적으로 사용하는 자체로 자리매김하지는 못하였다.

사) 해서

해서(楷書)란 단정하게 쓴 글씨를 말한다. 본래 해서에서의 '楷'란 본보기나 법식(法式)이란 의미를 가진 글자이기 때문에 '해서'라는 의미는 '가장 본보기로 삼을 만한, 즉 법도에 맞게 쓴 글씨'라는 뜻이 된다. 그러므로 해서는 어떤 자체를 가리키는 고유명사가 아니었다. 위진(魏晉) 시대에는 잘 쓰인 팔분서체(八分書體)를 '八分楷法' 혹은 '楷法'이라고 하였다.

그래서 최초의 해서 서예가인 종요(鍾繇, 151~230)의 해서는 우리가 오늘날 알고 있는 해서와 달랐다. 남북조에서 당(唐)에 이르기까지의 해서는 정서(正書), 진서(眞書), 예서(隸書) 등의 명칭이 있었다. 정서, 진서는 행서, 초서에 대등한 말이고, 예서는 팔분에 상대해서 부르는 말이었다. 하지만 대략 당대(唐代)에 이르러서는 우리가 현재 '해서'라고 인식하는 자체를 '해서'라고 하였고, 송(宋)

이후에는 의론의 여지없이 해서라고 인식하게 되었다.[13]

해서를 처음 만들 당시에는 예서의 어려움을 초서로 바꾸어 많이 쓰다 보니, 초서로 쓴 글자들의 식별이 어려워졌다. 또한 초서의 모양이 매우 어지러운 듯하여 다시 예서의 단아함과 초서의 편리함을 아우를 수 있는 형태의 해서(楷書)가 등장하게 된다. 해서는 자연히 쓰기의 편리함과 단정함을 모두 갖춘 가장 완전한 형태의 글자가 되었다.[14]

해서는 동한(東漢) 초기인 장제(章帝, 76~88) 때에 왕차중(王次仲)이라는 사람이 만들었다고 하는데, 동한 말엽에 이르러 약간 발전을 하였으며, 위진남북조(魏晉南北朝)시기에 크게 유행하였다. 그리고 당나라에 들어와서는 완전히 자리를 잡게 되어 지금까지 통용되고 있다. 서예의 대명사로 불리는 왕희지(王羲之, 321~379), 구양순(歐陽詢, 557~641), 안진경(顔眞卿, 709~785) 등은 모두 해서를 잘하기로 알려진 이들이다.

아) 행서

해서가 예서에 비해 쓰기 편하다고는 하나, 필획수가 많고 정자체로 되어 있어 여전히 불편했다. 그래서 해서의 명확함과 초서의 편리함을 취해 그 중간의 형태로 만든 것이 행서(行書)이다. 행서는 한마디로 말하면 약간 흘려 쓴 글자다. 똑바로 한 획씩 정성들여 쓴 글자는 해서이고, 이를 약간 좀 흘려서 좀 빠르게 쓴 글자가 행서인 것이다.

해서는 형체가 매우 단아하고 절도가 있으며, 필획의 구분이 명확하여 모든 인쇄체에서는 이것을 사용한다. 그러나 붓으로 쓰려면 어려움이 뒤따른다. 반면에 붓으로 쓰기에 편리한 초서는 지나치게 간단하게 쓰였기 때문에 알아보기가 어렵다. 그래서 초서와 해서의

13) 한연석, 위의 책, 178~179쪽.
14) 이규갑, 앞의 책, 99쪽.

단점을 보완하기 위해 만들어진 것이 행서이다.

결과적으로 행서는 해서와 초서의 중간쯤 되는 서체이며, 사실상 해서의 필기체로서 필획이 연결되어 쓰기 편하면서도 초서처럼 알아보기 힘들지 않다. 그래서 한대(漢代) 이후로 지금까지 서신 등 온갖 필기에 즐겨 사용되어 왔다.

2) 문자의 원의

일반적으로 문자는 '말의 음과 뜻을 표시하는 시각적 기호'의 뜻으로 사용된다. 그러나 이것은 긴 세월이 지나면서 사람들의 머릿속에 개념화된 것이고, 본래의 '文字'는 이와 같은 뜻을 지니지 않았으며, 춘추시대 이전에는 '文'과 '字'가 함께 쓰이지도 않았다고 한다.[15] 그러면 '文'과 '字'가 지닌 원의(原義)는 무엇이며, '文'과 '字'는 의미상 어떠한 차이가 있는가? '文'은 '紋'과 같은 뜻으로 두 무늬가 서로 번갈아가며 있는 것을 본뜬 모양이다. 반면에 '字'는 집안에서 자식이 불어나는 뜻을 내포하고 있다.[16] 그렇다면 '文'과 '字'는 어떤

---

15) 正祖, 『弘齋全書』 卷51 「策文四」 '文字'. 『韓國文集叢刊』 제263집(서울 : 민족문화추진회, 2001), 287~288쪽. 王若曰, 書居六藝之一焉. 自昔有周之訓國子也, 敎之六書, 則先王之重文字也, 蓋如是矣. 春秋以上, 言文不言字, 如左傳, 於文止戈爲武, 論語史之闕文, 中庸書同文, 皆其證也.

16) '문자(文字)'란 '文'과 '字'의 합성어이다. '文'과 '字'에 대한 사전적 의미를 살펴보면 다음과 같다.

文 :

① 획을 서로 엇갈린 것이다. 엇갈리는 무늬를 본떴다. 錯畫也. 象交文. 許愼 撰·段玉裁 注, 『說文解字注』(臺北 : 天工書局, 中華民國 76年), 425쪽, 上.

② 어떤 사람의 가슴에 칼로 새긴 무늬가 있으니, 칼로 새긴 무늬는 피 흘리며 죽는 의식을 상징한다. 인신(引伸)하여 무늬장식이 되었다. 一人胸上有刺紋, 刺文爲象徵流血的死亡儀式, 引申爲紋飾. 許進雄, 『古文諧聲字根』(臺北 : 商務印書館, 中華民國 84年), 614쪽.

③ 문은 상형자이다. 갑골문과 금문의 문자는 정면으로 서있는 사람의 모습을 본뜬 것인데, 사람의 가슴 부위에 칼로 그린 무늬가 있다. 아마도 그 본 모습은 고대 문신의 풍습을 형용하여 그린 것이다. 문자의 본래 뜻은 신체에 칼로 그린 문신이 있는 사람을 뜻하였을 것이다. 또한 무늬나 결을 뜻한다. 뒤에 인신되어 문자, 문장, 문화, 문명 등 다양한 뜻을 나타냈다. "文"是介象形字. 甲骨

차이가 있는가? 『說文解字』의 기록을 통해 그 차이를 알 수 있다.

> 창힐이 처음 서계(書契)를 만들 때에 대저 사물의 종류에 따라 그 형체를 모양내었으므로 이를 일컬어 '문(文)'이라 하고, 그 후 '문(文)'의 형(形)과 성(聲)이 서로 합쳐져서 만들어진 것을 바로 '자(字)'라고 한다. '문'이란 사물 형상의 근본이요, '자'란 새끼를 쳐서 점차 많아짐을 뜻한다. 대나무와 비단에 적어놓은 것을 '서(書)'라 하는데 '서(書)'란 '따르다'라는 뜻이다.[17]

文和金文的"文"字, 象一个正面站立的人形, 人形的胸部刺劃着花紋圖案. 這其實就是古代"文身"習俗的形象描繪. 所以"文"字本來的意思是指身上刺有花紋的人, 又有花紋, 紋理的意思. 后來才引申出文字, 文章, 文化, 文明等衆多的意義. 謝光輝 編, 『漢語字源字典』(北京 : 北京大學出版社, 2003), 29쪽.

④ 본뜻은 "문신"인데(후대에 文은 紋으로 쓰였다), 사람의 신체에 칼로 그린 무늬 도안이 있는 것이다. 갑골문과 금문의 자형은 사람의 가슴 앞부분 혹은 등 뒤에 칼로 무늬를 낸 모양이다. 本義是"文身"(后來"文"也寫作"紋"), 就是在人身上刺花紋圖案. 甲骨文和金文的字形是一个人的胸前或背后刺上了花紋的樣子. 李樂毅, 『漢字演變五百例』(北京 : 北京語言大學出版社, 2005), 350쪽.

字 :

① 아이를 낳는 것이다. 子가 宀 아래에 있는 것에서 뜻을 따르니, 子는 소리를 나타낸다. 乳也. 從子在宀下, 子亦聲. 許愼 撰·段玉裁 注, 앞의 책, 743쪽 上.

② 신생아가 사당에 소개되어 이름을 주는 것이다. 중국에서는 3개월이 지나고, 기타 지방에서는 성장한 지 3년이 되어야 어린애가 생존할 수 있음을 실증하여서 이름을 주었다. 介紹新生兒于祖廟中, 給予名字. 中國滿三月, 其他地區或長至三年, 要證實小孩能生存才給予名字. 許進雄, 앞의 책, 12쪽.

③ 字의 구조는 상부의 머리를 드리운 모양〔宀〕은 방을 나타내고, 하부의 子는 갓난아이를 표시한다. 갓난아이가 집안에 있는 것은 출산의 뜻을 표시하는데 인신되어 양육, 번식, 증식의 뜻이 되었다. "字"的構形, 上部一个宝盖頭(宀)代表房子, 下面一个子字表示嬰儿. 嬰儿在屋內, 表示生育之義, 引申爲養育, 滋生, 孳乳等義. 謝光輝 編, 앞의 책, 49쪽.

④ 본의는 출산하다는 뜻이다. 『설문』: "字"는 아이를 낳는 것이다. 子가 宀아래에 있는 것에서 뜻을 따르니, 子는 소리를 나타낸다. 『산해경』: "……그 열매가 난초와 같으니, 먹으면 아이를 낳지 못한다." 여기에서 인신하여 출가, 회임, 양육 등의 뜻이 있다. 또한 차용하여 문자, 이름 등의 뜻으로 쓰인다. 本義是生育, 說文 : "字,乳也. 從子在宀下, 子亦聲." 山海經 : "……其實如蘭, 服之不字" 引申爲"出嫁", "懷孕", "養育"等義. 又借爲 "文字", "名字" 等義. 李樂毅, 위의 책, 續編, 496쪽.

17) 許愼 撰·段玉裁 注, 『說文解字注』, 754쪽 上. 倉頡之初作書, 蓋依類象形, 故謂之文; 其後形聲相益, 卽謂之字. 文者物象之本, 字者言孳乳而寖多也. 著於竹帛謂之書, 書者如也.

이에 따르면 '사물의 종류에 따라 그 형체를 모양낸 것(依類象形)'은 모두 '文'이고, '문의 형과 성이 서로 합쳐진 것(形聲相益)'은 모두 '字'로 규정하였음을 알 수 있다. '사물의 종류에 따라 그 형체를 모양낸 것'이란 외계 사물의 형상과 상태를 묘사한 것이고, '문의 형과 성이 서로 합쳐진 것'이란 편방(偏旁)에 음부(音符)가 더하여진 것이며,[18] 이는 또한 도화문자(圖畵文字)에서 표음문자(表音文字)로 발전된 것이기도 하다.

이와 같이 '文'과 '字'는 서로 다른 뜻으로 사용되었음을 알 수 있는데, '文'은 둘 또는 그 이상의 독립성분으로 분석이 불가능한 독체자(獨體字)를 지시한 것이고, '字'는 독체자가 합성하여 생성된 것으로 둘 또는 그 이상의 독립성분으로 분석이 가능한 합체자(合體字)를 가리킨다고 할 수 있다. 그러므로 육서의 원리 가운데 상형(象形)·지사(指事)는 '文'에 속한다고 할 수 있고, 회의(會意)·형성(形聲)은 '字'에 속한다고 할 수 있다.

3) 소학, 문자학, 한자학

문자학(文字學)이란 명칭은 1906년 중국의 장병린(章炳麟, 1869~1936)이 처음 붙인 것으로 그 전에는 소학(小學)이라고 하였다.[19] 사전적 의미로 '소학'은 ① 아동, 소년들이 다니는 초등교육기관, ② 문자학 ③ 자질구레한 학문 등의 뜻으로 쓰이는데,[20]

---

18) 陸宗達, 김 근 역, 『說文解字通論』(대구 : 계명대학교출판부, 2002), 76~77쪽.

19) 黃德寬·陳秉新, 하영삼 역, 『漢語文字學史』(서울 : 동문선, 2000), 435~443쪽 참조.

20) 漢語大詞典編纂委員會, 『漢語大詞典』(北京 : 漢語大詞典出版社, 1988), 1640쪽. ① 對兒童、少年實施初等教育的學校。我國西周卽有小學，此前則名曰下庠、西序、左學等，其后亦名稱不一。官學如四門小學、內小學，私學如書館、鄉塾。近代小學始于19世紀末。② 漢代稱文字學爲小學。因兒童入小學先學文字，故名。隋唐以后爲文字學、訓詁學、音韻學之總稱《漢書·藝文志》："古者八歲入小學，故《周官》保氏掌養國子，教之六書，謂象形、象事、象

그 역사적 연원을 살펴보면 다음과 같다.

'소학'이라는 개념은 중국의 역사 속에서 여러 가지 다른 내용으로 쓰였다. 일찍이 주(周)나라 때의 '소학'은 '대학'(大學)과 상대적인 개념으로써 귀족 자제를 위해 설치한 초급 학교를 가리킨다. 비록 시대적으로 거리가 있지만, 송나라 때의 주희(朱熹)가 쓴 『大學章句』「序」에는 다음과 같은 설명이 있다.

> 사람이 태어나 8세가 되면, 왕공으로부터 서인의 자제에 이르기까지 모두 小學에 들어가서 물 뿌리고, 비질하고, 응대하고, 나아가고 물러서는 예절과 禮·樂·射·御·書·數의 문을 가르친다. 그리고 15세가 되면, 즉 천자의 원자, 중자로부터 공경대부 원사의 적자와 백성 중에 준수한 이들에 이르기까지 모두 大學에 들어가서 이치를 궁구하고 마음을 바르게 하며, 자기를 수양하고 다른 사람을 다스리는 도로써 가르친다.[21]

위에서 보면 '소학(小學)'에 입학하여서는 기본적인 예절과 기초적인 학문을 공부하고, '대학(大學)'에 입학하여서는 자신의 본성을 찾고, 자신의 마음을 수양하며, 다른 사람을 다스리기 위한 고급의 학문을 하였음을 알 수 있다. 그러므로 고대에 소학이란 말은 대학의 상대적인 개념으로 쓰였음을 짐작할 수 있다.

'소학'으로 문자학을 지칭한 것은 서한(西漢) 때의 유향(劉向)·유흠(劉歆) 부자로부터 시작되었는데, 그들은 『七略』에서 최초로 주진(周秦) 시대 이래의 자서(字書) 및 육서(六書)의 학문을 소학

意、象聲、轉注、假借，造字之本也。" 《隋書·經籍志》始以有關硏究文字、訓詁、音韻著作備于小學。③ 猶小道。謂瑣屑之學。

21) 『大學章句』序. 人生八歲, 則自王公以下, 至於庶人之子弟, 皆入小學, 而敎之以灑掃應對進退之節, 禮樂射御書數之文, 及其十有五年, 則自天子之元子衆子以至公卿大夫元士之適子, 與凡民之俊秀, 皆入大學, 而敎之以窮理正心修己治人之道.

이라고 불렀다.[22] 동한(東漢) 시대의 반고(班固)는 『七略』을 근거로 하여 지은 『漢書』「藝文志」에서 자서(字書)의 성격을 지닌 서적을 수록하고 '小學十家四十五篇'이라고 하였다.[23] 이를 통해 볼 때, 반고(班固)는 문자와 관련된 내용을 싣고 있는 책을 '소학'이라고 일컬었음을 알 수 있다.

이후 당나라 때의 안사고(顔師古, 581~645)는 『漢書』「谷永杜鄴傳」에 나오는 '尤長小學'을 주석하면서 "소학은 문자의 학문이다〔小學謂文字之學也〕."라고 말하여 소학을 문자의 학으로 파악하였다.[24] 이와 같이 '소학'은 한나라 이후로 문자를 연구하는 학문을 가리키는 용어로 쓰이게 된 것이다.

송나라 때의 조공무(晁公武)는 『郡齋讀書志』에서 문자의 학이라는 명칭을 제기하였는데, 그 내용은 다음과 같다.

> 문자의 학은 무릇 세 가지가 있다. 그 하나는 체제이니 점획은 종횡곡직(縱橫曲直)의 다름이 있음을 말하는 것이다. 둘째는 훈고(訓詁)이니 칭위는 고금(古今)과 아속(雅俗)의 다름이 있음을 말하는 것이다. 셋째는 음운이니 호흡은 청탁(清濁)과 고하(高下)의 다름이 있음을 말한다. 체제를 논의한 책은 『설문』 부류의 것이고, 훈고를 논의한 책은 『이아』, 『방언』 부류이며, 음운은 논의한 책은 심약의 『사성보』와 서역의 『반절』 같은 것이다.[25]

조공무는 문자학의 내용은 응당 체제・훈고・음운 등 세 가지 면

---

22) 胡奇光 , 이재석 역, 『中國小學史』(서울 : 동문선, 1997), 8쪽.

23) 班固, 『漢書』「藝文志」. 史籒十五篇, 八體六技, 蒼頡一篇, 凡將一篇, 急就一篇, 元尙一篇, 訓纂一篇, 別字十三篇, 蒼頡傳一篇, 揚雄蒼頡訓纂一篇, 杜林蒼頡訓纂一篇, 杜林蒼頡故一一篇, 凡小學十家四十五篇.

24) 班固, 『漢書』 卷85 「谷永杜鄴傳」.

25) 晁公武, 『郡齋讀書志』 卷一 下, 小學類 爾雅三卷(『文淵閣 四庫全書』 電子版). 文字之學, 凡有三. 其一體制, 謂點畫有縱衡曲直之殊, 其二訓詁, 謂稱謂有古今雅俗之異, 其三音韻, 謂呼吸有淸濁高下之不同. 論體製之書, 說文之類是也. 論訓詁之書, 爾雅方言之類是也. 論音韻之書, 沈約四聲譜及西域反切之學是也.

을 포괄해야 한다고 주창하였다. 첫째, 체제는 곧 한자의 자형을 말한 것으로 점과 획이 종횡으로 곧게 쓰는지 아니면 굽은 모양으로 쓰는지에 따라 글자가 달라짐을 뜻한다. 둘째, 훈고는 한자의 의미를 말한 것으로 같은 한자라 하더라도 시대에 따라 뜻이 다르고, 정전(正典)으로 쓰일 때와 속세(俗世)에서 서민들의 일상을 담는 것으로 쓰일 때 뜻이 달라짐을 말한다. 셋째, 음운은 한자의 소리값을 말한 것으로 같은 한자라 하더라도 그 음이 평성(平聲)인지 아니면 측성(仄聲) 인지에 따라 뜻이 달라짐을 말한다.

이와 같이 조공무는 '문자학'이란 용어를 사용하면서 문자학에서 다루어져야 할 내용까지 언급하는 진전을 보였으나, 정작 『郡齋讀書志』 經部 第十類의 類名은 오히려 구태의연하게 '小學' 두 글자를 사용하고 있어서 그도 역시 문자학이라는 바른 명칭을 내걸지 못하였다. 그리하여 소학이라는 명칭은 청나라 때의 유학자에 이르기까지 정정되지 않은 채 계속 답습되어왔다.26)

청말에 이르러 장병린(章炳麟)은 『國粹學報』에 〈언어문자학을 논함〉이라는 제목의 글을 발표하였다.

> 허숙중(許叔重)이 『설문해자』를 저술하게 되면서부터 자형을 위주로 삼고 음운이나 훈고는 그에 예속되는 것으로 여기게 되었다. 이 저작이 나오기 이전에도 『爾雅』나 『小爾雅』·『方言』 등이 있었으며, 이 이후에는 『釋名』·『廣雅』 등이 있었는데, 이들은 모두 훈고를 위주로 한 것으로 자형의 해석과는 무관한 것이었다. 『석명』만이 순전히 성음에 근거해서 뜻을 밝힌 것이며, 기타의 다른 것들은 그렇지 않다. 이등(李登)이 『聲類』를 저술하고, 위소(韋昭)·손염(孫炎) 등이 반절을 만들어 낸 이후부터 육법언이 『切韻』을 저술할 때까지 대체로 206운으로 나누었다.
>
> 오늘날 『광운』은 바로 『절운』에다 덧보태어 만든 것으로, 모두 음

26) 李敦柱, 『漢字學總論』(서울 : 박영사, 1989), 111~112쪽.

> 운을 위주로 삼고 훈고를 예속적으로 삼았으나 자형에 대해서는 거의 함께 논하지 않았다. 이러한 세 가지가 언어문자학의 분과를 형성하게 되었다. 이는 물론 아동들이 학교를 졸업할 때까지 다 이룰 수는 없는 것이다. 그럼에도 불구하고 아직도 소학이라고 이름 붙인 것은 바로 옛 명칭을 습관적으로 사용함으로써 이를 가리키기 쉽게 하기 위한 것이었다. 그러나 실제로는 언어문자학이라고 해야만 더욱 적절한 명칭이 될 것이다.[27]

장병린은 이 글에서 문자・음운・훈고를 총칭하는 '소학'은 옛 명칭을 습용한 것으로서 지시하는 데는 편리하지만, 실제로는 '언어문자학'이라고 명명하여야 타당하다고 주장하였다. 그의 연구와 실천, 그리고 명칭의 제시는 언어문자학이 하나의 독립된 과학이라는 의식을 일깨워 주었으며, 어린이들을 가르치는 과정으로서의 소학, 경학을 위한 전통적인 소학은 끝을 맺게 되었다.

이상의 논의를 통하여 볼 때 중국의 주나라 이후 초급 학교를 가리키는 '소학'이란 용어가 청나라 말에 '문자학'으로 일컬어졌음을 알 수 있다. 소학에 들어가면 기본적인 예절과 기초적인 학문을 배우게 되는데, 여기에서 문자를 배우는 것을 '소학'이라 이른 것이다. 따라서 문자학의 연구 내용은 기본적으로 소학의 내용과 일치한다고 볼 수 있다. 그러나 소학이란 명칭이 문자・훈고・음운을 모두 포괄할 수 없기 때문에 20세기에 이르러 '문자학'이란 명칭으로 고쳐서 부르게 된 것이다.

중국에서는 한자학 운동이 일어나면서 문자학이란 명칭을 '한자학(漢字學)'으로 바꿔 부르게 되었다. 중국에서도 1970~80년대까지만 해도 '文字學'이라는 용어를 사용하였다. 그러나 문자는 중국 문자만 있는 것은 아니며, 세계에는 많은 문자가 존재하고 있다.

---

27) 章炳麟, 「言語文字之學」, 『國粹學報』, 黃德寬・陳秉新, 하영삼 역, 『漢語文字學史』, 438~439쪽에서 재인용.

그리고 한자만큼 오래된 문자도 여럿 있기 때문에 습관적으로 사용하던 '文字'라는 명칭이 적합하지 않다는 반성이 있었다. 그래서 문자학이란 말 앞에 특정한 범주를 나타내는 '중국'이란 말을 넣어 '중국문자학(中國文字學)'이라 부르기도 하였다.[28]

그런데 중국문자학이라고 하면 한자뿐만 아니라 중국의 모든 문자에 대한 연구를 지칭하는 용어가 되기 때문에 적절치 못하다. 그러므로 '중국문자학' 대신 '한자학'이라는 용어를 쓰는 것이 정확하다고 보고 있다. 하지만 중국에서 사용되는 현대 한자의 범주에는 간화자(簡化字)가 포함되어 있다. 따라서 현대의 한자학 연구는 간화자를 중심 대상으로 포함시키고 있기 때문에, 우리나라의 한자교육에서 다루는 내용과 그 대상이 다를 수밖에 없다.

우리나라에서는 아직도 문자학이란 용어가 두루 쓰이고 있다. 물론 우리가 문자학이라고 할 때에는 한자(漢字), 음운(音韻), 훈고(訓詁)를 모두 포함하고 있어 중국에서의 그것과는 약간의 차이가 있는 것이 사실이다. 최근의 연구 경향을 보면 한자학이란 명칭은 주로 한자의 형체를 담당하는 쪽으로 축소되어 가는 듯하다. 필자는 이러한 저간의 사정을 고려하여 문자학과 한자학의 명칭을 구분하지 않고 사용하고자 한다.

2. 육서(六書)의 교육적 활용

육서는 초·중등학교 교실 현장에서 한자를 가르치는 데 활용하고 있는 중요한 학습 이론이다. 육서의 명칭에 대하여 문자학자마다 다양한 이론이 제기되었는데, 여기에서는 육서의 명칭과 교육적 활용 방법에 대해 논의를 하고자 한다.

---

28) 한연석, 『漢字學 概論』(서울 : 보고사, 2008), 22~26쪽 참조.

1) 육서론

문자학 이론을 활용한 한자 교수·학습과 관련하여 쉽게 접할 수 있는 것이 육서 이론이다. 육서 이론은 한나라 이후 한자 학습의 중요한 지침이 된 이론으로 우리나라의 한자 교육뿐 아니라 오늘날 중국의 한자 교수·학습 이론으로도 매우 중요한 구실을 하고 있다.

> 육서 이론은 한자 창조의 적응과 한자 학습의 필요로 인해 만들어진 것으로 오늘에 이르기까지 한자 인식의 전면적인 체계이며 한자 연구의 열쇠이다. 초등학교의 식자 교수 학습은 현대화와 과학화를 필요로 하는데 이는 현대 사회의 발전을 근거로, 한자 간화의 규범이라는 사실을 똑바로 보아야 한다. 또한 몽학교육 중에서 식자 교육의 정수를 깊이 연구해서 옛것을 오늘의 현실에 맞게 받아들이도록 하여 현대 교수 학습으로 하여금 계승 발전시키도록 해야 한다.[29]

위의 내용에서 보듯이 오늘날 중국에서 초등학교 학습자에게 한자를 교수하는데 육서이론이 주요한 학습 이론임을 알 수 있다. 육서 이론은 한나라 이후 오늘에 이르기까지 한자를 인식하는 근본이 되며, 한자를 연구하는 핵심이다. 또한 현대 중국의 초등학교 학습자에게 알맞은 교수·학습 이론을 세울 때에도 육서이론을 근간으로 하여, 이것을 계승 발전시킬 수 있는 교수·학습 이론이 되어야 한다고 본 것이다.

이와 같이 육서 이론은 오늘날 중국뿐만 아니라 우리나라에서도 초·중등학교 현장에서 한자 교육을 하는데 중요한 교수·학습 이론이 되고 있다. 그러면 육서 이론이 무엇인지 그 명칭과 차례에

---

29) 戴汝潛, 『漢字教与學』(濟南 : 山東教育出版社, 2000), 17쪽. 中國文字學中的"六書"理論是適應創造漢字、學習漢字的需要而總結出來的, 至今仍然是全面系統地認識漢字、研究漢字的鑰匙. 小學識字教學要實現現代化、科學化, 既要根據現代社會發展, 正視規範的簡化漢字這一事實, 又要深入研究蒙學教育中識字教學的精髓, 做到"古爲今用", 使現代教學有繼承, 有發展.

대하여 알아보자.

'육서(六書)'라는 명칭은 『周禮』에 처음 보이지만,[30] 글자를 조합하는 방식으로 육서를 해석한 것은 한나라 때에 최초로 나타난다. 『漢書』「藝文志」에서 반고(班固)는 다음과 같이 말했다.

> 옛날에 여덟 살이 되면 소학에 입문하였으므로 주나라 관리 보씨(保氏)가 나라의 자제들을 맡아 기를 때 육서를 가르쳤다. 육서는 상형, 상사, 상의, 상성, 전주, 가차를 일컫는 것으로 글자를 만드는 기본이다.[31]

이를 통해 보면 한나라 때의 사람들은 어린이가 학교에 가면 먼저 글자를 익혀야 한다고 생각하였음을 알 수 있다. 또한 글자를 배우기 위해서는 먼저 문자의 구조와 원리를 알아야 한다고 생각하여서 보씨(保氏)는 어린이들에게 육서를 가르쳤다.

정현(鄭玄, 127~200)은 『주례』를 풀이할 때에 정중(鄭衆)의 말을 인용하여 "육서는 상형(象形), 회의(會意), 전주(轉注), 처사(處事), 가차(假借), 해성(諧聲)이다."라고 하였다.[32] 육서에 관하여 허신(許愼)의 『說文解字』「敍」는 가장 상세한 설명을 하였다.

> 주례에는 8살이 되면 소학에 입문하였고, 보씨가 국자(國子)를 가르칠 때에 먼저 육서로 하였다. 첫 번째는 지사(指事)이니, 지사는 한 번 보자마자 곧 알 수 있고, 세밀하게 살펴보면 그것의 뜻을 이해할 수 있는 것이니 '上', '下' 두 글자가 이러하다. 두 번째는 상형(象形)이니, 상형은 그 사물을 그리고, 그것의 형체에 따라 들어가고 나온 그대로를 따라 그렸으니 '日', '月' 두 글자가 이러하다. 세 번째는

30) 『周禮』 卷14, 「地官・保氏」 保氏掌諫王惡, 而養國子以道, 乃教之六藝: 一曰五禮, 二曰六樂, 三曰五射, 四曰五馭, 五曰六書, 六曰九數.
31) 『漢書』「藝文志」 古者八歲入小學, 故周官保氏掌養國子, 教之六書, 謂象形、象事、象意、象聲、轉注、假借, 造字之本也.
32) 戴汝潛, 앞의 책, 17쪽.

> 형성(形聲)이니, 형성은 상형자 혹은 지사자를 조합하여 글자를 만들고, 다시 비슷한 성부(聲符)를 취하여 배합해서 만들어지는 것인데 '江', '河' 두 글자가 이러하다. 네 번째는 회의(會意)이니, 회의는 두 개 이상의 글자를 조합하여 하나의 새로운 의미를 표시하는 것인데 '武', '信' 두 글자가 이러하다. 다섯 번째는 전주(轉注)이니, 전주는 동일한 부수를 취하는 글자 가운데 대표자를 세우고, 같은 뜻의 글자끼리 서로 바꾸어 쓰는 것이니 '考', '老'의 관계가 이러하다. 여섯 번째는 가차(假借)이니 가차는 본래 이 글자가 없어서 하나의 동음자를 차용하여 그 뜻을 표현하는 것으로 '令', '長' 두 글자가 이러하다.[33]

위에서 보듯이 허신은 한자의 구조적 특징에 착안하여 글자의 형체를 해설하는 체례(體例)를 확립하였는데, 이는 문자학 이론에서 비약적인 발전이었다. 육서 이론에 근거하여 『說文解字』의 자형 분석이 이루어졌고, 『說文解字』의 자형 분석은 또다시 '육서설'에 전면적이고도 체계적인 실제적 증거를 제시해 주었다.

그렇기 때문에 '육서설'은 『說文解字』의 자형 분석의 체례를 이해하는 관건이 될 뿐만 아니라, 양한시대 문자학 이론을 파악하는 데 강령이 되기도 한다.[34] 허신 이후로 '육서설'은 줄곧 한자학 이론의 핵심적인 문제가 되었으며, 또한 후대에 수많은 학자들도 그것을 대단히 중요시했다.

2) 육서의 명칭과 차례

후대의 여러 문자학 학자들이 육서의 명칭과 차례에 대하여 논의하

---

33) 許愼, 『說文解字』「敍」 周禮八歲入小學, 保氏敎國子, 敎之六書. 一曰指事, 指事者, 視而可識, 察而見意, 上、下是也; 二曰象形, 象形者, 畫成其物, 隨體詰詘, 日、月是也; 三曰形聲, 形聲者, 以事爲名, 取譬相成, 江、河是也; 四曰會意, 會意者, 比類合誼, 以見指撝, 武、信是也; 五曰轉注, 轉注者, 建類一首, 同意相受, 考、老是也; 六曰假借, 假借者, 本無其字, 依聲托事, 令、長是也

34) 黃德寬·陳秉新, 하영삼 역, 『漢語文字學史』(서울 : 동문선, 2000), 69~70쪽.

였는데 학자들마다 명칭이나 차례가 같지 않았다.

역대 여러 학자들이 육서의 명칭과 차례를 설정한 것을 표로 제시하면 다음과 같다.35)

〈육서의 명칭과 차례〉

인명	서명	명칭과 차례
班 固	『漢書藝文志』	象形、象事、象意、象聲、 轉注、假借
鄭 衆	『周禮解詁』	象形、會意、轉注、處事、 假借、諧聲
許 愼	『說文解字敍』	指事、象形、形聲、會意、 轉注、假借
衛 恒	『四體書勢』	指事、象形、形聲、會意、 轉注、假借
顧野王	『玉　篇』	象形、指事、形聲、轉注、 會意、假借
陳彭年	『廣　韻』	象形、會意、諧聲、指事、 假借、轉注
鄭 樵	『通志六書略』	象形、指事、會意、諧聲、 轉注、假借
王應麟	『困學紀聞』	象形、指事、會意、諧聲、 轉注、假借
張 有	『復 古 篇』	象形、指事、會意、諧聲、 假借、轉注
趙古則	『六書本義』	象形、指事、會意、諧聲、 假借、轉注
吳元滿	『六書正義』	象形、指事、會意、諧聲、 假借、轉注
戴 侗	『六 書 故』	指事、象形、會意、轉注、 龤聲、假借
楊 桓	『六書溯源』	象形、會意、指事、轉注、 諧聲、假借
王應電	『同文備考』	象形、會意、指事、諧聲、 轉注、假借

위의 표에서 알 수 있듯이 육서의 명칭 중에서 공통인 것은 상형(象形), 전주(轉注), 가차(假借)뿐이다. 그 나머지는 지사(指事)=상사(象事)=처사(處事), 회의(會意)=상의(象意), 형성(形聲)=상성(象聲)=해성(諧聲)=해성(龤聲)과 같이 여러 다른 이름이 있었다.

이에 대해 이돈주(李敦柱)는 반고(班固)가 제시한 사상(四象) 가운데 '象形'을 제외한 '象事·象意·象聲'은 명칭으로 타당하지 못하다고 보았다. 왜냐하면 사물은 형태가 있기 때문에 당연히 본뜰 수

35) 李敦柱, 앞의 책, 146쪽. '육서의 명칭과 차례'에 대한 내용은 이돈주의 논의를 참고하여 정리하였음.

있지만, '事·意·聲'은 형체가 없으므로 본뜰 수 없기 때문이다.

또 정중(鄭衆)은 '指事'를 '處事'라 하였는데 지사(指事)보다 명확한 것 같지 않다. '指'는 '指示·指明'의 뜻이고, '事'란 '동작·상태·위치' 등과 같이 추상적인 것이므로 구체적인 형으로 본뜰 수가 없다. 다만 부호로써 지시·지명할 수밖에 없었던 것이다. 만약 처사(處事)라고 한다면 개념이 쉽사리 통하지 않을 것이다.

형성(形聲)은 형부(形部)와 성부(聲部)가 서로 결합한 것이다. 그런데 해성(諧聲) 혹은 해성(龤聲)이라고 한다면 오로지 성부만 중요시되고, 형부가 감추어서 형성이라는 의미가 분명하게 드러나지 않는다. 이와 같은 견지에서 육서의 명칭은 허신의 것이 타당하다고 여겨진다.

육서의 차례 역시 반고(班固), 허신(許愼), 정중(鄭衆) 세 사람의 서술이 서로 다르며 그 뒤의 문자학자들도 일정하지 않다. 후세에 육서의 차례를 정할 때 왕명성(王鳴盛, 1722~1797)의 「六書大意」, 정역림(程棫林) 「六書次第說」, 장행부(張行孚) 「六書次第說」 등은 모두 허신을 따랐고, 공광거(孔廣居) 「論六書次第」, 황이주(黃以周) 「六書通攷」 등은 반고의 차례를 따랐다.[36] 정중의 설을 따른 사람은 아주 드물다.

오늘에 이르기까지 교육 현장에서 육서의 명칭은 허신의 것을 따르고, 차례는 반고의 설을 따라 상형(象形), 지사(指事), 회의(會意), 형성(形聲), 전주(轉注), 가차(假借) 순으로 지도하여 왔다. 이 중 '상형'·'지사'·'회의'·'형성'은 새로운 글자를 만드는 원리이고, '전주'·'가차'는 이미 만들어진 글을 응용하는 원리이다. 이중 '가차'와 '전주'는 학설이 다양하여 학습에 혼동을 주므로 2007년 개정 한문과 교육과정에서는 초·중등학교 학습에서 '상형'·'지사'·'회의'·'형성'을 중심으로 학습하기로 하였다.

36) 丁福保, 『說文解字詁林』 第1冊, 107~118.

3) 육서 이론의 교육적 활용

허신이 『說文解字』를 통해 제창한 육서 이론은 당대에 쓰이던 한자를 연역적인 방법으로 분류하여 창안해낸 것으로 오늘날의 관점에서 보면 여러 가지 오류가 있다. 왜냐하면 허신이 『說文解字』를 편찬하면서 기준으로 삼았던 서체는 소전(小篆)이라고 할 수 있는데, 소전 이전의 금문(金文)이나 갑골문(甲骨文)을 연구한 문자학 이론을 통해 보면 육서 이론은 태생적으로 한계가 있었다.

그러나 초등학교나 중・고등학교의 학습자에게 문자학 이론의 모든 내용을 반영하여 지도할 수도 없고, 그렇게 할 필요성도 없으므로 학습자의 발달 수준에 맞게 문자학 이론들을 활용하여 학습할 수 있도록 지도하는 것이 타당할 것이다.

그런 측면에서 육서 이론은 학습자의 발달 수준에 맞게 활용한다면 교육적으로 활용이 가능한 유용한 학습 이론이라고 할 수 있다. 비록 허신의 육서 분류가 온전하고 적확한 내용은 아니지만 한자의 구성 원리인 짜임을 통해 한자의 음과 뜻을 익힐 수 있는 효율적인 방법임은 부정할 수 없다.

그러므로 실제 교실 수업 현장에서 학습자에게 한자를 지도할 때 육서 이론을 활용하여 지도하면 학습자들이 한자의 짜임을 통해 한자의 음과 뜻을 이해하게 되므로 학습의 흥미와 효과를 꾀할 수 있는 것이다. 다만 학습자들에게 육서 자체에 대한 이론 설명이나 한자를 육서 중의 어느 하나로 분류하는 활동을 중심으로 수업을 진행하게 되면 오히려 한자 학습에 대한 거부감을 가져올 수 있으므로 주의가 필요하다.

특히 초등학생 또는 중학생 수준의 학습자에게는 상형(象形), 지사(指事), 회의(會意), 형성(形聲), 전주(轉注), 가차(假借)와 같은 육서 분류 용어의 개념을 설명하거나 한자를 육서 중의 하나로 분류하는 활동은 지도할 필요가 없다. 육서 이론에 대한 내용은 한자를 이해하기 위한 과정으로 필요한 것이지 육서 분류 자체가 한자를 이해하는 목표가 되어서는 안 될 것이다.

육서 이론은 학습자들에게 한자의 짜임〔六書〕을 통해서 형・음・의를 통합적으로 이해하게 함으로써 한자 학습의 효과를 높일 수 있다. 다시 말하면, 육서(六書) 자체에 대한 이해는 교사의 일인 것이며, 학습자들에게는 육서 자체를 가르칠 것이 아니라 한자의 구성 원리인 육서를 통해서 한자를 흥미롭게 배우고, 그 음과 뜻을 쉽게 이해하도록 함으로써 한자 학습의 효과를 꾀하여야 할 것이다. 또한 육서 이론 가운데 전주와 가차는 많은 이론(異論)이 있고, 내용을 이해하기 어려운 면도 있으므로 지도에 주의를 기울여야 한다.

한문교육용 기초한자 1,800자 중에서 중학교용 900자의 한자를 육서에 의해 분류해 보는 것도 한자 교수・학습을 하는 데 의미 있는 일일 것이다. 대개 초등학교 학습자용 한자도 중학교용 900자의 범위 내에서 이루어지고 있기 때문에 중학교용 900자 중에서 초등학교 학습자에게 육서 이론을 통해 가르칠 수 있는 한자를 선정할 수 있을 것이다.

한문교육용 기초한자 중 중학교용 900자의 범위 안에서 육서를 활용하여 지도할 수 있는 한자를 분류하여 보면 아래의 표와 같다.37)

육서 중 상형(象形)・지사(指事)・회의(會意)・형성(形聲)은 새로운 한자를 만드는 원리〔造字〕와 관련되고, 가차(假借)와 전주(轉注)는 이미 만들어진 한자를 응용하는 원리〔用字〕와 관계되므로 가차와 전주에 관한 내용은 제시하지 않았다.

---

37) 박성규・윤재민・백광호・양원석, 「초등학교 한자교육을 위한 초급한자 선정에 관한 연구」, 『한자한문연구소 제7회 연구발표자료집』(서울 : 고려대학교 한자한문연구소, 2007), 16~17쪽.

〈중학교용 900자의 육서 분류〉

분류	내 용
상형자 (187)	角 干 甲 車 建 犬 京 庚 慶 癸 考 高 曲 工 果 交 口 久 求 弓 今 其 己 南 乃 女 能 單 大 刀 東 斗 豆 樂 卵 來 良 力 老 六 立 馬 萬 亡 每 免 面 毋 毛 木 目 卯 無 戊 舞 門 文 勿 未 米 民 方 白 凡 丙 夫 父 不 朋 非 飛 士 舍 巳 山 殺 尙 商 西 夕 石 席 舌 小 少 水 手 首 須 戌 示 氏 身 臣 申 辛 心 兒 我 也 弱 若 羊 魚 於 業 余 熱 榮 五 午 烏 玉 瓦 王 牛 友 雨 憂 又 尤 雲 云 月 爲 由 酉 有 肉 乙 衣 耳 已 而 人 因 日 壬 入 子 自 長 才 田 全 丁 井 帝 早 鳥 兆 足 主 竹 中 止 辰 盡 次 且 冊 天 川 泉 丑 充 蟲 齒 土 貝 片 風 豐 匹 夏 亥 行 革 虎 戶 火 華 黃 皇 回 凶 黑
지사자 (26)	甘 九 丹 末 本 四 三 上 失 十 亦 曰 于 元 二 一 朱 只 之 尺 寸 七 太 八 下 乎
회의자 (277)	家 加 各 間 看 敢 降 改 皆 開 更 去 巨 居 見 決 敬 競 季 計 古 故 告 谷 困 坤 骨 共 公 科 過 官 關 光 國 君 軍 金 及 幾 旣 吉 男 內 年 農 多 短 達 對 到 道 圖 同 冬 得 等 登 兩 量 旅 連 列 令 勞 料 流 留 律 里 利 林 買 賣 麥 名 命 明 鳴 妙 武 聞 美 尾 反 半 拜 百 番 伐 法 別 兵 保 步 報 伏 奉 婦 北 分 比 備 鼻 貧 氷 史 師 死 思 事 射 絲 算 散 相 喪 色 生 書 昔 先 善 雪 設 成 省 聖 聲 世 歲 素 笑 孫 受 守 秀 叔 宿 順 習 乘 承 是 食 實 甚 安 野 養 言 與 如 易 炎 永 屋 臥 外 要 浴 用 容 右 原 位 危 威 幼 育 音 邑 應 義 醫 意 以 異 益 引 仁 寅 印 者 作 章 再 爭 赤 展 電 典 戰 絶 正 貞 弟 祭 朝 族 尊 卒 從 宗 左 坐 罪 晝 走 衆 卽 曾 知 支 至 直 眞 進 質 集 執 此 察 參 昌 妻 千 初 最 秋 追 祝 出 取 就 吹 致 則 打 泰 退 敗 便 平 閉 暴 表 品 皮 必 筆 何 學 寒 閑 合 解 幸 香 鄕 向 血 兄 刑 惠 好 號 或 化 畫 會 孝 後 休 興 喜 希
형성자 (410)	佳 街 可 歌 價 假 脚 渴 減 感 江 講 强 個 客 擧 乾 堅 結 潔 景 輕 經 耕 驚 界 溪 鷄 固 苦 穀 功 空 課 觀 廣 校 敎 橋 救 究 舊 句 郡 權 卷 勸 貴 歸 均 極 近 勤 根 禁 給 急 記 期 基 氣 技 起 暖 難 念 怒 端 但 談 答 堂 當 代 待 德 度 島 都 徒 獨 讀 洞 童 動 頭 燈 落 浪 郞 冷 凉 歷 練 烈 領 例 禮 路 露 綠 論 柳 陸 倫 理 李 莫 滿 晩 望 忙 忘 妹 勉 眠 暮 務 茂 墨 問 物 味 密 朴 飯 發 放 訪 房 防 杯 變 病 福 服 復 逢 富 扶 部 否 浮 佛 悲 仕 謝 使 寺 私 產 常 賞 霜 想 傷 序 暑 惜 線 選 鮮 船 仙 說 姓 性 城

	誠盛星洗稅細勢所消俗速續送松授收數誰雖愁樹 壽修淑純崇拾勝市時詩視始施試植識式神信新室 深惡案顔眼暗巖仰愛哀夜約藥洋陽讓揚語漁憶億 嚴餘汝逆然研煙悅葉英迎藝吾悟誤溫完往欲勇宇 遇運雄遠園願怨圓偉油猶唯遊柔遺恩銀飮陰吟泣 議依矣移忍認字慈姉昨場將壯材財在栽哉貯低著 的適敵前傳錢節店接政定情庭精頂停靜淨題除製 第諸造調助祖存種終鐘注住酒宙重增證地指志紙 枝持借着唱窓採菜責處淺鐵靑淸聽請晴體草招村 推春忠治親針快他脫探宅通統投特波破判篇布抱 彼賀河韓漢恨限恒海害虛許現賢協形湖呼混婚紅 花和話貨歡患活效厚訓胸

이상 중학교용 900자의 육서 분류는 육서 이론을 교육적으로 활용하기 위한 기초 자료이다. 육서 이론은 한자의 조자(造字) 원리 및 용자(用字) 원리를 정의한 것으로, 한자를 분석하는 유용한 기준과 방법으로 현재 사용하고 있다. 육서 이론 가운데 상형·지사·회의·형성은 한자가 어떠한 구성 요소로 어떻게 만들어졌는지의 원리를 밝힌 것이다. 이 네 가지 원리의 이해는 학습자들이 한자의 뜻과 음을 익히는 데에 효과를 기대할 수 있는 방법 중의 하나이다.

앞에서 기술하였듯이 한자의 자체(字體)는 갑골문(甲骨文)으로부터 출발하여 금문(金文), 대전(大篆), 소전(小篆), 예서(隷書), 해서(楷書) 등으로 변화·발전하는 과정을 거쳤다. 이러한 변화·발전 과정에 따라, 한 글자의 조자 원리는 고문 자형과 현대 자형에서 다르게 분석될 수 있다. 예를 들면, '酒'자의 경우 갑골문에서는 상형으로 분석되지만, 현대 자형에서는 형성으로 분석된다.[38] 그러므로 조자 원리 분석 작업을 할 때 어떠한 자형을 분석 대상으로 삼을지에 대한 기준이 먼저 제시될 필요성이 있다.

38) 박성규 외, 앞의 논문, 15쪽.

한 글자의 자형을 육서로 분류하는 것이 절대적 기준에 의해 이루어질 수 없고, 문자학 학자마다 이론이 있을 수 있다. 그렇다고 하여 교사가 여러 가지 이론을 수용하여 학습자에게 다양한 정보를 제공하는 것은 오히려 학습자에게 혼란을 초래할 수 있다. 교사는 일정한 기준을 정한 뒤에 기준에 따라 분류한 대로 한자가 만들어진 원리를 이해할 수 있도록 교수·학습을 진행하여야 할 것이다. 위의 〈표〉는 갑골문, 금문 등의 고문자형을 조자 원리 분석의 대상으로 삼은 것이다. 고문 자형을 기준으로 삼은 것은 문자학의 연구 성과를 반영할 수 있기 때문이다.

위의 표에서 상형(象形)으로 분류한 187자는 사물의 모양을 본떠서 만든 글자이므로 학습자들이 네 가지 분류 가운데 가장 쉽게 이해할 수 있다. 지사(指事)로 분류한 26자는 사물의 모양을 본뜬 글자에 일정한 지시 부호가 첨가된 것으로 상형에 비해서는 다소 어렵다고 할 수 있지만, 합체자인 회의·형성에 비해서는 쉽게 이해할 수 있다. 회의(會意)로 분류한 277자는 독체자(獨體字)인 상형·지사에 비해 다소 시각성이 결여된 형태이나, 뜻과 뜻이 결합한 합체자(合體字)이므로 각 독체자의 의미를 이해하고 있다면 한자의 의미를 유추하여 이해하는 학습 방법을 적용해 볼 수 있다.

형성(形聲)으로 분류한 410자는 네 가지 조자 원리 가운데 가장 복잡한 형태로 뜻을 나타내는 부분과 음을 나타내는 부분이 결합된 합체자이다. 의부(義部)와 성부(聲部)로 구분하였을 때, '校, 訪, 視, 住' 등의 한자처럼 성부의 소리가 오늘날의 소리와 같은 경우에는 학습자들이 비교적 쉽게 이해할 수 있다. 그러나 '江, 河, 詩, 俗' 등과 같이 소리가 변하였거나 '乾, 穀, 禁, 藝' 등과 같이 의부와 성부를 쉽게 구분하기 어려운 경우에는 학습자들이 이해하는 데 어려움을 겪게 된다.

그러므로 교사는 위의 분류표를 참고로 하여 한자를 처음 학습하는 학습자에게는 학습자들이 이해하기 쉬운 상형의 원리에 해당하는 한자부터 익힐 수 있도록 학습 과정을 구성해야 한다. 상형자를 먼저 익히기 시작하여 지사 · 회의 · 형성의 원리에 해당하는 한자를 학습하는 것이 학습의 난이도 상 적절하다고 볼 수 있다. 다만 상형의 원리에 해당하는 한자가 아니더라도 일상생활에 활용도가 높은 한자이거나 교과서의 노출 빈도가 높은 한자는 초기에 학습할 수 있도록 해야 한다.

4) 육서설의 한계와 새 이론

한나라 때에 정립된 육서설은 한자의 구조를 분석하는데 지대한 기여를 하였다. 다만 한대(漢代)는 한자학 발전의 초기 단계에 해당하기 때문에 한대 학자들의 한자 구조에 대한 인식과 연구는 그리 완전한 것이 못된다. 그리고 '六'가지란 한자의 구조 및 사용 정황에 대한 이론도 실제 한자를 분석할 때 설명할 수 없는 경우가 허다하다.39)

육서론은 허신이 갑골문을 보지 못하고 소전을 한자의 전범으로 보고 만든 것이기 때문에 모든 한자의 자체(字體)를 분석하기에는 적합하지 않다. 곧, 육서론은 소전체를 설명해내는 데에는 손색없는 이론이었을지라도 갑골문, 금문, 전서, 예서, 행서, 해서 등으로 다양하게 변화를 거듭한 한자의 각 단계마다의 구조적 특징을 통시적으로 분석하기에는 적합하지 않다는 것이다. 특히 고문자(古文字) 단계인 소전의 분석 이론을 금문자(今文字) 단계인 해서의 분석에 적용하는 것은 여러 가지 논리적 모순을 수반할 수밖에 없다.

육서론의 결점은 첫째는 정밀하지 못하여, 그것으로 모든 한자를

39) 韓延錫, 『漢字學槪論』(서울:보고사, 2008), 231쪽. 육서론의 모순에 대한 내용은 이 책의 190~199쪽에 상세히 기술되어 있음. 이하 육서설의 한계와 새 이론에 관한 내용은 앞 책의 189~253쪽의 내용을 참고하여 정리하였음.

분석할 수 없다는 것이고, 둘째는 명료하지 못하여, 육서론이 가리키고 있는 정의를 명확히 알기 어렵다는 것이다. 그러나 육서론은 허신이라는 걸출한 문자학자의 명망으로 인하여 근세까지는 그 이론에 문제다운 문제를 제기하는 사람이 없었다. 1930년대에 들어 비로소 당란(唐蘭)에 의해 정식으로 문제제기가 있었고, 그 후 진몽가(陳夢家), 구석규(裘錫圭), 왕녕(王寧) 등에 의해 육서론을 극복할 수 있는 대안으로 삼서설, 구형학(構形學) 등이 제안되었다.

당란(唐蘭)은 육서론의 한계를 지적하고 새로운 한자 분석 이론인 '삼서설'을 제안하였다. 1935년 출판된 『古文字學導論』과 1949년 출판된 『中國文字學』에서 상형(象形)문자, 상의(象意)문자, 형성(形聲)문자의 삼서(三書)로 한자의 기본유형을 분석해야 한다고 주장하였다. 상형문자는 하나의 사물을 그려내는 것이다. 한번 척 보기만 하면 알 수 있다.

말의 모양을 보고 말이라 하고, 소의 모양을 보고 소라고 하는 것처럼, 이름과 사실이 부합되는 것으로써, 이를 '명(名)'이라고 부른다. 상의문자는 한 개의 물체로 그려낼 수는 없지만, 물체의 형체의 변화, 증손(增損), 혹은 두 개 이상의 물체의 모양을 결합하여 모종의 상태를 표시하는 것이다. 독자들로 하여금 모아진 부건(部件)의 뜻으로 나타내고자 하는 물체를 유추할 수 있게 한다. 물체가 서로 섞인 것을 '문(文)'이라고 한다. 그래서 그를 '文'이라고 부른다. 이들 3가지 사이의 경계는 쉽게 분간할 수 있다. 상형, 상의와 형성의 구별은, 형성은 성부(聲符)가 있다는 것이다.

진몽가(陳夢家)는 1956년 출판된 『殷墟卜辭綜述』의 '문자'장에서 당란의 삼서설을 비판하고 자신이 논한 삼서설을 제시하였다. 그는 가차자도 당연히 한자의 기본 유형에 들어가야 한다고 하며, 상형과 상의를 합해 상형으로 하고 상형, 가차, 형성 3종으로 나눌 것을 주장하였다.

구석규(裘錫圭)는 당란의 육서설에 대한 비판은 문자학 연구에 공헌을 하였다고 인정하면서도, 당란의 삼서설은 거의 주의할 만한 가치가 없는 것이라고 비판하였다. 구석규는 1988년 출판된 『文字學概要』에서 당란의 삼서설에 대한 진몽가의 비판을 참고하고, 자신의 견해를 덧붙여 새로운 삼서설을 주장하였다. 그는 문자를 크게 표의자(表意字), 형성자(形聲字), 가차(假借)의 삼서로 분리하고, 다시 삼서의 표의자는 '추상자(抽象字), 상물자(象物字), 지시자(指示字), 상물자(象物字)식의 상사자(象事字), 회의자(會意字), 변체자(變體字)' 등으로 세분하였다.

왕녕(王寧)은 육서론은 한대(漢代)인들이 소전을 분석하기 위해 만든 한자결구모식(漢字結構模式)으로 소전의 총체적 분석에는 적합할지라도 서로 다른 역사 단계에 있는 문자를 분석하기에는 부적절하다고 여기고 11종 모식(模式) 즉, 구형학(構形學)을 제안하였다. 그는 한자는 구건(構件)의 조합으로 이루어졌고, 이 구건은 참구(參構)한 한자 속에서 자신이 담당하고 있는 구의(構意)를 드러낸다고 하면서, 이 구건의 역할을 '표형공능(表形功能)', '표의공능(表義功能)', '시음공능(示音功能)', '표시공능(標示功能)' 등으로 나누었다. 그리고 이 4종이 한자의 결구(結構) 속에서 체현(體現)하는 바에 근거하여 한자의 결구모식을 11종으로 나누었다.

왕녕의 구형학 이론은 한자의 뜻을 합리적으로 설명할 수 있고, 한자를 과학적으로 분석할 수 있어서 중국의 사범대학과 교육대학의 교수, 중고등학교 교사들에 의해 빠르게 보급되고 활발히 논의되고 있다.

육서를 중심으로 한자의 구조를 분석하고 있는 우리의 교육 현장에서 구형학 이론을 한자 구조 분석에 적용하게 된다면 과학적이고 합리적인 한자 교육을 하는데 도움이 될 것이다.

3. 현대 한자학과 식자(識字) 교육

현대 한자학(漢字學)은 중국의 고문자학(古文字學)과 대립되는 개념이다. 문자학 또는 고문자학이 한자의 고문(古文) 자형(字形)이나 자의(字義) 및 자음(字音)을 연구의 대상으로 삼는다면 현대 한자학은 현대 중국어에서 사용하고 있는 한자를 연구 대상으로 삼는다. 현대 한자학이 비록 고문자학과는 연구 대상이나 방법이 확연하게 다르지만, 한자 교수・학습의 외연을 넓힌다는 측면에서 참고할만한 중요한 내용이다.

여기에서는 먼저 현대 한자학의 개념과 연구사를 검토하여 보고, 중국의 현대 한자학 연구가 우리나라의 한자 교육 정책에 줄 수 있는 시사점에 대해 논의해 보고자 한다. 또한 중국의 식자(識字) 교육의 방법과 식자 교재를 살펴보고 이것으로부터 우리의 한자 교육에 활용할 수 있는 방법을 찾아보고자 한다.

1) 현대 한자학

한자의 생성지인 중국에서는 1980년대에 접어들면서 현재에 사용되고 있는 한자, 즉 현대 한자학(現代漢字學)이 본격적으로 등장하였으며, 이에 대한 연구가 진행되고 있다. 비록 현대 한자학이 현대 한자를 대상으로 연구하기 때문에 간화자(簡化字)처럼 우리가 사용하지 않는 글자를 연구 대상으로 하지만, 한자 교육이라는 거시적인 측면에서 보면 우리가 참고할 수 있는 내용이 많다.

일반적으로 현대 한자란 '현대 중국어에서 사용되고 있는 한자'를 말한다. 중국에서 서면어(書面語)로 쓰이고 있는 한자는 고대 한어(古代漢語) 전용 한자, 고금 통용(古今通用) 한자, 현대 한어(現代

漢語) 전용 한자로 나눌 수 있다. 이 중에서 고금 통용 한자와 현대 한어 전용 한자를 현대 한자로 볼 수 있다. 고대 한어에 쓰이는 한자와 현대 한어에 쓰이는 한자를 비교해 보면 다음과 같다.

① 사용되는 글자가 완전히 일치하지 않는다. 즉 어떤 글자는 고대 한어에서만 사용되고, 어떤 글자는 현대 한어에서만 사용되며, 어떤 글자는 고대 한어와 현대 한어에 통용되어 쓰인다.
② 어떤 글자는 비록 고대 한어와 현대 한어에 통용되어 쓰이지만 담고 있는 뜻이 같지 않다.
③ 같은 글자가 고대 한어와 현대 한어에 통용되어 쓰이지만 음과 뜻이 모두 같지 않다.
④ 어떤 글자는 고대 한어에서 하나의 한자가 단독적으로 단어(詞)가 되는데, 현대 한어에서는 단독으로 단어가 되지 못하는 경우가 있다.
⑤ 현대적 시각으로 보면 고대 한어는 폐쇄적 계통이라서 한자의 자량(字量) 및 음(音)·의(義)의 변화가 적은 편이지만, 현대 한어는 개방적 계통이어서 한자의 자량 및 음·의의 변화가 발생한다.[40]

이상의 내용으로 볼 때 현대 한자는 '현대 중국어를 기록하기 위한 백화문(白話文)에서 사용하는 한자로써 고금 한어 통용 한자 및 현대 한어 전용 한자'라고 다시 정의할 수 있다.

현대 한자학은 1980년 주유광(周有光, 1906~)이 「現代漢字學發凡」이라는 논문을 발표한 뒤로 확립된 것으로, 그는 "현대 한자학

---

40) 蘇培成, 『現代漢字學要綱』(北京 : 北京大學出版社, 2001), 21~23쪽.
第一, 所用的字不完全相同. 有些字是古代漢語專用的; 有些字是現古代漢語專用的; 有些字是古今漢語專用的.
第二, 有些字雖然在古代漢語和現代漢語里都要用的, 但是所負載的意義不同.
第三, 同一介字在古代漢語和現代漢語里所負載的音和義都不同.
第四, 有些字在古代漢語中可以單獨成詞, 在現代漢語中不能單獨成詞.
第五, 從現代的角度看, 古代漢語用字是封閉的系統, 字量和每个字所負載的音義不會再有變化; 現代漢語用字是開放的系統, 字量和每个字所負載的音義都可能發生變化.

은 현대 한자의 특성과 문제를 연구하는 것이고, 그 목적은 오늘과 내일의 응용을 위해서이며, 현대 생활 중 한자의 불편함을 덜기 위함이다."[41]라고 주장을 하였다.

중국의 현대 한자학 연구는 우리나라의 한자 교육 정책과 관련하여 여러 가지 시사점을 줄 수 있다. 한자의 속성에 관한 연구 분야를 통해 그 일단을 살펴볼 수 있다. 중국에서는 상용한자(常用漢字)의 자량(字量)을 확정하기 위하여 국가어언문자공작위원회(國家語言文字工作委員會)에서 검증 작업을 실시하였는데 그 과정이 매우 과학적이고 치밀하였다.

우선 상용자 선정을 위해 1928년부터 1987년까지 이루어진 통계자료를 두루 사용하였는데, 이는 한 시기에 편중된 통계 결과를 방지하기 위해서이다. 또한 한자의 다양한 분야에서의 사용 여부, 즉 분포와 사용도에 대한 통계 연구를 진행하였다.[42] 이는 어느 특정 분야에서만 사용 빈도가 높은 한자를 상용자로 선정하게 되는 문제점을 피하기 위해서이다.

이와 같이 국가에서 상용한자를 정할 때에는 통시적·공시적으로 두루 넓게 자료를 이용하여야 자료의 편중을 막을 수 있다. 우리의 경우 1972년 한문교육용 기초 한자 1,800자를 제정한 후, 2000년도에 1,800자의 조정 작업을 하였는데 그 근거가 된 것이 1999년 2월 국립국어연구원에서 실시한 '한자 사용 빈도 조사' 연구 결과였다.[43] 이를 보면 우리의 언어 정책이 매우 소루(疏漏)한

41) 허철, 「현대한자학의 개념과 연구영역」, 『한문학보』 제10집(우리한문학회, 2004), 331~335쪽.

42) 한자 사용 분포의 통계 자료로는 1985년 3월 北京航空學院 計算机科學與工程系와 中國文字改革委員會 漢字處가 공동으로 연구하여 제출한 「現代漢語常用字頻度表」를 사용하였다. 이 자료에서는 다음과 같이 10개 분야의 한자 사용 빈도표를 제시하고 있다: 文體生活用字頻度表 / 歷史哲學用字頻度表 / 政治經濟用字頻度表 / 新聞報道用字頻度表 / 文學藝術用字頻度表 / 建築運輸用字頻度表 / 農林牧漁用字頻度表/ 輕工業用字頻度表 / 重工業用字頻度表 / 基礎知識用字頻度表 cf. 박성규 외, 앞의 논문, 24쪽.

자료에 의존하고 있음을 알 수 있다.

중국에서는 '현대한어상용자표(現代漢語常用字表)'에 등재할 한자를 선정하기 위하여 네 가지 원칙을 세웠는데, 그 원칙은 다음과 같다.

① 한자의 사용 빈도에 근거하여, 사용 빈도율이 높은 글자를 우선적으로 선정,
② 여러 분야에서의 분포와 사용도가 높은 한자 선정,
③ 한자의 구자(構字) 능력 및 구사(構詞) 능력이 강한 글자를 선정,
④ 한자가 현재의 언어생활에서 실제 사용되고 있는 상황을 고려하여 선정, 즉 문어체에서 적은 빈도로 사용되지만 일상 생활용어로 자주 쓰이는 글자인 경우 선정 대상에 포함시킴.

우리의 경우에도 교육인적자원부에서 출간한 『漢文敎育用 基礎漢字 1800字 調整白書』를 보면 선정 기준이 나와 있는데, 그 내용은 다음과 같다.

① 한자・한문 교육에서의 학습성과 지적 수준,
② 일반 공공에서의 사용도,
③ 각 글자의 기능도,
④ 표의적 유용성-표의 효과, 의미의 중요도, 식별성, 그리고 문장 표기 안에서의 구실.[44]

---

43) 韓國漢文敎育學會에서 교육부의 의뢰를 받아 1972년 제정된 '한문 교육용 기초 한자'를 조정하기 위한 연구를 할 때에는 우리나라・북한・일본・중국・대만 등 5개국 8개 기관의 교육용 기초 한자, 혹은 상용한자의 자종(字種)을 고려하여 표제자 4,979자를 선정하고 점수화하여 자종 선별의 근거로 삼았다. cf. 『한문교육용 기초한자 1800자 조정백서』(서울 : 교육인적자원부, 2001), 30쪽.

44) 교육인적자원부, 『漢文敎育用 基礎漢字 1800字 調整白書』(서울 : 교육인적자원부 교육과정정책과, 2001), 28쪽.

위의 두 가지 자료는 각국의 언어 교육 환경이 다르기 때문에 동일한 시각으로 단순 비교하기는 어렵다. 중국의 경우에는 모국어인 한어 교육을 위한 상용자를 제정하기 위한 기준이고, 우리의 경우에는 모국어의 표기 방법이 아니라 중등학교에서 한문 교육을 실시하기 위해서 제정한 기준이기 때문이다.

이 밖에도 우리말 어휘의 다수를 차지하고 있는 한자 어휘의 교육, 언어 교육 정책으로서의 한자 표기, 한자의 대표 훈음(訓音)의 선정, 전문 분야의 한자 어휘 사용 실태, 컴퓨터를 통한 한자 정보처리 등의 여러 분야에 중국의 현대 한자학 연구는 많은 시사점을 줄 수 있다.

2) 식자교육

현대 한자학 연구의 주요 분야 가운데 한 가지가 식자교육(識字教育)에 대한 연구이다. 식자교육은 한자를 제1문자로 사용하는 중국 사람들의 어문교육정책의 기초를 차지하고 있으며, 합리적이고 과학적인 한자 교육 방법을 마련하기 위한 중국 사람들의 노력이라고 할 수 있다.

학교는 과학적인 방법으로 학생들을 가르칠 수 있는 어문교육정책이 필요하였으며, '무엇 때문에 가르치고', '무엇을 가르치며', '어떻게 가르치며', '무엇을 배웠는가' 등 일련의 교육 문제에 대해 충분히 체계적인 답을 할 수 있어야 했다. 어문은 학교에서 학과 교육의 기초 도구로 설치된 것으로, 식자교육은 '기초의 기초'로 몽학(蒙學) 식자 교육의 내용으로는 포용할 수 없는 것이었다.[45] 이처럼 중국에서는

45) 現代學校需要自成科學体系的語文教育, 它應該能够系統地回答 "爲什么教"、"教什么"、"怎樣教"和"學到什么"等一系列基本的教育問題; 語文在學校里是作爲基础工具學科教育設置的, 而識字教育則是 "基础的基础", 当然, 這是蒙學識字的內涵无法包容得了的. cf. 戴汝潛 主編, 『漢字教与學』(濟南 : 山東教育出版社, 2000), 111쪽.

학생들에게 과학적인 방법으로 어문교육정책을 수립하여 시행하고자 노력하여 그 결과 다양한 식자교육 방법을 개발하게 되었다.

중국의 여러 가지 식자교육 방법은 중국 사람들이 한어(漢語)를 교육시키기 위한 어문교육정책으로 마련한 것으로 모국어 교육의 입장에서 개발한 것이다.

중국은 국가어언문자공작위원회(國家語言文字工作委員會)에서 1988년에 공표한 '현대한어상용자표(現代漢語常用字表)'에 따라서 상용자(常用字) 2,500자와 차상용자(次常用字) 1,000자를 9년 의무교육 과정 중에 익히도록 하고 있다. 초등학교 과정에서 상용자 2,500자를 익히고 중학교에서 1,000자의 차상용자를 익히도록 어문교육을 시행하고 있기 때문에 한자를 모국어 표기 수단으로 삼지 않는 우리나라의 어문교육정책과는 괴리가 크다고 할 수 있다. 이상의 식자교육 방법 중에서 우리나라의 한자교육 방법에 활용할 수 있는 것을 살펴보면 다음과 같다.

가) 집중식자

집중식자(集中識字)는 요녕성(遼寧省)의 흑산북관실험학교(黑山北關實驗學校)에서 1958년 처음으로 시작하였다.[46] 이후 북경의 경산학교(景山學校) 및 중앙교육과학연구소(中央教育科學研究所)도 이 연구에 참여하였다.

집중식자법에서는 소학교 한자 교육에 있어서 '먼저 글자를 익히고 나중에 읽기 교육을 한다(先識字 後閱讀).'라는 주장을 내세우고 있다. 이것은 저학년 학생들은 집중적으로 글자 익히기를 진행하고, 고학년 학생들은 읽기와 쓰기 교육을 중심으로 해야 한다는 것이다.

---

46) 戴汝潛 主編, 위의 책, 174쪽. '集中識字' 是遼寧黑山北關實驗學校賈桂芝, 李鐸等在 1958 年創始的.

집중식자방법으로 구성된 교재를 예시하면 다음과 같다.47)

组 词

四十	*forty*
五十	*fifty*
六十	*sixty*
七十	*seventy*
八十	*eighty*
九十	*ninety*
一月	*January*
二月	*February*
三月	*March*
四月	*April*
五月	*May*
六月	*June*
八月	*August*
九月	*September*
十月	*October*
十一月	*November*
十二月	*December*
星期一	*Monday*
星期二	*Tuesday*
星期三	*Wednesday*
星期四	*Thursday*
星期五	*Friday*
星期六	*Saturday*
星期日	*Sunday*
日期	*date*
今天	*today*
天天	*everyday*
月月	*every month*
年年	*every year*
我的	*my; mine*
一个月	*one month*
三年	*three years*

口 语

（一）

今天星期一。
今天五月二十七号。
今年是一九八九年。
四月十七号是星期日。
五月四号是我的生日。
我女朋友的生日是八月六号。
星期天是她朋友的生日。
我的生日是这个星期六。
这个月是十二月。
这个星期三是我的生日。
这是她的出生日期。
这是她的朋友。
她是女的。
她是我的女朋友。
她是我的朋友。
我是一九四七年出生的。

（二）

今天是我朋友的生日，她今年四十六岁。她是一九五四年八月十三号出生的。我今年五十九岁。我的出生日期是一九四一年十二月十七日。

一	二	三	四	五	六	七	八	九	十
我	女	朋	友	是	年	月	号	出	生
的	今	岁	这	个	星	期	天	她	日

〈중국의 집중식자 교재〉

위의 교재에 나타나 있듯이 학생들은 한 단원을 학습할 때 30개의 한자를 집중적으로 익히고, 30개의 한자와 관련된 낱말〔組詞〕 32개를 익히며 이들을 활용한 문장을 익히게 된다.

47) 張朋朋, 『集中識字』(北京 : 華語教學出版社, 2006), 5쪽.

이와 같이 한꺼번에 많은 양의 한자를 집중적으로 학습하여 익히는 식자 교육 방법은 예전에 서당에서 『千字文』을 익히는 모습과 흡사하다.

학습자들이 『千字文』의 한자를 수없이 많이 외우고, 외운 것을 암송하는 과정을 통해 한문 문장을 익히는 것으로 나아가듯이 많은 수의 한자를 익혀서 학습자들이 활용할 수 있는 낱말과 문장을 익히는 학습방법은 오늘날 한자 교육의 한 방법이 될 수 있다.

나) 분산식자

분산식자(分散識字)는 남경사범대학(南京師範大學) 부속 초등학교의 사하(斯霞) 선생이 1958년에 개창한 것으로, '글자(字)는 단어〔詞〕와 뗄 수 없고, 단어는 구절〔句〕과 뗄 수 없고, 구절은 문장〔文〕과 뗄 수 없다.'는 논리에서 나온 것이다.[48] 이 방법은 식자는 마땅히 구체적인 언어 환경 속에서 진행하는 원리임을 강조하여, 교과서 본문 등의 읽기 훈련을 통해 자연스럽게 한자를 익히도록 하는 것이다.

분산식자법에서는 먼저 한어병음(漢語拼音)을 가르치거나 그림을 통해 글자를 익히게 하는 등의 방식으로 몇 개의 단어와 문장을 가르쳐서 글자 익히기의 기초를 닦게 한다. 그 다음에 교과서의 본문을 많이 읽게 하면서 자연스럽게 글자를 익히게 한다〔多讀課文, 多識字〕. 분산식자법은 글자 익히기 임무를 교과서 본문 중으로 분산시켜, 본문 읽기 교육을 중점으로 하면서 이를 통해 한자와 어휘 교육을 진행하는 것이다.

분산식자법으로 구성된 교재를 예시하면 다음과 같다.[49]

---

48) 戴汝潛 主編, 앞의 책, 187쪽. 所謂 '分散識字' 是 1958年由江蘇斯霞老師實驗成功的一種 以'字不離詞, 詞不離句, 句不離文' 爲突出特徵的識字方法..

49) 馬新國 · 鄭國民 主編, 『語文』(北京, 北京師範大學出版社, 2003.), 1학년 上冊, 12쪽. 北京教育科學硏究院基礎教育教學硏究中心 編著, 『語文』(北京,

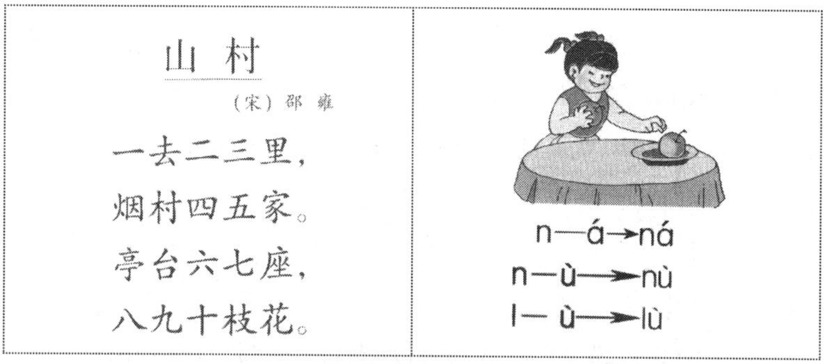

〈중국의 분산식자 교재〉

위의 왼쪽 북경사범대학출판사의 교과서는 분산식자법을 채용하여 1학년의 앞부분에서 이미 본문 교육을 시작하고 있으며, 오른쪽의 북경출판사의 교과서는 한자 교육에 앞서 발음 교육을 하고 있다. 왼쪽 교과서의 경우 한시 문장을 공부하면서 一, 二, 三, 四 등의 기본적인 한자를 교육시키고 있다.

이와 같은 분산식자의 한자 학습 방법은 학습자들이 교과서의 본문을 익히는 가운데 한자를 익힐 수 있는 방법이어서 집중식자 방법과 비교하여 볼 때, 일차적으로 본문 읽기 교육을 진행하면서 이차적으로 한자를 학습하는 방법이라고 할 수 있다. 중국의 경우 학습자들이 초등학교에 입학하기 이전에 모국어인 한자를 익히고 이해할 수 있는 환경이 구성되어서 효과적인 방법이라고 볼 수 있는데, 우리나라의 경우에도 이와 같은 분산식자 학습방법을 한자 학습에 활용할 수 있다.

예를 들어 초등학교 현장에서 한자교육을 실시하면서 『四字小學』을 교재로 하여 학습하는 경우가 많은데, 이것은 『四字小學』의 내용을 익히면서 아울러 한자를 분산하여 학습할 수 있는 효과를 얻을

北京出版社, 2002.) 제1책 12쪽. 楊沅錫, 「中國의 漢字教育」, 『漢字漢文教育』 제15집(서울 : 韓國漢字漢文教育學會, 2005), 433쪽 재인용.

수 있다.[50]

『四字小學』의 학습은 『千字文』의 학습과 달리 본문을 익히면서 동일한 한자나 어휘가 반복하여 나오기 때문에 교사가 집중하여 한자의 뜻과 음을 지도하지 않더라도 학습자는 자연스럽게 한자를 학습할 수 있다.

다) 자리식자

자리식자(字理識字)는 호남성(湖南省) 악양시(岳陽市) 교육과학연구소(教育科學研究所)의 가국균(可國均)에 의해 1991년에 개발된 한자 교육 방법이다. '자리(字理)'란 한자의 구형(構形) 규칙 및 조자(造字) 원리를 뜻한다.[51] 즉 한자의 자형(字形)에 대한 이해로부터 출발하여 자형(字形)·자음(字音)·자의(字義)에 대해 익히는 방법이다.

한자는 상형문자에서 기원한 것으로써 상형성(象形性)과 표의성(表意性)이 강한 문자 체계이다. 비록 오랜 기간 동안 변화·발전하면서 현재 사용되고 있는 한자의 자형에 상형성이 많이 약화되었기는 하지만, 여전히 표의(表意) 기능을 지니고 있다. 또한 변화·발전 과정 중에 자형을 구성하고 조직하는 방법은 나름대로의 원칙과 원리를 가지게 되었다. 그러므로 한자 구형(構形)에 대한 정확한 이해는 한자의 형·음·의의 관계를 학습하는 데 가장 중요시되는 것이다.[52] 곧 자리식자법은 한자의 자형(字形)에 중점을 두는

---

50) 예를 들어 다음과 같은 『四字小學』의 본문 익히기 과정을 통해 학습자들은 '父, 母, 勿, 坐, 立' 등의 한자를 자연스럽게 익힐 수 있다. 父母使我, 勿逆勿怠. 父母有命, 俯首敬聽. 坐命坐聽, 立命立聽. 父母出入, 每必起立. 父母衣服, 勿踰勿踐. 父母有疾, 憂而謀瘳. 對案不食, 思得良饌. 出必告之, 反必面之.

51) 戴汝潛 主編, 앞의 책, 152쪽. 所謂 '字理識字法' 是依据漢字的組構規律, 從了解漢字字形與字義的關係着手進行識字教學的方法. 這種識字法是由湖南省岳陽市教科所賈國均老師于 1991年首先發起的.

52) 楊沅錫, 앞의 논문, 436쪽.

한자 학습 방법이라고 볼 수 있다.

자리식자법으로 구성된 교재를 예시하면 다음과 같다.[53)]

字理：日　　甲骨文写作，像太阳形。
　　　月　　金文写作，像弯月形。
　　　水　　甲骨文写作，像水波形。
　　　火　　甲骨文写作，像火焰形。
　　　明　　日月会意。

〈중국의 자리식자 교재〉

한자 '日, 月, 水, 火, 明'을 설명하면서 '日, 水, 火'는 갑골문의 자형을 제시한 뒤에 자의를 설명하였고, '月'은 금문의 자형을 제시한 뒤에 자의를 설명하였으며, '明'은 '日'과 '月'의 뜻을 합한 것으로 설명하였다.

이처럼 한자의 자형을 바탕으로 한자의 의미를 탐색해가는 한자 학습 방법은 우리나라의 한자・한문 교과서의 자원학습에서도 쉽게 접할 수 있는 내용이다. 다만 위의 예처럼 자형이 비교적 간단하고 조자(造字) 원리에 대한 이해가 쉬운 경우에는 초등학교 학습자들도 쉽게 익힐 수 있는 방법이지만, 그렇지 못한 경우에는 학습의 효과를 고려해 보아야 한다.

예를 들어 '好, 姓, 河, 歌'를 풀이한 것을 보면 다음과 같다.

'好'는 '女'와 '子'의 뜻을 합한 것인데, 여자가 아이에게 관심을 가지고 아끼고 보살피는 것은 좋은 성품이다.

'姓'은 '女'는 형부(形部)이고, '生'은 성부(聲部)이다. 본뜻은 여성

53) 戴汝潛 主編, 앞의 책, 156쪽.

> 이 아이를 낳는 것과 관계가 있다.
>
> '河'는 '水'는 형부이고, '可'는 성부이다. 水와 관계가 있음을 나타내고, 可는 河의 독음이 可의 운모(韻母)와 같음을 나타낸다.
>
> '歌'는 '欠'은 형부이고, '哥'는 성부이다. 欠은 노래를 부를 때 입을 크게 벌려야 함을 나타내고, 哥는 음을 나타낸다.[54]

위의 예에서 보듯이 '好, 姓, 河, 歌'에 대한 자리(字理) 설명을 보았을 때, 초·중학교 수준의 학습자들은 한자의 자형과 자의에 대해 명확히 이해할 수 없다. 오히려 학습자들은 자리 식자의 방법으로 한자 학습을 하면서 혼란을 겪게 된다. 이것은 자리식자법(字理識字法)이 한자의 구형 규칙 및 조자 원리에 대한 이해를 필요로 하는 학습 방법이기 때문에 발생하는 문제이다.

특히 초등학교 학습자에게는 한자학의 원리와 이론을 통한 한자 학습법이 효과적이지 못하다는 의구심을 떨쳐 버릴 수 없다. 곧 기본적인 상형자 이외의 형성자나 회의자 등을 학습하는 데에는 오히려 더 어려움을 가져다 줄 수 있으며, 조자 원리가 복잡한 한자의 경우 잘못된 지식을 전달할 수 있다는 문제점도 생긴다.[55] 그러므로 자리식자법으로 한자를 학습할 때에는 자리(字理) 해석이 비교적 쉬운 상형자를 중심으로 해야 한다.

다음은 상형자를 학습하도록 구성된 자리식자법 교재의 예이다.[56]

---

54) 戴汝潛 主編, 위의 책, 156쪽.
好 女子會意, 女人關心愛護孩子是优良品德.
姓 女形生聲, 本意与女姓生小孩有關.
河 水形可聲. 表示与水有關, 可表示河的讀音与可的韻母相同.
歌 欠形哥聲. 欠表示唱歌要張開大口, 哥表音.

55) 양원석, 앞의 논문, 438쪽.

56) 馬新國·鄭國民 主編, 『語文』(北京 : 北京師範大學出版社, 2003), 6쪽. 양원석, 「中國에서 字源을 활용한 漢字 敎育 方法」, 『漢字漢文敎育』 제17집(서울 : 韓國漢字漢文敎育學會, 2006), 77쪽 재인용.

〈중국의 상형자 학습 자리식자 교재〉

위의 교재는 '人, 口, 目, 木, 禾, 竹, 馬, 烏, 魚' 등의 상형자를 익히기 위해 먼저 한자의 자원과 관계있는 이미지(image)를 제시하고, 그 뒤에 한자의 자형을 보여준다. 그리고 이미지와 자형 아래에 자리(字理)를 자체(字體) 변화를 통해 보여주고 있는데, 그 방법은 일정하지 않다. 곧 '人, 口'는 '금문(金文) → 예서(隸書) → 해서(楷書)' 형태로 자체를 제시하고, '目, 木, 禾, 竹'은 '금문(金文) → 소전(小篆) → 해서(楷書)' 형태로 자체를 보여주고 있으며, '馬, 烏, 魚'는 '금문(金文) → 소전(小篆) → 해서(楷書) → 간화자(簡化字)' 형태로 자체를 나타내고 있다.

이것은 한자의 자리(字理)를 설명할 때 한자의 조자 원리를 중시하면서도 학습자들이 자체(字體) 변화의 이해를 통한 기억을 하기 쉽도록 배려하여 구성한 것이라 볼 수 있다. 학습자들을 고려하지 않고 자체 변화 순서에 따라 모든 자체를 나열하여 교재를 구성하였다면 학습자들은 기계적으로 학습할 수밖에 없다. 그러나 위의 교재를 보면 한자학의 이론은 활용하되 학습의 효과를 높일 수 있는 방법을 선택하여 교재를 구성하였음을 알 수 있다. 따라서 자리식자법을 활용하여 한자 교육을 실시할 때에는 여러 가지 자리(字理) 해석의 결과물 중에서 학습 효과에 도움이 되는 것을 선택하여 한자 교육을 하는 것이 중요한 것임을 알 수 있다.

현재 초등학교 교재로 사용하고 있는 우리나라의 한자 교과서를 보면 이와 같은 자리식자법을 활용하여 교재를 구성한 경우가 많다. 교재를 구성한 내용을 검토하여 보면, 학습자들의 학습 효과를 고려하여 교재를 구성하였다기보다는 자체 변화의 형태를 정해 놓고 단순하게 제시하여 학습자들이 학습을 하는 데 혼란을 초래하는 경우가 종종 있다. 다음은 그 실례이다.

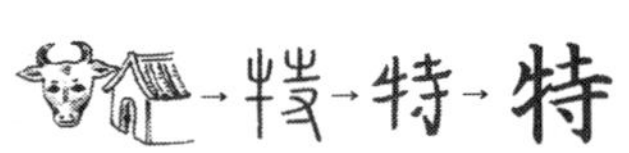

특별할 특

관청의 소가 힘이 세다는 것을 나타내어 '특별하다'는 뜻을 가지게 되었다.

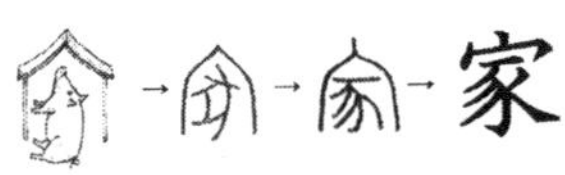

집 가

집에 돼지를 잡아놓고 제사를 지내는 모습이다. 여기서 '가족', '집'의 뜻이 나왔다.

〈우리나라의 초등 교재〉

위의 자료는 한자의 이미지와 자체 변화를 내용으로 교재를 구성한 것이다. 위 그림의 이미지는 한자의 자원과 관계없다. '特'을 파자(破字)한 '牛', '寺'의 이미지를 단순 나열하였다. 또한 자체의 변화도 문자학 연구 성과와 관련이 없다.

일부 초등학교 교재는 모든 한자를 위와 같이 한자의 자체 변화를 중심으로 구성한 것도 있다. 이와 같은 구성은 기초 수준의 학습자에게 한자학 이론을 교육시키는 것과 다름없다.

초등학교 학습자에게 필요한 것은 한자학 이론을 활용하여 학습 효과를 증대시키는 것이며, 한자학 이론 자체가 학습의 목표가 될 수는 없다. 그러므로 자리식자법을 활용하여 교재를 구성할 때에는 중국의 교재와 같이 학습자들의 학습 효과를 증진시킬 수 있는 방법을 고려하여야 한다.

4. 교과서와 자원(字源) 교육

1) 초등학교 한자 교과서

교과서에 제시되는 한자의 자원 학습은 한자학(漢字學) 연구의 성과를 반영하되, 학습자의 인지(認知) 발달 정도를 고려하고 학습의 흥미와 효과를 염두에 두고 기술되어야 한다. 곧 중국과 대만, 일본, 한국 등 여러 나라에서 한자학을 연구하는 학자들의 도문(陶文), 갑골문(甲骨文), 금문(金文), 소전(小篆) 등의 연구 성과를 일정 정도 반영하여 한자에 대한 바른 정보를 제공하여야 한다. 또한 단순히 한자 자체(字體)의 변화 과정을 교육적 여과 없이 그대로 싣거나, 전혀 근거가 없는 한자학 지식을 소개해서는 곤란하다. 다만 아무리 정확한 한자학 정보라 할지라도 학습자의 인지 능력을 고려하여 학습자의 이해를 돕는 수준에서 재구성하여 교과서에 싣는 것은 바람직하다고 할 수 있다.

(1) 자형 중심 자원학습

초등학교 한자 교과서에 실린 한자 자원 학습의 유형을 살펴보면 크게 두 가지로 나누어 볼 수 있다. 곧 한자의 자형(字形) 변화를 중심으로 자원 학습을 하는 형태와 한자의 자의(字義)를 중심으로 한자의 자원을 학습하는 형태라고 할 수 있다. 대개의 경우는 자형과 자의를 함께 제시하는 경우가 많다.

초등학교 한자 인정 교과서 가운데 자원 학습을 주요 내용으로 다룬 14종을 대상으로 교과서에 제시된 자원 학습 내용을 표로 나타내면 다음과 같다.

〈초등학교 한자 교과서의 자원 제시 유형 및 내용〉57)

구분	1단계 교과서	
	자형(字形) 변화 제시	자의(字義) 설명 제시
㉮ 교과서	日, 月, 山, 川, 水, 火, 風, 雨, 耳, 目, 口, 鼻, 手, 足, 心, 身, 一, 二, 三, 四, 五, 六, 七, 八, 九, 十, 百, 千, 大, 上, 下, 西, 方, 高, 重, 春,	大, 上, 下, 西, 方, 高, 重, 春, 夕, 天, 木, 花, 果, 竹, 林, 子, 兄, 夫, 家, 國, 安, 平, 來 (23)

57) 여기에서 자료로 삼은 초등학교 한자 인정 교과서는 아래와 같다.
㉮ 정우상・안재철・정우인・한은수, 『초등학교 漢字』1단계~4단계(서울 : 전통문화연구회, 1996).
㉯ 전한준・김윤숙・진철용, 『초등학교 漢字』1단계~4단계(서울 : 재능교육, 1996).
㉰ 홍광식・김일환, 『초등학교 漢字』1단계~4단계(서울 : 교학사, 1998).
㉱ 박기용・박명의・신원범・최지영・김석순・권영운・전영태, 『漢字』1~5(창원 : 경상남도교육청, 1999).
㉲ 홍진복・이동태・홍경희・양복실・이영희, 『초등학교 漢字』1단계~6단계(서울 : 상서각, 2002).
㉳ 김봉영・김영모・김종철・김진수・신보림・심충현・윤성출・이용한・정경동・조애귀・한갑수・홍성순, 『초등학교 漢字』기초~4단계(안산 : 한국생활한자교육연구회, 2002).
㉴ 홍성식・장희구・임금래・김종욱, 『초등 한자와 생활』1단계~5단계(서울 : 학문사, 2003).
㉵ 조갑래・강재인・배성달・김규성・최용진・이재돈, 『재미있는漢字마당』1단계~6단계(부산 : 창의마당연구소, 2003).
㉶ 이병혁・이향우・문태식, 『초등학교 신나는 漢字』1단계~5단계(서울 : 천재교육, 2003).
㉷ 방인태・한은수・김창호・김봉섭・남수극・원효재・임동화, 『어린이漢字』기초~4단계(서울 : 두산, 2003).
㉸ 김명동・김영숙・김정란・김종득・박순연・이지연, 『재량 한자』3~6(서울 : 티나라, 2003).
㉹ 강종출, 『국어과 한자어를 활용한 한자공부』3~6(부산 : 근아출판사, 2003).
㉺ 김철수, 『술술 이야기 漢字』1단계~6단계(서울 : 교학사, 2005).
㉻ 이상진・최상근・장윤혁, 『초등학교 재미솔솔 漢字』기초단계~4단계(서울 : 대교, 2004).

	夕, 天, 弓, 刀, 車, 石, 骨, 肉, 齒, 血, 羽, 毛, 衣, 皮, 牛, 馬, 犬, 羊, 鳥, 蟲, 魚, 貝, 木, 花, 果, 竹, 林, 子, 兄, 夫, 家, 國, 安, 平, 來 (71)	
㉯ 교과서	日, 月, 山, 川, 一, 二, 三, 六, 七, 八, 十, 萬, 火, 水, 木, 土, 心, 身, 手, 足, 耳, 目, 口, 鼻, 牛, 馬, 魚, 鳥, 母, 子, 女, 東, 西, 南, 北, 上, 下, 左, 高, 低, 大, 本, 末, 有, 無, 門, 間, 田, 男, 春, 夏, 秋, 江, 化, 花, 草, 雨, 雲, 自(59)	日, 月, 山, 川, 一, 二, 三, 六, 七, 八, 十, 萬, 火, 水, 木, 土, 心, 身, 手, 足, 耳, 目, 口, 鼻, 牛, 馬, 魚, 鳥, 母, 子, 女, 東, 西, 南, 北, 上, 下, 左, 高, 低, 大, 本, 末, 有, 無, 門, 間, 田, 男, 春, 夏, 秋, 江, 化, 花, 草, 雨, 雲, 自(59)
㉰ 교과서	一, 二, 三, 八, 十, 日, 月, 山, 川, 木, 天, 上, 下, 左, 右, 內, 大, 小, 父, 母, 兄, 男, 女, 老, 心, 手, 目, 口, 火, 水, 東, 雨, 人, 生, 力, 子, 化, 里, 本(39)	一, 二, 三, 八, 十, 日, 月, 山, 川, 木, 天, 上, 下, 左, 右, 內, 大, 小, 父, 母, 兄, 男, 女, 老, 心, 手, 目, 口, 火, 水, 東, 雨, 人, 生, 力, 子, 化, 里, 本(39)
㉱ 교과서	一, 二, 三, 四, 五, 六, 七, 八, 九, 十, 上, 下, 左, 右, 內, 外, 中, 央, 日, 月, 山, 川, 木, 土, 水, 火, 王, 子, 公, 主, 人, 心, 大, 小(34)	四, 五, 六, 七, 八, 九, 十, 上, 下, 左, 右, 內, 外, 中, 央, 日, 月, 山, 川, 木, 土, 水, 火, 王, 子, 公, 主, 人, 心, 大, 小(31)
㉲ 교과서	一, 二, 三, 四, 五, 六, 七, 八, 九, 十, 年, 月, 日, 時, 分, 火, 水, 木, 金, 土, 自, 然, 天, 地, 星, 山, 川, 石, 田, 草, 上, 中, 下, 左, 右, 內, 外, 遠, 近, 間, 大, 小, 多, 輕, 重, 高, 低, 長, 短, 少, 耳, 目, 口, 鼻, 全, 手, 足, 毛, 心, 身, 祖, 父, 母, 兄, 弟, 男, 女, 子, 人, 老, 牛, 馬, 犬, 羊, 鳥, 魚, 農, 工, 江, 村, 東, 西, 南, 北, 門, 前, 後, 方, 向, 圓 (90)	一, 二, 三, 四, 五, 六, 七, 八, 九, 十, 年, 月, 日, 時, 分, 火, 水, 木, 金, 土, 自, 然, 天, 地, 星, 山, 川, 石, 田, 草, 上, 中, 下, 左, 右, 內, 外, 遠, 近, 間, 大, 小, 多, 輕, 重, 高, 低, 長, 短, 少, 耳, 目, 口, 鼻, 全, 手, 足, 毛, 心, 身, 祖, 父, 母, 兄, 弟, 男, 女, 子, 人, 老, 牛, 馬, 犬, 羊, 鳥, 魚, 農, 工, 江, 村, 東, 西, 南, 北, 門, 前, 後, 方, 向, 圓 (90)
	〈 下 略 〉	

자형 중심의 한자 자원 학습 유형으로 교과서에 실려 있는 경우는 다음 그림과 같다.

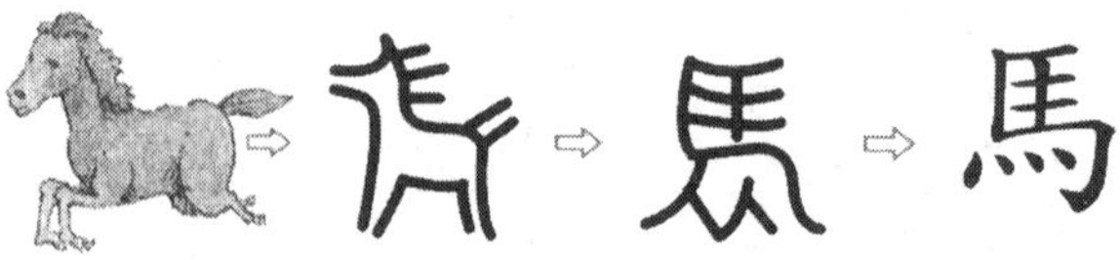

〈자형 중심 한자 자원 학습 유형① - 馬의 학습〉

위의 그림은 사물을 상형(象形)한 것을 나타낸 유형으로, 사물의 원형을 이해하기 쉽게 그림으로 제시하고 원형에서 변형되었으리라고 추정하는 한자의 자형을 제시한 것이다. 위의 유형은 초등학교 학습자들에게 말의 형상으로부터 한자의 자형으로 추출되었을 만한 단순한 형상으로 변화를 제시하고, 현재의 자형과 유사한 모습의 자형으로 다음 단계를 제시하였다.

따라서 학습자들에게 한자가 처음에 사물의 모습을 본뜬 것으로부터 만들어져 변화되었다는 것을 이해시키려는 노력을 하였다. 그러나 이와 같은 유형은 한자학의 연구 성과를 전혀 반영하지 않은 것으로 학습자들에게 잘못된 정보를 제공하게 된다. 곧 4단계의 변화 과정 중에서 2단계와 3단계는 교과서 집필자가 임의로 한자의 자형에 대한 정보를 제공한 것으로 아래와 같은 '馬'의 갑골문(甲骨文), 금문(金文), 전서(篆書)의 자형을 고려하지 못한 것이다.

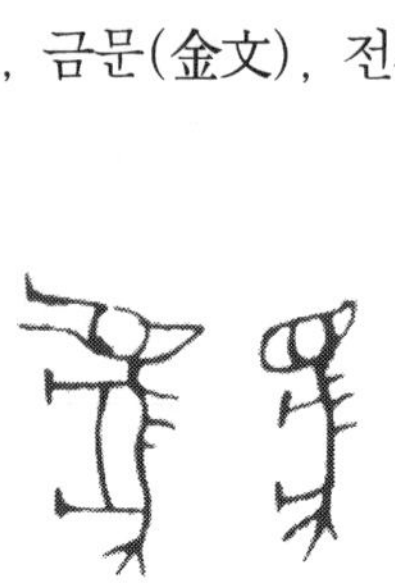

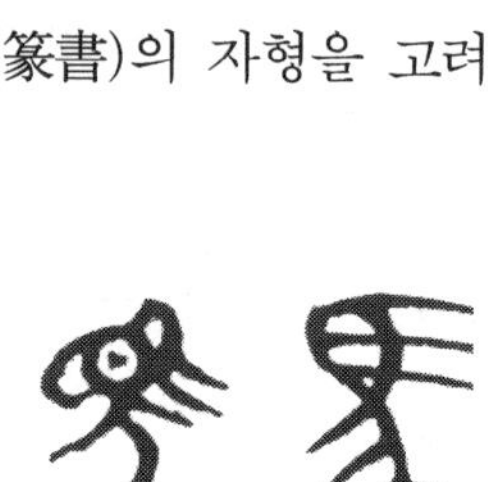

〈馬의 갑골문 자형〉58)　〈馬의 금문 자형〉　〈馬의 소전 자형〉

58) 여기에서 제시한 字源 圖解는 謝光輝가 編한 『漢語字源字典』(北京大學出版社, 2006)에서 인용하였음.

따라서 이와 같은 자형 제시 유형의 한자 자원 학습이 유의미한 자료로 기능하기 위해서는 자형 변화의 단계 중 일부를 한자학 연구 성과를 반영한 자료로 대치하여야 한다. 비록 초등학교 학습자들이라 하더라도 한자의 자형에 대한 정보를 제공할 때에는 학문적 사실에 근거하여 알려주는 것이 기본이라 할 수 있다.

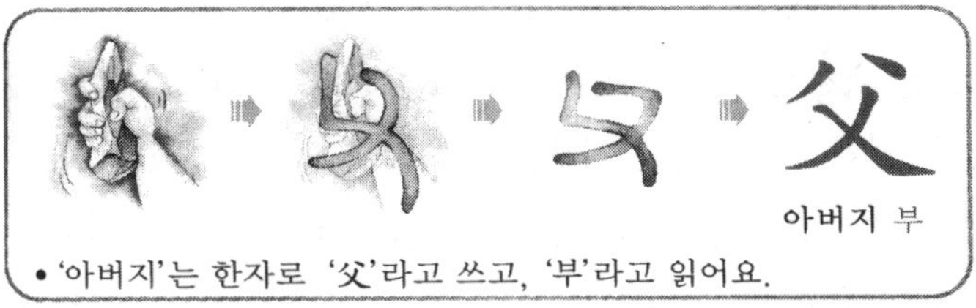

〈자형 중심 한자 자원 학습 유형② - 父의 학습〉

위의 그림은 사물의 모습을 상형할 수 없는 한자의 자원을 한자의 자의(字義)에 근거해서 학습자들이 이해하기 쉽도록 그림의 변화로 나타낸 유형이다. 위의 유형은 초등학교 학습자들에게 '父'자가 형성된 과정을 4단계의 변화를 통해 그림으로 제시함으로써 학습의 흥미와 이해도를 높일 수 있도록 꾀한 것이다. 또한 4단계의 변화 과정에서 아래에서 볼 수 있는 '父'의 한자학 연구 성과를 반영하여서 학습자들에게 바른 정보를 제공하였다고 할 수 있다.

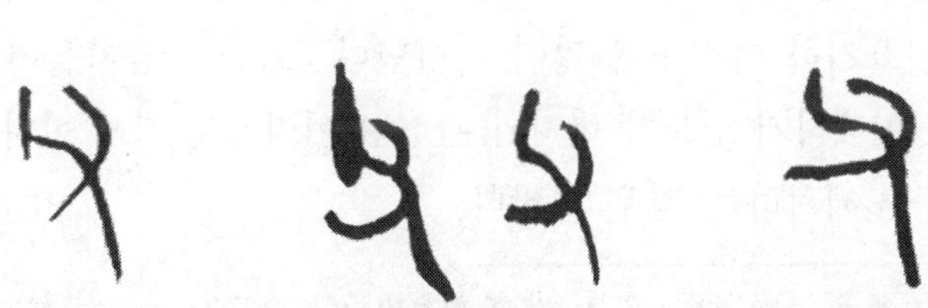

〈父의 갑골문 자형〉 〈父의 금문 자형〉 〈父의 소전 자형〉

다만 첫 번째 단계의 그림은 '돌도끼'를 들고 있는 아버지의 모습을 좀더 확실한 모습으로 표현할 필요가 있다. 곧 돌도끼를 들고 있는 모습을 연상시키기 위해서는 구석기 시대의 주먹도끼형 그림보다는 자루가 달린 돌도끼 형태의 그림이 한자의 의미를 유추(類推)하는데 더 효과적이라 할 수 있다. '父'는 본래 손에 돌도끼를 잡고 있는 모습으로 석기 시대에 돌도끼는 중요한 생산 도구이며 병기였다.59) 또한 돌도끼는 권력의 상징을 나타내는 도구로 사용되었으므로 단순히 주먹도끼의 모습을 제시하는 것 보다는 자루가 달린 도끼의 모습을 제시하는 것이 권력의 상징을 나타내는데 적합하다고 할 수 있다. 이는 '王'의 자원 이해를 통해서 확인할 수 있다.60) '王'의 갑골문()과 금문 자형()을 보면 왕의 권력과 도끼의 형상이 관계를 맺고 있음을 알 수 있다. 곧 도끼의 모습이 옛날 왕이나 최고 지도자의 권력을 상징하였던 것이다. 〈자원학습유형②〉의 첫 번째 그림을 통해 초등학교 학습자들이 돌도끼라는 이미지와 이를 통한 '권력'의 상징을 이해하거나 유추하기는 어렵다. 그러므로 이러한 경우에는 원본 이미지에 충실하기보다는 학습자들이 이해하기 쉬운 이미지로 변형하여 제시하는 것이 효과적이라 할 수 있다.

(2) 자의 중심 자원학습

초등학교 한자 교과서에는 한자의 자원을 학습자에게 제공하기 위해 앞의 경우처럼 자형만을 제시하는 경우도 있지만 자형과 함께 자의를 표기하는 경우가 많이 나타난다. 또한 학습자들이 한자의 의미를 이해하기 쉽도록 한자와 관련된 이미지와 함께 한자의 뜻과 음(音)을 제시하는 경우가 많다.

---

59) 谷衍奎 編,『漢字源流字典』(北京 華夏出版社, 2003), p.70. 父, 本義指手持石斧. 既表示斧子, 也表示把持. 石器時代, 石斧是重要的生産工具, 也是兵器, 是權力的象徵, 自然由生活中事的長者執掌, 故遂引申爲對男性長輩的通稱.
60) 謝光輝 編『漢語字源字典』(北京大學出版社, 2006), p.152. 王, 是古代君主的稱號. 甲骨文與金文中的王字, 是一種斧狀的兵器-鉞的形象. 鉞是用于殺戮的兵器, 後來成爲一種執法的刑具.

〈學校의 자의·자음 제시 유형〉

일반적으로 위의 그림과 같이 한자의 의미와 관련된 이미지와 함께 한자의 자형(字形)과 자의(字義)·자음(字音)을 표기하여 표제자(標題字)를 제시하는 경우가 많이 있는데, 이러한 경우에는 한자의 자원을 학습자에게 제공하고 있다고 보기 어렵다. 위의 그림과 같이 한자의 대표적인 뜻과 음을 표기하여 나타낸 경우, 학습자들은 그 한자가 만들어진 유래나 자의 형성 과정, 자의와 자형과의 관련성 등을 학습할 수 없다. 학습자들은 단지 한자의 자형과 자의 그리고 자음의 상관관계에 대한 사고 과정 없이 한자의 뜻과 음을 반복적으로 익힐 뿐이다. 이와는 달리 한자의 자의(字義) 설명과 함께 표제자를 제시한 경우도 나타나는데 이러한 경우 학문적 근거가 부족한, 집필자 임의로 자의 설명을 할 때 문제가 되곤 한다. 다음의 실례를 보기로 하자.

㉯-2-38p 學은 아이들이 스승의 가르침을 배우는 나타냈습니다.
㉲-3-12p 學 아이들이 책을 펴들고 공부하는 모습을 나타낸 글자로 '배우다'의 뜻임.
㉵-3-4p 學 아이들이 친구들과 손을 맞잡고 한 지붕 아래서 배운다는 뜻을 나타낸 글자.
㉸-4-16p 學 둥글게 모여앉아 좋은 것을 본받고 선생님으로부터 글을 배우는 모습.

위에서 보듯이 '學'의 자의를 나타낸 경우 4종의 교과서가 모두 다르게 제시되어 있다. 뿐만 아니라 한자학의 연구 성과도 반영되어 있지 않다. '學'의 갑골문 자형()을 보면 윗부분은 새끼줄과 그것을 묶는 두 손이고, 아랫부분은 지붕의 모습이다.61) 금문 자형()에 이르면 아랫부분에 아이〔子〕가 첨가된다. 옛날에는 억새 등으로 지붕을 덮고 바람에 날아가지 않도록 묶는 것이 집안의 중요한 일이었는데, 이런 일은 자식의 입장에서는 꼭 배워야할 일이었다.62) 이러한 의미에서 '學'은 '배우다'라는 뜻을 갖게 되었다. 또 갑골문의 '學'은 사람이 두 손으로 산가지를 가지고 놀면서 계산을 하는 모양을 본떴는데, 금문에서 '子'를 첨가하여 아동이 수를 헤아리면서 학습하는 것을 표시하였다고 보기도 한다.63) 이와 같이 '學'에 대한 한자학의 연구 내용이 이론(異論)이 있지만 교과서를 집필할 때에는 집필자가 이 중 적절한 이론을 채택하여 실어야 하는데 위의 사례들은 전혀 그렇지 못하다. 위의 교과서에 실린 '學'의 설명은 이와 같은 한자학 연구 성과를 무시한 채 학습의 효율성만을 고려하여 표기하여 놓은 것이라 할 수 있다. 이상과 같이 초등학교 한자 교과서에 실린 한자의 자의(字義)에 대한 설명은 지금까지 한자를 과학적이고 체계적으로 연구한 한자학자의 연구 성과를 반영하지 못하고 집필자의 임의로 한자의 의미를 싣고 있는 경우가 많다. 이와 같은 교과서의 집필은 한자학의 연구에 대한 학문적 성과를 무시할 뿐 아니라 학습자에게 잘못된 정보를 제공하여 한자의 의미에 대한 잘못된 개념을 갖게 해준다는 점에서 시정되어야 한

---

61) 許進雄, 『古文諧聲字根』(臺北 商務印書館, 中華民國 84年), p.308. 初形爲繩結形. 加手表示動作, 加屋表示使用繩結所在. 修葺房子是古時教育的重要項目, 古代房子不牢固, 需經常修整或重建.

62) 김언종, 『한자의 뿌리』(문학동네, 2001), p.115.

63) 謝光輝 編 『漢語字源字典』(北京大學出版社, 2006), p.54. 學是一介會意字. 甲骨文的學字, 象人雙手擺弄籌策來 算數的樣子; 金文增加一介'子', 表示是兒童在學習算數. 因此學字的本義爲學習, 倣效

다. 교과서 집필자들은 한자학 연구 성과를 반영한 자의에 충실한 내용이 되도록 집필해야 한다.

초등학교 한자 교과서의 자원은 자형을 중심으로 제시한 것과 자의를 중심으로 제시한 것 그리고 자형 제시와 함께 자의 설명을 함께 한 것 등으로 나누어 볼 수 있는데, 이를 계량화하면 다음의 표와 같다.

〈초등학교 한자 교과서의 자원 제시 현황〉

구분	1단계		2단계		3단계		4단계		합계
	자형	자의	자형	자의	자형	자의	자형	자의	
㉮ 교과서	71	23	30	30	29	29	31	31	274
㉯ 교과서	59	59	55	55	47	47	43	43	408
㉰ 교과서	39	39	19	19	14	14	18	18	180
㉱ 교과서	34	31	85	85	119	119	153	153	779
㉲ 교과서	90	90	90	90	90	90	120	120	780
㉳ 교과서	44	87	2	2	1	1	3	3	143
㉴ 교과서	60	60	60	60	64	64	64	64	496
㉵ 교과서	54	56	45	50	75	83	49	54	466
㉶ 교과서	60	60	0	0	0	0	0	0	120
㉷ 교과서	0	48	0	0	0	0	2	0	50
㉸ 교과서	68	68	64	64	64	64	64	64	520
㉹ 교과서	0	0	0	0	0	0	0	0	0
㉺ 교과서	29	1	15	12	3	2	0	5	67
㉻ 교과서	56	0	8	2	0	0	0	0	66

위의 표에 나타난 교과서의 자원 제시 결과를 토대로 앞에서 기술한 것 이외에 초등학교 한자 교과서에 나타난 자원 학습의 문제점을 들면 다음과 같다.

첫째, 교과서별로 자원을 학습하는 양상이 매우 차이가 난다. 4단계의 교과서에 모두 자원 설명을 한 교과서가 있고, ㉳·㉶·

㉮·㉯ 교과서처럼 1단계나 2단계에서만 자원에 대한 설명이 있고 상급 단계로 올라갈수록 자원 설명이 줄어들거나 전혀 하지 않고 있는 교과서가 존재한다.

둘째, 교과서에 실린 표제자에 대해 모두 자원 설명을 한 것과 전혀 하지 않은 것이 있다. 이는 교과서의 편찬 지침이나 심사 기준에 자원 학습에 대한 기준이나 설명이 없어서 생긴 결과이다. 교과서를 편찬할 때 ㉰ 교과서처럼 자원 설명을 전혀 싣지 않아도 교과서 심의를 통과하고, ㉱·㉲·㉳·㉴ 교과서처럼 모든 표제자의 자원 설명을 다 하여도 심의를 통과하는 심사제도는 재고되어야 한다.

셋째, 모든 표제자의 자원을 제시하는 교과서의 경우 초등학교 학생이 이해하기 어려운 내용이 많아 오히려 학습의 혼란을 초래할 수 있다. 한자의 자원 학습은 한자의 자형과 자의에 대한 이해를 돕는데 목적이 있다. 학습자의 효율적인 학습에 대한 고려 없이 모든 한자의 자원을 설명하는 경우에는 학습을 방해하여 학습 효과를 감소시킬 수 있다.

넷째, 중학교용 교육용 한자 900자의 범위를 넘어서는 한자를 표제자로 실은 경우가 많아서 학습 부담감이 크다. 초등학교 학습자들이 익혀야 할 한자에 대한 규정은 없으나 일반적으로 중학교용 교육용 한자의 범위 내에서 학습하여야 한다고 논의되고 있다. 따라서 교과서를 편찬할 때에 학습 한자는 이를 준수하는 것이 적절하다.

(3) 자원학습의 문제

초등학교 교육 현장에서 한자·한문 교육에 대한 필요성이 끊임없이 제기되고, 이에 따른 교과서의 개발이 지속적으로 진행되어 2008년 현재까지 50여 종의 인정 교과서(認定教科書)를 개발하여 사용하고 있다.

초등학교에서 한자 교육을 효율적으로 수행하기 위해서는 외적으로 여러 가지 법적·제도적 지원이 뒷받침되어야 하지만, 그보다 우선하여 내적으로 학교 현장에서 교사들이 한자 교육을 용이하게 수행할 수 있도록 교과서의 개발과 보급이 필요하다. 비록 국가 수준의 교육과정이 제정되고 이에 따른 교과서를 개발하여 보급한 것은 아니지만 지역 교육청 수준의 교과서 개발이나 인정(認定) 사업은 지속적으로 이루어지고 있어서 한자 교육을 위해서 고무적인 일이라 할 수 있다. 그러나 아무리 좋은 교과서를 개발하더라도 학교 현장에서 이를 사용하지 않으면 무용지물이 될 수밖에 없다. 실제로 초등학교 현장에서 교육청의 정식 인정을 받은 교과서를 사용하는 학교는 겨우 10.47%에 불과하다는 보고도 있었다.[64]

또한 기존의 교과서 개발 현황을 점검해보면 지나치게 대도시 중심으로 편재되어 있다(京畿道 1종 6권, 慶尙南道 6종 16권, 慶尙北道 2종, 大邱廣域市 2종 12권, 釜山廣域市 5종 27권, 서울特別市 27종 114권, 仁川廣域市 4종 24권, 全羅南道 4종 17권, 全羅北道 1종 4권). 물론 광주광역시를 비롯한 일부 시·도 교육청은 장학 자료로서 한자 교재를 개발하여 학교 현장에 보급하고 있다고 볼 수 있다. 하지만 인정 교과서가 없는 시·도에서의 한자 교육은 어떤 교과서를 통해 이루어지고 있는지 객관적으로 알 수 없다.

(가) 학리적(學理的) 근거가 없는 기술

초등학교 한자 교과서는 학습자의 흥미를 끌고, 학습의 효율성을 도모하기 위하여 한자 학습의 방법으로 자원을 그림과 함께 제시하고 있는 경우가 많다. 교과서에 따라 해당 단원에서 학습해야 할 한자의 자원을 모두 제시하는 경우도 있고, 학습자들이 이해하기 쉬운 한자만을 선정하여 자원을 제시한 경우도 있다.

---

64) 方仁泰, 「初等學校 漢字 教育의 問題 및 解決 方案」, 『漢字漢文教育』 제12집(서울 : 韓國漢字漢文教育學會, 2004), 49쪽.

초등학교 교과서에서 한자의 자원을 제시할 때에는 문자학 이론을 바탕으로 하여 학습자들이 이해를 돕는 수준에서 기술되어야 하는데, 각 교과서를 검토하여 본 결과 문자학의 연구 성과를 반영하지 못한 경우가 많다.[65] 다음의 '民'을 실례로 하여 검토하여 보자.

초등 한자 교과서에 나타난 '民'의 자원 설명은 다음과 같다.

㉯ 民은 초목의 싹처럼 땅에 의지하여 사는 '백성'을 뜻합니다(2-68p).

㉱ 이긴 자가 잡은 포로의 왼쪽 눈을 찌르고 노예로 삼아서 '노예'란 뜻으로 쓰였는데, 나중에는 '백성'이란 뜻으로 바뀌었다(2-78p).

㉲ 여자가 아기에게 젖을 먹이는 모습으로 여자가 낳은 모든 사람은 '백성'이라는 뜻(4-92p).

㉳ 풀과 나무의 싹이 많이 나 있는 모양을 본뜬 글자(1-44p).

㉴ 여자(→母)들이 자식(一)을 낳아 기르면 그 수효가 점차 많아지니 한 나라의 '백성'을 뜻하는 글자입니다(5-19p).

㉵ 토지에 의지하여 사는 많은 사람, 곧 백성의 뜻을 나타낸 글자(4-18, 44p).

㉹ 민심, 민주, 민의, 만민, 국민 등의 예처럼 나라 안에 살고 있는 '백성'을 뜻합니다(4-91p).

㉻ 여러 사람이 모여 사는 '백성'을 뜻하는 글자(3-107p).

이상의 자원 설명 내용은 다음과 같이 분류할 수 있다.

ⅰ)풀과 나무의 싹이 나 있는 모양, ⅱ)여자가 낳은 사람, ⅲ)포로의 왼쪽 눈을 찌르고 노예로 삼은 것, ⅳ)땅에 의지하여 사는 사람, ⅴ)많은 사람.

ⅰ)～ⅴ)로 분류된 교과서의 설명이 근거가 있는지 문자학 공구

---

65) 졸고, 「字源을 活用한 漢字 教授·學習 方法 硏究」, 『漢字漢文教育』 제17집(서울 : 韓國漢字漢文教育學會, 2006), 173～216쪽 참조.

서의 내용과 비교해 보자. 금문(金文) 자형〔〕을 보면 '民'은 날카로운 물건으로 왼쪽 눈을 찌른 모습이다. 고대에는 전쟁에서 이겨 적군을 포로로 잡으면 왼쪽 눈을 찔러 눈멀게 하여 노예로 삼았다.66) 그러므로 '民'의 본의는 '노예'이며, 여기에서 '백성', '서민'의 뜻이 파생되었다. '民'의 자형은 〔금문〕 〔소전〕 등으로 보이며, 주나라 때의 사람들이 적의 포로를 잡아와서 노예로 삼을 때 왼쪽 눈을 멀게 하여 노예의 표시로 삼았다67)고 볼 수 있다.

문자학 연구 성과를 볼 때, '民'의 자원은 노예와 관련이 있다. 끝이 뾰족한 무기로 포로의 한쪽 눈을 찔러서 저항하지 못하게 한 뒤 노동력을 착취하던 고대 노예 사회를 볼 수 있는 글자이다. 본뜻은 '노예'이었는데 시간이 흐른 뒤에 점차 '평민', '백성'의 뜻으로 바뀐 것이다. 그러므로 ⅰ), ⅱ), ⅳ), ⅴ)는 학리적(學理的) 근거가 없는 기술이다. ⅲ)의 설명이 '民'의 본의에 충실한 기술이다. 비록 초등학교 학습자를 위한 교과서라 하더라도 한자의 본의를 밝히지 않고, 임의대로 기술하는 것은 지양해야 한다.

(나) 자의적(恣意的) 기술

초등학교 한자 교과서의 자원 실태를 분석해 보면 한자의 자원이 집필자에 의해 자의적(恣意的)으로 기술되었음을 확인할 수 있다. 이것은 초등학교 한자 교과서가 시·도 교육감의 인정(認定)으로 편찬되고 제작되므로, 국가적인 수준에서 교과서를 심의하는 중등

66) 谷衍奎 編, 『漢字源流字典』(北京, 華夏出版社, 2003), 148쪽.
民【構造】象形字. 金文像以鋭物刺左目形. 古代俘獲敵人 則刺瞎其左眼用爲奴隸. 篆文文字化. 隸變后楷書寫作民.
【演變】民, 本義指奴隸 :皇天旣付中國民越(與)疆土于先王. 引申指被統治的庶人百姓 :古者有四民. 也. 泛指人,人類: 食者, 民之本也

67) 『說文』民, 衆氓也. 從古文之象.(文淵閣本) 衆 萌也. 從古文之象.(四部叢刊本). 『段注』萌, 古謂民曰萌. 萌, 猶懵懵無知貌. 郭沫若『甲骨文字研究』: (周代彝器)作一左目形, 而有刃物以刺之. 周人初以敵囚爲民時, 乃盲其左目以爲奴徵. 『說文』甿, 田民也. 從田, 亾聲. 氓, 民也. 從民, 亡聲. 讀若盲.

학교보다 심의 과정이 덜 엄격하고, 그로 인해 집필자가 자유롭고 허용적인 분위기에서 교과서를 집필하기 때문이다. 또한 각 시·도 교육청마다 인정 교과서의 심사기준이 다르기 때문에 한자의 자원에 대한 심의도 기준이 다르게 적용되고 있기 때문이다. 다음의 예를 통해 자의적(恣意的)으로 기술된 자원의 실태를 검토하여 보자.

초등 한자 교과서에 나타난 '化'의 자원(字源) 설명은 다음과 같다.

㉮ 사람이 모양을 바꿔 다른 사람이 된다는 데서 '되다'의 뜻을 나타냄(2-79p).

㉯ 化는 亻(人)〔바로 선 사람〕과 匕〔거꾸로 선 사람〕가 합하여 만들어진 글자입니다(1-92p).

㉰ 人〔사람〕이 깊이 깨달아 다른 사람(바뀐 사람)이 된다는 데서, '되다'의 뜻을 나타냅니다(1-130p).

㉱ 바른 자세로 서 있던 사람이 거꾸로 서는 모습이다. 여기서 '바뀌다', '변화하다'의 뜻이 나왔다(3-43p).

㉲ 사람이 꼬부라진 몸으로 변한다는 뜻으로 '변하다'의 뜻임(4-76p).

㉳ 사람(亻←人)이 덕을 쌓아가면서 좋은 방향으로 변화(匕)되니 '교화하다'는 뜻의 글자입니다(5-39p).

㉴ 사람이 모양을 바꿔 딴 사람이 된다는 뜻을 나타낸 글자(4-14p).

㉷ 사람이 나이가 들면 구부러져 변하게 됨(4-가-29p).

㉸ 화석, 미화, 약화 등의 예처럼 '되다'를 뜻합니다(4-92p).

㉻ 재주있는 사람은 숟가락을 가지고 날카로운 비수로 '변화시킬 수 있다. 되게 하다'는 뜻의 글자(4-54p).

이상의 자원 설명 내용은 다음과 같이 분류할 수 있다.

ⅰ)바르게 서 있는 사람이 거꾸로 서는 모습, ⅱ)사람이 나이가 들어 구부러진 모습, ⅲ)사람이 덕을 쌓아가는 모습, ⅳ)사람이 모양을 바꿔 딴 사람이 된 모습, ⅴ)숟가락을 비수로 변화시킴.

ⅰ)~ⅴ)로 분류된 교과서의 설명이 근거가 있는지 알아보기 위

해 문자학 공구서의 내용을 살펴보겠다. 갑골문에서 '化'〔 〕는 사람이 바로 선 모습〔亻〕과 거꾸로 선 모습〔匕〕으로 변화하는 뜻으로 이해된다. '化'의 본의는 변화이며 형체와 바탕이 바뀌는 것이다. 대자연이 만물을 길러내므로 자연계에서 만물을 낳고 기르는 조화(造化)의 뜻으로 파생하였고, '교화(教化)', '풍속(風俗)', '죽음〔死〕', '용해(溶解)'의 뜻으로도 파생하였다.[68] 또 '化'는 '서 있는 사람'과 '거꾸로 선 사람'을 상형한 글자로, 재주놀이의 한 장면에서 유래하였다는 설이 그럴듯하다. 왜냐하면 본뜻이 '변화'이기 때문이다.[69] 갑골문의 자형을 보면 거꾸로 선 사람 위에 다른 사람이 서 있는 형태이니 쉽게 흉내낼 수 없는 대단한 기술이 아닐 수 없다.

이상의 사실로 보아 '化'의 본뜻은 '변화'이다. 초등학교 교과서의 자원 설명 중에는 ⅰ)이 본뜻을 충실히 반영한 것이다. ⅳ)의 설명은 언뜻 보기에는 본의와 비슷하나 '한 사람이 다른 사람으로 바뀌었다.'는 오해를 할 수 있는 표현이다. 또 ⅱ), ⅲ), ⅴ)의 기술처럼 자원의 본의와는 상관없이 집필자가 자의적으로 표현한 것이다. 곧 ㉰ '사람이 깊이 깨달아 다른 사람이 된다.', ㉳ '사람이 덕을 쌓으면서 좋은 방향으로 변화된다.', ㉷ '사람이 나이가 들면 구부러져 변하게 된다.' 등의 내용은 '化'의 본의와는 관련이 없는 집필자의 자의적인 기술이다.

---

68) 谷衍奎 編, 앞의 책, 67쪽.

化【構造】會意字. 甲骨文從亻(正人), 從匕(倒人), 會變化之意. 金文大同. 篆文整齊化. 隷變后楷書寫作化.

【演變】化, 本義指變化, 形質改變. 大自然能化生萬物, 故引申指 自然界生成萬物的功能, 造化：流池自化造, 山關固神營. 又引申指達到高超的境界：此乃出神入化之筆. 通過教育使人, 風俗改變也是一種化, 故又引申指教化：夫治定之化, 以禮爲首. 又引申指風俗：有傷風化. 萬物變化由生而死, 又引申指死：吾今斯化, 可以無恨. 變化的結果是消失, 故又引申指熔解, 溶解：銀銅相雜, 亦易熔解. 又用以表示求人布施.

69) 김언종, 앞의 책, 314쪽.

(다) 편의적(便宜的) 기술

초등학교 한자 교과서의 자원 실태를 분석해 보면 한자의 자원을 집필자가 편의적(便宜的)으로 기술하고 있음을 확인할 수 있다. 곧 교과서에 한자의 자원을 기술할 때 문자학 공구서를 살펴보지 않고 한자의 일반화된 의미를 중심으로 기술한 것이다. 이러한 기술은 한자의 본의에 다가선 표현이기는 하지만, 한자의 본의를 탐구하여 교과서를 편찬하였다기보다는 학습자들을 이해시키기 편한 방향에서 교과서를 집필한 것이라 할 수 있다. 다음의 예를 통해 한자의 자원이 편의적(便宜的)으로 기술된 실태를 검토하여 보자.

초등학교 한자 교과서에 나타난 '左'의 자원 설명은 다음과 같다.

㉯ 左는 왼손으로 자를 쥐고 공작하는 모양을 본떴습니다(1-62p).

㉰ 도구를 만들 때 재료를 잡는 쪽이기 때문에 '왼쪽'의 뜻을 나타냈습니다(1-50p).

㉱ 원래는 왼손으로 '어떤 일을 하다(工)' 또는 '어떤 일을 돕는다'는 뜻이었다(1-14p).

㉲ 목수가 왼손에 자를 든 모양으로 왼쪽의 뜻이 됨(1・2-48p).

㉳ 왼손으로 도구를 쥐고 일을 하는 모양을 본뜬 글자(기초2-51p).

㉴ 왼손으로 일을 돕는다는 데서 '왼쪽'을 뜻한 글자입니다(1-65p).

㉵ 목수가 왼손에 자를 들고 일할 때의 모습을 본떠 만든 글자(1-64p).

㉻ 위치를 나타낸 말로 '왼쪽'을 뜻합니다(3-82p).

㉾ 목수가 왼손에 자막대를 들고 일한다는 데서 '왼쪽'을 뜻하는 글자(3-17p).

이상의 자원 설명 내용은 다음과 같이 분류할 수 있다.

ⅰ) 왼손으로 도구를 쥐고 일을 하는 모양, ⅱ) 왼손으로 일을

돕는다, iii) 위치

i)~iii)의 설명이 문자학 이론과 맞는 것인지 알아보기 위해 문자학 공구서의 내용을 살펴보겠다. '左'는 𠂇(좌)와 工(공)으로 이루어진 글자이다. 𠂇 는 '왼손'의 상형으로 본뜻이 '왼손'이다. 工은 목수의 필수품인 '곡척(曲尺)'의 상형이라고도 하고 '손도끼'의 상형이라고도 한다. 어쨌든 이것이 공구(工具)임에는 이의가 없다. 이 둘을 합한 '左'의 본뜻은 '공구를 들고 일을 돕는다'는 데에서 추출한 '돕다'이다.70) 左의 본의는 돕거나 보좌하는 것이며, '왼쪽'이라는 뜻은 나중에 파생된 것이다.71) 左의 자형은 〔甲骨文〕 ··〔金文〕 〔小篆〕 등으로 보이며 복사(卜辭)에서는 ① 右의 상대방위, ② 祐, ③ 有 등의 의미로 사용되었다.

이상의 내용을 통해서 볼 때 ii)의 자원 설명이 한자의 본의에 충실한 기술이라고 할 수 있다. i)의 자원 설명이 비록 '左'의 본뜻과 관련된다 하더라도, i)의 설명은 左의 자형과 자의를 연결시키기 위한 편의적인 기술이지, 본뜻을 기술한 것은 아니다.

위와 같이 초등학교 한자 교과서는 자원(字源) 설명이 천차만별이며 상당부분 학리적(學理的) 근거가 빈약하고 자의적(恣意的), 편의적(便宜的) 기술로 이루어져있다. 이렇게 잘못된 자원 학습은 초등학교 수준의 학습자에게 부정확한 정보를 전하는 과실을 범하게 된다. 이처럼 교실 수업 현장에서 잘못된 정보에 의한 문제를 해소하기 위해서는 자원 학습에 대해 좀 더 세밀하게 연구하여 교재를 개발하여야 한다. 그렇다고 하여 철저하게 학술적 기반을 갖춘 교과서를 만들어 가르치는 것이 한자교육의 내실을 다지는 것은

---

70) 김언종, 앞의 책, 829~830쪽.

71) 谷衍奎 編, 앞의 책, 105쪽.

左 【演變】 <u>左, 本義指 幫助, 輔佐</u>：輔相天地之宜, 以左右(佑)民. 引申爲副, 貳:左車. 又引申指勸導：左食. "左"后借用作"𠂇", 故又表示左手, 坐邊, 向左. 坐北面南, 左手爲東邊, 故又特指東邊.

아닐 것이다. 다만 학습자의 흥미와 수준을 고려하여 자원을 공부하도록 하는 것이 초등학교 단계의 한자 학습에 적절할 것이다.

2) 중등학교 한문교과서

초등학교의 한자 교육과는 달리 중·고등학교의 한문 교육은 독립 교과로서 지위를 가지고 시행되고 있다. 1972년 교육법 시행령을 개정하면서 독립 교과의 지위를 갖게 된 한문 교과는 1973년, 1981년, 1987년, 1992년, 1997년 다섯 차례에 걸쳐 교육과정을 개정하면서 그 체계를 다듬고 정교화하여 양적, 질적 성장을 꾀하였으며, 2007년 수정 고시된 교육과정이 공포되어 2010년부터 적용될 예정이다.

주지하듯이 제7차 교육과정은 학습자를 중시하는 교육과정을 구현하여 교육의 질을 높이겠다는 방향을 설정하고 이른바 '수준별 교육과정'의 개념을 도입하였다. 이에 따라 초등학교 1학년부터 고등학교 1학년까지 10년간을 국민 공통 기본 교육 기간으로 설정하고, 이 기간에 적용할 10개의 국민 공통 기본 교과를 설정하고 있다. 이러한 체제상의 변화에 따라 제6차 교육과정에서는 선택 교과의 하나였던 한문 교과가 제7차 교육과정에서는 새로이 설정한 '재량활동(裁量活動)'의 선택 과목으로 전환되었다.

중학교 한문 교과는 국가 수준의 교육과정이 마련되어 있으며, 이에 따라 교과서 개발이 진행되어 제7차 교육과정에서는 11종의 중학교 한문 교과서가 검정 심사를 통과하여, 학교에서 이것을 교과서로 사용하고 있다.[72] 그런데 일부 교과서는 중학교 3개 학년

72) 여기에서 자료로 삼은 중학교 한문 교과서는 아래와 같다.
ⓐ 김상홍·최창구·이강렬, 『중학교 한문』1·2·3(서울 : 중앙교육진흥연구소, 2000).
ⓑ 민병수·심경호, 『중학교 한문』1·2·3(서울 : 민중서림, 2000).
ⓒ 박갑수·김진영·송진영, 『중학교 한문』1·2·3(서울 : 지학사, 2000).
ⓓ 박성규·윤재민, 『중학교 한문』1·2·3(서울 : 박영사, 2000).

전 과정이 심의를 통과하지 못하여 1학년 교과서만 있거나 1학년과 2학년 교과서만 제작되어 있을 뿐 3학년 교과서가 제작되지 않은 경우도 있어 이들 교과서를 채택한 학교 현장에서는 상위 학년의 교과서를 학교 자체적으로 개발하여 가르치기도 한다. 곧 중학교 3학년 전 과정의 교과서가 개발된 것은 11종의 교과서 가운데 8종이며, 2종의 교과서는 1~2학년 교재만 구성되어 있고, 나머지 1종의 교과서는 1학년 교과서만 제작되어 있다.

중학교 한문 교과의 경우 3개 학년 과정에서 한문 교과 학습을 하면서 한문교육용 기초한자 1800자 중에서 중학교용 900자를 익혀야 한다. 그런데 학습의 부담을 고려하여 900자의 한자를 3개 학년의 학습 단원에 안배하여 익힐 수 있도록 교과서를 구성하는 실정인데, 1개 학년 내지 2개 학년의 교과서가 제작되지 않은 경우에는 학습자들이 익혀야할 교육용 기초 한자를 제대로 습득할 수 없으므로 큰 문제가 아닐 수 없다. 또한 그 외 중학교 한문 교육과정에 나타나 있는 내용 요소들을 학습할 수 없으므로 한문 교과 교육의 정상적 진행을 위해서는 집필자로 하여금 완전한 교과서의 형태를 갖추도록 하여 학교 현장에 보급하여야 한다.

중학교 한문 교과는 학습자가 정규 교과로 한문을 처음 배운다는 점과 고등학교 한문 및 한문 고전과의 연계성을 고려하여야 한다는 점을 교과 구성의 전제로 삼고 있다. 중학교 한문 교과는 재량활동

ⓔ 유성준·송요권·유경순, 『중학교 한문』1·2·3(서울 : 새한교과서, 2000).
ⓕ 윤미길·한성희·백원철, 『중학교 한문』1·2·3(서울 : 교학사, 2000).
ⓖ 이상진·최상근·박장렬, 『중학교 한문』1·2·3(서울 : 동화사, 2000).
ⓗ 최상익·허남욱·이천식·권혁진, 『중학교 한문』 1·2·3(서울 : 도서출판 태성, 2000).
ⓘ 오종일·김철수·원 윤·염성엽, 『중학교 한문』 1·2(서울 : 문원각, 2000).
ⓙ 이응백·이창득·정성배·오건오, 『중학교 한문』1·2(서울 : (주)한국교육미디어, 2000).
ⓚ 이화규·박성순·이성권, 『중학교 한문』1(서울 : 한서출판사, 2000).

의 선택과목이라는 극히 한정된 시간에 이루어지는 것이므로 한자, 한자어, 한문 영역 간의 조화를 꾀하면서 한문 교육용 기초 한자 900자를 효과적으로 학습할 수 있도록 구성한 교과이다.

중학교 한문 교과서를 검토하여 본 결과, 초등학교 한자 교과서에 비하여 한자의 문자학적 이론을 충실히 반영하고자 노력하였다. 11종의 중학교 한문 교과서는 한자의 자원을 자형만 제시하거나 자형과 자의를 함께 제시하였는데, 교과서마다 제시 방법이 일률적이지 않아 학습자들이 혼란을 일으킬 여지가 있다. 특히 한자의 짜임을 혼동할 수 있는 자의를 제시하는 경우가 있어 학습자가 한자의 짜임을 잘못 이해할 수도 있다.

중학교 한문 교과서의 자원 설명 사례 중에서 한자의 짜임을 잘못 이해할 수 있는 경우를 살펴보면 다음과 같다.

(1) 상형자(象形字)를 회의자(會意字)처럼 표기한 경우

다음은 중학교 한문 교과서에서 '果'의 자의를 표기한 예이다.

① 果【ⓓ302】[73] 나무에 과일이 달려 있는 모양을 본떠서 열매의 뜻을 나타낸 글자.

② 果【ⓗ209】'나무(木)+열매(田)→果' 나무 위에 달린 열매 '과일'

위에서 보듯이 '果'는 상형자이므로 ①과 같이 표기하여야 학습자들이 한자의 짜임과 관련하여 한자를 익히게 되는데 ②처럼 표기하면 학습자들이 회의자처럼 여길 수 있어 한자의 짜임을 바르게 알려주는 정보가 되지 못한다. '果'의 갑골문〔〕과 금문〔〕을 보면 '果'자가 상형의 원리에 의해 만들어진 한자임을 알 수 있다. 갑골문

73) 果【ⓓ302】는 필자가 분류한 기호 표시로 ⓓ교과서 3학년 2단원에 제시되어 있음을 말한다.

의 자형은 나무위에 맺혀 있는 여러 개의 과실 모양을 본뜬 것이며, 금문의 자형은 앞의 모습을 생략하여 하나의 과실 모양이 된 것이다.[74] 따라서 '果'는 상형자의 짜임으로 이해할 수 있도록 표기하여야 한다.

다음으로 중학교 한문 교과서에서 '夫'와 '兒'를 기술한 용례를 살펴보자.

③ 夫【ⓗ316】 '비녀(一)+사람(大) → 夫' 머리 위에 비녀를 꽂은 사람. '어른', '지아비'
④ 兒【ⓓ316】 몸이 작고 머리가 크며 정수리 부분이 아직 닫히지 않은 어린아이의 모습을 본떠서 만든 글자
⑤ 兒【ⓗ316】 '머리 모양(臼) + 사람(儿) → 兒' 머리가 큰 사람. '어린아이'

③의 '夫'는 갑골문의 형태〔〕를 보면 머리에 비녀를 꽂은 성인을 나타낸 것이다. 고대에는 남자가 20세가 되면 관례를 하는데 머리를 묶어 비녀를 꽂아서 성인임을 표시하였다.[75] 그러므로 '夫'자를 학습할 때에는 상형자의 짜임으로 이해할 수 있도록 표기하여야 한다. 그런데 '비녀(一)+사람(大)→夫'와 같은 표기는 학습자들이 회의자의 짜임으로 이해할 수 있으므로 교과서에서 지양해야 할 표기방법이라 할 수 있다.

④와 ⑤는 '兒'에 대한 표기인데, ④의 경우는 학습자들이 상형자임을 인식할 수 있도록 표기되어 있으나 ⑤의 경우는 '머리 모양

74) 谷衍奎 編, 앞의 책, 356쪽.
果【構造】象形字. 甲骨文像樹上結有果實形. 金文省爲一果, 篆文整齊化, 隷變後楷書寫作果.

75) 谷衍奎 編, 위의 책, 43쪽.
夫【構造】象形字. 甲骨文像一介頭上揷簪子的大人形. 古代男子二十行加冠禮, 將頭髮束起來別上簪子, 表示已經成人. 金文和篆文大同, 隷變後楷書寫作夫.

(臼)+사람(儿) → 兒'의 형태로 제시되어 있어 회의자의 짜임으로 오해할 수 있다. '兒'의 갑골문〔 〕 형태를 보면 유아가 입을 벌려 활짝 웃으면서 작은 치아를 드러낸 모습을 본뜬 것으로 유아의 치아가 아직 크게 자라지 못한 모습을 표시한 것이다. 또한 『說文』에는 갓난아이의 머리에 있는 숨구멍이 아직 닫히지 않은 모습을 본뜬 것이라고 기술되어 있다.[76] 그러므로 갑골문의 자형이나 『說文』의 본의를 전거(典據)로 하면 '兒'는 상형자임을 학습자가 인지할 수 있도록 교과서를 구성하여야 한다.

(2) 회의자(會意字)를 상형자(象形字)처럼 표기한 경우

다음은 중학교 한문 교과서에서 '骨'의 자의를 나타낸 것이다.

① 骨【ⓓ306】 몇 개의 뼈가 서로 얽혀 있는 모양을 본떠서 '뼈'의 뜻을 나타낸 글자. 뒤에 살을 의미하는 '月(육)'을 더하였다.

①을 보면 '骨'은 '몇 개의 뼈가 서로 얽혀 있는 모양을 본떠서 뼈의 뜻을 나타낸 글자'라고 하여 학습자가 '骨'이 상형의 원리에 의해 만들어진 것이라고 인지할 수 있도록 표기되어 있다. 그러나 '骨'의 전문(篆文) 자형〔 〕을 보면 '骨'자가 '몇 개의 뼈가 서로 얽혀 있는 모양'이라고 보기 어려우며, 자의를 보더라도 '살 바른 뼈에 살이 있음'이라는 뜻만 있지, 뼈가 얽혀 있는 모양을 본떴다는 뜻은 살필 수 없다.[77] 그러므로 '骨'은 회의자의 짜임에 의해서 한자가 이루어

---

76) 谷衍奎 編, 위의 책, 370쪽.

兒【構造】象形字. 甲骨文像幼兒張口嘻笑露小量牙齒形. 表示還是幼兒, 牙尚未長齊. 金文稍繁, 篆文整齊化, 隸變後楷書寫作兒.

【本義】『說文・儿部』:"兒, 孺子也. 從儿, 小兒頭囟未合" 本義爲小孩子.

77) 谷衍奎 編, 위의 책, 461쪽.

骨【構造】會意字. 篆文從冎(卜骨), 從肉, 會着肉的骨頭的意思, 隸變後楷書寫作骨.

진 것임을 학습자가 인지할 수 있도록 표기하여야 할 것이다.

다음은 중학교 한문 교과서에서 '兩'의 자의를 나타낸 것이다.

> ② 兩【ⓓ303】 수레를 끄는 두 마리 말에 멍에를 한 모양을 본떠서 '수레'의 뜻을 나타낸 글자. 후에 가차되어 주로 '둘'의 뜻으로 쓰이게 되었다.
>
> ③ 兩【ⓖ209】 두 개의 수레 멍에를 본뜬 글자이다.

위의 ②와 ③의 설명을 보면 '兩'은 '두 마리 말이 멍에를 한 모양'을 본떠서 만든 글자이다. 그런데 '兩'의 금문 자형을 보면 고대에 두 개의 동전을 감싸면서 나란히 한 모양으로 '견주다'와 '나란히 하다'의 뜻을 합한 것이다. 『說文』의 자형에 대한 설명을 보면 '兩'은 '冂, 从, 丨'가 합하여진 형태로 글자의 형태를 분석해보면 전문의 모양을 부회(附會)한 것이고, 본의는 '두 개가 나란하다'의 뜻이라고 되어 있다.[78] 이와 같은 내용을 볼 때 '兩'은 상형자의 짜임이라기보다 회의자의 짜임 원리에 의해 이루어진 한자이므로, 학습자가 회의자의 짜임 원리에 의해 한자가 만들어졌음을 인지할 수 있도록 교과서를 기술해야 한다.

【本義】『說文 · 骨部』:"骨, 肉之覈(實)也. 從骨, 有肉" 本義爲骨頭.

※ 骨의 자의에 대한 다음의 견해가 주목된다(장영진 편, 『漢字字源集解 한자부수 214』, 서울 : 도서출판 다운샘, 2006) 재인용.

饒炯, 『說文解字部首訂』: 뼈가 몸에 있어서 살을 밖으로 하고 알맹이를 속으로 하는 것이, 마치 과일이 씨가 있는 것과 같다(骨之于體 外肉內覈 如果有覈).

加藤常賢 : 骨자는 冎와 肉(⺝)을 합친 회의자이다. 冎자에서 '冂'형은 두개골이고, '⌒'형은 척추의 뾰족한 뼈이다. 그래서 冎는 두개골과 첫 번째 척추의 뾰족한 뼈이다. 이 자형으로써 '뼈'의 대표 상형자로 사용했다.

78) 谷衍奎 編, 위의 책, 277쪽.

兩【構造】會意字. 金文是古代的兩个錢币相幷形, 會比幷之意. 篆文整齊化, 隸變後楷書寫作兩.

【本義】『說文 · 兩部』:"兩, 再(二)也. 從冂, 從从, 從丨" 析形是根据篆文所作的附會. 本義當爲兩个相幷.

(3) 지사자(指事字)를 회의자(會意字)처럼 표기한 경우

다음은 중학교 한문 교과서에서 '元'의 자의를 나타낸 것이다.

① 元【ⓓ221】 옆으로 서 있는 사람의 모습에서 특히 머리 부분〔二〕을 강조하여 '머리', '으뜸'의 뜻을 나타낸 글자.

② 元【ⓖ114】 사람의 머리 부분을 강조하여 상형한 글자이다.

③ 元【ⓗ207】 '위(二→上)+사람(儿)→元' 사람의 맨 꼭대기 '머리'→으뜸

위의 예 ①에서 보듯이 '元'은 사람의 머리 부분을 강조하여 나타낸 한자이지만 실제로 사람의 머리 모습을 본뜬 것은 아니다. 그러므로 예 ②처럼 '사람의 머리 부분을 강조하여 상형한'이라고 표기할 경우 학습자들은 '元'자가 상형자의 짜임 원리에 의해서 만들어진 한자라고 잘못 이해할 수 있다.

또한 ③의 경우처럼 '위(二→上)+사람(儿)→元'이라고 표기할 경우에는 '元'자가 회의자의 짜임 원리에 의해서 만들어진 한자라고 인지할 수 있다. 그러나 '元'의 갑골문 자형〔〕을 보면 '元'은 '兀'과 같은 자원을 지닌 한자로 사람의 머리카락을 제거하고, 짧게 가로지른 것을 통해 머리 부위를 명확히 가리켜 '사람의 머리'라는 뜻을 표현한 것이다.[79] 그러므로 '元'은 학습자들이 지사의 짜임 원리에 의해 만들어진 한자임을 인지할 수 있도록 표기하여야 한다.

(4) 회의자(會意字)를 형성자(形聲字)처럼 표기한 경우

다음은 중학교 한문 교과서에서 '聞'의 자의를 표기한 예이다.

---

79) 谷衍奎 編, 위의 책, 44쪽.

元【構造】指事字. 元與兀同源. 甲骨文從兀, (削去人頭髮), 又用短橫指明頭的部位, 以表示人頭之意. 金文大同, 篆文整齊化, 隸變後楷書寫作元.

【本義】『說文・一部』:"元, 始也. 從一, 從兀" 所釋爲引申義. 本義當爲人頭.

① 聞【ⓑ120】門(문〈문〉음 부분)+耳(이〈귀〉뜻 부분)→聞(문 : 듣다)

② 聞【ⓔ118】耳(귀 → 듣다 : 뜻)+門(문 : 음) ⇒ 聞(들을 문)

③ 聞【ⓘ116】음을 나타내는 '門〔문〕'과 뜻을 나타내는 '耳〔귀〕'가 결합하여 '듣다'라는 뜻을 나타낸다.

위의 예①, ②, ③은 모두 '聞'자의 짜임을 '음 부분+뜻 부분' 형태로 제시하고 있어서 학습자들이 '聞'자가 형성자의 짜임 원리에 의해 만들어진 한자라고 잘못 인지할 수 있다.

그러나 '聞'의 갑골문 자형〔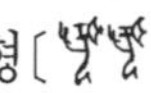〕을 보면 오른쪽은 귀를 나타내고 왼쪽은 손을 모아 귀에 대고 자세히 듣는 사람의 모습이니 사람이 소리를 듣는 것을 나타내는 한자이다.

'聞'의 금문 자형〔〕은 귀가 아래쪽으로 이동하고 머리 위에 점을 더하여 소리를 증명하였고,

전문(篆文) 자형〔〕에서는 이것을 고쳐서 '耳'가 의미부가 되고 '門'의 소리가 나는 형성자라고 본 것이다.80)

이와 같은 내용으로 볼 때 '聞'은 본디 회의자였는데 자형이 변하면서 형성자로 잘못 알려진 것이다. 그러므로 '聞'자는 한자의 자형과 자의를 살려 회의의 짜임 원리에 따라 만들어진 한자임을 학습자가 인지할 수 있도록 표기해야 한다.

(5) 형성자(形聲字)를 회의자(會意字)처럼 표기한 경우

다음은 중학교 한문 교과서에서 '露'의 자의를 표기한 용례이다.

---

80) 谷衍奎 編, 위의 책, 490쪽.

聞【構造】會意字. 甲骨文右邊是只耳朶, 左邊是一个擧手附耳諦聽的人, 會人聽到聲音之意. 金文將耳朶移下, 人頭上加點, 象征聲音. 篆文改爲從耳, 門聲的形聲字, 隷變後楷書寫作聞.

【本義】『說文·耳部』:"聞, 知聞也. 從耳, 門聲" 本義爲聽見. 强調的是聽到的結果.

① 露【ⓗ212】 '길(路)+비(雨)→露' 풀길(路)을 가다 보면 옷을 적시는 비(雨). '이슬'

'露'는 '雨'가 의미를 나타내고 '路'가 음을 나타내는 형성의 짜임 원리에 의해 이루어진 한자이다. 그런데 ①과 같이 '길(路)+비(雨)→露'로 표기하면 학습자들은 '雨'와 '路'가 모두 의미로 결합하여 만든 한자로 잘못 이해할 수 있다. 특히 한자의 결합 형태를 나타내는 도식뿐 아니라 자의를 설명할 때 '풀길〔路〕을 가다 보면 옷을 적시는 비〔雨〕'라고 하여 학습자들은 회의의 짜임 원리에 의해 만들어진 한자라고 인지할 수 있다.

'露'의 전문(篆文) 형태는 '雨'가 의미부가 되고 '路'의 소리가 나는 형성자임을 나타낸다.81) 그러므로 '露'는 학습자들이 형성의 짜임 원리에 의해 이루어진 한자라고 인지할 수 있도록 표기되어야 한다.

다음은 중학교 한문 교과서에서 '問'의 자의를 표기한 것이다.

② 問【ⓑ105】 뜻을 나타내는 구(口)와 음을 나타내는 문(門)으로 이루어진 형성자로 본뜻은 '묻다'이다.
③ 問【ⓗ202】 '문(門)+입(口)→問' 입으로 의사를 소통하는 행위. '묻다'
④ 問【ⓘ107】 口+門(입으로 물음)
⑤ 問【ⓗ114】 '門(문)+口(입)→問' 門은 사람이 드나드는 곳이므로 門에서 '통하다', '통하게 하다'는 뜻이 찾아짐. 뜻을 통하기 위하여 입으로 하는 일. '묻다'

---

81) 谷衍奎 編, 위의 책, 858쪽.
露【構造】形聲字. 篆文從雨路聲隸變後楷書寫作露.
【本義】『說文·雨部』:"露, 潤澤也. 從雨, 路聲" 所釋爲引申義. 本義當爲露水.

'問'은 위의 ②와 같이 '口'가 의미부를 나타내고 '門'은 음을 나타내는 형성의 짜임 원리에 의해 이루어진 한자이다. 그런데 ③, ④, ⑤의 예를 보면 '문(門)+입(口) → 問' 또는 '門(문)+口(입) → 問'과 같이 도식화하여 '口'와 '門'이 모두 의미로 결합되어 만든 한자라고 오해할 수 있다. 특히 ③처럼 '입으로 의사를 소통하는 행위'라고 하거나 ⑤처럼 '門은 사람이 드나드는 곳이므로 門에서 통하다는 뜻이 찾아짐, 뜻을 통하기 위하여 입으로 하는 일'처럼 자의를 표기하여 '門'이 의미부 구실을 하고 있는 것으로 잘못 인지할 수 있다.

'問'의 갑골문 자형〔 〕을 보면 口가 의미부가 되고 門의 소리가 나는 형성자임을 나타낸다.[82] 그러므로 '問'은 학습자들이 형성의 짜임 원리에 의해 만들어진 한자임을 인지할 수 있도록 표기해야 한다.

다음은 중학교 한문 교과서에서 '晴'의 자의를 표기한 것이다.

⑥ 晴【ⓑ109】 日(일〈날〉)+靑(청〈푸르다〉)→晴(청 : 날이 개다, 맑다)

⑦ 晴【ⓖ113】 뜻을 나타내는 글자〔日〕와 음을 나타내는 글자〔靑〕를 결합하여 만든 글자이다.

'晴'은 위의 ⑦과 같이 '日'이 의미부를 나타내고 '靑'은 음을 나타내는 형성의 짜임 원리에 의해 이루어진 한자이다. 그런데 ⑥에서 보듯이 '日(일〈날〉)+靑(청〈푸르다〉)→晴'과 같이 표기하면 학습자들은 '日'과 '靑'이 모두 의미로 결합되어 만든 한자라고 잘못 이해할 수 있다. '晴'의 전문(篆文) 자형〔 〕을 보면 '晴'은 본디 '姓'자로 '夕'이 의미부로 쓰이고 '生'이 소리를 나타냈다. 속자로 '晴'으로 쓰

82) 谷衍奎 編, 위의 책, 218쪽.
問【構造】形聲字. 甲骨文從口, 門聲. 金文大同. 篆文整齊化, 隷變後楷書寫作問.
【本義】『說文·口部』:"問, 訊也. 從口, 門聲" 本義爲詢問.

면서부터 '日'이 의미를 나타내고 '靑'이 소리를 나타내게 되었다.[83] 그러므로 '晴'은 학습자들이 형성의 짜임 원리에 의해 만들어진 한자임을 인지할 수 있도록 표기해야 한다.

중학교 한문 교과는 학습자가 정규 교과로 한문을 처음 배운다는 점과 고등학교 한문(漢文) 및 한문 고전(漢文古典)과의 연계성을 고려하여야 한다는 점을 교과 구성의 전제로 삼고 있다.

중학교 한문 교과는 재량활동의 선택과목이라는 극히 한정된 시간에 이루어지는 것이므로 한자(漢字), 한자어(漢字語), 한문(漢文) 영역 간의 조화를 꾀하면서 한문 교육용 기초 한자 900자를 효과적으로 학습할 수 있도록 구성한 교과이다.

이와 같은 한문과의 교과적 성격을 반영한 11종 교과서의 내용 가운데 자원 설명과 관련된 부분을 정리하여 제시하면 아래의 〈표〉와 같다.

〈중학교 한문 교과서의 자원 제시 유형 및 내용〉

구분	1학년	
	자형	자의
ⓐ교과서	山, 川, 水, 火, 木, 田, 上, 本, 宇, 洋, 園, 手, 耳, 目, 怒, 情(16)	上, 本, 是, 明, 坐, 立, 行, 止(8)
ⓑ교과서	日, 火, 身, 手, 耳, 目, 行, 明, 信, 江, 問, 黑, 北, 高, 夕, 月, 晴, 至, 晚, 志, 校, 場, 受, 文, 母, 漁, 義, 字, 戶, 鳴, 聞(31)	身, 手, 耳, 目, 行, 明, 信, 江, 黑, 北, 高, 夕, 月, 至, 受, 文, 母, 義, 字, 戶, 鳴(21)

83) 谷衍奎 編, 위의 책, 698쪽.
晴【構造】形聲字. 篆文本從夕, 生聲. 隷變後楷書寫作㽓. 俗作晴, 改爲從日, 靑聲. 異體作暒. 如今以晴爲正體.
【本義】『說文·夕部』: "㽓, 雨而夜除星見也. 從夕, 生聲"『集韻·淸韻』: "㽓, 或作晴." 本義爲夜晴.

ⓒ 교과서	上, 三, 明, 目, 耳, 口, 心, 露, 郡 (9)	上, 三, 明 (3)
ⓓ 교과서	日, 山, 耳, 目, 心, 口, 中, 立, 上, 林, 友, 好, 江, 五, 工, 父, 母, 七, 大, 衣, 食, 邑, 里, 弟, 行, 書, 典, 習, 器, 西, 北, 文, 之, 共, 人, 相, 見, 子, 至, 夕, 美, 去, 谷, 名, 川, 火, 蟲, 石, 馬 (49)	日, 山, 耳, 目, 中, 立, 友, 好, 五, 工, 父, 母, 七, 大, 衣, 食, 邑, 里, 弟, 行, 書, 典, 習, 器, 西, 北, 文, 之, 共, 人, 相, 見, 子, 至, 夕, 美, 去, 谷, 名, 川, 火, 蟲, 石, 馬 (44)
ⓔ 교과서	心, 耳, 日, 山, 馬, 羊, 牛, 貝, 鳥, 犬, 本, 末, 洋, 村, 上, 下, 大, 高, 生, 住, 情, 聞 (22)	心, 耳, 日, 山, 馬, 羊, 本, 末, 林, 上, 下, 大, 高, 生 (14)
ⓕ 교과서	日, 山, 上, 本, 末, 好, 休, 林, 村, 功, 景, 母, 子, 教, 交, 自, 共(17)	日, 山, 上, 本, 末, 好, 休, 林, 村, 功, 景, 母, 子, 教, 交, 自, 共(17)
ⓖ 교과서	日, 月, 山, 川, 水, 火, 木, 石, 一, 二, 三, 上, 中, 下, 本, 末, 光, 明, 相, 信, 安, 休, 林, 間, 江, 河, 漁, 村, 花, 草, 庭, 園, 大, 高, 西, 內, 雨, 雲, 手, 耳, 子, 女, 長, 力, 扶, 天, 晴, 元, 食, 衣, 住, 化, 是, 戶 (54)	日, 月, 山, 川, 水, 火, 木, 石, 一, 二, 三, 上, 中, 下, 本, 末, 光, 明, 相, 信, 安, 休, 林, 間, 大, 高, 西, 內, 雨, 雲, 手, 耳, 子, 女, 長, 力, 扶, 天, 晴, 元, 食, 衣, 住, 化, 是, 戶 (46)
ⓗ 교과서	山, 木, 子, 手, 上, 本, 分, 明, 相, 見, 宇, 宙, 江, 河, 花, 草, 萬, 千, 月, 日, 北, 西, 魚, 肉, 弓, 言, 生, 幼, 姓, 心, 性, 志, 現, 學, 問, 支, 父, 友, 學, 門, 扶, 共, 引, 競, 爭, 之, 漁, 鳥, 飛, 耳, 身, 尺, 目(53)	山, 木, 子, 手, 上, 本, 分, 明, 相, 見, 宇, 宙, 江, 河, 花, 草, 萬, 千, 月, 日, 北, 西, 魚, 肉, 弓, 言, 生, 幼, 姓, 心, 性, 志, 現, 學, 問, 支, 父, 友, 學, 門, 扶, 共, 引, 競, 爭, 之, 漁, 鳥, 飛, 耳, 身, 尺, 目(53)
ⓘ 교과서	山, 天, 牛, 魚, 三, 上, 信, 名, 男, 林, 功, 江, 村, 問, 恩, 目, 手, 心, 聞, 雲, 霜, 雪 (22)	三, 上, 信, 名, 男, 林, 功, 江, 村, 問, 恩, 聞, 孝 (13)
ⓙ 교과서	日, 山, 月, 三, 十, 耳, 目, 口, 犬, 竹, 貝, 羊, 上, 末, 休, 明, 住, 景, 問 (19)	上, 末, 休, 明 (4)

ⓚ 교과서	月, 石, 水, 川, 火, 田, 雨, 竹, 上, 中, 下, 本, 末, 曰, 寸, 甘, 炎, 多, 品, 好, 初, 男, 孝, 間, 理, 訪, 起, 源, 功, 定, 想, 恩, 固, 問 (34)	月, 石, 水, 川, 火, 田, 雨, 竹, 上, 中, 下, 本, 末, 曰, 寸, 甘 (16)

〈중학교 한문 교과서의 자원 제시 현황〉

구분	1학년		2학년		3학년		합계
	자형	자의	자형	자의	자형	자의	
ⓐ 교과서	16	8	4	3	2	2	31
ⓑ 교과서	31	21	7	7	2	2	66
ⓒ 교과서	9	3	0	0	0	0	12
ⓓ 교과서	49	44	50	44	40	40	187
ⓔ 교과서	22	14	3	2	0	0	41
ⓕ 교과서	17	17	10	8	3	2	52
ⓖ 교과서	54	46	12	12	1	1	124
ⓗ 교과서	53	53	31	31	28	28	168
ⓘ 교과서	22	13	1	1	미발간	미발간	37
ⓙ 교과서	19	4	0	0	미발간	미발간	23
ⓚ 교과서	34	16	미발간	미발간	미발간	미발간	50
합 계	326	239	118	108	76	75	

이상의 자원 학습 제시 현황을 토대로 중학교 한문 교과서에 나타난 자원 학습의 실태와 문제점을 간추려보면 다음과 같다.

첫째, 교과서별로 자원을 학습하는 양상이 매우 달라 교재에 따라 학습량이 다르다. ⓓ · ⓗ 교과서의 경우는 자원 학습을 3개 학년의 교과서에서 비중 있게 싣고 있으나 ⓒ 교과서의 경우에는 1학년 과정의 초기에만 학습할 수 있도록 구성되어 있다. 교육과정 상에는 3개 학년에서 한자의 자원 학습을 하도록 설정하였는데 학습자들이 교과서에 따라서 자원 학습을 충실히 하지 못할 소지가 있는 것이다.

둘째, 자원 학습이 주로 중학교 1학년에 집중되어 나타난다. 중학교 한문 교육과정에는 중학교 전 과정에 걸쳐 한자의 짜임 학습을 하도록 되어 있다. 위의 〈표〉에서 드러나듯이 중학교 1학년 과정의 교과서에는 자원학습에 대한 내용이 비중 있게 기술되어 있는데 비해 중학교 3학년 과정에서는 매우 소략하게 기술되어 있음을 알 수 있다.

셋째, 한자가 이루어진 원리인 한자의 짜임을 고려하지 않고 자원을 자형의 변화로 일관되게 제시하는 경우가 있다. 한자의 짜임은 중학교 한문 교육과정에서 중요한 학습 요소이다. 학습자들이 한자의 자원을 익히면서 한자의 짜임에 대해 연관짓도록 자원 학습에 대한 내용을 편성하는 것이 교육과정의 학습 요소를 잘 반영하는 것이라 할 수 있다.

넷째, 동일한 한자의 자형이나 자의를 교과서마다 서로 다르게 제시하는 경우가 있다.[84] 학습자에게 교과서는 하나의 전범(典範)과 같은 구실을 한다. 교과서가 다르다고 하여 한자의 자원 학습에 대한 내용이 상이하게 나타난다면 학습자들은 부실한 전범에 대해 신뢰를 하지 않게 된다. 그러므로 어느 교과서를 선택하든 교과서가 정전(正典)으로서의 구실을 할 수 있도록 하여야 한다.

다섯째, 한자의 짜임을 혼동할 수 있는 자의를 제시하는 경우가 있

---

84) '學'의 자의를 설명하는 내용이 동일 교과서에서 서로 다르게 나타나고 있다.
學【H114】 양 손으로 끌어올리는 모양(臼)+건물의 모양(冂)+어우러져 사귀다(爻) → 學'.
學【H116】 우매함에 싸인(冂) 아이(子)를 두 손(臼)으로 잘 보듬어 본받게(爻) 하는 일. 깨우쳐 본받게 하다. 여기에서 '배우다'의 뜻을 나타내었다고 함.

어 학습자가 한자의 짜임을 잘못 이해할 수 있는 경우가 종종 발생할 수 있다. 곧 상형자(象形字)를 회의자(會意字)처럼 표기하거나 회의자를 상형자처럼 표기한 경우, 지사자(指事字)를 회의자처럼 표기한 경우, 회의자를 형성자(形聲字)처럼 표기한 경우가 나타나고 있다.

제7차 교육과정에서 고등학교는 선택 중심 교육 과정으로 편제되어 있다. 따라서 한문 교과는 일반 선택 과목으로 '한문', 심화 선택 과목으로 '한문 고전'이 편성되어 있다. 고등학교 한문 교과도 중학교 한문 교과와 같이 국가 수준의 교육과정이 마련되어 있으며, 이에 따라 교과서를 개발하였다. 제7차 교육과정에서는 10종의 '한문' 교과서와 1종의 '한문 고전' 교과서가 검정(檢定) 심사를 통과하였으며, 고등학교 교실에서 학생들이 교과서로 사용하고 있다.

그런데 고등학교 단위 현장의 학교 교육과정 운영 실태를 살펴보면 입시 위주의 변형적인 교육과정을 편성하여 진행하는 경우가 많아 한문 수업이 정상적으로 이루어지지 못하기도 한다. 곧 일부 학교에서는 '한문' 교과를 고등학교 3학년에 편성하여서 실제적으로는 한문 수업이 이루어지지 않고 주요 입시 과목 학습을 하는 시간이 되기도 한다는 것이다.

이와 같은 실정이다 보니 교육과정 편제상에는 심화 선택 과목으로 '한문 고전'이 편제되어 있으나 실제 학교 현장에서 '한문 고전'을 택하여 수업을 하는 경우는 매우 드물다고 한다.

이와 같은 현실적 여건을 고려하여 여기에서는 '한문 고전' 교과서 1종을 제외한 10종의 고등학교 '한문' 교과서를 대상으로 자원 실태를 조사하였다.

중학교 한문 교과서는 학년별로 분책하여 개발되었으나 고등학교 한문 교과서는 단권으로 구성되어 있다. 고등학교 '한문'은 중학교 한문 교육의 성과를 바탕으로 한문에 체계적으로 접근하는데 중점을 둔다. 고등학교 '한문'은 고등학교 한문 교육용 기초 한자 900자를 중심으로 한자, 한자어, 한문을 익혀 일상생활에 활용하도록 하고, 중·고등학교 한문 교육용 기초 한자 1800자를 바탕으로 한문(漢文)을 독해(讀解)할 수 있는 능력을 기르기 위한 교과이다. 이와 같은 한문과의 교과적 성격을 반영하여 개발한 10종 교과서의 내용 중에서 한자의 자원 설명과 관련된 부분을 제시하면 다음 〈표〉와 같다.

〈고등학교 한문 교과서의 자원 제시 내용 및 현황〉85)

구분	자원 제시		합계
	자형 변화 제시	자의 설명 제시	
A 교과서	山, 日, 魚, 上, 本, 刃, 林, 好, 休, 霜, 淸, 銅, 點, 蝶, 藍, 附, 膽(17)	林, 好, 休, 分, 背, 自, 亦, 點, 蝶, 藍, 附, 膽(12)	29
B 교과서	山, 太, 書, 花(4)	山, 太, 書(3)	7
C 교과서	山, 一, 化, 和(4)	0	4
D 교과서	0	0	0

85) 여기에서 자료로 삼은 고등학교 한문 교과서는 아래와 같다.
A 김경수·김성룡·김봉숙·김평호, 『고등학교 한문』(서울 : 교학사, 2001).
B 김상홍·최창구·이강렬·원창희, 『고등학교 한문』(서울 : 중앙교육진흥연구소, 2001).
C 박갑수·이상진·최상근, 『고등학교 한문』(서울 : 지학사, 2001).
D 신표섭·이병주· ·이윤찬·강경모·백광호·허시봉·류기영·이태희, 『고등학교 한문』(서울 : 대학서림, 2001).
E 안재철·원용석·김동규, 『고등학교 한문』(서울 : 대한교과서, 2001).
F 유성준·김동환·유형구, 『고등학교 한문』(서울 : 청색, 2001).
G 이명학·장호성·현상곤·임완혁, 『고등학교 한문』(서울 : 두산, 2001).
H 이수철·곽치영, 『고등학교 한문』(서울 : 정진출판사, 2001).
I 이희목·진재교·최돈욱·신영주『고등학교 한문』(서울 : 천재교육, 2001).
J 최상익·이병혁·허남욱·이영우 『고등학교 한문』(서울 : 금성출판사, 2001).

E 교과서	心, 尖, 想, 手, 言, 水, 鳥, 火, 衣, 月, 糸, 女, 車, 尸, 金, 足, 木, 艸, 彳, 一, 口, 雨, 臣, 宀, 大, 力, 石, 歹, 刀, 示, 禾, 山, 网, 人, 行, 日, 貝, 土, 竹, 馬, 門(41)	尖, 想, 樂(3)	44
F 교과서	室, 料, 情, 板(4)	一, 上, 下, 回, 甲, 日, 鳥, 情, 板(9)	13
G 교과서	0	0	0
H 교과서	日, 上, 休, 漁, 背, 女(6)	日, 上, 休, 漁, 背, 女, 自, 亦(8)	14
I 교과서	馬, 羊, 象, 停, 漁, 狗, 銅(7)	馬, 羊, 象, 上, 下, 背, 自, 亦, 東, 突, 聰, 明, 須, 貫, 通, 庶, 解, 太, 罪, 親, 戚, 嘗, 恩, 雲, 衣, 忍, 辱, 視, 鴨, 綠, 江, 輪, 草, 子, 慮, 抵, 新, 聲, 脅, 榮, 鷄, 路, 錦, 利, 朋, 衆, 寡, 因, 革, 環, 論, 地, 道(53)	60
J 교과서	心, 力, 人, 本, 末, 調, 挑, 境, 種, 楊, 鍊, 息, 恥, 折, 析(15)	心, 力, 人, 本, 末, 加, 擴, 鍊, 息, 恥, 折, 析(12)	27

이상의 결과를 토대로 고등학교 한문 교과서의 자원 학습의 실태와 문제점을 들면 다음과 같다.

첫째, 교과서별로 자원을 학습하는 양상이 매우 다르며, 교재에 따라 학습량(學習量)의 차이가 많다. 고등학교 교과서는 초등학교·중학교 교과서에 비해 한자의 자원 학습에 대한 기술이 소략하다. 10종의 교과서 가운데 A, E, I, J종 교과서는 한자의 자원 학습을 여타의 교과서에 비해 많이 다루고 있음을 볼 수 있다.

둘째, 자원 학습을 각 단원의 학습요소로 다루기보다는 교과서의 앞부분에서 소개하는 정도에 그치고 있는 경우가 많다. 이는 고등학교 한문 교육과정에서 '한자의 짜임'을 중요 학습 요소로 규정하고 있는 것과는 배치(背馳)되는 내용이다. 곧 교육과정에서 '한자의 짜임'을 설정하였기 때문에 부득이 자원 학습에 대한 내용을 교과서에 싣고 있는 것이다. 고등학교 교과서는 한자어보다는 한문 문장 교육의 강화에 치중하기 때문에 교육과정에 이러한 규정이 없을 경우에는 자원 학습에 대한 내용이 중요 학습 요소로 다루어지지 않을 것이며 교과서에서 제외될 것으로 보인다.

셋째, 한자의 자의를 밝히는 경우 중학교 한문 교과서에 비해 심화된 내용을 싣고 있으며,[86] 한자학의 연구 성과를 면밀히 검토하여 각 이론을 다양하게 밝히고 있다. 이는 고등학교의 학습자에게 심화된 자의 설명을 하여도 학습에 무리가 없고, 학습자 스스로 판단할 수 있는 인지 능력이 있기 때문에 심화된 내용을 싣고 있다고 볼 수 있다.

---

86) 다음의 경우는 한자의 자의에 대한 설명이 중학교 교과서에 비해 심화되어 있음을 볼 수 있다.

〈중학교 교과서〉 草【ⓖ104】 뜻 부분〔艸 : 풀〕과 음 부분〔早(조→초)〕을 결합함

草【ⓗ105】 풀(艹)+早(조) → 풀

〈고등학교 교과서〉草【I 22】 草는 풀 초(艹)와 일찍 조(早)를 결합한 글자다. 草의 본래 모양은 艸이다. 풀은 거의가 한포기만 나지 않고 여러 포기가 동시에 솟아오르기 때문에 이렇게 만든 것이다. 草와 艸는 서로 뜻이 같기 때문에 두 글자를 서로 통용하여 쓰기도 하였다.

제2장 한자 교육과 구성주의

"지식은 발견되기보다 구성되는 것"이란 명제로 특징지을 수 있는 구성주의는 1990년대 이후 지식 전달 중심의 우리 교육에 많은 영향을 주었다. 제7차 교육과정의 이론적 토대인 구성주의는 학습자들이 맥락(脈絡)에 적합한 의미 구성 능력을 신장할 수 있는 교수·학습을 할 수 있도록 교실 수업 환경을 변화시켰다. 2007년 2월 개정된 교육과정의 정신도 구성주의를 토대로 하고 있으며, 학습자들의 지적 능력(cognitive competency) 신장보다는 창의적 사고력(創意的 思考力)과 문제해결력(問題解決力) 신장에 중점을 둔 교수·학습을 요구하고 있다. 따라서 교실에서의 수업은 학습자들이 스스로 문제를 탐색하고 해결책을 마련하면서 자신의 지식을 구성해나가는 과정지향적(process-oriented)인 방법으로 진행되어야 한다.

지금까지의 한자 교육은 학습자들이 지식을 구성하기보다는 객관적으로 외부에 존재하는 지식을 발견하거나 수용하는 형태로 이루어져 왔다. 학습자 개개인은 반복적인 암기를 통해 한자에 관한 지식을 형성하였다. 수업이 교사 중심으로 이루어져 학습 내용은 교과서에 한정되는 경우가 많았으며, 학습자들의 흥미·능력·필요 등이 무시되고 일제식·주입식과 같은 설명 위주의 단편적 지식을 전수하는 경우가 많았다.

이와 같은 수업은, 지식은 기존의 경험으로부터 개개인의 마음속에서 구성된다는 구성주의자들의 수업에 대한 인식과는 거리가 있다. 구성주의자들은 지식 구성은 자신이 속한 사회의 구성원들에 의해 영향을 받으며, 역동적 · 개인적 · 사회적 · 합리적으로 창출된다고 보고 있다.[1] 학습자들은 주어지는 지식을 단순히 암기하는 것이 아니라, 자신의 경험에 비추어 이해하고, 새롭게 의미를 부여하거나 해석함으로써 지식을 구성한다고 보는 것이다.

구성주의 이론에 비추어보면 반복적인 암기를 통해 한자 지식을 형성하는 방법은 학습자들의 창의력 · 사고력 · 문제해결력을 포함한 종합고등정신능력을 길러주지는 못한다. 미래의 지식정보사회에 필요한 인재로 학생들을 교육시키기 위해서는 고등정신능력을 길러주는 교수 · 학습이 되어야 한다. 따라서 한자 교수 · 학습의 방법도 학습자의 창의성을 길러주고 자기 스스로 지식을 구성할 수 있는 방향으로 나아가야 할 것이다.

구성주의의 인지적 요소와 관련하여 스키마 및 문식성을 생각해 볼 수 있다. 한자 교육은 언어 교육의 하나이며 언어 교육은 텍스트에 대한 심적 표상을 구성하는 것이 중요한 요소 중의 하나인데, 이러한 측면에서 스키마와 문식성에 대한 논의가 필요하다.

스키마는 '과거 반응이나 경험의 능동적 조직'이란 의미로, '능동적'이란 말은 기억의 구성적인 특성과 관련된다. 문식성은 '글을 읽고 이해하는 활동'으로 지식의 구성과 관련된다.

1. 한자 교육과 스키마

1) 스키마의 정의 및 특징

읽기 모형에 관한 이론을 보면, 독자가 주어진 글을 파악하는 데에는 독자의 스키마(schema)가 작동하며, 스키마의 확인을 위해 독자는 글에 담긴 내용을 해독(decoding)하게 된다. 글의 해독과

1) 황윤한, 「교수-학습 이론으로서의 구성주의」, 『초등교과교육연구』(청원 : 한국교원대학교 초등교육연구소, 1999), 6쪽.

스키마의 작동이 끊임없이 일어나면서 독자가 글을 이해하듯이 한자·한자어를 읽거나 한문 문장을 학습하는 데 학습자의 스키마가 중요한 구실을 한다고 볼 수 있다.

사람들은 사물과 상호작용하기 위해 사물에 대한 '마음의 모델(mental model)'을 먼저 구축한다. 예를 들어 자동차의 핸들을 오른쪽으로 돌리면 차가 오른쪽으로 회전하고, 왼쪽으로 돌리면 차가 왼쪽으로 회전할 것이라는 마음의 모델을 갖고 있다. 따라서 사물에 대한 이해는 가시적인 형태와 구조에 대한 마음의 모델이 지각하고 탐색한 최종 이미지의 결과라고 할 수 있다. 인지심리학에서는 이와 같은 마음의 모델이 '스키마(schema)'라는 인지 구조에 의해 구성된다고 설명한다.2)

스키마(schema)는 우리의 기억 속에 저장 되어 있는 경험의 총체이다. 다른 의미로는, 스키마는 우리가 알고 있는 세상 모든 일에 대한 우리의 기억이며 우리의 지식이다. 식당에서는 음식을 먹기 전에 먼저 주문을 해야 한다고 알고 있는 것도 우리의 지식이며, 병원에서는 의사가 들어오라고 하기까지 대기실에서 기다려야 한다는 것을 알고 있는 것도 지식이다. 이런 모든 종류의 지식이 스키마이다. 모든 기억은 지식이며, 지식을 구조로 표시하는 추상화된 개념이 스키마이다.3)

스키마는 형식 스키마와 내용 스키마 두 가지가 있다. 형식 스키마는 글이나 이야기가 전개되는 방법, 즉 독자의 이해를 돕기 위하여 필자가 전형적으로 사용하는 담화 구조나 규약에 대한 지식으로서 학자에 따라서는 텍스트적 스키마라고도 한다. 형식 스키마는 구조 지식으로서 텍스트 구조 자체와는 구별되는 개념이다. 곧 형식 스키마는 독자가 가진 지식의 하나로서 머릿속에 존재하지만,

---

2) 존 R. 앤더슨, 이영애 역, 인지심리학과 그 응용(서울 : 이화여자대학교출판부, 2002), 163~164쪽.

3) 노명완, 국어교육론(서울 : 한샘출판주식회사, 1994), 121쪽.

텍스트 구조는 텍스트를 구성하고 있는 정보들 간의 상호 관계로서 독자가 아닌 텍스트라는 객관적인 실체 속에 존재한다.

내용 스키마는 사물이나 사건에 대한 기존 지식으로 영역 특수 지식인 동시에 보다 일반적인 세상 지식이기도 하다. 곧, 내용 스키마는 독자의 상상의 세계나 현존하는 지식에 관계된다. 독자들이 화제에 대하여 알고 있는 것이 그 화제에 대한 새로운 메시지의 해석을 구조화 하도록 돕기 때문에 내용 스키마는 형식 스키마보다 이해에 더 영향력을 갖는다.

한 사람의 지식을 구성하고 있는 스키마는 정적이지 않고 역동적이어서 읽기 과정에서 그때그때 필요와 목적에 따라 그 역할을 달리한다. 독자는 읽기 과정에서 글을 자신의 인지 구조에 맞게 동화시키기도 하고, 글에 맞게 자신의 인지 구조를 조절하기도 할 것이다. 또한 그때그때 필요와 목적에 따라 작용하는 스키마의 종류도 다를 것이다. 곧 내용을 이해하기 위해서는 내용 스키마가 작동해야 할 것이며, 구조를 활용하기 위해서는 형식 스키마의 작동이 필요하다.

스키마 이론에 대하여 많은 연구가 있었고 연구자에 따라서 각기 다른 관점에서 스키마의 특징을 언급하고 있다. 앤더슨은 다음과 같이 스키마의 특징을 기술하고 있다.

첫째, 스키마는 주제 개념에 대한 "빈 칸(slots)"을 갖고 있어서 새로운 정보를 받아들일 수 있는 틀을 제공해 준다.

둘째, 스키마는 정보를 선택적으로 주목하게 된다. 스키마는 중요한 정보를 판단하는 기능을 갖는다.

셋째, 스키마는 추론할 수 있는 토대를 제공해 준다. 독자가 이해에 필요한 추론을 하고 이를 해석하기 위해서는 언어 지식 이외에 세상 지식이 필요하다.

넷째, 스키마는 효과적인 기억 탐색을 도와준다. 스키마는 적절한 정보를 찾기 위한 질서 정연한 기억 탐색을 촉진시켜 준다.

다섯째, 스키마는 요약을 촉진시킨다. 독자가 사전 지식을 갖고 있는 분야의 글을 읽는 경우에는 요지를 쉽게 파악할 수 있다.
여섯째, 스키마는 빠진 정보에 대하여 가설을 세우도록 한다.[4)]

2) 한자 · 한문 스키마

스키마는 학습자가 학습을 이루어나가는 데 중요한 기능을 하므로 스키마를 활성화하여 학습자들이 원활하게 학습을 할 수 있도록 이끄는 것이 필요하다. 스키마의 활성화는 스키마의 진단 및 인출, 스키마의 활성화, 스키마를 보강하는 과정으로 나누어 생각할 수 있다.[5)] 먼저 스키마의 진단 및 인출에 대해 생각해 볼 수 있다.

학습자들의 스키마를 활성화하기 위해서는 학습자들이 무엇을 얼마만큼 알고 있는지에 대한 교사의 판단이 필요하다. 이러한 판단은 새로운 내용을 학습하기 전 단계로서 교사의 학습자들에 대한 학습 준비 상황을 알아보는 구실을 하게 된다. 이는 스키마의 인출과 많은 연관이 있다. 왜냐하면 교사가 학습자의 스키마를 진단하는 과정에서 학습자의 스키마가 인출될 가능성이 크기 때문이다.

예를 들어 가족(家族)과 관련된 한자 학습을 하는 경우를 생각해 볼 수 있다. 교사는 가족과 관련된 '父母, 兄弟, 姊妹, 家族, 男兒' 등을 학습할 경우에 학습자들이 학습 내용과 관련하여 어떠한 배경 지식을 지니고 있는지 알아보고, 어떠한 교수 · 학습 방법을 적용하여 한자를 가르칠 것인가에 대한 판단을 하여야 한다. 또 학습자들이 학습할 내용과 관련하여 어떠한 정보를 지니고 있는지 질문을

---

4) Anderson R. C.(1985) Role of reader's schema in comprehension, learning and memory, In H Singer & Ruddel(eds.), *Theoretical Model and Process of Reading*(pp 372-384). Delaware, NY : International Reading Association. 연준흠, 「내용과 형식 스키마가 독해에 미치는 영향」, 한국교원대박사학위 논문, 1997. 23~24 재인용.
5) 한철우 · 박진용 · 김명순 · 박영민, 『과정중심 독서지도』(서울 : 교학사, 2005), 25~31쪽 참조.

통하여 학습자들의 스키마를 진단하고 인출하여야 한다.

다음은 '家'의 금문(金文) 자형과 '皃'의 갑골문(甲骨文) 자형이다.

①

②

〈家의 금문과 皃의 갑골문〉

'家'를 학습할 때에 교사는 학습자들에게 '집 가(家)'의 자형을 제시하고 자형과 관련된 자의(字義)를 바로 제시하기보다는 학습자들 스스로 '집'과 관련된 여러 가지 사전 지식을 인출할 수 있도록 질문을 해야 한다. 또 '皃'를 학습할 경우에도 마찬가지이다. 질문은 단순하게 하여서 학습자들의 스키마를 진단할 수도 있고, 학습자들의 현존 스키마를 인출할 수도 있다.

위 그림의 ①번을 제시한 후, "이것은 어떤 모양이니?", "이 모양은 어떤 글자와 비슷해 보이니?"와 같은 것이 단순 질문이다. 그러면 학습자들은, "집 같아요.", "집 안에 동물이 있어요.", "집 안에 돼지가 있어요." 등의 다양한 대답을 할 수 있다.

학습자들의 대답을 듣고 교사는 스키마의 단서를 제공하는 질문을 할 수도 있다. "요즈음도 집 안에 돼지가 있는 것을 본 적이 있니?", "돼지가 왜 집 안에 있을까?", "이 글자가 어떻게 해서 '집'이라는 뜻이 되었을까?" 등의 질문을 통해 학습자들이 집과 관련된 스키마를 인출할 수 있도록 해야 한다.

이 과정에서 동화(assimilation)와 조절(accommodation)[6]

---

6) 동화(assimilation)와 조절(accommodation)은 Piaget(1896~1980)의 인지발달이론에서 인지발달의 기본적 과정이다. Piaget에 의하면 구체적인 상황에서 유기체의 활동은 두 가지 상반된 경향–동화와 조절–으로 특징지어진다. 동화는 자기보존의 경향으로서 환경 자극들을 이미 지니고 있는 개인의 행

의 인지 과정이 작동한다. 동화란 새로운 지각물이나 자극 사물을 이미 가지고 있던 스키마 혹은 행동양식에 맞도록 하는 인지 과정이다. 동화는 개인이 환경에 적응하고 환경을 조직해 나가는 인지 과정의 일부분으로서 스키마의 성장에는 관여하지만, 스키마의 발달 곧 변화를 보이는 것은 아니다. 만약에 동화가 유일한 인지 과정이라면 지적인 성숙이란 있을 수 없을 것이다. 지적인 성숙과 관계되는 것은 조절이다. 조절이란 정보를 받아들이며 자신의 스키마에 맞는 형태를 선택하다가 동화의 양식이 바뀌는 것을 말한다.[7] 조절은 스키마의 변화와 수정을 의미한다.

학습자들은 '家'의 자형을 보면서 왜 집 안에 돼지가 있는지 쉽게 받아들일 수 없고,[8] 돼지가 집에 있는 모양이 어떻게 '집'이란 뜻이 되었는지에 대해 궁금해 할 것이다. 곧 이와 상응하는 스키마가 없을 때 학습자들은 조절이 필요하다. 학습자들은 조절 과정을 통해 스키마를 변화시키거나 새로운 스키마를 획득하게 되며, 이를 통해 새로운 개념을 형성하거나 개념을 획득하여 새로운 지식을 구성하는 것이다.

위 그림의 ②를 학습할 때에도 ①과 같은 과정을 통해 학습자들의 스키마를 진단하고 인출하게 된다. 학습자들은 '兒'의 자형에 대한 학습을 하기 이전에 교사의 질문 과정을 통해 '아이'와 관련된 배경 지식을 인출하게 된다. 교사는 학습자들의 대답을 통해 학습자들이 지니고 있는 스키마를 진단하고, 단순 질문이나 스키마의

동이나 체계 속으로 흡수·통합하려는 경향이다. 조절은 동화와 상반된 관계에 있는 기능으로서 개인을 현실 상황에 맞게 조절하고 수정하여 개인이 지니고 있는 행동 형태를 환경에 잘 조화될 수 있도록 바꾸는 것이다. cf. Gredler, M. E. 『*Learning and Instruction Theory into Practice*』(NY : Macmillan Publishing Company, 2005), 275~276쪽.

7) 한철우 외, 앞의 책, 18쪽.

8) 옛날에는 방 밑에 움을 파서 돼지를 키웠고 방구석에 구멍을 뚫어 용변을 보기도 했다. 대소변이나 음식 찌꺼기가 돼지 먹이가 되었음은 물론이다. cf. 金彦鍾, 『한자의 뿌리』 1(서울 : 문학동네, 2001), 18쪽.

단서를 제공하는 질문을 하여 학습자들이 동화와 조절의 인지 과정을 겪게 한다. 이러한 과정을 통하여 학습자는 새로운 스키마를 형성하고 나아가 새로운 개념을 획득하거나 지식을 구성하게 된다.

다음으로 스키마의 활성화 방법을 생각해 볼 수 있다. 스키마를 어떻게 하여 좀더 적극적, 능동적으로 활성화시키느냐에 대한 것은 앞으로 진행될 수업을 얼마나 효과적으로 이끌어 낼 수 있는가에 대한 성패가 달린 문제라고 볼 수 있다. 스키마 활성화는 연상하기, 예측하기, 추론하기 등의 방법을 통해 이루어질 수 있다. 이 중 연상하기 방법을 통한 스키마의 활성화에 대해 살펴보자.

연상이란 하나의 관념이 다른 관념을 불러일으키는 심리 작용이다. 학습자들의 연상을 통하여 교사는 학생들이 가지고 있는 스키마를 알 수 있게 된다. 그리고 학생들은 그 주변적인 의미를 불러일으켜 스키마를 활성화시킬 수 있게 된다.[9] '자유 연상하기'는 연상하기의 가장 기본이 되는 것으로서 학습자들이 자연스럽게 연상할 수 있도록 하고, 그 연상한 것을 자유스럽게 표현함으로써 스키마를 활성화시키는 방안이다. 자유 연상하기는 짧은 시간 안에 쉽고 간단하게 할 수 있는 방법이기 때문에 교실 수업에서 자주 활용되는 스키마 활성화의 방법이라 할 수 있다.

다음은 '萬'과 '鹿'의 갑골문(甲骨文) 자형이다.

③ ④

〈萬과 鹿의 갑골문〉

교사는 학습자들에게 위 그림의 ③, ④를 제시하고, 학습자들로 하여금 자유롭게 연상하게 하고, 연상한 것을 거리낌 없이 표현하게 함

9) 한철우 외, 앞의 책, 28쪽.

으로써 학습자들의 스키마를 활성화시킬 수 있다. 만일 학습자들이 자유로운 연상을 하는 데 어려움을 겪고 있다면, 교사는 자유 연상을 유도하는 질문을 할 수 있다. 예를 들어 ③번을 자유 연상하는 경우, "이 그림은 무슨 모양 같아 보이니?", "이 그림의 윗부분은 무엇일까?", "이 그림의 가운데 부분은 무엇일까?", "이 그림의 아랫부분은 무엇을 닮았니?"와 같은 질문을 통해 학습자들이 '萬'의 모양[10]에 대해 자연스럽게 표현할 수 있도록 한다. 그림 ④의 경우에도 ③번을 학습할 때처럼 학습자들로 하여금 자유로운 연상을 하게 하여 스키마를 활성화 하도록 해야 한다. 이와 같은 자유 연상하기는 학습자들의 자연스러운 연상 활동을 통하여 스키마를 활성화하게 하고, 이를 통하여 한자의 자형에 대한 지식을 구성하도록 하는 것이다.

연상하기 활동의 다른 방법으로 '연상되는 단어 말하기'나 '연상되는 이유 말하기'를 들 수 있다. '연상되는 단어 말하기'는 글의 핵심적인 단어와 관련하여 생각나는 단어가 있으면 말해보도록 학습자들을 유도하여서 스키마를 활성화하는 것이다. 자신이 잘 모르는 단어이더라도 직감적으로 떠오르는 것이나 어렴풋이 알고 있는 것을 연상되는 대로 말하게 하여 이 활동을 할 수 있다. '연상되는 이유 말하기'는 자신이 스스로 연상한 것에 대한 이유를 찾으면서 좀 더 깊이 있는 사고를 통해 학습을 할 수 있도록 하여 스키마를 활성화시키는 것이다.

다음은 '독서(讀書)'를 제재로 한 교과서의 한 단원이다.

---

10) '萬'은 전갈을 본뜬 글자의 변형이다. 갑골문을 보아 알 수 있듯이 艹(풀 초)로 굳어진 윗부분은 먹이를 집을 때 쓰는 집게였으며, 田(밭 전)으로 정착된 가운데 부분은 몸체, 그리고 나머지는 꼬리 부분인데 그 마지막 한 획은 꼬리 끝에 숨겨져 있는 독침이었다. 그러나 '萬'은 만들어진 지 오래지 않아 숫자를 표시하는 글자로 널리 쓰이게 된다. 당시에 수치 10,000을 나타내던 소리 '만'은 있었으나 이에 해당하는 글자가 없었는데, '萬(만)'의 발음이 그 소리와 같았기 때문에 차용된 것이다. 그리하여 '전갈'이란 본뜻을 보존하기 위하여 다시 만든 글자가 '蠆(채)'이다. cf. 김언종, 앞의 책, 277쪽.

19. 讀書

讀書之道는 無他라.
得究理之法而已矣니라.
學業은 莫先於究理요
究理는 莫要於讀書니
讀書엔 只在精而勤耳니라. 〈이이〉

〈중학교 한문 교과서 '독서' 단원〉

위의 단원을 학습하면서 교사는 '연상되는 단어 말하기' 활동을 통해 학습자들의 스키마를 활성화할 수 있다. 교사는 본문의 제재인 '독서'와 관련하여 학습자들에게, "독서하면 생각나는 것이 뭐가 있니?", "독서란 말은 무슨 뜻이지?", "독서란 말을 들으면 어떤 낱말이 떠오르니?"와 같은 질문을 한다. 그러면 학습자들은 '책, 도서실, 공부, 선생님, 학문, 노벨상, 학자, 선비, 박사' 등의 다양한 대답을 할 것이다. 교사는 학습자들이 연상하는 단어를 말하면 그것을 칠판에 적고, 그 단어와 의미가 같은 것, 비슷한 것, 의미가 다른 것 등으로 분류하여 학습자들이 말한 단어의 의미와 개념을 설명해준다. 위의 단원에서는 '궁리(窮理)'란 단어를 통해서 '연상되는 단어 말하기' 또는 '연상되는 이유 말하기' 활동을 할 수 있다.

이상의 논의를 통하여 한자・한문 교육에서 어떻게 하면 한문 스키마를 활성화할 수 있는지에 대해 살펴보았다. 스키마 이론이 비록 언어 교육에서 독서 교육과 관련하여 유용한 학습이론으로 활용되고 있지만, 한자・한문 교육에서도 이에 못지않은 유용한 이론으로 활용될 수 있다.

2. 한자 교육과 문식성(文識性)

1) 문식성의 정의

문식성(文識性)이란 말은 영어의 'literacy'에 대응되는 용어로서 근자에 국어교육학계와 교육학계에서 사용한 말이다. '문식성'이란 말을 이해하기 위해서는 먼저 영어의 'literacy'의 뜻을 알아야 한다. 영어의 'literacy'는 읽기 분야에서 사용되었으며, 그 의미는 글을 읽을 수 있는 능력을 나타내었다. 영어의 'literate'는 '글을 읽을 줄 아는 사람'이란 뜻이고, 'il-literate'는 '글을 읽지 못하는 사람'이라는 뜻이다. 따라서 영어의 'literacy'는 일반적으로 '글을 아는 것' 정도로 이해될 수 있다.[11)]

'문식성'이란 용어를 '글을 아는 것'정도로 규정할 때 '글을 아는 것'이 무엇을 의미하는지 분명하지 않다. 이 말은 '글자를 바르게 발음하면서 읽을 수 있는 정도'를 의미할 수도 있고, '문장 이상의 글을 읽고 이해할 수 있다'는 의미일 수도 있고, '일상생활의 읽기 및 쓰기에서 글을 어느 정도 자유로이 활용할 수 있음'을 나타낼 수도 있다.[12)] 이처럼 문식성이란 말은 다양하게 이해되고 있다.

---

11) '문식성'이란 용어 대신에 일부 교육사회학자들은 '문해(文解)'라는 용어를 사용하기도 한다. 그러나 이 용어는 다음과 같은 점에서 그 학술성이 미흡하여 사용하기 곤란하다. 첫째, '문해'라는 용어에는 '글자를 풀어낸다'는 의미의 '글자읽기'라는 뜻이 강하게 들어 있다. 그리하여 이 용어는 읽기의 대상을 문장 이하 또는 단어 수준으로 국한하는 한글 깨치기 수준의 읽기만을 의미하여 왔다. 이에 비하면 '문식'이라는 용어는 문장 이상의 글을 읽을 줄 아는 능력을 의미하는 용어로 이해되고 있다. 둘째, 문해라는 용어는 한글읽기 이외의 분야에서 사용하기 곤란하다. 이에 비하여 문식이라는 용어는 '컴퓨터 문식성(computer literacy)', '문화적 문식성(cultural literacy)' 등의 사용에서 보듯, 어느 한 분야의 기본적인 지식이나 앎을 나타내는 용어로 사용할 수 있다. cf. 노명완·이차숙, 『文識性 硏究』(서울 : 도서출판 박이정, 2002), 42~44쪽 참조.

12) 盧命完·李次淑, 위의 책, 42~44쪽 참조.

2) 한자 · 한문 문식성

한자 · 한문 교육에서 말하는 문식성은 무엇을 의미할까? 기본적으로 한문은 한자를 통해서 표현되는 것이므로 한자의 의미를 바르게 알지 못하면 한문 문장을 이해할 수 없다. 그러므로 한자 · 한문 교육에서 문식성이란 일차적으로 '문자의 바른 음성화 즉 해독(decoding)과 의미의 이해'라는 뜻이라고 볼 수 있다. 한자를 바르게 읽고, 읽은 한자의 의미를 이해할 수 있어야 상위 수준의 학습을 할 수 있다. 곧, 한자(漢字) 낱자의 음과 뜻을 알아야 하고, 한자와 한자가 결합하여 이루어진 한자어(漢字語)의 음과 뜻을 알아야 하며, 나아가 한문(漢文) 문장의 의미를 이해하여야 한자 · 한문 문식성이 있다고 할 수 있다.

예를 들어 '春秋'라는 한자어를 이해하기 위해서는 '春'과 '秋'의 음과 뜻을 알아야 한다. '春'은 '춘'이라고 읽고 '봄'이라는 뜻이며, '秋'는 '추'라고 읽고 '가을'이라는 뜻을 나타낸다는 사실을 알아야 '春秋'의 의미를 이해할 수 있다. '春'과 '秋'의 낱글자를 해독하지 못하면 한자어 '春秋'의 의미를 바르게 이해할 수 없다. '봄'과 '가을'이란 낱글자가 결합하여 이루어진 한자어 '春秋'는 일차적으로 '봄과 가을'이라는 뜻을 의미하며, 봄과 가을이 지나가면 한 해가 가므로 '해〔年〕'라는 이차적 의미를 지닌다는 것을 이해할 수 있는 것이다. 또한 '春秋'는 '어른들의 나이'〔연세〕를 뜻한다는 사실도 확장된 개념으로 이해할 수 있는 것이다.

또한 '春若不耕 秋無所望'이란 문장도 '春'과 '秋'의 의미 이해를 바탕으로 하여 문장 전체의 의미를 이해할 수 있는 것이다. 이 문장의 의미는 알기 위해서는 물론 낱글자인 '春, 若, 不, 耕, 秋, 無, 所, 望'의 음과 뜻을 모두 알고, 가정형(假定形)으로 쓰인 '若'과 부정보조사(否定補助詞)로 쓰인 '無'의 용법을 알아야 한다. '若'의 의미가

'같다'가 아니라 '만일'의 뜻을 나타내고, '無'가 '없다'라는 뜻으로 쓰인다는 용법을 알고 있어야, "봄에 만일 밭을 갈지 않으면, 가을에 바랄 것이 없다."라는 의미를 이해할 수 있다. 그렇지만 이 문장의 경우에도 '春'과 '秋' 한자의 의미 이해를 통해 전체 문장의 의미를 맥락상으로 파악할 수 있을 것이다.

한자·한문 교육에서 문식성이란 의미도 글자를 바르게 발음하고 읽을 수 있는 해독(decoding)과 의미의 이해에서 시작하여 문장 이상의 글을 읽고 이해하는 정도의 수준까지를 포함한다고 할 수 있다. 또한 더 나아가서 '일상생활의 읽기 및 쓰기에서 글을 어느 정도 자유로이 활용할 수 있음' 정도의 수준도 허용할 수 있을 것이다.

글을 읽고 쓰는 문식성에 대한 초기 이론에서 읽기란 철자, 발음, 단어에 대한 재인(recognition)으로 규정될 수 있다. 이런 읽기 개념의 이해에 따라 초기의 읽기 교육에서는 낱자나 철자 식별하기, 그림에 맞는 단어 찾기, 맞춤법에 맞게 쓰인 단어 찾기 등을 많이 훈련시켰다. 한자·한문 교육에서 문식성 교육을 초기 이론에 비추어 보면 다음과 같은 학습 방법을 생각해 볼 수 있다.

① 한자의 모양과 뜻 식별하기

한자는 모양〔形〕과 소리〔音〕와 뜻〔義〕의 세 가지 요소로 구성되어 있다. 한자를 구성하는 세 가지 요소 중에서 어느 하나라도 바르게 인지하지 못하였다면 이는 한자를 온전히 알고 있다고 할 수 없다. 한자의 경우 모양이 생기지 않았다면 한자에 대한 소리와 뜻은 이루어질 수 없으므로 다른 두 가지 요소에 선행하여 한자의 모양을 식별하는 것이 한자 학습의 기본이라 할 수 있다. 한자의 모양 식별은 한자를 만든 상형(象形)의 원리를 활용하여 잘못된 모양의 한자와 바른 모양의 한자를 구별하게 할 수도 있다. 그렇지만 상형의 원리로 이루어진 한자가 전체 한자 가운데 차지하는 양이 적고, 잘못된 모양의 한자를 통해 바른 모양의 한자를 구분한다는 것은 비효율적인 학습방법이므로 이와 같은 한자의 모양 식별은 지양해야 할 것으로 생각한다. 그보다는 바른 모양으로 쓰인 한자 가운데에서 모양이 서로 비슷하여 학습자들이 혼동하기 쉬운 한자를 제시하고 제시된 한자가 어떻게 형·음·의가 다른지 학습하는 것이 효과적인 학습 방법일 것이다.

㉠ 모양이 비슷한 한자의 식별

刀(칼 도)	力(힘 력)	土(흙 토)	士(선비 사)
大(큰 대)	丈(어른 장)	小(작을 소)	少(적을 소)
日(해 일)	曰(가로 왈)	王(임금 왕)	玉(구슬 옥)
天(하늘 천)	夫(사내 부)	住(살 주)	往(갈 왕)
矢(화살 시)	失(잃을 실)	辛(매울 신)	幸(다행 행)
官(벼슬 관)	宮(집 궁)	客(손님 객)	容(얼굴 용)
烏(까마귀 오)	鳥(새 조)	晝(낮 주)	書(글 서)
賣(팔 매)	買(살 매)	李(오얏 리)	季(끝 계)

㉡ 같은 한자이면서 음과 뜻이 다른 글자의 식별

降	항복할 항	- 降伏, 投降	宅	댁 댁	- 宅內, 貴宅
	내릴 강	- 昇降, 降雨		집 택	- 住宅, 宅地
讀	읽을 독	- 讀書, 朗讀	便	오줌 변	- 小便, 便所
	구절 두	- 句讀, 吏讀		편할 편	- 便利, 不便
復	돌아올 복	- 復歸, 回復	北	북녘 북	- 南北, 北向
	다시 부	- 復活, 復興		달아날 배	- 敗北

② 그림에 맞는 한자·어휘 찾기

학습자들이 글자를 익힐 때에는 처음부터 문자를 익힐 수 없다. 학습자들은 어려서부터 어떤 사물(事物)이나 사상(事象)에 대해 수없이 많이 듣는다.

학습자들이 수없이 많이 들은 사물이나 사상은 머릿속에서 추상적인 것에서 구체적인 형태를 지닌 이미지로 자리 잡는다. 학습자들은 이미지로 자리한 사물이나 사상에 대하여 그것이 어떠한 구실을 하는지에 대해 개념을 형성하기 시작한다. 이렇게 개념이 형성된 사물이나 사상은 그 후 문자의 모습을 갖추어 익히게 되는 것이다. 이와 같이 구체적인 그림이나 이미지는 학습자들이 문자를 익히는데 중요한 수단이 될 수 있다.

한자·어휘를 학습하는 초보적인 학습자에게 그들이 학습해야 할 한자·어휘를 그림 또는 사진 자료를 이용하여 학습하도록 하는 것은 매우 효과적인 방법이다. 한자는 사물의 형체를 본떠서 만들었으므로 갑골문 형태의 초기 문자와 현재의 한자 모습을 대비하여 한자를 익히도록 한다면 학습의 흥미와 효율을 꾀할 수 있다. 특히 동물이나 식물, 자연 현상과 관련한 한자의 경우에는 초기 문자 형태와 오늘날 우리가 쓰고 있는 한자의 형태를 자연스럽게 연상할 수 있다.

또한 동물이나 식물 등 구체적인 사상(事象)과 관련한 그림은 문자학적 도식이 아닌 일상생활 주변에서 구할 수 있는 학습 도화(圖畵)나 사진, 이미지 등의 자료를 활용하면, 학습자들에게 흥미와 친근감을 불러일으켜 한자 문식성 습득에 유용한 자료가 될 수 있다.

㉠ 그림에 맞는 한자 찾기

牛

馬

㉡ 그림에 맞는 어휘 찾기

學校

校門

③ 한문 문식성

한문 교과서에 나타난 여러 가지 텍스트를 접할 때, 학습자들은 언어를 통해 지식을 구성한다. 초보적인 수준의 한자 학습에서부터 한자어 학습, 성어 학습, 문장 학습, 한시 학습에 이르기까지 교사와 학생은 언어를 통하여 학습하여야 할 내용들을 주고받으며 지식을 구성하게 된다. 또한 학생과 학생 사이에서도 언어를 통해 학습에 대한 지식을 구성하게 된다.

이러한 학습 과정에서 중요한 것은 교사 중심의 학습이 아니라 학습자가 주체가 되는 학습자 중심의 학습이 되어야 한다는 것이다. 학습자 개인이 텍스트를 인지한 결과를 동료 학습자와 토의하거나 교사에게 적극적으로 표현하는 사회적 상호작용 활동을 통해 학습이 이루어져야 한다.

비고츠키(Vygotsky)는 인지적 구성은 항상 사회적으로 매개되며 현재와 과거의 사회적 상호작용에 영향을 받게 되는 것이라고 했다. 비고츠키 이론에서 학습은 사회적 상호작용으로 아동의 근접발달영역(Zone of Proximal Development) 내에서 새로운 발달을 가져오는 것이다.[13] 근접발달영역은 아동의 독립적인 문제 해결에 의해 결정된 것으로서의 실제적 발달 수준(actual developmental level)과 성인의 도움이나 보다 유능한 동료와의 협력을 통하여 문제 해결을 할 경우에 결정되는 잠재적 발달 수준(level of potential development)의 간격으로 정의된다.

한문 교과의 학습에서 학습자의 한문 문식 능력을 기르기 위해서는 학습자 사이의 상호작용이 중요하다. 보다 유능한 학습자가 그렇지 못한 학습자에게 도움을 주어 잠재적 발달 수준까지 이를 수 있도록 해야 한다. 또한 교사는 비계 설정(scaffolding)을 통해

---

13) 변영계, 『교수・학습 이론의 이해』(서울 : 학지사, 2005), 195쪽 참조.

학습자의 잠재적 수준의 인지발달을 유도해야 한다.

한문과 교육과정과 관련하여 한문 문식성을 살펴보면 다음과 같다고 할 수 있다.14)

㉠ 한자의 음과 뜻을 한자의 짜임을 통해 알기

한자는 처음에는 생활 주변에 있는 사물의 모양을 본떠서 만들었다. 그러나 생활의 영역이 확대되고 문화가 발달함에 따라, 수많은 사물과 다양한 생각을 나타내기 위한 많은 수의 글자가 필요하게 되었다.

한자의 짜임은 일정한 구성 원리와 응용 원리에 따라 상형(象形), 지사(指事), 회의(會意), 형성(形聲), 전주(轉注), 가차(假借) 등으로 나누어진다. 학습자가 한자의 짜임을 통해서 한자를 흥미롭게 배우고, 그 음과 뜻을 쉽게 이해할 수 있도록 하여야 한다.

㉡ 한자어의 짜임을 통해 한자어를 바르게 이해하기

'한자어의 짜임'이란, 한자를 기본 단위로 하여 보다 큰 의미로 짜여진 형태의 결합 관계를 말한다.

두 자 이상의 한자가 결합하여 한 단위의 의미체를 형성하는 한자어를 이룰 때에는 반드시 기능상 관계를 가지게 된다. 따라서 한자어의 짜임을 문법적 기능 관계에 따라 이해하고, 이를 토대로 하여 다른 한자어의 학습에 적절히 활용하면 한자어 학습의 효과를 높일 수 있다.

주술 관계(主述關係) : 주어+서술어 관계로 짜여진 한자어로 日出, 年少 등.

술목 관계(述目關係) : 서술어+목적어 관계로 짜여진 한자어로

---

14) 한문 문식성과 관련한 논의는 제7차 한문과 교육과정〔교육부고시 1997-15〕과 교육과정 해설서에 따라 하였으며, 예문의 경우 한문과 교육과정 해설서에 나와 있는 것을 참조하거나 인용하였다.

卒業, 修身 등.

술보 관계(述補關係) : 서술어+보어 관계로 짜여진 한자어로 有罪, 無限 등.

수식 관계(修飾關係) : 수식어+피수식어 관계로 짜여진 한자어로 青山, 必勝 등.

병렬 관계(竝列關係) : 같은 성분의 한자끼리 나란히 짜여진 한자어로 興亡, 困難 등.

㉢ 성어를 풀이하고 속뜻 이해하기

'성어(成語)'란 옛사람들이 만든 숙어(熟語)로 오늘날의 일상 언어생활에서 많이 사용되고 있는 것을 말한다. 성어는 대체로 2~4자로 이루어진 관용구이다. 특히 옛이야기에서 유래된 고사 성어(故事成語)는 성어가 이루어진 내력이나 그 속에 담겨있는 속뜻을 알아야 정확하게 이해할 수 있다.

刻舟求劍 겉뜻 : 배에 새겨서 칼을 찾음.

속뜻 : 어리석고 미련하여 융통성이 없음.

㉣ 한자어에 담긴 선인들의 삶과 지혜 이해하기

한자어 속에는 우리 선인들의 삶과 지혜를 보여주는 예들이 적지 않다. 특히, 속담이나 고사 성어 등 성어로 이루어진 한자어는 한문 학습에 대한 흥미를 높일 수 있을 뿐만 아니라, 이의 학습을 통해 선인들의 삶과 지혜를 이해할 수 있다.

㉤ 격언·속담, 명언·명구를 풀이하고 일상생활에 활용하기

격언·속담, 명언·명구에는 인격 수양과 심신 도야에 도움이 되고, 전통 문화와 가치관의 이해에 핵심이 되는 내용을 함유하고 있는 경우가 많으므로, 단순히 읽고 풀이하는데 그칠 것이 아니라, 이

를 암기하여 수양과 처세의 길잡이로 삼고, 일상의 언어생활에서 적절히 활용해야 한다.

三歲之習 至于八十 풀이 : 세 살의 버릇이 여든에 이른다.
이해 : 어려서 나쁜 버릇이 들게 되면 늙어서도 고치기 어려우니, 어렸을 때에 나쁜 버릇이 들지 않도록 해야 한다는 뜻.

ⓗ 한문에 담긴 선인들의 삶과 지혜 이해하기

한문은 간이한 문장, 격언・속담, 명언・명구나 평이한 시구 등을 총칭하는 것으로, 이러한 글이 한문으로 지어지게 된 문화적, 사회적 배경을 바탕으로 선인들의 삶과 지혜를 이해하게 하면, 한문에 대한 이해도 더욱 깊어지고 그 글의 묘미도 느낄 수 있게 될 것이다.

ⓢ 문장의 형식을 알고 문장 풀이에 활용하기

'문장의 형식'이란 화자와 청자 사이에 이루어지는 언어 사실(言語事實)의 형식을 말한다. 즉, 어떠한 의향을 가지고 어떤 형식으로 말하느냐 하는 화술이나 표현하려는 문장의 내용적 성격에 따라 구별되는 문장의 유형을 말한다. 문장의 형식은 오랜 세월을 거치면서 관습화되고 유형화된 것으로 평서형・의문형・부정형・반어형・비교형・가정형・한정형・사동형・피동형・금지형・감탄형 등이 있다.

위의 내용들을 학습할 때에 전통적인 교사 중심의 교수・학습법을 적용한다면 학습자들의 한문 문식 능력이 구성되기 어렵다.

학습자가 학습의 주체가 되어 자기주도적인 학습을 진행하여야 하며, 학습 공동체 간의 상호작용을 통하여 지식을 구성할 수 있도록 해야 한다.

3. 한자 교육과 구성주의

1) 구성주의 의미와 유형

제7차 교육과정 이후 학교 교육에 가장 큰 영향을 미친 이론은 구성주의이다. 구성주의는 기존의 행동주의, 인지주의, 실증주의 등의 전통적 패러다임에 대한 비판적 성찰에서 비롯한 대안적 인식론이라 할 수 있다. 곧 구성주의란 인간의 지식이 형성되고 습득되는 과정에 대한 인식론적 이론이다.15)

전통적인 인식론으로 볼 때 인간의 지식은 학습자의 외적 세계에 존재하며, 그러한 지식에 관한 정보는 외적 세계를 지각하고 표상하는 과정을 통하여 이루어진다. 이에 반하여 구성주의의 인식론은 지식을 감각이나 의사소통에 의한 수동적인 방법으로 받아들이는 것이 아니라 인식 주체가 적극적으로 형성한다는 하나의 대안적 관점이다.

구성주의를 어떠한 측면에서 보느냐에 따라 이에 대한 다양한 해석이 나올 수 있겠지만 일반적으로 일치되는 것은 인간의 모든 지식은 그 자신이 구성한 결과이며, 인식 주체와 독립적으로 외부에 존재하는 것이 아니라는 것이다. 반면에 객관주의는 지식을 고정되고 확인 가능한 대상으로 보며, 인간의 인지를 개별성이 없고, 보편적이며 비역사적인 이성의 결과로 보았다. 기존의 객관주의 인식론과 대비될 수 있는 구성주의 인식론의 특성을 몇 가지 들면 다음과 같다.

---

15) 김판수・박수자・심성보・유병길・임채성・허승희・황홍섭, 『구성주의와 교과교육』(서울: 학지사, 2003), 17쪽. 이하 구성주의의 의미와 유형에 대해서는 이 책 17~40쪽 및 강인애, 「인지적 구성주의와 사회문화적 구성주의에 대한 간략한 고찰」, 『왜 구성주의인가?』(서울 : 문음사, 1997), 67~80쪽을 참조하여 정리하였음.

첫째, 지식의 자주적 구성이다. 어떤 대상이나 사상을 안다는 것은 개인이 적극적인 활동을 통하여 만드는 것이며, 개인 자신이 그의 경험을 형성하고 협응시켜 나감으로써 자신에게 의미 있고 타당한 지식을 구성해 나가는 것이다.

둘째, 지식의 상대성이다. 인간의 지식은 자신의 경험 세계 속에서 존재하며, 개인은 자신의 경험에 바탕을 두고 지식을 구성한다. 개인의 경험이 서로 다르듯이 개인이 구성하는 실재의 모습이나 의미도 달라지므로 구성주의에서는 지식의 상대성이 강조되고 다양한 관점이 인정된다.

셋째, 지식의 생장지향성이다. 인간의 지식은 반성적 추상화(reflective abstraction)의 과정을 거쳐서 계속적으로 발달해 나가며, 보다 정교해지고 복잡해진다. 즉 인간 활동의 협응 과정에서 인간은 지식의 새로운 의미들을 추상화해 나간다.

넷째, 지식의 사회적 구성이다. 지식이란 사회구성원으로서의 개인이 경험한 현실에 대하여 인지적으로 개별적인 해석과 의미를 부여하는 것이라고 본다. 우리가 진리라고 알고 있는 것은 결국 사회적 협상의 산물이며, 개개인이 가지고 있는 각각 다른 진리가 서로 간의 대화의 결과로 공유되는 것이다.

구성주의는 지식 구성의 주요 요인을 어디에 두느냐에 따라 인지적 구성주의(cognitive constructivism)와 사회문화적 구성주의(sociocultural constructivism)로 나뉜다.

인지적 구성주의는 지식의 형성과정에서 개인의 인지적 작용을 주요 요인으로 본다. 인지적 구성주의는 주로 삐아제(Piaget)의 발달심리에 그 이론적 근거를 두고 있다. 지식이란 생물학적으로 이미 결정지워진 발달과정의 틀 안에서 동화와 조절이라는 인지적 과정을 통해 구성된다고 본다. 인지적 구성주의를 대표하는 학자들로는 삐아제(Piaget), 글라저스펠트(von Glasersfeld), 포스낫

(Fosnot), 콥(Cobb) 등이 있다. 사회문화적 구성주의는 지식의 형성에 개인이 참여하고 있는 사회, 문화, 역사적 상황에 더 주안점을 두고 있다.

사회문화적 구성주의는 비고츠키(Vygotsky)의 발달심리 이론에 근거하여 인간의 인지적 발달과 기능은 사회적 상호작용이 내면화되어 이루어지는 것으로 본다. 사회문화적 구성주의를 대표하는 학자로는 비고츠키(Vygotsky), 로티(Rorty), 로고프(Rogoff), 브루피(Bruffee), 레이브(Lave), 콜(Cole), 커닝햄(Cunningham), 워취(Wertch) 등이 있다.

인지적 구성주의와 사회문화적 구성주의의 차이점은, 인지적 구성주의 역시 사회적 상호관계를 중요시하기는 하지만 사회문화적 구성주의가 부여하는 절대적 중요성과 가치를 두는 것이 아니고, 개인의 인지적 작용과 발전을 촉진시키는 부수적 요인으로 보고 있다. 반면 사회문화적 구성주의는 사회적 상호관계를 개인의 인지적 발달뿐만 아니라 지식을 구성하는데 가장 중요한 요소로 보고 있다. 곧 인지적 구성주의와 사회문화적 구성주의의 차이는, 사회적 요인이 개인의 인지적 발달에 영향을 끼치는 정도, 역할, 범위에 대한 관점의 차이에 있으며 더 나아가, "주관적/내면적으로 형성된 지식 구조"와 "사회를 매개로 하여 구성된 지식"을 두 개의 분리될 수 있는 요소로 생각하느냐 혹은 이들간의 관계를 상호보완적이고 분리될 수 없는 것으로 보느냐에 따라 구분될 수 있는 것이다.

2) 구성주의 교수·학습 이론

우리나라에서 1990년대 이후 활발하게 논의되기 시작한 구성주의는 인간의 지각과 학습에 대해서 새로운 인식론적 대안을 제시하였다. 기존의 교육에 많은 영향을 끼친 객관주의(objectivism)는 여러 가지 문제점을 안고 있었다. 이러한 문제점을 보완하고 현대 사회가 요구하는 고등 정신 능력의 함양을 위한 대안을 마련한 것이 구성주의이다.

구성주의는 어떻게 가르칠 것인가에 대한 이론이 아니다. 그것은 지식이 어떻게 형성되는 것이며, 학습은 어떻게 이루어지는가에 대한 이론이다. 그것은 최근의 인지심리학, 철학 그리고 인류학 등의 이론을 바탕으로 하여, 지식이란 일시적이고, 발달적이며, 사회-문화적 배경을 바탕으로 하는 것, 따라서 객관적일 수 없는 것이라고 보고 있다. 다시 말해 '지식'이라는 것은 인지적 주체(Cognitive subject)로서의 개인의 인지적 작용의 결과로서 현상에 대한 개별적 의미 부여와 해석이라고 본다.16) 한마디로 구성주의는 지식이란 무엇이며 우리가 어떻게 지식을 습득하는지에 대한 인식론이다.

구성주의는 객관주의에 대비되는 인식론이라 할 수 있다. 객관주의는 지식을 독립된 실체로 보고, 학습을 외부로부터의 지식을 학습자 내부로 전이시키는 것으로 본다. 또한 실재론에 뿌리를 두고 세계는 외부에 객관적으로 존재하며 그 의미 역시 우리의 경험과는 별도로 객관적 세계 속에 존재하는 것으로 파악하여 앎의 대상을 강조한다. 반면에 구성주의는 지식의 상대주의와 경험주의를 주장한다. 즉 구성주의는 지식의 형성과 습득을 개인의 인지작용과 개인이 속한 사회 구성원들 간의 사회적 상호작용에 비추어 설명하는 상대주의적 인식론에 기반을 두고 있다.17) 이와 같이 구성주의 인식론은 객관주의 인식론과 크게 차이가 난다. 따라서 구성주의 교수-학습의 원리와 객관주의 교수·학습의 원리도 큰 차이가 난다. 그러면 구성주의와 객관주의의 교수·학습 원리는 어떻게 차이가 나는가?

구성주의 인식론이 구체적으로 교육현상에서 형상화되려면 객관

---

16) 강인애, 「구성주의적 교수-학습의 원리와 적용」, 『교육이론과 실천』 제8권 제1호(마산 : 경남대학교 교육문제연구소, 1998), 23쪽.

17) 김윤희, 「구성주의 교수-학습 이론」, 『교수-학습의 이론적 탐색』(서울 : 원미사, 2001), 332쪽.

주의 교수·학습 원리와는 다른 형태를 지닐 수밖에 없다. 강인애는 구성주의 교수·학습 원리를 객관주의와 비교하여 다음의 〈표〉와 같이 제시하였다.18)

〈표〉 객관주의와 구성주의의 교수·학습 원리

객관주의 교수·학습 원리	구성주의 교수·학습 원리
지식의 추상화와 탈상황화 : 학습 전 과제 분석	지식의 상황성 강조 : 과제풀이 과정에서 학습자에 의해 도출되는 학습목표의 설정 및 평가
단순화되고 구조화된 현실을 제시 : 학습 전 학습목표와 평가기준 설정	현실의 복잡함 제시 : 문화적 동화(acculturation)와 협력학습(collaboration)
지식의 연계화와 구조화 : 완전학습	학습환경의 조성 : 학습자의 주인의식과 권위부여(ownership & empowerment) 및 같은 학습사 혹은 코치로서의 선생님 역할

위의 〈표〉를 통해 볼 때 구성주의 교수·학습은 무엇보다 학습자의 역할을 중시하고 있음을 알 수 있다. 지식이란 사전에 마련되어 있는 고정불변의 것이 아니라 학습자가 과제를 해결하는 과정에서 학습자에 의해 얻어질 수 있는 것이라고 본 것이다. 또한 학습자가 문제를 해결하기 위해 학습 현장으로 가져오는 개인적 경험과 지식에도 권위를 부여하여 교사의 시선이 아닌 학습자의 시선, 학습자의 목소리가 학습 결과에 반영되도록 하는 것이다.

조영남은 포스낫(Fosnot), 더피(Duffy), 커닝햄(Cuningham) 등의 의견을 종합하여 다음과 같이 구성주의 학습 원리를 제시하였다.

① 학습은 발달의 결과가 아니라 학습이 곧 발달이다: 학습은 학습자

18) 강인애, 『왜 구성주의인가?-정보화시대화 학습자중심의 교육환경-』(서울 : 문음사, 1997), 135쪽.

스스로의 발명과 자기조직을 요한다. 따라서 교사는 학생들이 스스로 자신이 해결해야 할 문제를 생성하고, 이에 대한 대안으로써 자신의 가설과 모형을 산출하고 이들의 적합성 여부를 검증할 수 있도록 뒷받침해 주어야 한다.

② 불균형이 학습을 촉진한다: 인지적 갈등과 혼란은 학습을 위한 자극이며 이것이 학습될 내용의 조직과 본질을 결정한다. 오류도 학습자가 이해한 결과로 보아야 하며 이를 의도적으로 최소화하거나 회피해서는 안 된다.

③ 반성적 추상이 학습의 원동력이다: 인간은 의미의 구성자로서, 다양한 경험을 표상적인 방식으로 조직, 일반화하고자 한다. 반성적인 글쓰기를 통한 반성의 시간을 줌으로써, 광범위한 경험을 당양한 상징적인 방식으로 표상하고, 이들 간의 관계를 논의함으로써 반성적 추상을 촉진할 수 있다.

④ 학습은 원래 사회적, 대화적 활동이다: 공동체 구성원들 간의 대화가 깊이 있는 사고를 촉진한다. 교실은 다양한 활동과 반성적 사고, 대화가 이루어지는 대화 공동체로 보아야 한다. 교사가 아니라 학습자 스스로가 자신의 아이디어를 교실의 구성원에게 전달하고 정당화하는 책임을 지녀야 한다. 지식은 개인적 이해의 적합성에 대한 평가와 사회적 협상을 통해 진전된다. 따라서 구성원들에게 공유되는 아이디어만이 유용한 것으로 받아들일 수 있다.

⑤ 학습은 구조의 발전을 지향한다: 학습자들이 의미 구성을 위해 노력할 때, 관점에 점진적인 구조적 변화가 이루어져 보다 큰 아이디어를 구성하게 되며, 이는 곧 다양한 경험에 일반화될 수 있는 핵심 조직 원리가 된다.

⑥ 학습은 상황에 기초하여 일어난다: 학습이 진정한 의미를 갖기 위해서는 풍부한 맥락, 실세계 상황이 반영된 실제 상황에서 진행되어야 한다.

⑦ 학습은 구성적, 능동적 과정이다: 지식은 경험으로부터 구성되며 학습은 학습자가 지식을 내적으로 표상하는 구성적 과정이자 경험에 기초하여 의미를 개발하는 능동적인 과정이다.

⑧ 학습은 도구와 상징을 통해 촉진된다: 학습은 의미를 구성하는 것이다. 의미의 구성은 도구(물리적 수단과 기능)와 상징(언어, 수, 지도 등과 같은 기호학적 수단과 기능)의 활용을 통해 촉진된다.
⑨ 인간의 궁극적인 성취는 앎의 방법을 아는 것이다: 앎과 학습의 과정을 스스로 점검하고 통제할 수 있는 능력, 즉 반성적 사고야말로 인간이 지녀야 할 중요한 능력이다. 반성적 사고는 우리가 더불어 살고 있는 세상을 새롭게 이해하고 창조할 수 있는 핵심 요인이다.19)

이상과 같이 구성주의 학습 원리는 학습자들에게 다양한 도구와 환경을 제공해 줌으로써 학습자들이 자신이 의도한 목표를 해결할 수 있도록 해야 한다는 것이다. 위의 구성주의 학습 원리에 따른 구성적인 학습 환경을 조성하기 위해서는 그에 알맞은 교수 원리가 필요하다. 구성을 촉진하는 학습 환경을 만들기 위해서 다양한 교수 원리들이 제시되고 있다. 조영남은 구성주의에서 도출된 주요 교수 원리를 다음과 같이 제시하였다.

① 학습에 대한 책무성과 주인의식 및 자율성을 강화해야 한다: 학습은 지속적인 자기 구성의 과정이다. 자신의 학습에 대한 주인 의식과 학습 과정과 결과에 대한 책임을 스스로 질 수 있도록 해주어야 한다. 따라서 무엇을 언제, 어떻게 학습할 것인지를 스스로 결정할 수 있는 능력을 배양하는 것이 무엇보다 중요하다. 또한 자신의 학습활동을 스스로 관리할 수 있는 메타인지 기능을 개발할 수 있도록 도와주어야 한다. 이를 위해서는 지식을 구성하는 과정을 직접 경험할 수 있는 기회를 제공해 주어야 한다. 구성주의에서는 구성의 주체인 학습자 중심의 수업을 강조한다. 구성주의에서는 개인적 구성을 강조하므로 수업의 목적은 구체적이고 잘 정의된 내용을 습득하는 것이 아니라, 학습하는 능력 즉 질문을 제기하고 자신의

19) 조영남, 「구성주의 교수·학습」, 『초등교육연구논총』 제12집(대구 : 대구교육대학교초등교육연구소, 1998), 100~101쪽.

전략을 평가하며 질문에 대한 답을 개발하는 데 있다. 지식은 교과서에 담겨있는 것이 아니라 학습자의 활동 속에 있다.

② 참과제를 설계하여 유의미한 맥락 속에서 학습이 이루어질 수 있도록 해야 한다: 학습자에게 학습을 의미 있는 것으로 받아들이도록 하기 위해서는 학습의 필요성과 이유를 명료하게 밝혀주고, 학습한 내용이 실제 상황에서 효율적으로 적용할 수 있도록 해주어야 한다. 이를 위해서는 선행지식을 최대한 활용하도록 권장하고, 수업을 실제 상황과 관련시킴으로써 내용의 유의미성을 증진하며, 다양한 방법을 활용하여 내용을 학습할 수 있는 기회를 제공해야 한다.

③ 고등 수준의 지식 구성에 역동적으로 참여하도록 해야 한다: 지식과 기능을 단순히 전달하기 보다는 학습자 스스로 자신에게 의미 있는 고등 지식을 능동적, 역동적으로 구성할 수 있는 학습 환경을 마련해 주어야 한다. 특정 상황에 대한 예측과 해석 및 가설을 설정하도록 하고 스스로 탐구, 실험하도록 하는 등 고등 수준의 사고를 촉진하는 다양한 활동의 기회를 제공해 주어야 한다.

④ 협동학습을 통해 사회적 상호작용을 촉진해야 한다: 학습은 원래가 대화적, 사회적 과정이다. 구성주의 교수・학습에서는 특히 협동적인 학습 환경을 강조한다. 그 이유는 대화를 통해 상호교류와 반성적 사고, 생성적 학습이 촉진되기 때문이다.

⑤ 비위협적이고 안전한 학습 환경을 제공해야 한다: 학습자는 교사의 질책에 주눅이 들고 위축되게 마련이며, 이렇게 되면 후속 학습에 대한 자신감을 상실하게 된다. 새로운 시도를 하다보면 항상 잘못과 실수가 뒤따를 수 있다는 점을 인식시키고, 긍정적이고 구성적인 피드백과 격려를 통해 도전감과 자신감을 고취시켜야 한다.

⑥ 학습 내용과 학습의 과정 및 성과에 대해 스스로 반성하도록 고무해야 한다: 반성은 자기평가를 통해 고차적인 사고 기능을 정련하고 강화하는데 도움을 준다. 또한 반성은 의사결정과 문제해결방법 예컨대, 어떠한 방법이 성공적이거나 성공적이지 못했는지, 다음번에는 어떠한 문제를 기억해야 할 지, 앞으로는 어떻게 달리 수행해야 할지 등에 대해 사고할 기회를 준다.

⑦ 다양한 관점들을 경험하고 평가할 수 있는 기회를 제공해야 한다: 학습자의 행위는 그들 자신에게는 합리적이다. 교사는 자신의 관점에서는 잘못되고 혼란스러워 보이는 것들이 학습자의 입장에서는 자신이 이해한 바를 표현한 것이라는 것을 인지해야 한다. 따라서 교사는 학습자의 아이디어를 그들 자신의 관점에서 조망하고 그 가치를 인정해 주어야 한다.

⑧ 다양한 표현 양식을 활용하도록 고무해야 한다: 보다 풍부한 경험을 제공하기 위해서는 비디오, 컴퓨터, 사진, 음향 등의 다양한 매체를 활용해야 한다.

⑨ 실제 수업의 맥락에서 학습자의 학습을 평가해야 한다: 구성주의에서는 창의적, 비판적 사고와 문제해결 능력 등의 고차적인 교육목적의 성취와 복잡하고 실제적인 맥락에서의 능동적인 활용여부에 초점을 두고 수행평가, 포트폴리오 등의 새로운 접근을 요구하고 있다.[20]

구성주의 교수・학습의 원리를 잘 구현하기 위해서는 무엇보다 교사의 역할이 중요하다. 지식 전달자나 수업의 관리자로서 전통적으로 지니고 있던 교사의 역할은 구성주의 교수・학습에 적합하지 않다. 교사는 학습자들이 학습을 잘 이끌어나갈 수 있도록 조언을 해주거나 자문해주는 역할을 해야 한다. 나아가 교사는 학습자들의 동료 학습자로서의 역할을 해야 한다.

재클린 브룩스와 마틴 브룩스(J. G. Brooks & M. G. Brooks)는 교수・학습 과정에서 구성주의 교사가 수행해야 할 역할을 다음과 같이 열거하였다.

- 구성주의적 관점을 지닌 교사는 학생의 자율성과 주도권을 격려하고 수용한다.

20) 조영남, 앞의 논문, 101~104쪽 참조.

- 구성주의적 관점을 지닌 교사는 조작적・상호작용적・물리적 자료들과 함께 생생한 원자료와 일차 자료를 사용한다.
- 과제를 구성할 때, 구성주의적 관점을 지닌 교사는 '분류하다', '분석하다', '예측하다', '창조하다'와 같은 인지적 용어들을 사용한다.
- 구성주의적 관점을 지닌 교사는 학생들의 반응이 수업을 조종하고 교수전략을 변화시키며 내용을 변경하는 것을 허용한다.
- 구성주의적 관점을 지닌 교사는 개념들에 대한 자신의 이해를 학생들과 공유하기 전에 그러한 개념들에 대한 학생들의 이해를 먼저 알아본다.
- 구성주의적 관점을 지닌 교사는 학생들이 교사와의 대화와 학생 상호 간의 대화에 참여하도록 장려한다.
- 구성주의적 관점을 지닌 교사는 사려 깊고 개방적인 질문을 하고, 학생들 상호간에 질문을 장려함으로써 학생들의 탐구를 고무시켜 준다.
- 구성주의적 관점을 지닌 교사는 학생들의 초기 반응에 대한 정교화를 추구한다.
- 구성주의적 관점을 지닌 교사는 학생들을 먼저 자신들의 초기 가설에 대한 모순을 유발하는 경험에 연루시키고 그 후에 토론을 장려한다.
- 구성주의적 관점을 지닌 교사는 질문을 제기한 후 기다리는 시간을 갖는다.
- 구성주의적 관점을 지닌 교사는 학생들에게 관계를 구성하고 은유를 만들어 낼 시간을 제공한다.
- 구성주의적 관점을 지닌 교사는 학습 사이클 모델의 빈번한 사용을 통해서 학생들의 자연적 호기심을 길러준다.[21)]

위에서 보듯이 구성주의 교수・학습을 하기 위해서는 무엇보다 교사 스스로 구성주의적 교사가 되어야 한다. 구성주의 교사는 학

21) Jacqueline G. Brooks, Martin G. Brooks, 추병완, 최근순 옮김, 『구성주의 교수・학습론』(서울 : 도서출판 백의, 1999), 141~164쪽 참조.

습자들의 기존 지식 구성에 민감하고 주의를 기울여야 한다. 교사는 학습 활동의 주체가 학생이라는 것을 인식하고 관찰자로서, 진행자로서, 학습의 자극자로서의 역할을 해야 한다.

교사는 학습자들의 어떤 아이디어라도 수용하고 격려하며, 학습 과정에서 학습자가 주도성을 가지고 학습에 참여할 수 있도록 학습 환경을 마련해야 한다. 또한 학습자들이 학습 내용에 대해서 반성하고 분석할 수 있도록 적절한 시간을 배려해 주어야 한다.

3) 한자 교육과 구성주의

구성주의 인식론은 산업화 시대를 지배했던 객관주의 인식론에 대한 대안으로 나타난 이론이다. 객관주의는 진리 또는 지식을 개인의 의지와 관계없이 독립적으로 실재하는 것으로 본다. 그러므로 보편타당한 절대적 진리와 지식을 습득하는 것을 학습의 목표로 한다.

반면에 구성주의는 지식의 형성과 습득을 개인의 인지 작용과 사회적 상호작용에 의해 습득한다는 상대주의적 인식론이라 할 수 있다. 그러므로 지식은 발견되거나 전달하여서 습득되는 것이 아니고 학습자 개인의 인지 작용이나 학습자 간의 사회적 상호작용에 의해 구성된다고 보는 것이다.

한자·한자어 읽기에 대한 교실 수업 현장의 상황을 위의 시각에서 보면 객관주의 이론에 기대어 교수·학습이 전개되고 있는 경우가 많다. 객관주의 관점이 반영된 읽기 교수·학습 전략으로 행동주의와 인지주의 심리학에 입각한 수업 전략을 생각할 수 있다. 비록 두 가지 관점에 의한 수업 전략이 오늘의 학교 교육과정에 비추어 볼 때 낡고 오래된 전략이어서 폐기된 전략으로 보이지만 실제적인 교실 수업 환경을 생각해보면 아직도 이러한 전략이 교실 수업에서 유효한 전략으로 사용되고 있음을 확인할 수 있다. 그러므로 행동주의와 인지주의 이론의 학습 전략과 한자 읽기 학습 환경과의 관련성을 검토해 볼 필요가 있다.

행동주의 심리학에서는 교육과정을 미리 계획하고, 이 부분을 단순한 것에서부터 복잡한 것에 이르기까지 조직화한다. 교사의 설명에서 출발하여 학습자의 경험, 활동, 연습 그리고 다시 교사의 피드백으로 이어지는 일련의 학습 과정을 통하여 학습자는 앎에 도달하게 된다.[22)]

행동주의 읽기 교육 환경에서는 백과사전적 단순 지식의 제공이나 '올바른 의미 찾기'에 치중함으로써 교사 중심, 텍스트 중심, 결과 중심의 교육으로 전개되며, 이로 인해 학생들의 참여나 능동적인 의미 구성 활동 자체가 제대로 이뤄지지 않을 뿐만 아니라, 인간을 피동적인 존재로 본 점, 인간의 고등 정신을 탐구하지 못했다는 점, 기본적인 원리를 '효과의 법칙'에 두고서 '학습 이론'은 반복과 훈련에 강화를 두고 있는 등의 문제점을 안고 있다.[23)]

행동주의 이론은 자극과 반응 사이에서 결합이 강화되거나 약화될 때 학습이 일어난다고 보는 것으로 교사는 학생들에게 일정한 행동을 반복 연습하게 하고 이에 따른 보상과 처벌을 하는 것이며, 학습자는 보상과 처벌을 수동적으로 받아들일 뿐이다.

교실에서 한자 읽기 수업을 할 때 교사가 학습해야 할 한자를 제시하여 범독(範讀)한 후 학습자로 하여금 반복적으로 따라 읽게 하는 수업을 통해 한자를 익히게 하는 경우가 많이 있다.

이렇게 학습자로 하여금 주체적이고 능동적인 반성(reflection) 없이 반복적으로 소리 내어 읽게 하는 학습은 행동주의 학습 전략에 영향을 받은 것이라 할 수 있다.

---

22) 서혁·서수현, 「구성주의와 읽기 교수·학습의 방향」, 『독서연구』 제18집(서울: 한국독서학회, 2007), 37쪽.
23) 이상구, 「구성주의적 읽기 교육의 논의 양상과 과제」, 『배달말』 제34집(배달말교육학회,2004) 241쪽.

전통적으로 서당에서 한문 학습을 할 때 기계적인 암기 활동을 많이 하는데 서당교육이 행동주의 학습 이론 이전부터 실시되어 온 우리 고유의 학습이지만 넓게 보면 그 교육 형태는 이러한 범주로 생각할 수 있을 것이다. 또한 교실에서 학습자들의 학습 결과에 따라 별 표시, 스티커 붙이기 등의 방법 등을 통해 학습자들에게 보상하는 경우나 정해진 분량의 한자 쓰기 학습을 하지 않았을 때 두 배의 분량으로 쓰게 하는 벌을 통해 학습하는 것도 이러한 범주로 볼 수 있다.

한편 인지주의 심리학에서는 학습의 과정을 '지식의 습득'으로 보고 있다. 즉, 학습자가 장기 기억에 새로운 정보를 저장할 때 학습이 일어난다고 보는 관점이다. 그러므로 학습자의 역할은 수동적으로 정보를 습득하는 것이고, 교사의 일은 교재나 강의 등에서 정보를 제시하는 것이다. 지식 습득의 관점에 의하면 정보는 교사로부터 학습자에게 직접적으로 전해질 수 있는 것이다.[24] 학습자들은 교사가 전해주는 지식을 획일적으로 수용할 뿐이다.

형·음·의 통합의 한자 읽기를 할 때 한자의 자원(字源)이나 자형(字形)에 대해 학습을 하면서 교재에 실려 있는 내용을 있는 그대로 학습자에게 전달하는 경우가 많다. 또한 여러 자체(字體)의 변화 과정이나 자의(字義)를 배우면서 교사가 많은 양의 단편적인 지식들을 제공하고 학습자들은 주체적으로 비평하거나 의미를 구성해 보려는 노력을 하지 않고 단순히 암기하는 형태의 수업을 하는 경우도 많이 있다.

이러한 방법으로 학습을 진행하는 경우 학습자들은 외부에 있는 많은 지식을 습득할 수 있으며, 이러한 과정을 통해 자신의 인지 구조를 변화시킬 수 있게 된다.

이를 통해 볼 때, 행동주의에 기반한 학습 전략보다 학습자들이

---

24) Mayer(1999), 144쪽 ; 이상구, 앞의 논문, 242쪽에서 재인용.

다소 능동적으로 학습에 참여할 수 있게 된다. 그렇지만 지식은 학습자의 의지와 관계없이 외부에 독립적으로 존재하는 것이다.[25)]

이상에서 보듯이 행동주의와 인지주의에 기반을 둔 학습 전략에 따라 한자 읽기 학습을 하게 되면 학습자들은 학습의 주체로서 능동적으로 참여할 수가 없으며, 자신에게 의미 있는 학습을 만들어나갈 수 없다. 이러한 점에서 구성주의에 터한 학습 전략이 필요한 것이다. 구성주의 기반을 둔 한자 읽기 학습 전략은 학습자가 학습의 주체로서 능동적으로 참여하여 자신의 경험과 인식을 바탕으로 의미 있는 참지식을 쌓아가는 것이다. 이를 위해서 학습에 참여하는 학습자와 학습의 도구로 활용하는 텍스트, 그리고 학습의 환경을 조성하는 맥락의 세 가지 요소[26)]에 대해서 간략히 논의하고자 한다.

(1) 학습자

한자 읽기 수업 현장에서 학습자는 지금까지 학습의 주체가 되지 못하고 교사가 전수해주는 지식을 수동적으로 받아들이는 객체로서의 구실이 강하였다. 그렇기 때문에 학습자들은 자신들의 흥미나 관심과는 관계없는 외부의 지식을 습득하여 단순히 암기하는 일에 치중할 수밖에 없었다.

교사는 그날 익혀야 할 한자・한자어를 학습자의 흥미를 고려하지 않은 채 칠판에 기록하고, 학습자들은 자신이 익혀야 할 내용들을 아무런 의심 없이 따라 읽고 공책에 필순에 맞게 쓸 뿐이다. 그 결과 학습의 주체가 되어야 할 학습자들은 스스로의 경험과 지식,

---

25) 조영남(1998), 95면.

26) 구성주의 관점에 따르면 읽기는 독자의 의미 재구성 과정이며, 텍스트와 독자 간의 상호 거래(transaction) 과정이며, 나아가 해석 공동체 내의 구성원들 간의 대화와 협상의 과정이다. 따라서 읽기를 결정하는 세 가지 주요 변인으로 '텍스트, 독자, 맥락'을 들 수 있다(최지현 외 : 2007, 158면 참조). 이러한 관점을 한자・한문 읽기에도 적용하여 볼 수 있는데, 다만 독자 요인은 교과의 성격상 학습자로 치환하였다.

구성원 간의 상호 작용을 바탕으로 의미 있는 지식을 구성하기 위한 과정을 거치지 못하게 되어 능동적 학습을 할 수 없다.

다음의 사례는 기초 단계의 한자 읽기를 학습하는 과정에서 한자의 자원과 관련된 학습자의 주체적 사고 과정을 보여주는 것이다.

> T : 이번엔 '열매 과'에 대해 알아볼까요? 유신이는 어떻게 생각했어요?
> S1: 열매가 동그랗게 열린 것을 생각해서 '열매 과'를 그렸어요.
> T : 그래요. 잘 말해 주었어요. 다음엔 대성이가 그리면서 생각한 것을 들어볼까요?
> S2: '열매 과'는 처음에 사과 모양을 생각했고요. '果'자는 과자를 생각해서 과자 봉지를 그렸어요.
> T : 그래. 재미있는 생각을 했네. 이번에는 장수가 말해볼래요?
> S3: 사과가 처음에는 동그란 모양인데요. 시간이 지나면 점점 익어서요. 그래서 사과의 모양이 네모나게 변했어요.
> T : 그래. 잘했어요. 또 수철이가 말해볼래요?
> S4: 수박이 있는데, 수박을 먹으려면 칼로 잘라야 하잖아요. 수박을 칼로 자르니까 네모난 모양이 돼서 이렇게 변했어요.
> T : '열매 과'를 그리면서 여러 친구들이 얘기한 것을 들어보니까 많은 고민을 한 것 같아요. 우리가 알고 있는 열매들은 동그란 모양이 많지요?
> SS: 네.
> T : 그런데 '열매 과'자의 모양은 '나무 목' 위의 부분이 네모난 모양이어서 여러 친구들이 고민한 것 같아요. 그래서 어떤 친구는 과자 봉지, 어떤 친구는 수박을 반듯하게 자른 모양이라고 했는데, 중요한 것은 과일 모양이 동그란 거냐 아니면 네모난 거냐 이런 게 아니에요. 어떤 모양이 변해서 오늘날 같은 글자가 되었을까 하고 여러분 스스로 생각해 보는 거지요.

위의 사례는 학습자들이 '열매 과(果)'의 자형을 학습하면서 스스로 자형의 변화 모습을 그려보는 활동으로 수업을 전개한 경우이다.

오늘날 통용하고 있는 한자의 자형은 바꿀 수 없다 하더라도, 한자의 자형이 변화된 과정을 학습자가 주체적으로 추상(抽象)하여 구성해보는 과정을 학습의 활동으로 삼을 수 있을 것이다. 학습자에게 '果'의 자형이 갑골문으로부터 금문, 소전을 거쳐 현대의 자형에 이르기까지 일방적으로 제시하면 학습자들은 한자 자형의 학습에 대해 굉장히 부담을 느끼게 되고, 비록 익히기는 하였지만 자신의 경험과는 유리된 무의미한 학습을 하게 된다.

위의 사례처럼 학습자가 자신의 실생활과 관련된 관심과 흥미에 근거하여 학습 활동을 구성하게 함으로써 학습자의 내재적 동기를 부여하고 그로 인한 능동적 학습이 되도록 한다면 학습은 저절로 유의미하게 되는 것이다.

(2) 텍스트

일반적으로 교실에서의 교수·학습 상황을 관찰한 결과에 따르면 학습자들은 전체 시간의 90~95%를 교재를 사용하는 시간으로 보내고 있다고 한다. 그만큼 교재는 학습자들의 학습과 밀접하게 관련되어 있는 것이다.

교재란 '교수·학습 과정을 수월하게 하기 위하여 사용되는 본질적으로 표상적(表象的)인 물리적(物理的)인 실체'로 정의할 수 있다.[27)]

즉 교재는 어떤 구체적인 물리적 실체(physical entities)를 띠어야 하며, 교수·학습 과정을 수월하게(excellent) 하여야 하며, 교수·학습 내용을 표상하여야(representational) 한다. 이러한 조건을 충족시키는 것으로 자료(material)로서의 교재, 텍

27) Gall(1981) : 이성영, 「국어과 교재의 특성」, 『국어교육학연구』 제2집(서울 : 국어교육학회, 1992), 72쪽 재인용.

스트(text)로서의 교재, 제재(subject)로서의 교재의 층위로 범주화할 수 있다.

자료로서의 교재는 교육을 위해 동원될 수 있는 일차원적인 재료상(材料床)으로 존재하는 모든 형태를 의미한다. 텍스트로서의 교재는 장르적 차원에서 형상화되고, 하나의 통일적 구조를 이루는 작품을 의미한다. 제재로서의 교재는 교재의 층위 구분에서 가장 핵심적인 층위를 형성하는데, 교육적 의도가 전제된, 일정한 교육적 설계(instruction design)로 구성된 텍스트를 말한다.

제재로서의 교재는 교육과정의 구성 원리를 반영할 뿐만 아니라, 학습 경험을 체계적으로 조직하여 학습 효과를 극대화하고자 한 것이다.28)

위의 교재에 대한 정의와 교재의 층위 구분을 고려할 때, 한자·한자어 읽기 교육에서 학습자들이 활용하는 교재는 제재로서의 교재를 의미한다. 제재로서의 교재로 텍스트를 한정하여 보면 한자·한자어 읽기 수업과 관련되는 것이 교과서이다.29)

교과서는 교수·학습에서 가장 중요한 자료이다. 교과서는 교육과정의 정신을 구현하고 교육의 목표와 각 교과에서 추구하는 학습 목표가 담겨 있으며, 그 목표를 구현하는 방법과 내용이 구체적으로 기술되어 있다. 이론적으로 교과서는 하나의 본보기에 지나지 않는다고 하지만 실제적으로 교실에서 수업을 할 때 대부분의 교사와 학생들이 교과서에 의존하고 있다. 따라서 교사와 학생들의 수업 내용

28) 최지현·서혁·심영택·이도영·최미숙·김정자·김혜정, 『국어과 교수·학습 방법』(서울: 역락, 2007). 89쪽.

29) 열린 교과서관에 따르면 활자로 인쇄된 교과서만 교과서가 아니라 교과서를 대치하거나 보충하기 위해 활용될 수 있는 교수·학습 자료, 예컨대 연습장, 실험실습지, 실험 안내서, 공공 또는 개별 학습장, 보충 심화 자료, 각종 평가 자료 등이 교과서의 범주에 포함될 수 있다(이성영(1992), 79면). 따라서 한자·한자어 학습에 활용할 수 있는 각종 교수·학습 자료들이 교과서의 범주에 들 수 있다. 그러나 본고에서는 주교재로서 사용하는 교과서만을 논의로 삼기로 한다.

과 방법이 교과서에 실려 있는 자료의 내용에 따라 결정되는 경우가 허다하다.

그동안 초등학교 한자 교과서는 50여 종 이상의 인정(認定) 교과서가 출간되었다. 1990년대 후반에 출간된 교과서들이 인지주의 내지 인지 구성주의의 영향을 받아 많은 정보를 학습자들에게 전달하기 위한 텍스트로서 편찬 · 발행 되었다면 2000년 이후에 발행되는 한자 교과서는 학습자들의 주체적인 참여를 고려하여 편찬된 것이 많다.

곧 이전의 교과서들은 많은 정보를 제공하고 학습자들은 거기에 있는 내용들을 주워 담는 식으로 구성된 경우가 많았다. 따라서 교과서를 열면 학생들이 학습해야 할 목표와 내용, 방법들이 일목요연하게 제시되어 있어서 학습자들은 교과서의 흐름에 따라 피동적으로 학습을 진행할 뿐이었다.

이후 제7차 교육과정에서 요구하는 정신인 '학생의 창의성 신장'과 '자기주도적 학습능력의 신장'이란 기본 방향을 충실히 반영하는 교과서가 편찬 · 발행되었다.

곧 교수자 중심이 아니라 학습자 중심의 교과서가 개발되어 학습자가 텍스트에 기술되어 있는 내용에 대해 스스로 질문하고 대답하며, 반성적인 사고를 할 수 있도록 구성한 것이다. 결국 학습자의 창의성과 고등 사고 능력을 신장시킬 수 있는 방향으로 교과서의 내용이 변화하게 된 것이다. 정전(正典, canon)으로서 원리와 규범, 정보를 담은 교과서가 아니라 학습자와 상호 교섭하면서 학습자 스스로 텍스트로부터 의미를 구성해 나갈 수 있는 교과서로 변화하고 있는 것이다.

그렇다고 요즈음 개발되는 교과서들이 모두 이와 같은 구성주의 정신을 반영하여 편찬 · 발행되었다고 볼 수 없다. 어떤 교과서는 이전보다 더 많이 정보를 전달하기 위한 자료로서의 구실을 하는데 만족하고 있으며, 학습자가 능동적으로 참여하여 의미 있는 지식을 구성하는 데 방해가 되는 방향으로 기술된 교과서도 종종 있다. 특히 단위 학교에서 자체적으로 교재를 편찬하여 사용하는 경우 텍스트는 집적된 정보를 전달하는 구실밖에 하지 못하는 예가 많다. 이는 제7차 교육과정의 기본 정신을 반영하지 못한 것이며, 이러한 텍스트를 통해서 학습자들에게 반성적인 사고 과정이 일어나기를 기대하기도 힘들다.

따라서 워크북으로서 교재를 구성할 때에는 학습자가 텍스트를 통하여 유의미한 다양한 사고 활동을 전개하고, 이를 통하여 비판적 사고력과 문제해결력을 기를 수 있는 방향으로 교재를 구성할 필요가 있다.

(3) 맥락

맥락(脈絡)은 교육에서 대화의 본질과 기능을 이해하는 데 중요하다. 그뿐 아니라 수업을 연구하는 모든 사람에게 흥미 있는 자료이다. 하지만 맥락의 본질과 맥락이 지닌 교육적 의미는 여전히 제대로 파악되지 못하고 있는 실정이다.

일반적으로 맥락은 회화 중에 참여자가 알거나 이해한 모든 것으로 정의된다. 이 정의에 의하면 개인적 정보나 문화적으로 파생된 모든 정보가 맥락이 된다.[30]

2007년 개정한 국어과 교육과정에서는 맥락의 개념을 '텍스트(담화/글) 생산·수용 활동에서 고려해야 할 사회·문화적 배경'으로 보았으며,[31] 그 하위 요소로 상황 맥락과 사회·문화적 맥락을 제시하기도 하였다.

구성주의 읽기 교육에서 맥락이 중시되는 것은 학습자가 반성과

30) 최지현 외, 앞의 책, 104면.
31) 한국교육과정평가원(2006b), 『국어과 교육과정 개정 시안 수정·보완 연구』, 2006년도 교육과정 개정 연구 위탁 과제 답신. 62쪽

추상을 통해 맥락에 적합한 지식을 구성하는 것을 학습의 목표로 삼기 때문이다. 곧 학습이 진정한 의미를 지니기 위해서는 비활성 지식(inert knowledge)의 기계적인 암기가 아니라, 이해와 문제 해결 그리고 개념적 변화에 초점을 두고 관련된 맥락 속에서 학습이 이루어져야 한다.32)

구성주의 환경에서 교수・학습의 주된 목적은 주어진 학습자가 맥락 속에서 사고 활동을 촉진함으로써 지식을 능동적으로 활용하고, 추론하고, 반성적으로 사고하며 이를 토대로 문제해결력을 기르고 인지적 유연성을 함양하는 것이다.

교실 수업에서 교수자와 학습자는 대화를 통해 가르치고 배우는 활동을 하게 된다. 전통적인 교실 수업 환경에서 교수자와 학습자와의 대화는 소통되기 보다는 단절적이었다.

많은 학습자를 상대로 교사는 정형화된 질문을 하고 그 질문에 정해진 대답을 학습자가 하면 교사는 짧은 평가를 하는 식으로 대화가 이어졌다. 이러한 실정이다 보니 학습자들은 대화의 장에 참여하기를 꺼리게 되었으며, 대화는 자연히 학습자의 능동적 참여와 상호작용 활동을 배제한 상태로 진행되었다. 따라서 학습은 상황 맥락33)과 유리된 채 이루어져 학습자의 사고 활동을 촉진할 수 없었다.

이와 같은 전통적 교실 수업 환경의 문제점을 개선하고 맥락에 적합한 지식을 구성하는 것을 목표로 삼는 것이 구성주의에 터한

32) 조영남(1998), 99면.

33) 맥락의 범주화 방식은 연구자에 따라 조금씩 차이가 있지만 대체로 Halliday & Hasan(1989)의 방식이 많이 인용되고 있다. 이들은 맥락을 크게 '언어 맥락'과 '언어 외적 맥락'으로 구분하고, 언어 맥락을 '텍스트 내 맥락'과 '텍스트 간 맥락'으로, 언어 외적 맥락을 '상황 맥락'과 '문화 맥락'으로 세분하였다. 또 상황 맥락의 구성 요소로 '내용', '주체', '방식'을 제시하였다. 이는 '누가(주체)', '무엇을(내용)', '어떻게(방식)'에 해당하는 것이다. cf. 임천택(2007), 115~118면.

교실 수업 환경이다. 이는 사회적 구성주의 이론을 기본으로 삼는데, 사회적 구성주의 관점에서 교사와 학습자는 서로 동등한 대화자가 되며 대화는 상호 소통을 지향한다. 따라서 교사는 학습자들이 대화를 통해 관련된 맥락 속에서 지식을 구성할 수 있도록 학습자들을 안내한다.

학습자는 수업에 능동적으로 참여하여 자신에게 의미 있는 방식으로 지식을 재구성하기 위해 교사 또는 학습자 상호 간의 대화에 적극적으로 참여한다. 학습자는 자신과 타인의 상호 작용 활동을 통해 참지식을 구성하게 되는데 이를 위해서 협동 학습과 같이 학습자들의 참여가 왕성한 학습 전략이 필요하다.

4) 한문과 교육과정과 구성주의

객관주의 교수·학습 이론에 따라 한자·한문 교육은 학습자가 주체가 되기보다는 교수자가 주체가 되어 학습이 이루어지는 경우가 많았다. 그러나 지식은 전수되는 것이 아니라 학습자 스스로의 인지 작용과 사회적 상호작용에 의해 형성되고 습득된다는 구성주의 교수·학습 이론에 따르면 학습의 주체는 학습자가 되어야 한다. 한자·한문 교육은 학습자가 주체가 되어 자신의 인지 작용과 학급 구성원들 간의 사회적 상호작용을 통해 구성하여야 하는 것이다.

한문과 교육에서 구성주의적 교수·학습을 실행하기 위해서는 한문과 교육과정을 근본으로 학습 계획을 설정해야 한다. 제7차 한문과 교육과정의 내용 체계를 보면,[34] 한문 교과는 다음과 같이 한자, 한자어, 한문으로 영역을 나누고 있다.

---

34) 2007년 개정 한문과 선택과목 교육과정에서는 한문, 한문지식으로 대영역을 나누고, 한문 영역은 다시 읽기, 이해, 문화로, 한문지식 영역은 한자, 어휘, 문장으로 중영역을 두고 있으나 이에 따른 교과서 집필은 2008년 12월 현재까지 이루어지지 않았으므로 개정 이전의 교육과정에 따라 기술하였다.

〈표〉 제7차 한문과 교육과정 내용 체계(중학교)

영 역	내 용	
한 자	한자 익히기	· 한자의 음과 뜻 알기 · 한자의 짜임을 통해 음과 뜻 알기 · 자전에서 한자 찾기 · 필순에 맞게 한자 쓰기
	한자 활용하기	· 언어 생활에 활용하기 · 문장 독해에 활용하기
한자어	한자어 익히기	· 한자어의 음과 뜻 알기 · 한자어의 짜임을 통해 뜻 알기 · 한자어를 읽고 쓰기 · 성어의 속뜻 알기
	한자어 활용하기	· 언어 생활에 활용하기 · 문장 독해에 활용하기
	가치관 형성하기	· 선인들의 삶과 지혜를 이해하고 가치관 형성하기
한 문	한문 익히기	· 문장 읽고 뜻 알기 · 문장 구조를 통해 문장 풀이하기 · 허자의 쓰임을 알고 활용하기 · 문장의 형식을 알고 활용하기
	한시 익히기	· 시구 및 한시 풀이하고 감상하기
	한문 활용하기	· 격언·속담, 명언·명구를 일상 생활에 활용하기
	가치관 형성과 전통 문화 계승, 발전시키기	· 선인들의 삶과 지혜를 이해하고 가치관 형성하기 · 전통 문화를 이해하고 계승, 발전시키려는 태도 지니기

위의 〈표〉는 제7차 중학교 한문과 교육과정의 내용 체계인데, 고등학교 한문과 교육과정의 경우 중학교와 내용 요소만 다를 뿐 내용 영역은 동일하므로 별도로 제시하지 않았다.

위의 교육과정 내용 체계에 따라 한자, 한자어, 한문 영역을 학습할 때, 구성주의 교수·학습 이론에 기반을 두고 수업을 진행할 수 있다.

(1) 한자

한자 영역은 '한자 익히기'와 '한자 활용하기'로 나뉘고, '한자 익히기'는 다시 '한자의 음과 뜻 알기', '한자의 짜임을 통해 음과 뜻 알기', '자전에서 한자 찾기', '필순에 맞게 한자 쓰기' 등으로 구분된다. 또 '한자 활용하기'는 '언어 생활에 활용하기'와 '문장 독해에 활용하기'로 구분되어 있다. 이러한 내용 요소들을 단위 시간에 학습할 때에, 일반적으로 교사가 교과서의 단원 전개 방식에 따라 수업을 진행하는 경우가 많다. 중학교 1학년 교과서 단원을 실례로 들어보면 다음과 같다.

〈중학교 1학년 한문 교과서(모양을 본뜬 한자)〉

위의 단원은 자연물의 모양을 본떠서 만든 한자를 익히는 것을 학습 목표로 하고 있으며, 한자의 짜임, 한자의 모양과 소리와 뜻, 한자의 쓰임, 한자 바르게 쓰기 등으로 단원이 구성되어 있다. 교사는 위에 제시된 교과서의 단원 전개 방식에 따라 학습을 이끌어 나아가고, 학습자는 교사의 지도에 따라 교사가 전수해주는 지식을 익히는 것이 기존의 객관주의적 교수·학습의 방법이라고 할 수 있다.

그러나 구성주의 교수·학습의 이론에 따라 수업을 전개하게 되면, 교사는 학습자에게 단지 지식을 전수하는 것이 아니라, 학습자가 주체적으로 학습에 참여할 수 있도록 촉진하는 역할을 해야 한다.

예를 들어 표제자를 제시할 때에도 교과서의 삽화를 제시하거나 한자 카드, 그림 카드를 바로 제시하기보다는 교과의 내용과 관련된 스키마를 활성화하는 과정이 필요한 것이다. "해를 보면 무엇이 떠오를까?", "달에 대해 알고 있는 것이 무엇인가?", "가장 가보고 싶은 산은 어디인가?" 등과 같이 학습의 제재와 관련된 내용들을 자유롭게 연상할 수 있는 기회를 주어 한자와 관련된 학습자들의 스키마를 활성화 시킬 필요가 있다. 다음으로 한자의 짜임 학습에 대해 논의해 보자.

1. 한자의 짜임 — 상형자(象形字)

다음은 자연물의 모양을 본떠서 만든 한자입니다.

(1) 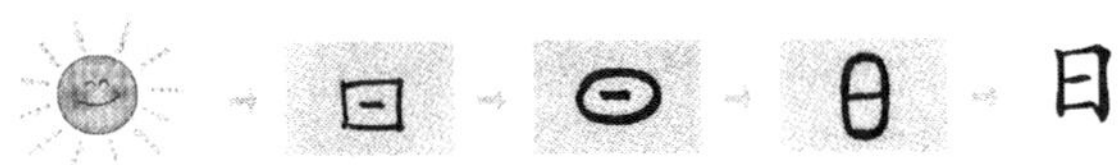

해의 모양을 본뜬 글자로, '해' 또는 '날'의 뜻으로 사용됨.

(2) 

산의 모양을 본뜬 글자로, '산'의 뜻으로 사용됨.

〈중학교 1학년 한문 교과서(한자의 짜임)〉

교사는 학습자들에게 '한자의 짜임'을 가르칠 때, 위의 그림과 같이 교과서에 제시된 한자의 자체(字體) 변화 모습을 제시하고, 자체의 변화와 관련된 문자학적 지식을 전수하기가 쉽다. 이와 같이 하면 학습자들은 교사가 설명하거나 제시하는 학습 내용을 수동적으로 받아들이기만 할뿐, 학습자 스스로 주체가 되어 자신의 지식을 구성할 수 없다. 학습자 스스로가 주체가 되어 '한자의 짜임'을 익히기 위해서는 '이미지 컷 대조하기', '비슷한 자형 찾기', '한자 자형 그려보기', '한자 자형 창조하기' 등의 활동35)을 통하여 학습자가 중심이 된 수업이 되어야 한다.

(2) 한자어

한자어 영역은 '한자어 익히기', '한자어 활용하기', '가치관 형성하기' 등으로 내용이 나뉘어져 있다. '한자어 익히기'는 다시 '한자어의

35) '한자의 짜임'과 관계된 학습활동 내용은 3장, 5장에 기술되어 있음.

음과 뜻 알기', '한자어의 짜임을 통해 뜻 알기', '한자어를 읽고 쓰기', '성어의 속뜻 알기'로 구분된다. 또 '한자어 활용하기'는 '언어 생활에 활용하기'와 '문장 독해에 활용하기'로 구분되어 있다. 그리고 '가치관 형성하기'는 '선인들의 삶과 지혜를 이해하고 가치관 형성하기'로 내용 요소가 구성되어 있다. 이와 같은 내용 요소들을 학습할 때에, 교사는 교과서의 단원 전개 방식에 따라 수업을 진행하는 경우가 많다. 성어와 관련된 중학교 2학년 학습 단원을 예시하면 다음과 같다.

朝三暮四.

三寒四溫.

九牛一毛.

九死一生.

〈중학교 2학년 한문 교과서(삶의 이모저모)〉

위의 단원은 성어를 학습하면서 성어에 쓰인 숫자의 의미를 알고, 선인들의 삶의 지혜를 알아보는 것이 학습의 주안점이다. 위의 단원은 '본문 학습'으로 사자성어를 제시하고, '탐구 활동'으로 숫자를 이용한 성어, 성어의 유래와 속뜻, 성어의 풀이, 성어의 짜임을 학습하며, '발전 학습'으로 한자의 뜻과 쓰임, 한자어의 쓰임 등을 학습하도록 구성되어 있다. 교사는 위의 단원을 가르치면서 교과서의 단원 전개 방식에 따라 순차적으로 성어와 관련된 지식을 전수하거나 '탐구활동' 및 '발전 학습'을 교수자(教授者) 중심으로 설명하기 쉽다. 이와 같은 교수자 중심의 학습은 학습자들이 학습에 능동적으로 참여하지 못할 뿐만 아니라, 학습 과정에서 사회적 상호작용을 하지 못하여 반성적 추상을 하기 어렵다.

위의 단원을 구성주의 교수・학습 이론에 따라 학습자들이 학습하려면, 한자의 음과 뜻을 중심으로 성어의 뜻을 풀이하는 것보다는 성어에 담긴 의미를 학습자들의 상호작용을 통해 탐색해보는 활동으로 수업이 전개되어야 한다. 예를 들어 '朝三暮四'를 익힌다고 가정하여 보자.

우선 교사는 '朝三暮四'와 관련한 학습자의 스키마를 활성화시키는 발문(發問)을 하여 학습자들이 성어와 관련된 자신의 스키마를 활성화할 수 있도록 해야 한다. 『列子』에 나온 '朝三暮四'의 유래를 들려주면서도 단순히 내용을 전달하기보다는 유래와 관련된 발문을 하여 학습자의 탐구심을 고무시켜야 한다. "저공(狙公)이 원숭이에게 줄 먹이를 줄이기로 한 이유는 무엇일까?", "원숭이들이 저공의 처음 말을 듣고 화를 낸 이유는 무엇일까?", "원숭이들이 저공의 나중 말을 듣고 기뻐한 이유는 무엇일까?" 등과 같이 학습자들의 호기심을 자극할 수 있는 질문을 해야 하는 것이다.

또한 학습자들은 성어 학습의 지식 구성에 주인의식을 갖고 적극적으로 참여하여야 한다. '朝三暮四'를 통해서 자신들이 구성해야 할 한문 지식이 무엇인지 스스로 목표를 설정해보고, 자신들이 세운 목표를 이루기 위해 동료들과 끊임없는 상호작용을 해야 한다. 이와 같은 학습자 간의 상호작용을 통해서 '朝三暮四'가 뜻하는 의미를 깨닫고, 선현들의 지혜를 어떻게 자신의 삶 속에 체현(體現)할 수 있는지 반성적인 사고를 해야 한다.

(3) 한문

한문 영역은 '한문 익히기', '한시 익히기', '한문 활용하기', '가치관 형성과 전통 문화 계승, 발전시키기' 등으로 내용이 나뉘어져 있다.[36] 한문 익히기는 '문장 읽고 뜻 알기', '문장 구조를 통해 문장

36) 개정 제7차 한문과 교육과정에는 한문 영역을 읽기・이해・문화로 구분하

풀이하기', '허자의 쓰임을 알고 활용하기', '문장의 형식을 알고 활용하기' 등으로 구분되어 있다. '한시 익히기'는 '시구 및 한시 풀이하고 감상하기'로, '한문 활용하기'는 '격언 · 속담, 명언 · 명구를 일상 생활에 활용하기'로 내용 요소가 되어 있다. '가치관 형성과 전통문화 계승, 발전시키기'는 '선인들의 삶과 지혜를 이해하고 가치관 형성하기'와 '전통 문화를 이해하고 계승, 발전시키려는 태도 지니기'를 내용 요소로 삼았다.

이상과 같은 한문 영역의 여러 가지 내용 요소 가운데 '한시 익히기'를 구성주의 교수 · 학습 이론에 따라 학습하는 경우를 생각해 볼 수 있다. 다음은 중학교 2학년 한문 교과서의 한시 단원이다.

花開昨夜雨러니.
花落今朝風이라.
可憐一春事가.
往來風雨中이라.
〈송한필〉[11]

▲ 활짝 핀 개나리

〈중학교 2학년 한문 교과서(꽃이 피고 지고)〉

위의 단원은 꽃에 관한 한시를 읽고 풀이하면서 시에 나타난 정취를 알고, 그 속에 담긴 의미와 감정을 이해하는 것을 학습의 주안점으로 두고 있다. 위의 단원은 '본문 학습'으로 한시를 제시하고, '탐구 활동'으로 한시의 풀이, 한시의 감상, 한시의 이해를 학습하며, '발전 학습'으로 한자의 뜻과 쓰임, 한자어의 쓰임을 익히도록 구성되어 있다.

고 있다. '읽기'는 다시 '단문의 읽기와 풀이', '산문의 읽기와 풀이', '한시의 읽기와 풀이'로 구분하였다. '이해'는 '단문의 이해와 감상', '산문의 이해와 감상', '한시의 이해와 감상'으로 구분하였다. '문화'는 '전통 문화의 이해에 계승', '한자 문화권의 상호 이해와 교류'를 내용 요소로 삼았다.

교사가 위의 단원을 지도하려면 교과서의 단원 전개 방식에 따라 한시를 읽어 주고, 한시를 풀이하는 순서를 알려주어 학습자들이 시를 풀이하는 방법을 이해하도록 안내해 준다. 그리고 한시의 내용을 풀이하면서 시 속에 담긴 의미를 설명하여 준다. 나아가 한시를 이해하는 데 필요한 대우(對偶)나 평측(平仄)에 관한 지식을 전수할 것이다. 이와 같은 한시 수업은 학습자로 하여금 한시 번역과 해석하는 방법을 파악할 수 있게 해 줄 수 있다. 또한 일정 부분 학습자의 정의적(情意的) 요소를 계발시키고 신장시킬 수 있다. 그러나 학습자 스스로 한시 텍스트를 내면화하고, 학습자의 창의적 사고와 문제 해결력을 신장시켜 주기는 어렵다.

한시 텍스트의 내면화는 학습자의 인지적 영역과 정의적 영역이 잘 발효가 되어 전 인격적인 감응이나 감수가 이루어졌을 때 형성되는 것이라 할 수 있다.[37] 그러므로 학습자가 한시 텍스트를 내면화하기 위해서는 학습자 스스로 한시 텍스트를 이해하려는 인지적 과정의 학습과 학습자 간에 한시 텍스트에 담긴 내용에 대하여 상호작용 활동을 하면서 체득할 수 있는 정의적 과정의 체험이 필수적이다.

구성주의 교수·학습 이론에 바탕을 두고 학습자 중심으로 위의 한시 수업을 진행하기 위해서 교사는 시에 쓰인 한자의 음과 뜻만 알려주고 학습자 스스로 한시를 풀이해 볼 수 있도록 한다.[38] 교사가 제공하는 학습지의 한자 뜻풀이는 일종의 비계(scaffolding)라고 할 수 있다. 학습지를 통한 교사의 비계 제공은 수업의 효율적 진행과 학습자의 활동 참여도를 높이는 데 매우 중요한 역할을 한다. 다만 학습자들의 활발한 토의 활동을 유도하기 위해서는 적절한

---

37) 金鍊秀, "漢詩 敎育에서의 구성주의 교수·학습 방법 연구," (서울 : 고려대학교대학원 박사학위논문, 2006), 119쪽.

38) 구성주의 교수·학습 이론에 입각한 한시의 풀이와 감상에 대한 논의는 金鍊秀의 위의 논문을 참고하였다. 이후 논의한 비계(scaffolding), 명료화(articulation), 반성적 사고(reflection)에 대해서는 이 논문의 제3장 제2절에서 상세히 언급하였다.

비계 설정이 중요하다. 교사가 제공한 비계를 토대로 학습자들은 스스로 한시를 풀이해보고, 자신이 풀어 본 한시의 내용과 동료 학습자가 풀이한 내용을 비교해 본다. 그리고 나서 서로 다르게 풀이한 부분에 대해 왜 그런 해석을 하였는지 의견을 주고받는다.

학습자는 모둠 구성원들끼리 토의 활동을 하면서 보다 타당하다고 생각하는 것으로 자신의 생각을 명료화(articulation)한다. 명료화는 한시 텍스트에 따라 학습자 상호 간의 토의 활동을 하면서 이루어질 수 있고, 전문가인 교사의 풀이 과정을 들으면서 이루어질 수도 있다. 학습자는 한시의 풀이와 감상 활동을 통해 자신이 풀이했던 것이 전문가의 풀이와 왜 다르게 되었는지, 또는 자신이 생각한 시의 주제가 동료 학습자가 생각한 주제와 왜 다른지에 대해 반성적 사고(reflection)를 하며, 이를 통하여 한시 텍스트를 내면화할 수 있는 것이다.

구체적으로 위의 한시 학습을 구성주의 이론에 토대를 두고 학습한다고 할 때, 교사는 꽃이 피고 질 때 학습자들이 갖는 심상(心象)을 구체적으로 물어 한시 학습에 대한 스키마를 활성화시킨다. "노란 개나리꽃을 보면 어떤 마음이 드니?", "붉은 진달래꽃을 보고 생각나는 게 없니?" 등과 같이 한시 학습의 제재(題材)와 관련된 스키마를 활성화하여 학습자들이 관심을 갖고 한시 텍스트를 대할 수 있도록 한다. 학습자들의 스키마를 활성화한 이후, 교사는 학습자가 능동적으로 한시를 풀이할 수 있도록 학습지를 나누어주고 학습자 스스로 한시를 풀이해보도록 한다. 학습자는 한시를 나름대로 풀이한 뒤에 자신이 풀이한 한시의 내용과 동료 학습자가 풀이한 한시의 내용을 비교해 보고, 서로 다르게 풀이한 부분에 대해 의견을 주고받는다.

학습자들 간의 토의 활동을 통해 한시에 대한 풀이를 명료화하면, 교사는 학습자들이 한시 텍스트의 내면화를 촉진하는 발문을 하여 학습자들이 한시에 담긴 의미와 감정을 이해할 수 있도록 한다. 예를 들어, "꽃이 어젯밤에 피었는데 왜 오늘 아침에 떨어졌을까?", "왜 시인은 봄날의 일이 가련하다고 하였을까?", "비바람 가운데 오고간다고 하였는데, 비바람이 암시하는 것은 무엇일까?"와 같은 질문을 하여 학습자들이 한시의 내용을 천착(穿鑿)하여 음미해 볼 수 있도록 한다.

또한 이 시의 작자인 송한필(宋翰弼)의 개인사(個人史)나 송익필(宋翼弼)과 관련된 가족사(家族史) 등을 소개하여,[39] 시인이 이와 같은 시를 짓게 된 전후 사정을 생각해보게 하는 것도 한시 텍스트 내면화의 한 방법이 될 수 있다.

이 시의 작자인 송한필은 조선 중엽(16세기)을 살다간 학자이며 문장가이다. 송한필은 뛰어난 문재(文才)에도 불구하고 신분적 제약의 질곡 속에서 한 시대를 살아갔다. 그의 집안은 신분상 서얼에 해당되어 제약을 크게 받다가 아버지대부터 양민 노릇을 하였다. 그의 형 송익필은 이이(李珥)를 시종 옹호하였는데, 소장 사류들은 이이가 동서분쟁에 중립적 태도를 취하면서 적극적으로 신진 사류를 옹호하지 않은 데 대한 불만을 품었다. 그래서 송익필을 심의겸(沈義謙)의 당(黨)으로 지칭하고, 이이에 대한 함원(含怨)을 송익필에게 전가하여 1589년에는 일족을 노예로 환천(還賤)시켰다. 그리하여 온 가족이 모두 흩어져 살게 되는 비극을 겪게 되었다.

이러한 개인의 불행에서 배태된 위의 시는 '可憐'이란 단어로 압축할 수 있다. 꽃은 시인 자신을 암시한다고 볼 수 있다. 꽃이 어젯밤에 피어나고 오늘 아침 바람에 지니, 이는 시간이 흘러 시든 꽃과

39) 宋翼弼, 『龜峯集』「行狀」.(『韓國文集叢刊』 42 서울 : 民族文化推進會), 551쪽 下. 及長, 與弟雲谷俱發解高等. 既已不樂於京都朋儕間, 遯居于高陽之龜峯山下. 自甲申李栗谷既歿, 黨禍益深. 壬人之仇嫉牛栗兩賢者, 移怒於先生. 丙戌歲禍遂作, 乃與兄弟藏蹤避仇. 重峯趙文烈公上章, 亟訟其寃, 且言其賢, 請納其資級, 以贖其身, 以爲鳴谷山長.

는 매우 다르다. 자신의 의도나 생각과는 관계없이 비바람 속에 피어나고 지고 말았다. 비바람은 그 시대의 권력을 의미한다. 권력 앞에 무수하게 떨어져 나가고 피어나는 꽃의 운명이 가련하기 이를 데 없음을 나타내어 자신의 운명을 비유하고 있다. 권력 앞에는 피바람의 운명이 항상 도사리고 있기에 자신의 운명 또한 가련하기 그지없는 것이다. 이와 같은 시인의 생애를 시의 내용과 관련지어 생각해본다면 학습자들이 시의 내용을 음미하고 천착하여 내면화하는데 큰 도움이 될 수 있다.

제3장 구성주의 자원(字源) 학습법의 이론

학교에서의 교육은 가르치는 일뿐만 아니라 배우는 일도 중요하다. 교사의 입장에서 보면 가르치는 일이 학생의 처지에서 보면 배우는 일이 된다. 교육의 목표나 내용이 훌륭해도 그것이 교사를 통해 학습자에게 전달되어 학습자의 행동을 변화시키지 않는다면 교육의 효과는 없는 것이다. 결국 교사가 가르치는 목적은 학습자들의 학습을 촉진시켜서 학습의 효과를 높이는 데 있다. 그러므로 교수(teaching)와 학습(learning)은 서로 분리되어 있지 않고, 하나의 과정으로 동시에 진행되는 것이다.

의미 있는 수업이 되기 위해서는 교사가 수업의 중심이 되어 수업을 이끌기보다는 교사와 학습자가 상호작용을 하는 과정을 통해서 수업이 진행되고, 그러한 가운데 학습의 목표를 이뤄야 한다. 요즈음은 수업에서 교수자의 역할은 최소화하고, 학습자가 중심이 되는 수업이 각광받는 추세이다. '학습자 중심의 수업'이란 학교 현장에서 수업을 할 때 무엇보다 학생들 각자의 흥미와 필요 및 능력을 존중하여 수업을 진행하는 것이다.

학습자 중심의 수업을 진행하기 위해서 교사는 학습자 중심의 교실 여건을 만들어야 한다. 즉, 학생들 스스로 자신의 학습 활동을 선택하고 자신의 공부를 위해 자유롭게 활동할 수 있어야 한다. 또한 교사는 학생들이 최대한 자유롭게 의미 있는 활동을 할 수 있도록 적절한 환경을 마련해 주어야 한다.[1] 이와 같은 학습자 중심의 수업 환경 구성은 학습자가 학습에 대한 주도성을 갖게 한다.

학교 현장에서의 한자 수업은 교과의 성격상 학습자 중심의 수업보다는 교수자 중심의 수업이 진행되는 경우가 많았다. 그것은 한자가 입문기 학습자에게는 낯선 문자이기 때문에 학습자가 주도적으로 참여하기 어렵기 때문이었다. 다시 말해서 외국어와 다름없는, 한자에 대한 문식성이 없는 학습자에게 학습자 중심의 수업을 진행하기가 어렵다고 생각하였기 때문이다. 그래서 학교 현장에서는 부득이 교사가 한자와 한자어에 대한 지식을 전수하는 형태로, 교수자 중심의 수업을 할 수밖에 없었다. 이와 같은 수업 방법은 교수자와 학습자 간 간격을 두게 되어 수업의 효율성을 꾀하기 어려웠던 것도 사실이었다. 학습의 효율성을 높이고 교수자와 학습자 간 간격을 줄이기 위해서 한자 교수·학습은 학습자 중심으로 진행되어야 한다. 이러한 측면에서 구성주의(constructivism)는 한자 교수·학습의 중요한 이론이 될 수 있다.

1. 구성주의 자원 학습법의 성격

행동주의 학습이론과 인지주의 학습이론은 학습의 현상을 이해하고 학습자들의 학습에 대한 질적 변화를 설명하기 위한 이론으로서 학교 교육에 지대한 영향을 끼쳐왔다. 행동주의자들의 견해처럼 행동의 변화를 통해서 학습의 효과를 측정하는 것이 타당한지 아니면 인지주의자들의 의견처럼 인지의 변화를 통해 학습의 효과를 측정하는 것이 타당한지 어느 한 쪽을 확신하기 어렵다. 그것은 주지하듯이 교육이란 것이 사물을 칼로 자르듯이 쉽게 단정할 수 없는 영역이기 때문이다.

---

1) 신헌재·이재승, 『학습자 중심의 국어교육』(서울 : 도서출판 박이정, 2001), 131쪽.

교수·학습 이론은 학교 교육의 방향을 결정하는 중요한 잣대가 되고 있다. 최근 교육학계와 학교 현장에서는 구성주의(constructivism)에 대한 논의와 함께 이 이론을 활용한 교수·학습 방법의 구안에 많은 관심을 갖고 있다. 지금까지 많은 교수·학습 이론은 수업자가 객관화된 지식을 어떻게 하면 학습자에게 효과적으로 가르칠 것인가에 초점을 맞추었다면, 구성주의(構成主義) 이론은 학생들이 어떻게 배우는가에 관심을 갖고 있다. 즉, 학생들이 어떻게 새로운 지식을 탐색하고 구성해 나아가는지를 밝혀, 알맞은 수업 환경과 수업자의 수업 방법을 제공하는데 초점을 두고 있다.

여기에서는 구성주의 교수·학습이론을 기저로 하여 구성주의 자원 학습법의 원리에 대한 논의를 진행하고자 한다. 먼저 '구성주의 자원(字源) 학습법'의 성격에 대하여 검토해보고, 구성주의 자원 학습법의 원리 및 방법에 대해 논의를 하겠다.

1) 구성주의 자원 학습법의 성격

구성주의 학습은 행동주의를 포함한 전통적 관점과 여러 가지 면에서 차이를 보인다. 전통적 관점에서 교사는 지식을 전수하는 역할이며, 학생은 지식을 수동적으로 받아들이는 입장이 된다. 그러나 구성주의 관점에서 보면 교사는 학생들이 학습을 구성하도록 경험을 제공하고 학습을 촉진시키는 역할을 하며, 학생은 지식의 의미를 능동적으로 구성한다.

즉 구성주의를 강조하는 학습에서는 학생이 교사의 강의 내용을 수동적으로 받아들이는 것이 아니고, 학생 자신이 능동적으로 구성한다는 점이 전통적 학습론과 차이를 보인다. 교사가 아무리 열심히 가르쳐도 학생이 수업 내용을 받아들이지 않거나 받아들일 수 없다면 결국 그 수업은 의미를 잃는 것이다.[2] 따라서 교사의 입장에서

2) 변영계, 앞의 책, 347~348쪽 참조.

는 자신이 가진 지식을 잘 전달하려고 애쓰는 일보다 학생이 지식을 의미 있게 잘 구성하도록 협력 내지 조언하는 자세가 중요하다.

구성주의 교수・학습에서는 학습자의 능동성, 창의성, 자기주도성, 학습에서의 책임을 중요시하고, 교사는 학습자의 학습을 도와주고 촉진시켜주는 역할을 한다. 즉 학습자에게 무엇을 가르쳐주느냐보다는 학습자가 능동적으로 새로운 지식을 인지 구조 내에 구성할 수 있도록 도와주는 것이다.

주어진 맥락 속에서 사고 활동을 촉진함으로써 지식의 능동적 활용, 추론, 창의적・비판적・반성적 사고, 문제해결, 인지적 융통성 획득 등이 구성주의 교수・학습의 주요 목표이다.[3] 이러한 목표를 이루기 위해 다양한 상황과 관점의 제시 및 협력적인 학습 환경의 조성이 요구된다. 교사는 학습자들이 스스로 지식을 구성할 수 있도록 기회를 마련하고 동기를 부여해 주어야 한다. 교사는 조언자, 조력자, 촉진자, 자원제공자, 안내자 및 동료학습자로서의 역할을 수행해야 하는 것이다.

이상과 같은 구성주의 학습이론은 '세계화・정보화에 적응할 수 있는 자기주도적 능력의 신장'과 '학생의 능력, 적성, 진로에 적합한 학습자 중심의 교육의 실천'이라는 제7차 교육과정의 기본 방향과도 상통하는 것이라 할 수 있다.

제7차 교육과정의 기본 정신은 학교에서 이루어지는 모든 학습의 바탕이 되는 것이므로 한자 교육, 한문과 교육의 토대라고 할 수 있다. 따라서 구성주의 교수・학습 이론을 한자 교육에 적용하는 것은 교육과정의 기본 정신과 합치된다고 볼 수 있다. 그러므로 구성주의 자원 학습법을 통한 한자 교육은 학습자가 학습의 주체가 되어 한자의 자원을 학습 하며, 능동적으로 한자 지식을 구성하는

3) 김윤희, 「구성주의 교수・학습 이론」, 『교수・학습의 이론적 탐색』(서울 : 원미사, 2001), 335~336쪽.

것으로 그 성격을 규정할 수 있다.

2) 구성주의 자원 학습법의 개념

구성주의 자원 학습법은 학문적으로는 문자학(文字學)을 배경으로 삼고, 교수·학습의 이론적 토대는 구성주의에 기반을 하고 있다. 구성주의에 관하여는 위에서 기술하였으므로 여기에서는 문자학과 관련하여 논의하고자 한다.

한자의 자원(字源)은 갑골문 이전부터 글자를 만드는 과정에서 자연스럽게 형성된 것이다. 그러므로 자원 형성의 과정이나 원리를 정확하게 알아내기는 어렵다. 후한 시대의 허신(許愼)이 『說文解字』를 편찬하면서 기준으로 삼았던 서체는 소전(小篆)과 고문(古文)·주문(籒文)이었다. 그는 자의(字義)에 대해 자의적(恣意的)인 해석을 막기 위해서 자형을 해석하여 본래의 의미를 도출하고자 했다. 『說文解字』에서 허신이 취한 해석 방법은 예서(隸書)를 기준으로 구조 분해하여 글자 풀이를 하던 당시의 방법에 비하여는 탁월한 것이었다. 그러나 대량의 금문(金文)이나 갑골문자까지도 문자 자료로 이용할 수 있는 현대의 관점에서 보면, 소전(小篆)에 의한 글자풀이에서 오류를 지적하기란 오히려 쉬운 일이다.[4] 따라서 한자의 자원에 대하여 바르게 이해하기 위해서는 한자의 문자학 연구 성과를 토대로 한자의 모양과 음, 뜻을 이해하여야 한다.

문자학 연구란 한자가 만들어진 배경이나 원리를 학문적으로 고구(考究)한 문자학의 이론을 말한다. 한자는 오랜 기간에 걸쳐 형성되었기 때문에 한자가 만들어진 시대에 따라 같은 글자라도 서로 다른 모양이나 소리, 뜻을 지닐 수 있다. 곧 상대(商代)의 갑골문(甲骨文), 주대(周代)의 금문(金文), 춘추전국시대(春秋戰國時代)

---

4) 송병렬, 「한문과 교육과정의 한자와 식자」, 『한문교육』 66(서울 : 전국한문교사모임, 2005), 6쪽.

의 새인(璽印)·화폐(貨幣)·도기(陶器) 등에 새겨진 글자와 진대(秦代) 이전부터 전래된 고문 등 많은 자료들은 각각의 특징을 지니고 있는데, 이러한 특징을 연구하여 고찰한 것이 문자학 이론이다. 다음의 내용은 한자가 문자학 연구에 기반을 하고 있다는 사실을 잘 보여준다.

> 문자란 언어를 기록하는 일종의 기호라고 하였다. 그러므로 언어를 표기할 수 있는 문자로 정착하기 위해서는 먼저 字形을 갖추어야 하고, 음성언어(입말)와 서사 언어(글말)를 연결하여 읽을 수 있는 字音이 있어야 하며, 전달의 기능을 달성하기 위해서는 일정한 字義를 가져야 한다. 특히 한자는 위의 세 가지 중에서 한 가지라도 제외하면 문자로서의 기능을 잃고 만다. 이러 뜻에서 「形·音·義」를 한자의 三大 要素라고 한다.[5)]

> 形·音·義 세 가지는 비록 다름이 있으나 실상은 同依一體이다. 즉 눈으로 보고 관찰할 수 있는 것이 形이고, 귀로 듣고 알 수 있는 것이 聲이며, 생각하여 얻을 수 있는 것이 義이다. 그 하나가 있으면 반드시 그 둘이 있다.[6)]

위의 내용으로 볼 때, 한자의 연구는 형·음·의(形·音·義) 세 요소를 꿰뚫을 수 있어야 한다. 겨우 문자의 기원·구조·변천만을 안다거나, 혹은 문자의 형·음·의를 따로 떼어 상호 간의 관계를 추구하지 못한다면 한자의 전모를 알기 어렵다.

이와 같은 한자 연구의 특이성을 고려하면, 자원 학습법은 '한자의 형·음·의가 생겨난 과정을 탐색해봄으로써 한자를 구조적으로 이해하는 학습 방법'이라고 할 수 있다. 자원 학습법에 대하여 이와 같은 정의를 내리지 않더라도 학교 현장에서 학습자를 가르치

---

5) 李敦柱, 『漢字學總論』(서울 : 박영사, 2004), 112~113쪽.
6) 黃侃, 『黃侃論學雜著』(臺北, 1960), 93~137쪽. 李敦柱, 위의 책, 115~116쪽 재인용.

는 교사들이나 한문교육학의 연구자들 사이에서는 자원 학습법을 한자 학습의 방법으로 자주 사용하였다. 『한문과 교육과정 해설』에서는 자원 학습법에 대한 언급은 하지 않았다. 다만 교수·학습 방법으로 예시한 여러 가지 한자 학습법 가운데 자원 학습법은 '구조 분석법'[7]에 해당한다고 할 수 있다.

필자는 이러한 '자원 학습법'을 새롭게 구성주의 이론에 기반을 두고 고찰하였다. 구성주의 관점에서 보면 지식은 전수되는 것이 아니라 학습자가 창조적으로 구성하는 것이다. 한자의 자원 학습이 문자학 연구 성과를 토대로 하는 것이지만, 학습자의 능동성·창의성·자기주도성을 강조하는 구성주의 이론은 학습자의 역할을 중시하므로 '구성주의 자원 학습법'의 도출(導出)이 가능한 것이다. 곧 구성주의 자원 학습법은 문자학의 연구 성과를 구성주의 교수·학습 이론에 터하여 활용함으로써 학습자의 주체적 역량을 강조한 자원 학습법이다.

이와 같은 시각에서 구성주의 자원 학습법을 다음과 같이 정의내릴 수 있다. 구성주의 자원 학습법은 '한자의 형·음·의가 형성된 과정을 학습자 스스로 탐구하고 구성해 봄으로써 한자의 뜻과 음을 이해하고 이를 통해 한자 지식을 구성하는 학습 방법'이다.

2. 주체적 반성과 학습 원리

구성주의 인식론에 의하면 지식은 감각을 통하거나 의사소통에 의해 수동적으로 받아들여지는 것이 아니다. 지식은 인식하는 주체

7) 교육부, 『중학교 한문과 교육과정 해설(Ⅴ)』(서울 : 대한교과서주식회사, 1999), 202쪽. '구조 분석법'은 한자의 짜임 등의 분석을 통해 한자를 흥미롭게 학습할 수 있는 방법이다. 한자의 특성을 살려 그림을 그려서 수업을 진행한다든가, 질문 또는 토의 학습 방법을 통해 학습자가 스스로 알게 하는 등의 방법을 적용할 수 있다.

에 의해서 능동적으로 구성되는 것이다.[8)] 곧 교사가 객관화된 지식을 학습자에게 언어를 통하여 전달한다고 하여 학습자가 지식을 받아들일 수 있는 것이 아니다. 학습자 개개인이 능동적으로 지식을 구성할 때에 비로소 지식은 형성되는 것이다.

이와 같이 지식의 구성은 학습자 개인의 주체적 반성을 필요로 한다. 객관화된 실체로서의 지식이 아니라 학습자의 능동적 노력에 의한 주관화된 지식을 구성하기 위해서 주체적 반성이 필요한 것이다. 이러한 주체적 반성에 의한 지식 구성이야말로 학습의 원리로서 모태(母胎)가 될 수 있는 것이다.

원리란 '사물이 근거로 하여 성립할 수 있는 근본 이치나 법칙'을 말한다. 이것을 토대로 추론하면 '학습법의 원리'란 '학습자가 학습을 할 때 바탕으로 삼을 수 있는 이치나 법칙'이라고 할 수 있다. 학습자의 주체적 반성을 모태로 하여 구성주의 자원 학습법의 원리를 구성해 보면 다음과 같다.

1) 한자 지식의 구성

가) 한자의 자형(字形)을 통한 한자 지식의 구성

한자는 갑골문부터 시작하여 금문(金文), 주문(籒文), 소전(小篆), 예서(隷書), 초서(草書), 행서(行書), 해서(楷書) 등 다양한 자체(字體)가 존재한다. 모든 한자가 위에서 제시한 자체를 갖고 있지는 않지만 서로 다른 형태의 자체를 두세 가지 이상은 갖고 있다. 이러한 한자의 자체 가운데 교사가 학습자의 수준을 고려하여 알맞은 자형(字形)을 제시하면 학습자는 제시한 자형에 대한 나름

---

8) von Glasersfelt, E.(1990) "An Exposition of Constructivism : Why some like it radical," JRME Monograph 4. Constructivist views on the teaching and learning of mathematics. 임재훈, 「수학교육에서의 구성주의」, 『구성주의와 교과교육』(서울 : 문음사, 2002), 226쪽 재인용.

대로의 의미 부여나 해석을 통해 한자에 대한 지식을 구성할 수 있다. 또한 서로 비슷한 모양의 자형을 제시한 후 각 글자에 담긴 공통적인 속성을 유추하는 작용을 통해서도 한자에 대한 지식을 구성할 수 있다. 다음의 한자 자형을 예로 들어 보자.

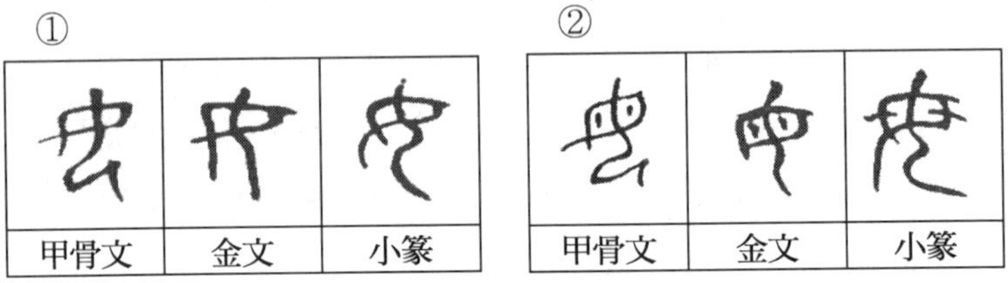

〈女와 毋의 자형〉

위의 ①은 '女'의 자형이고, ②는 '毋'의 자형이다. 교사가 '女'를 학습자에게 가르칠 때 자형이 변화된 모습을 학습자에게 제시하고, "이 글자는 '계집 녀(女)'자의 글자 형태이고, '다소곳이 꿇어앉은 여자의 모습'을 본뜬 것이다."라고 한다면 이는 전통적인 수업이 되고 말며 학습자는 아무런 지식도 구성하지 못하게 된다. 이와 같은 수업이 구성주의 교수·학습이 되려면, 교사는 '女'의 자형 가운데 학습자가 학습하기에 알맞은 자형을 선택하여 제시한 후 학습자 스스로 자형을 보고 사물을 유추하거나 해석하는 과정을 거치도록 해야 한다. 물론 학습자들이 사전에 글자에 대한 정보가 없다면 '女'의 자형을 인지하지 못할 수도 있고, 자형을 안다고 해도 자형에 담긴 의미를 본래의 뜻과 다르게 해석할 수도 있다. 이럴 경우에도 교사는 지식의 전달자 또는 수업의 일방적인 관리자로서 바로 다가서서는 안 된다. 환경과의 상호작용을 통해 지식이 구성된다는 사실을 상기하고, 동료 학생들과의 상호관계 속에서 끊임없는 노력을 통해 지식을 구성할 수 있도록 교사는 학습 과정의 조언자, 촉진자의 역할을 하면 되는 것이다.

또 ①과 ②의 자형을 함께 공부할 경우, 교사는 학습자 스스로 두 글자의 차이점이 무엇인지 탐색하여 보고 그것을 통하여 한자에 대한 지식을 학습자 스스로 구성할 수 있도록 해야 한다. 학습자 스스로 두 자형의 차이를 발견하고 ①의 자형에 비해 ②의 자형에서 다른 부분이 무엇을 의미하는지 스스로 의미 부여를 해 봄으로써 한자에 대한 지식을 구성할 수 있는 것이다. 학습자들이 구성하는 지식은 결코 완벽할 수 없다. 학습자들의 다양한 경험과 관점에 따라 동일한 자료에 대해 서로 다른 의미를 부여할 수 있음을 인정하고 교사는 학습자들이 지식을 구성하는 학습을 할 수 있도록 도와주고 격려해 주어야 한다. 학습자들이 다양한 의미를 도출해가는 과정을 통하여 '毋'자의 자형에 있는 두 점이 '아이를 낳은 어머니의 젖가슴'을 의미하고 있음을 알게 하는 것이다.

나) 한자의 자음(字音)을 통한 한자 지식의 구성

한자는 장구한 역사를 통하여 음운, 어휘, 문법면에서 변천과 발전을 거듭하며 오늘에 이르렀다. 만약 우리가 현대 중국어로 당시(唐詩)를 읽는다면 그 시의 압운(押韻)이나 평측(平仄)이 맞지 않은 것을 알게 된다. 이것은 당(唐)에서 현대에 도달한 사이에 자음(字音)의 변화가 생겼기 때문이다.[9] 그래서 중국의 문자학자들은 이 점에 착안하여 여러 각도에서 자음 변화의 현상을 분석하고 그 원인을 고찰함으로써 변화의 법칙을 탐구하려고 애썼다. 이러한 한자음의 연구는 우리나라 어휘의 음운을 연구하는 데에도 중요하다. 그렇지만 이와 같은 연구는 문자학 연구자들의 몫이고 한자를 배우는 학습자들이 알아야 할 내용은 아니다.

한자를 처음 배우는 학습자라면 '父'의 음은 '부'이고, '子'의 음이 '자'이며, '父子'의 음은 '부자'로 읽는다는 지각을 통해서 한자에 대

9) 이돈주, 앞의 책, 520쪽.

한 지식을 구성할 수 있다. 그런데 이러한 한자음의 지각은 한자에 대한 문식성(literacy)이 형성되기 전까지 수없이 많은 노력을 통해 이루어지는 것이다. 학습자가 '父'나 '子'의 음을 인지하기 위해서는 그만큼 많은 노력이 필요하며 시간과 열정이 소요된다. 학습자들이 한자의 음을 익히는 노력을 촉진시키기 위해 교사는 학습자들을 존중하고 잘 보살펴주어야 할 뿐만 아니라, 비위협적이고 우호적인 학습 환경을 마련해 주어야 한다.

학습자의 실수에 대해 교사가 "그것도 몰라!"처럼 부정적(否定的) 강화(reinforcement)를 하게 된다면, 학습자는 주눅이 들고 의기소침하여 자신감을 상실하게 된다. 교사는 항상 학습자들에게 새로운 시도를 하다 보면 실수를 할 수 있다는 점을 인식시키고, 긍정적이고 구성적인 피드백을 주어 학습자들이 자신감을 갖도록 해야 한다.

다) 한자의 자의(字義)를 통한 한자 지식의 구성

한자는 글자마다 형·음·의를 갖춘 표의문자이기 때문에 한자를 종합적으로 고찰하기 위해 자형을 위주로 한 협의의 문자학〔字形學〕, 자음을 연구대상으로 하는 성운학(聲韻學), 자의(字義)를 연구 대상으로 하는 훈고학(訓詁學) 연구를 병행해야 한다. 이 가운데에서 훈고학은 여러 지역의 방언과 고금 언어의 차이를 밝힐 수 있고, 나아가 문자의 모양과 뜻을 찾아 구할 수 있기 때문에 중시되었다. 그래서 문자학자들은 훈고의 중요성을 인식하고 다음과 같이 훈고학의 임무를 밝히기도 하였다.

> 첫째, 고금의 언어가 다르므로 이에 해설을 붙여 이해할 수 있게 하고, 각 지방의 방언이 다른 것을 상호 전석(轉釋)하여 의미의 본원을 명백히 밝힌다.
>
> 둘째, 동시대, 동지방이라 할지라도 때로는 몇 개의 詞彙가 오직 하나

의 뜻만을 가진 경우도 있고, 때로는 명칭은 달라도 실제의 대상은 서로 같은 경우가 있다. 하나의 사휘로 다른 사휘를 해석하고, 하나의 명칭으로 다른 명칭을 해석하는 것이 훈고학의 임무 중 하나이다.

셋째, 언어의 발생은 대개 그 근원이 있고, 문자의 창조는 반드시 그 형체가 있어야 한다. 그러므로 언어의 근원을 연구하고, 특히 한자의 자형과 자의를 천명하는 일이 또한 훈고학의 과제이다. 그러므로 훈고는 언어를 해석하는 일만이 아니라 문자를 구통하여 그 의미의 조리를 밝히지 않으면 안 된다.

넷째, 선대인들이 남긴 정신문화를 올바로 이해한다.[10]

이상과 같이 문자학 연구자들은 한자의 뜻을 파악하는 것을 중요한 과제로 삼았다. 그것은 한자의 뜻을 바르게 파악하는 것이 언어의 근원을 탐구하여 의미의 본원을 명백하게 밝히고 선대인들이 남긴 정신문화를 바르게 이해할 수 있기 때문이다.

한자를 공부하는 학습자들이 문자학 연구자처럼 한자의 뜻에 담긴 심오한 내용을 알아야만 한자에 대한 지식을 구성하는 것은 아니다. 학습자들은 한자가 지니고 있는 대표적인 뜻을 이해함으로써 한자에 대한 지식을 구성할 수 있다.

'父'를 예로 들어 보자. 전통적인 교수·학습을 하는 교실에서는 '父'를 학습자에게 지도하면서 '父'의 뜻은 '아버지'이고, '부'라고 읽는다고 단번에 가르칠 수 있다. 그러나 구성주의 교수·학습 이론을 바탕으로 하여 '父'를 학습시키는 경우 그 양상은 판이하게 달라진다. 교사는 학습자들이 스스로 '父'의 자형 탐색을 통해 의미 추론을 할 수 있도록 조언을 해 줄 수 있다. 그러면 학습자들은 '父'의 자형을 보고 자신의 경험과 지식에 근거하여 '父'의 의미를 구성하

---

10) 이돈주, 앞의 책, 665쪽. ① 王念孫, 段玉裁『說文解字注』序. 訓詁聲音明而小學明, 小學明而經學明. ② 盧文弨『爾雅漢注』序. 不識訓詁, 則不能通六藝之文, 而求其義. ③ 錢大昕『經籍纂詁』序. 有文字而後有詁訓, 有詁訓而後有義理.

고자 노력할 것이다.

		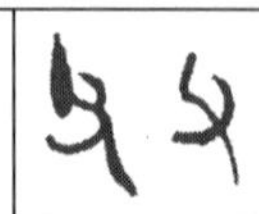	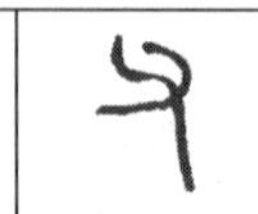
아비 부	甲骨文	金文	小篆

〈父의 자형〉

다양한 지식의 구성 과정을 통해 학습자들은 마침내 '父'의 자형이 '손에 돌도끼를 잡고 있는 모양'이란 것을 알게 된다. 또한 돌도끼를 손에 잡고 있는 모양이란 데서 돌도끼의 쓰임을 생각해보게 되고, 그러한 과정 속에서 돌도끼로 농사를 짓고, 전쟁도 하는 사람이 가정의 가장인 아버지라는 의미를 추론할 수 있다. 이와 같이 학습자 스스로 한자에 담긴 뜻에 대해 지식을 구성해 봄으로써 학습의 과정을 스스로 점검하고 통제하는 능력을 기르게 될 것이다.

또 '習'자를 배우는 경우를 생각해 볼 수 있다. 전통적인 교수·학습을 하는 교실 수업에서는 '習'의 뜻은 '익히다'이고, '습'이라고 읽는다고 가르치게 된다. 그러나 구성주의 교수·학습 이론과 문자학 이론을 바탕으로 '習'을 공부하는 환경에서는 학습자 스스로 '習'이 가진 의미를 파악하게 하여 한자의 지식을 구성하도록 해야 한다. '習'의 갑골문 자형〔〕을 보면서 '羽'자가 새의 날개에 달린 '깃털'이란 사실을 발견하게 되고, 새의 날개 깃털과 '익히다'라는 한자의 의미를 연결시키기 위해 학습자 스스로 반성적 추상(抽象)을 할 것이다. 이러한 과정을 통해 어린 새 새끼가 날기 위하여 끊임없이 날갯짓 하는 데서 '익히다'의 의미를 온전하게 구성하게 된다. 이와 같은 방법으로 '習'의 의미를 익힌 학습자라면 다음에 『論語』에 나와 있는 '學而時習之 不亦說乎'의 '時習'이란 의미가 '때때로 익힌다'는 뜻이 아니라 '쉬지 않고 부지런히 익힌다'는 의미로 확산적인 사고를 할 수 있다.

2) 어휘 지식의 구성

가) 한자의 자형과 자음을 통한 어휘 지식의 구성

한자는 일반적으로 상형문자(hieroglyphics)라고 말하지만, 현재 사용하고 있는 한자는 이미 상형문자가 아니라, 표의문자(ideograph)이면서도 대부분의 한자는 단어문자(單語文字)로서 표음문자(phonograph)의 단계로 발전되어 쓰이고 있다.[11] 이는 한자어 '父母'가 '아버지와 어머니'라는 뜻을 나타내는 글자임을 나타내고 나아가 '父母'와 '父子', '父女', '父兄', '父君' 등의 글자를 통해 서로 다른 의미의 어휘임을 구별할 수 있음을 뜻하는 것이다. 그런 까닭에 한글로 표기한 '부모'와 '부자', '부녀', '부형', '부군' 등의 의미를 학습자들이 다른 뜻을 가진 낱말들로 이해할 수 있는 것이다.

학습자가 '父母'란 낱말에서 '父'가 '부'로 읽히고 '아버지'란 뜻을 지니고 있다는 사실을 알게 되었다면, 이와 같은 자신의 지식에 근거하여 '父子', '父女', '父兄', '父君'의 어휘에서도 '父'가 '부'로 읽히고 '아버지'라는 뜻으로 쓰인다는 사실을 인지하게 된다. 또한 '父子', '父女', '父兄', '父君' 등의 의미를 정확하게 알지 못하더라도 이러한 어휘들이 '父'와 관련되어 있고, '부'로 읽히는 낱말이라는 맥락을 파악하고 그 의미를 이해하고자 노력할 것이다. 이와 같이 한자의 자형과 자음의 이해를 통해 학습자들은 어휘에 대한 지식을 구성할 수 있다.

또한 한자는 글자에 따라서 한 글자가 두 가지 이상의 음을 가지고 있으며 그 음에 따라 한자의 뜻이 다르기 때문에 같은 한자라도 어휘에 따라 다른 의미로 이해되고 있다. 이러한 경우에도 학습자

11) 현재 사용하고 있는 한자의 85% 이상이 '梧(木+吾)', '桐(木+同)'처럼 義符와 聲符가 결합된 형성자로 되어 있으며, 하나의 단어로서 구실을 하기 때문에 한자는 表意文字이면서 表音化된 단어문자라 칭함. cf. 陳泰夏, 「한국은 文字의 最理想國」, 『漢字敎育新講』(서울 : 전통문화연구회, 1998), 28~29쪽 참조.

는 한자의 자형과 자음을 통해 어휘에 대한 지식을 구성할 수 있다. 다음의 예를 보자.

復	돌아올 복	復歸, 回復	易	바꿀 역	交易, 貿易
	다시 부	復活, 復興		쉬울 이	容易, 難易
樂	풍류 악	音樂, 樂聖	北	북녘 북	南北, 北向
	즐거울 락	快樂, 苦樂		달아날 배	敗北

위에서 보듯이 '復'은 '돌아올 복', '다시 부'의 두 가지 뜻과 음을 지니고 있다. 그래서 '復歸', '回復' 등의 낱말에서는 '복'으로 읽고 '돌아오다'의 뜻을 가지고 있으며, '復活', '復興' 등에서는 '부'로 읽고 '다시'의 뜻을 갖게 된다. '易', '樂', '北'의 경우도 마찬가지이다. 비록 한자는 같은 자형(字形)이지만 낱말에 따라 다른 음(音)으로 읽게 되고 이에 따른 의미도 달라짐을 학습자들이 탐색해가는 과정을 통해서 어휘에 대한 지식을 구성하는 것이다. 학습자들이 자신이 학습하는 것으로부터 무엇인가를 얻기 위해서는 학습한 내용과 성과에 대해 반성적으로 사고해 봐야 한다. 같은 한자인데 왜 다르게 읽혀지는지, 왜 다른 의미로 풀이되는지를 스스로 생각해보고, 다음번에는 유사한 문제를 만났을 때 어떻게 해야 할지를 스스로 사고해보는 경험을 통해 어휘에 대한 지식을 구성하게 되고 문제해결 방법을 찾게 되는 것이다.

나) 한자의 자형과 자의를 통한 어휘 지식의 구성

한자는 표의문자이므로 각 글자마다 다른 뜻을 지니고 있다. 우리말 속에는 우리말로는 같은 글자로 읽더라도 뜻이 다르게 풀이되는 동음이의자(同音異義字)가 많이 있다. 예를 들어, '國家'와 '國歌'란 낱말은 모두 '국가'라고 읽지만 '家'와 '歌'에 따라 앞에 나온 것은 '나라'를 뜻하는 낱말로, 뒤에 나온 것은 '한 나라의 정신을 나타내는 노래'라는 의미로 쓰인다. '家'와 '歌'의 자형이 다르고 그에 따라 다른 의미를 갖고 있다는 사실을 알고 있다면 '國家'와 '國歌'의 의미를 이해하는 것이 어렵지 않을 것이다.

이처럼 같은 낱말이더라도 낱말을 이루고 있는 한자의 자형에 따라 다른 뜻을 가지고 있고, 각종 어휘의 의미가 달라지게 된다는 사실을 통하여 학습자들은 어휘에 대한 지식을 구성하게 된다. 특히 우리말은 한자의 영향으로 인해 동음이의어(同音異義語) 뿐만 아니라 동철이음어(同綴異音語)[12]도 많이 발달되어 있다. '詩歌·市街·市價·時價·媤家·始價', '史籍·私敵·事績·私的·史的' 등과 같은 여러 어휘의 의미를 바르게 알아서 사용하는 지름길은 한자의 자형과 자의를 바르게 알아야만 가능하다. 물론 '군악대가 시가행진을 벌였다.', '국문학에서 시가 문학의 발생 시기는 언제인가?', '고기잡이가 안 돼서 생선의 시가가 비싸다.' 등과 같이 한자의 자형과 자의를 모르더라도 문맥 속에서 어휘의 뜻을 이해할 수는 있으나 한자의 자형과 자의를 알고 이해하는 것보다는 어휘 이해 능력이 떨어질 것이다.

'시가행진', '시가 문학', '시가 형성' 등의 어휘 속에서 낱말 '시가'가 무슨 뜻으로 쓰이고 있는지를 학습자들이 스스로 구성해 봄으로써 어휘에 대한 지식을 구성할 수 있다. 단순히 지식을 전달하거나 암기하는 것은 학습자의 고등 수준의 지식 구성에 도움이 되지 않는다. 학습자 스스로 자신에게 의미있는 고등 지식을 능동적으로 구성해보는 노력을 기울이고, 교사는 학습자들이 고등 수준의 지식

---

12) 동철이음어(同綴異音語)란 한글로 표기된 글자는 같지만 낱말 중에 쓰인 한자의 음이 다른 것을 말한다. 예를 들어 '禽獸, 禁輸, 錦繡' 등은 모두 한글로 '금수'라고 적지만 禽獸는 '날짐승과 길짐승 등 모든 짐승'을 뜻하는 것이고, 禁輸는 '수입이나 수출을 금지'하는 것을 뜻하며 錦繡는 '수를 놓은 비단'을 뜻한다. 또 '禽獸'의 '禽'은 짧게 발음되고, '禁輸'·'錦繡'의 '禁·錦'은 길게 발음된다. cf. 남광우, 「국한혼용론」, 『한자문맹 이대로 좋은가』(서울 : 전통문화연구회, 2005), 15~16쪽.

을 구성하고 고등 수준의 사고를 촉진할 수 있도록 다양한 활동의 기회를 제공해야 할 것이다.

3) 어휘사용 지식의 구성

한자를 이해한다는 것은 한자의 자형·자음·자의를 바르게 알고 있음을 뜻한다. 한자의 자형과 자음, 자의를 개개의 요소로 인지하는 것도 한자 지식을 구성하는데 필요한 것이지만, 낱낱의 요소들이 통합되어야만 온전한 한자 지식을 구성하였다고 할 수 있다. 이렇게 한자의 삼요소를 통합한 한자 학습은 한자 낱글자로서의 구실보다는 한자와 한자를 결합한 한자어로서의 구실을 다할 때 어휘지식으로 그 기능을 하는 것이다. 한자어는 한자어 자체로 존립하기보다는 우리말과 글의 한 요소로, 의사소통의 한 요소로 기능할 때 존립의 이유가 있는 것이다.

학습자들이 한자나 한자어를 익히는 것은 단순히 한자 지식이나 어휘 지식의 구성만을 의미하지 않는다. 학습자들이 구성한 한자 지식, 어휘 지식이 유의미한 맥락 속에서 사용할 수 있기를 기대하기 때문에 학습자들은 한자 지식, 어휘 지식을 구성하기 위해 노력하는 것이다. '이렇게 어려운 한자를 왜 배울까? 별로 쓸모도 없는데 배워서는 뭐하지?'와 같은 의구심을 학습자들이 갖는다면 학습자들은 한자 학습에 열심히 참여하지 않게 된다. 학습자 스스로 한자 지식, 어휘 지식이 가치 있는 학습이라는 사실에 공감하기 때문에 한자 학습을 하려고 하는 것이다. 만일 학습자가 학습이 의미 있고 가치 있다고 생각하지 않는다면 교사는 학습자에게 자신이 배우고 있는 내용이 유의미한 일이라는 사실을 환기시켜야 한다.

학생들에게 학습을 의미 있는 것으로 받아들이도록 하기 위해서는 학습의 필요성과 이유를 명료하게 밝혀주고, 학습의 내용이 실제 상황에서 효율적으로 적용할 수 있도록 해 주어야 한다. 이를 위해서는 선행 지식을 최대한 활용하고, 수업을 실제 상황에 관련 지음으로써 내용의 유의미성을 증진하며, 다양한 방법을 활용하여 내용을 학습할 수 있는 기회를 제공해 주어야 한다.13) 학습자들은 자신들이 학습한 내용이 실제적 지식으로 기능할 수 있다고 믿기 때문에 학습 활동에 적극적으로 참여하는 것이다.

그러므로 학습자들이 한자의 형·음·의를 익히는 것이 왜 중요한 일인지, 한자나 한자어 학습이 다른 교과의 학습에 어떠한 영향을 주는지를 깨닫게 해야 한다. 한자의 학습이 일상의 언어생활과는 어떠한 관련이 있는지 실생활의 사례를 통해 밝혀 주어서 학습자들이 학습에 역동적으로 참여할 수 있도록 해야 하는 것이다.

4) 어휘 의미추론 지식의 구성

한자의 특징 중 하나는 조어력(造語力)이 크다는 것이다. 조어력이란 개별 한자가 어휘를 구성하고 확장하는 능력을 말한다. 예를 들어 한자 '大'는 '大'의 앞 또는 뒤에 다른 한자를 결합하여 여러 가지 어휘를 형성한다. '大'의 뒤에 한자를 넣어 결합하면, '大人', '大軍', '大豊', '大會', '大門', '大成', '大韓民國' 등의 한자어가 만들어진다. 또 '大'의 앞에 한자를 넣어 결합하면 '巨大', '肥大', '盛大', '擴大', '强大', '最大', '重大' 등과 같은 한자어가 생성된다.

구성주의 교수·학습에 바탕을 둔 한자 학습 환경에서 '大'를 배운 학습자는 자신의 지식을 능동적으로 재구성하려고 노력하게 되고, 그러한 과정 속에서 '大'와 관련된 어휘를 탐색하게 된다. 학습자가 위에 나타난 어휘들의 의미를 정확히 알지 못한다 하더라도 학습자는 '大'의 학습을 통해 문맥 속에 사용된 어휘들의 의미를 추론하는 지식을 구성하게 된다. 예를 들어, "올 해는 날씨가 좋고 태풍도 불지 않아서 농사가 대풍(大豊)이라고 한다.", "어렸을 때부터

13) 조영남, 앞의 논문, 102쪽.

음악에 재능이 많았던 소녀가 피아니스트로 대성(大成)하였다고 한다."와 같은 문맥 속에서 '大'를 배운 학습자는 '大豊', '大成'의 의미를 추론하는 지식을 '大'를 배우지 않은 학습자보다 더 잘 구성할 수 있다. 이와 같은 의미 추론에 대한 지식을 구성하는 능력은 고등 수준의 지식을 구성하는 능력이라고 볼 수 있으며 발견학습과는 궤도를 달리한다.

3. 통합적 경험과 학습 방법

한자는 자형(字形)과 자의(字義)·자음(字音) 사이에 일정한 관계를 가지고 있다. 그러므로 한자의 형·음·의 관계를 파악하는 것은 학습자가 한자를 이해하고 기억하는 기본적인 근거가 된다. 한자의 교수·학습과 관련하여 김영옥은 한자의 자형에 근거한 교수 방법과 한자의 자음에 근거한 교수 방법을 살펴본 바 있다.[14] 또 양원석은 자리식자법(字理識字法)이 한자의 조자원리(造字原理)와 관련하여 유용한 한자 교수·학습 방법이라고 밝혔다.[15] 이와 같은 중국의 식자 교육 방법은 우리나라의 한자 교육 방법을 개발하는 데 적잖은 도움을 받을 수 있으나 한자를 모국어인 한어(漢語)의 문자로 사용하는 중국과 우리와는 현실적으로 적지 않은 차이가 있으므로 우리나라의 실정에 맞게 활용하는 지혜가 필요하다.

구성주의 관점에 따르면, 아무리 학문적으로 가치 있다고 판단되는 지식도 인식의 주체자인 학습자가 의미 있게 받아들이지 못한다면 존재하지 않는 것과 마찬가지이다. 학습자에게 의미 있다는 것

---

14) 金永玉, 「中國에서의 漢字教育 현황」, 『漢文教育研究』 제21호(서울 : 韓國漢文教育學會, 2003), 83~98쪽.

15) 楊沅錫, 「中國의 漢字 教育」, 『漢字漢文教育』 제15집(서울 : 韓國漢字漢文教育學會, 2005), 431~445쪽.

은 학습자의 경험 세계와 관련을 맺는 것으로써, 이 때 해당 교과나 학문의 고유한 지식의 형식은 별 의미를 갖지 못한다. 교과 또는 학문의 지식은 학습자의 경험 세계와 통합되어, 인식 주체가 부여하는 새로운 형식으로 재구조화, 재구성되기 마련이다.16) 이러한 통합적 접근을 강조하는 구성주의는 학습자의 경험세계와 객관적으로 합의된 지식을 어떻게 통합시킬 것인가에 주안을 두고 학습 방법을 탐색하게 된다.

여기에서는 한자의 삼요소 가운데 자형과 자의를 중심으로 한 학습 방법을 구성주의의 통합적 경험과 관련하여 논의하고자 한다.

1) 자형(字形)을 중심으로 한 학습

초기에 생성된 한자들은 사물의 모양을 문자적으로 이미지화한 것이다. 따라서 사물의 모습을 구체적으로 다 그리는 것이 아니다. 필요가 없는 부분은 과감하게 생략하고, 사물의 특징적인 부분을 부각시켜 이미지화한다.17)

곧 상형자로 분류되는 한자들은 초기의 글자 모양이 상형의 원리를 잘 드러내고 있는 글자들이다. 그러므로 상형자를 학습할 경우에는 초기의 글자모양인 갑골문이나 금문 자형과 사물의 이미지 컷(image cut)을 대비시켜 학습하거나 초기의 자형과 오늘날의 자형을 대비시켜 학습 비슷한 글자 모양끼리 찾아보는 활동을 통해 학습을 진행할 수 있다.

가) 이미지 컷 대조하기

'이미지 컷 대조하기' 학습은 상형문자의 초기 자형과 사물의 이

16) 이화진, 「구성주의와 교육과정 구성」, 『구성주의와 교과교육』(서울, 문음사, 1999), 130쪽.

17) 송병렬, 「한문 교과 교육에서 '한자의 짜임' 지도 방법의 일고찰」, 『새로운 한문교육의 지평』(서울 : 문자향, 2002), 145쪽.

미지 컷을 대조하는 활동을 통해 자형과 사물의 유사점을 찾아보면서 한자 지식을 구성하는 활동이다.

① ②

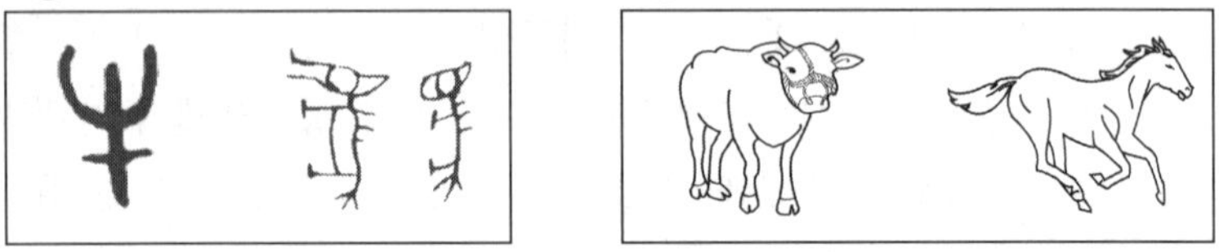

〈牛와 馬의 자형 및 이미지 컷〉[18]

예를 들어 ①은 '牛'의 금문(金文)과 '馬'의 갑골문(甲骨文)을 제시한 것이고, ②는 '소'와 '말'의 이미지 컷이다.

학습자는 ①과 ②를 대조하며 공통점을 찾는 구성적인 지각을 하면서 자신의 아이디어를 마음껏 펼치게 된다. 교사는 학습자들이 자신의 아이디어를 자유롭게 펼칠 수 있도록 학습 여건을 마련해 주어야 하며, 학습자들이 의기소침하지 않도록 격려하고 도전감과 자신감을 고취시켜줘야 한다.

이와 같은 이미지 컷 대조 활동은 '학습은 도구와 상징을 통해 촉진된다.'는 구성주의 학습 원리를 기반으로 하여 나온 것이다. 학습자들은 기호학적 수단인 한자의 자형이나 이미지 컷의 활용을 통해 의미를 구성하는 활동을 촉진할 수 있다.

나) 비슷한 자형 찾기

'비슷한 자형 찾기' 학습은 상형 문자의 초기 자형과 현재 쓰이는 한자 자형을 학습자가 비교하면서 유사점을 찾아가는 활동을 통해 한자 지식을 구성하는 것이다.

18) 漢字 古文 字形은 『漢語字源字典』, 『漢字源流字典』, 『古文諧聲字根』, 『漢字演変五百例』 등의 자료를 인용하였음.

③

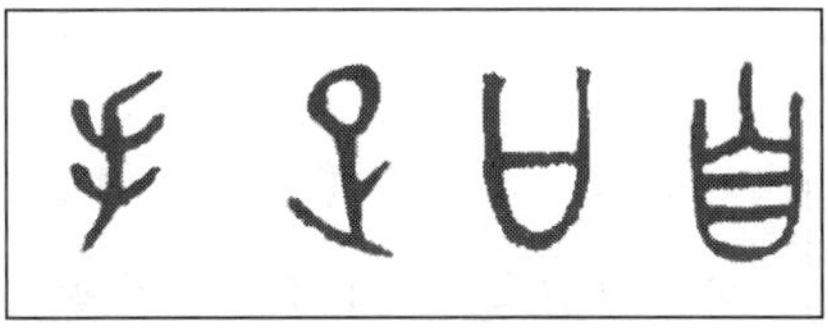

④

手 足 口 自

〈手, 足, 口, 自의 자형〉

예를 들어 ③은 '手', '足', '口'의 금문(金文) 자형과 '自' 소전(小篆) 자형이고, ④는 현재 우리가 사용하고 있는 한자의 자형이다. 학습자는 ③과 ④를 비교하는 활동을 하면서 자신의 경험과 지식을 총동원하여 새로운 의미를 구성하고자 노력하게 된다.

학습자가 ③과 ④의 비슷한 자형끼리 찾는 활동은 이 학습의 궁극적인 목표가 될 수는 없다. 학습자는 그림의 공통점을 찾기 위해 스스로 끊임없이 구성적인 사고 활동을 벌이게 되고, 자신의 주변에 있는 공동체 구성원들과 부단한 대화를 하면서 반성적 사고 활동을 하게 된다. 이와 같은 과정을 통하여 한자의 자형을 탐색하는 구성적인 학습을 이루게 된다.

다) 자형 변화 그려보기

'자형 변화 그려보기' 활동은 학습자가 현재의 한자 자형을 토대로 초기 한자의 자형을 추측하고, 그 변화 과정을 그려보는 활동이다. 이 활동은 비교적 초기 한자 자형과 오늘날 사용하는 한자의 자형 변화가 눈에 띄게 심하지 않은 한자를 대상으로 하는 것이 좋으며, 학습자들이 모방할 수 있는 한자의 변화 과정을 단서로 제공한 뒤에 활동이 이루어지는 것이 좋다. 예를 들어 '山'과 '木'의 자형 변화 과정을 본보기로 보여주고 학습자에게 다른 자연물을 나타내는 한자의 자형 변화를 그려보게 하는 것이다.

⑤

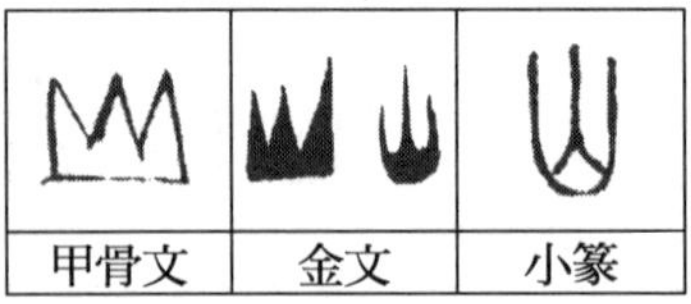

⑥

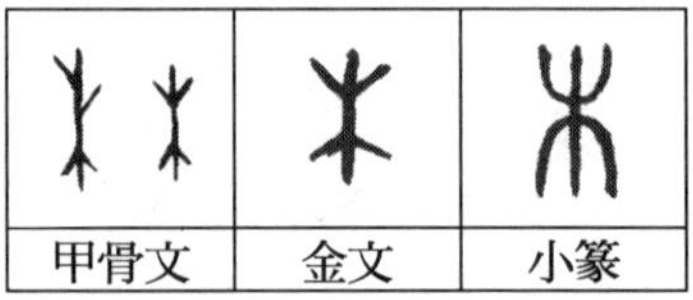

〈山, 木의 자형〉

⑤, ⑥은 '山'과 '木'의 갑골문, 금문, 소전 자형이다. ⑤와 ⑥을 제시할 때, 교사는 단순히 본보기로서 보여주는 것이 아니라 각 글자의 자형이 왜 그렇게 변하였는지를 학습자들이 스스로 생각해보는 활동을 하도록 하여 학습자들이 자형 변화의 의미를 탐색해보도록 하여야 한다. 학습이 진정한 의미를 갖기 위해서는 풍부한 맥락, 실세계 상황이 반영된 실재적인 상황에서 진행되어야 하므로 교사는 학습자들이 자신의 실생활과 관련지어 의미를 구성할 수 있도록 조언을 주는 것이 좋다.

⑦

* 한자가 어떻게 변하여 왔는지 그 모습을 그려 봅시다.	
→ → 木	→ → 竹
* 그렇게 생각한 까닭을 설명해 보세요.	

〈木, 竹 자형 변화 그려보기 학습지〉

⑦은 '자형 변화 그려 보기' 활동을 할 수 있는 학습지의 예이다. 이 활동을 할 때에는 학습자들이 그림을 그리는 것에 부담을 느끼지 않도록 해야 하며, 자형의 변화 모습을 그리는 것보다는 변화의 과정을 생각해보고 설명하는 활동에 치중을 해야 한다. 학습자들이

자형 변화 그림을 그리는 활동은 한자의 본래 자형이 변화된 모습과 많이 다를 수 있다. 또한 주변의 동료 학습자와도 많이 다를 수 있다. 그리고 학습자가 자형이 변한 모습을 설명한 내용도 한자 자의와 다를 수 있다. 교사는 다만 학습자들이 서로 다르게 그리고 설명하는 과정을 서로 공유하면서 장시간에 걸친 학습자들 간의 상호작용이 일어날 수 있도록 안내하면 되는 것이다. 이와 같은 수업 과정은 '학습은 발달의 결과가 아니라 학습이 곧 발달이다.', '불균형이 학습을 촉진한다.'는 구성주의 학습 원리에 입각하여 나온 것이다. 학습자들이 스스로 해결해야 할 문제를 생성하고, 이에 대한 자신의 가설과 모형을 산출하는 활동이 될 수 있다. 또한 서로 다르게 그리거나 그린 자형을 설명하는 과정을 통해 인지적 갈등과 혼란을 느끼게 되는데, 이러한 갈등과 혼란이 곧 학습을 위한 자극이 되는 것이다.

2) 자의(字義)를 중심으로 한 학습

한자의 짜임 가운데 회의(會意)는 뜻글자를 모아서 새로운 뜻을 만들어내는 것이다. 곧 이미 만들어진 둘 이상의 한자를 결합하여 하나의 문자를 만들고, 그 문자에 새로운 뜻을 나타내는 것이다. 한자의 자의를 중심으로 한 학습은 학습자가 주체적이고 능동적인 역할을 할 수 있도록 한다. 예를 들면 다음과 같다.

'쉬다 휴(休)'와 같은 글자는 '사람 인(人)'과 '나무 목(木)'을 결합하여 '나무 그늘 아래에서 쉬다'와 같이 추상적인 의미를 도출해내고 있다. 그러나 이것은 약속에 의한 것으로 다른 가정도 가능한 것이다. 예를 들면 '나무에 사람이 오르다'라든지, 또는 '나무 위에서 사람이 산다'라든지 하는 다른 뜻을 얼마든지 상상해 낼 수 있다.19)

19) 송병렬, 앞의 책, 263쪽.

위에서 보듯이 회의자는 한자의 의미와 의미가 결합하여 새로운 의미를 도출하는 것이므로, 회의자의 학습은 학습자의 주체적 역량을 충분히 발휘할 수 있게 된다. '信'은 '사람 인(人)'과 '말씀 언(言)'이 결합하여 '믿다', '진실하다' 등의 뜻을 나타내는 한자이다. '信'의 자의(字義)를 학습자들로 하여금 도출하게 하면, 학습자들은 '사람이 말하다', '사람이 다투다', '말을 잘해 사람들에게 칭찬을 받다', '웅변을 하다' 등의 다양한 의미를 생산해낼 수 있다.

이와 같이 자의를 중심으로 한 한자 학습을 할 때에는 학습자들이 한자 낱자와 낱자의 의미 결합을 통해서 새로운 의미를 구성하는 활동을 해보는 것이 중요하다. 회의자로 굳어진 한자의 형성 과정을 재확인하는 과정으로서의 활동은 의미가 적으며, 학습자 스스로 두 글자가 결합하여 어떤 새로운 의미를 지니게 될 지를 탐색하는 것이 학습의 목표이다.

구성주의 관점에서 볼 때 학습은 단순한 자극-반응 현상이 아니라, 자기조절과 반성과 추상을 통해 맥락에 적합한 지식을 구성하는 것이다. 학습자들이 반드시 알아야 할 지식과 기능 및 태도 등을 사전에 선정하여 목표로 삼는 객관주의적 접근과는 달리, 구성주의자들이 강조하는 교수·학습의 주된 목적은 주어진 맥락 속에서 사고활동을 촉진함으로써 지식의 능동적 활용, 추론, 창의적, 비판적, 반성적 사고, 문제 해결, 인지적 유연성 등을 함양하는 데 있다.[20] 학습자들이 맥락에 적합한 지식을 구성할 수 있도록 촉진자로서의 교사 역할이 필요하다.

자의를 중심으로 한 학습은, 학습자들이 한자 낱자의 의미와 낱자가 결합한 한자의 의미를 창의적·비판적·반성적인 사고과정을 거쳐 학습의 맥락에 맞게 추론하고, 의미를 산출하여 활용할 수 있도록 해야 한다. 특히 학습자들이 구성적인 사고 과정을 할 때 다양

---

20) 조영남, 앞의 논문, 100쪽.

한 관점들을 경험하고 서로 평가해 볼 수 있는 기회를 제공하는 것이 중요하다. 학습자들이 생각해낸 아이디어가 교사의 관점에서는 잘못되고 혼란스러워 보일지라도 학생의 입장에서는 자신이 이해한 것을 표현한 것이라는 사실을 인지해야 한다. 또한 학습자들이 생각해 낸 아이디어에 대해 질문을 하거나 반박할 수 있는 기회를 제공하는 것도 구성주의 교수·학습의 중요한 요소이다.

다음은 한자의 뜻을 중심으로 한 학습지의 보기이다.[21] 이와 같은 학습지를 구성할 때 교사는 학습자들이 모르는 한자의 뜻을 미리 밝혀 주어야 한다.

	* 한자가 만들어진 원리를 생각해 봅시다.	* 한자의 뜻을 설명해 보세요.
휴 (休)	人(亻) 사람 인 + 木 나무 목 → 休	
신 (信)	人(亻) 사람 인 + 言 말씀 언 → 信	
인 (仁)	人(亻) 사람 인 + 二 두 이 → 仁	
남 (男)	田 밭 전 + 力 힘 력 → 男	
미 (美)	羊 양 양 + 大 큰 대 → 美	
효 (孝)	老 늙은이 로 + 子 아들 자 → 孝	

〈자의 추론 활동 학습지〉

위의 학습지를 활용하여 한자의 의미를 구성해 보는 활동은 학습자의 창의적 사고 과정이 필요한 활동이므로 교사는 학습자들이 충분한 시간을 갖고 자신의 생각을 구성해 볼 수 있도록 시간적 여유를 주어야 한다. 교사는 학습자들의 반응을 지켜보면서 그에 맞도

21) 학습지에 제시한 한자 중 '美'는 象形兼會意字로 분류되지만, 여기에서는 학습자들의 의미 구성 능력을 창출하는데 초점을 두었으므로 會意字로 분류하였다. cf. 谷衍奎 編, 『漢字源流字典』, 492쪽.

록 수업을 진행해야 하며, 교사가 알고 있는 지식을 학생들에게 일방적으로 전달하지 않는 자세가 중요하다. 성공적인 구성주의 교수·학습이 되기 위해서는 학습자의 구성적인 사고 과정도 중요하지만, 학습자가 구성을 촉진할 수 있도록 환경을 만들어주는 교사의 역할이 더 중요하다고 할 수 있다.

4. 구성주의 자원 학습법의 모형

구성주의는 상대주의적 인식론을 토대로 하고 있으며, 보편적 진리와 법칙이 존재한다는 객관주의적 전제를 부정한다. 왜냐하면 인간은 태어나면서부터 각기 다른 환경에 처하면서 개별적으로 고유한 형태의 인지적 구조(scheme)를 지니게 되고, 아무리 과학적이고 객관적인 진리가 전달되더라도 개인의 인지적 구조(scheme)를 거쳐 가면서 여과되어 자신에게 의미 있는 형태로 받아들여지기 때문이다.[22] 그러므로 지식이란 사회적 관계 속에서 개인의 인지적 작용을 통해 끊임없이 구성되는 것이라 할 수 있다.

구성주의는 지식 구성의 인지적 측면과 사회적 측면 중에서 어느 측면에 더 무게를 두느냐에 따라 인지적 구성주의와 사회 문화적 구성주의로 구분된다. 삐아제(Piaget)의 인지적 발달 이론을 근거로 하는 인지적 구성주의는 두 측면 중 개인의 인지적 작용에 중점을 두었다. 반면에 비고츠키(Vygotsky)의 인지적 발달 이론을 근거로 하는 사회 문화적 구성주의는 이 두 측면의 밀접한 관계에서 출발하여 지식 구성의 사회적 측면을 강조하고 있다. 필자는 이 두 가지 측면을 대립적인 관계로 보기보다는 상호보완적인 관계로 설정하고 구성주의 자원 학습법의 모형에 대하여 논의해 보고자 한다.

---

22) 강인애, 『왜 구성주의인가? -정보화 시대와 학습자중심의 교육환경-』(서울 : 문음사, 1997), 111쪽.

구성주의 이론의 학습 환경 가운데 전략(strategy) 영역은 시범(modeling), 코칭(coaching), 비계 설정(scaffolding), 명료화(articulation), 반성적 사고(reflection), 탐구(exploration) 등 여섯 가지 과정으로 구성된다.[23] 이러한 구성주의 전략에 터하여 구성주의 자원 학습법의 수업 모형을 제시하면 다음과 같다.

구성주의 전략	구성주의 자원 학습법
교사의 시범(modeling)	한자의 자형(字形) 탐색(探索) 1. 이미지 컷 대조하기 2. 비슷한 자형 찾기
교사의 코칭(coaching) 및 비계설정(scaffolding)	한자의 자형(字形) 구성(構成) 1. 한자 자형 변화 그려보기 2. 한자 자형 창조하기
명료화(articulation)	한자의 자의(字義) 인지(認知) 1. 한자 자의 인지하기 2. 한자 자의 설명하기
반성적 사고(reflection)	한자의 자의(字義) 추론(推論) 1. 한자 자의 추론하기 2. 추론 활동 분석하기
탐구(exploration)	한자 지식(知識)의 종합적 구성 1. 한자 지식 구성하기 2. 한자 지식 탐구하기

교사 → 학습자

〈구성주의 자원 학습법 교수·학습 모형〉

위의 교수·학습 모형은 구성주의 교수 전략에 따라 구성주의 자

23) 이 전략은 Collins, Brown과 Newman이 제안한 인지적 도제 방법(cognitive apprenticeship)의 교수 방법이다. cf. 조영남, 앞의 논문, 106~108쪽.

원 학습법의 학습자 활동 내용을 연계시킨 것으로, 수업 내용에 따라 구성주의 전략과 구성주의 자원 학습법의 활동 내용이 넘나들 수 있다. 왜냐하면 구성주의 수업은 상황에 따라 유동적이므로 특별한 형태의 수업 모형으로 수업을 진행하는 것을 꺼리기 때문이다. 수업이 일어나는 장소, 수업의 진행 과정, 관련된 변인 등에 의해서 수업 형태가 융통적으로 변할 수 있는 것이 구성주의의 특성이라 할 수 있다.[24] 위의 교수・학습 모형의 내용을 간략히 살펴보면 다음과 같다.[25]

시범(modeling)은 교사나 컴퓨터와 같은 매체를 활용해 실제 수행 상황과 유사한 상황에서 시범과 설명을 통해 과제를 수행하는 과정을 보여주고, 학습자는 그 과정을 관찰하는 것을 말한다.

이 단계는 교사의 시범을 학습자가 관찰하고, 관찰을 통하여 관련 지식을 어떻게 활용할 것인가에 대한 이해를 하는 과정이다. 구성주의 전략에서는 교사나 컴퓨터 매체를 활용해 시범을 보이도록 하고 있는데, 이 모형(模型)에서는 유능한 학습자가 시범을 보일 수 있도록 설계하여 학습자의 자발적이고 역동적인 참여를 가능하도록 하였다.

시범 단계는 교사의 교수적(教授的) 비중이 가장 높은 단계이다. 구성주의 자원 학습법의 시범은 '이미지 컷 대조하기'와 '비슷한 자형 찾기' 활동을 통해서 이루어지도록 설계하였다. 이 단계에서 교사는 앞으로 진행할 학습의 방법에 대해 자세히 설명하고 시범을 보임으로써 학습자가 학습하는 방법을 익히게 한다.

코칭(coaching)은 학습자가 과제를 수행하는 동안 전문가(교사)

---

24) 황윤한, 「교수・학습 이론으로서의 구성주의」, 『초등교과교육연구』 2 (청원 : 한국교원대학교 초등교육연구소, 1999), 16쪽 참조.

25) 구성주의 전략의 각 단계에 따른 설명은 조영남, 앞의 논문과 조미헌・이용학, 「인지적 도제 방법을 반영한 교수 설계의 기본 방향」, 『교육공학연구』 제9권 제1호(서울 : 한국교육공학회, 1994)를 참조.

또는 컴퓨터와 같은 매체가 이를 관찰하고 필요에 따라 힌트와 피드백 등 외부적 도움을 제공하는 것을 말한다. 비계 설정(scaffolding)은 코칭의 과정에서 과제 수행을 보조하기 위해 제공되는 것으로, 교사와 학습자가 공동으로 과제를 수행하며 학습에 도움을 주는 디딤돌의 역할을 한다.

구성주의 전략에서는 코칭과 비계 설정이 나누어 제시되고 있으나, 이 모형에서는 통합하여 제시하였다. 이것은 교사의 교수 활동보다 학습자의 학습 활동에 중점을 두기 때문이다. 코칭 및 비계설정 단계에서는 교사의 교수적 비중이 점차 감소하고, 학습자의 학습 비중은 점점 증가하게 된다.

구성주의 자원 학습법의 코칭 및 비계 설정은 '한자 자형 그려보기'와 '한자 자형 창조하기' 활동을 통해서 이루어지도록 하였다.

이 단계에서 교사는 학습자의 학습 활동이 증가함에 따라 학습자의 근접발달영역(ZPD)에 근거하여 비계를 제공하고 점진적으로 줄여나가야(fading) 하며, 더 이상 필요하지 않을 때에는 제공하지 않는다.

명료화(articulation)는 학습자가 학습 자료에 대해 자신이 구성한 지식과 이해 그리고 수행에 대해 시범을 보이거나 명료하게 설명하도록 하는 과정을 말한다. 자신의 행동에 대해 생각하고, 자신의 결정과 전략에 대한 이유를 생각해봄으로써 지식을 보다 명료하게 인식할 수 있다.

명료화의 장점은 내재적인 지식을 명료화해 주고, 지식을 다른 과제에 보다 쉽게 활용할 수 있도록 해 준다. 또한 동일한 방법을 다양한 맥락에 활용할 수 있도록 해 주고, 동료 학습자의 명료화 과정을 통해 대안적인 관점에 대한 통찰을 촉진할 수 있게 해 준다.

명료화 과정은 대화, 요약, 비판, 토의, 토론 등을 통해 이루어질 수 있다. 구성주의 자원 학습법의 명료화는 '한자 자의 인지하기'와

'한자 자의 설명하기' 활동을 통해서 이루어지도록 하였다.

반성적 사고(reflection)는 학습자가 자신의 과제 수행 과정을 되돌아보고 자신의 수행을 분석하는 과정이다. 예를 들어 자신의 문제 해결 과정을 전문가나 다른 학습자와 비교 분석하도록 하여 과제 수행에 대한 자신의 이해와 추론에 대해 다시금 반성적으로 심사숙고하는 것을 말한다.

이 단계에서 교사의 교수적 도움은 중지되어야 하며, 학습자의 자기주도적 학습 비중이 극대화된다. 구성주의 전략에서 반성적 사고는 자신의 과제를 수행한 후 수행한 내용을 되돌아보는 것으로 되어 있으나, 이 모형에서는 '한자 자의 추론하기'와 '추론 활동 분석하기'를 통해 이루어지도록 설계하였다. 왜냐하면 학습자들은 추론 활동을 하면서도 반성적 사고를 통한 초인지 활동을 하기 때문이다.

탐구(exploration)는 학습한 지식과 기능을 새로운 방식으로 활용하는 방법이나 가설 등을 탐색하도록 하는 것을 말한다. 탐구의 장점은 성취가능한 목적을 스스로 설정하는 방법, 가설을 설정하고 검증하는 방법, 그리고 자신이 설정한 문제를 스스로 해결할 수 있다는 데 있다. 이 단계는 학습자의 자기주도적 학습 역량이 가장 크게 발현된다. 구성주의 자원 학습법의 탐구는 '한자 지식 구성하기'와 '한자 지식 탐구하기'를 통해 이루어지도록 설계하였다.

이상에서 살펴본 구성주의 자원 학습법 교수・학습 모형의 절차 중에서 구성주의 자원 학습법의 원리 및 방법에서 논의한 '자형 탐색', '자형 구성', '자의 추론' 등을 중심으로 구성주의 전략과 연계지어 논의해 보고자 한다.

1) 자형 탐색과 시범 보이기

자형 탐색 활동은 한자에 대한 문식성(literacy)이 발달하지 않은 입문기의 학습자에게 한자에 대한 호기심과 흥미를 불러일으키고 한자에 대한 친근감을 갖도록 하기 위한 활동이다. 한자를 처음 공부하는 학습자는 한자에 대해서 매우 낯설어하고 때로는 학습에 대한 두려움을 갖기도 한다. 이러한 초기 학습자의 특성을 고려하여 한자 학습에 대한 두려움을 없애고 재미있게 학습에 참여할 수 있는 기회를 제공하는 것이 중요하다.

자형 탐색의 초기 활동은 '이미지 컷 대조하기' 활동으로 시작한다. 한자의 초기 자형은 상형의 원리를 통해 이루어졌으므로 초기 자형과 이미지 컷을 대조하여 보는 활동을 통해 한자의 자원에 대한 학습을 도모할 수 있다. 뿐만 아니라 한자를 처음 학습하는 학습자들의 심리적 부담을 줄일 수 있다. 학습자들이 한자에 대한 거부감을 갖지 않도록 하기 위해서는, 학습자들이 친근하게 여길만한 이미지 자료의 제공이 필요하다.

다음의 학습 자료는 학습자들이 한자에 대한 부담을 줄이고, 동시에 한자의 자원에 대한 학습을 할 수 있는 이미지 컷 자료와 자원 학습 자료이다.

①

②

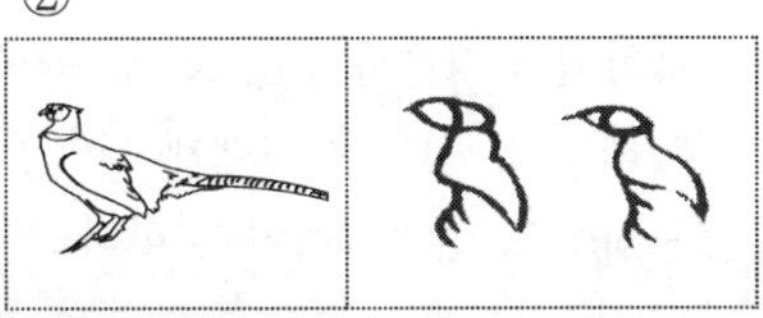

〈犬, 鳥의 이미지 컷과 자형〉

① 은 '犬'을 학습하기 위한 이미지 컷 자료와 금문(金文) 자원 학습 자료이고, ②는 '鳥'를 익히기 위한 이미지 컷 자료와 갑골문(甲骨文) 자원 학습 자료이다. 학습자들은 이와 같이 자신의 주변에서 쉽게 접할 수 있는 사물의 이미지 컷 자료를 접하면서 학습에 대한 흥미를 갖고 학습에 참여하게 되며, 아울러 자원 학습 자료의

이미지와 대조해가면서 자기 나름대로의 지식을 구성해 나아간다.

이것은 '일상적인 지식은 일상적인 두뇌와 신체로부터 도출된다.'는 구성주의 교수·학습의 원리에 기초한 것이다. 이미지 컷 대조 활동을 하면서 학습자들은 자신이 일상생활에서 지니고 있던 경험과 지식으로부터 출발하여 자신의 경험과 지식에 근거한 새로운 해석을 하면서 새로운 지식을 구성하게 되는 것이다.

이와 같은 이미지 컷 대조 활동은 한자에 대한 문식성이 발달하지 않은 학습자들에게 문식성을 길러주기 위한 활동으로, 다음과 같은 입문기의 국어 문식성 교육과 비교할 때 시사 받는 바가 크다고 할 수 있다.

> 입문기 아동은 이미 구어는 잘 알아도 글로 된 텍스트(문어)에는 서툴다. 이 때 아동이 잘 아는 구어가 필수적으로 다리 역할을 해서 그 아동이 아직 잘 모르는 텍스트와 연결 지움으로 이해를 돕는다. 적어도 '처음에는' 그렇다는 말이다. 능숙한 독자나 작자라면 이렇게 구어와 문어를 연결 짓는 데 별 어려움이 없지만, 초기 독자(beginning reader)는 구어의 바탕 없이는 문어를 제대로 이해할 수 없다. 다시 말해, 능숙한 독자나 작자는 구어와 문어가 자동으로 융합되어 작용하지만, 초기 독자들은 글이라는 새로운 시각적 매체를 이해하기 위해, 자신에게 이미 익숙해진 구어라는 청각적 매체를 의도적으로 연관지어야만 한다.[26]

위의 글에서 보듯이 한글 문자에 대한 입문기 학습자는 구어에는 친숙하지만 문어에는 낯설어한다. 입문기 학습자들이 낯설어하는 문자 텍스트 환경을 덜 낯설게 하기 위하여 구어가 다리 역할을 하는 것이다.

이와 마찬가지로 한자를 모르는 입문기 학습자들에게 한자라는

26) 신헌재·이재승, 앞의 책, 61~62쪽.

낯선 문자 텍스트 환경을 바로 제공하기보다는 이미지 컷 자료를 활용하여 덜 낯설게 할 수 있는 것이다.

이러한 자료의 제공은 초등학교 단계의 학습자뿐만 아니라 한자를 처음 배우는 중등학교의 학습자에게도 유효하다. 다만 이미지 컷 자료를 중등학생의 인지 발달 정도에 알맞은 것으로 선택하여 제공하는 것이 중요하다.

구성주의 자원 학습법의 교수・학습 모형에서는 '이미지 컷 대조하기' 활동을 교사의 시범(modeling)을 통해 이루어지도록 설계하였다.

이미지 컷과 한자의 고문(古文) 자형을 쉽게 대조하기 어려울 때에는 교사의 시범을 통해 학습 방법을 익힐 수 있다. 이미지 컷과 자형과의 관련성이 깊은 경우에는 동료 학습자의 시범을 통해 학습하는 방법을 익히게 할 수 있다.

자형 탐색의 다른 활동으로 '비슷한 자형 찾기' 활동을 들 수 있다. '이미지 컷 대조하기' 활동으로 한자에 대한 친연성(親緣性)이 생긴 학습자나 한자 학습에 대한 부담이 없는 학습자에게는 '이미지 컷 대조하기' 활동보다 좀 더 높은 수준의 추상 활동이 일어나는 학습을 할 필요가 있다.

'비슷한 자형 찾기' 활동의 초기에는 자원 학습의 자료로 이용되는 자형과 현재 쓰이고 있는 한자의 자형이 유사한 글자를 주로 하여 한자 지식을 구성하는 활동을 할 수 있다. 그러나 '비슷한 자형 찾기' 활동은 서로 다른 자형 간의 유사성을 찾는 것에 목표를 둔 것이 아니다. 두 자형의 유사성을 찾는 과정에서 반성적, 추상적 사고 활동이 왕성하게 일어나도록 돕는 것에 목표를 두고 있다.

다음의 학습 자료는 '비슷한 자형 찾기' 활동으로 활용할 수 있는 자원 학습 자료의 예이다.

③ 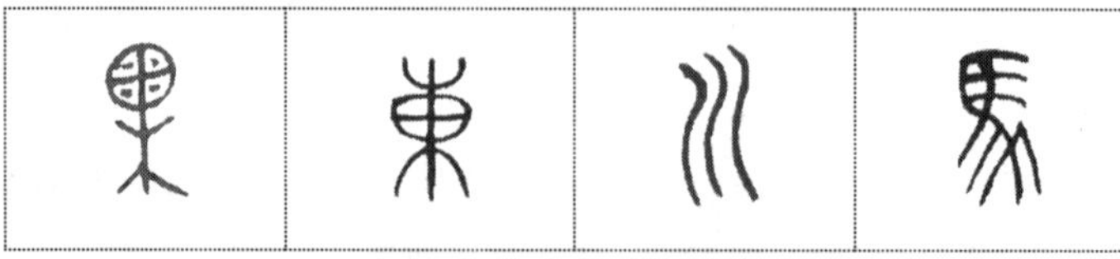

果, 東, 川, 馬의 자형〉

④ 

⑤ 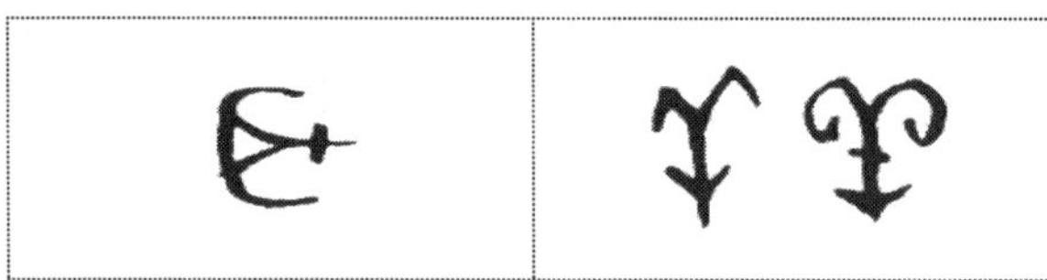

〈文, 弟, 耳, 羊의 자형〉

③은 '果'의 금문과 '東', '川', '馬'의 소전 자형이다. ④는 '文'의 금문과 '弟'의 갑골문 자형이다. ⑤는 '耳'의 금문과 '羊'의 갑골문 자형이다.

'비슷한 자형 찾기' 활동은 학습자에게 성취감을 맛보게 하기 위하여 ③처럼 자원 학습 자료의 자형과 오늘날 쓰이고 있는 한자의 자형이 유사한 것으로 할 수 있다. 또 ④처럼 사물의 모습이 한자로 변화된 과정을 보여주는 자원 학습 자료와 오늘날 쓰이고 있는 한자의 자형을 비교하는 활동으로 진행할 수 있다. 그리고 ⑤와 같이 학습자에게 자원 학습 자형만 제시하고 학습자가 알고 있는 한자 지식으로 오늘날 쓰이고 있는 한자를 추론해 내는 활동으로 진행할 수 있다.

'비슷한 자형 찾기' 활동은 '이미지 컷 대조하기' 활동에 비해 생소한 고문 자형을 많이 활용하므로 학습자들이 어려워할 수 있다. 그러므로 교사는 먼저 시범(modeling)을 통해 학습자들이 그 과정을 잘 관찰하도록 해야 한다. 학습자들은 교사가 보이는 시범을 관찰하면서 자신이 과제를 수행하기 위하여 관련된 지식을 어떻게 활용하여야 하는지 생각하게 된다. 곧, 교사의 시범(modeling)은 학습자의 한자 지식 구성에 대한 이해의 기반을 제공하는 것이다.

2) 자형 구성과 코칭 및 비계설정

자형 구성은 자형 탐색 활동보다 학습자들이 한자 학습에 능동적으로 참여하고 학습에 대한 책임감과 주인 의식을 강화할 수 있는 활동이다.

자형 탐색 활동이 교사에 의해 제공된 학습 자료를 활용하여 학습이 진행되었다면 자형 구성 활동은 학습자 스스로 학습할 내용을 구성해 나아가는 활동을 중심으로 수업이 진행된다. 곧, 자형 탐색 활동에 비해 자형 구성 활동은 교사의 교수적 비중이 줄어들고 학습자의 자기주도적 학습 비중이 늘어난다고 할 수 있다.

자형 구성 학습은 '한자 자형 변화 그려보기'와 '한자 자형 창조하기' 활동으로 구성하였다.

학습자들은 자형 탐색 학습을 하면서 오늘날 사용하고 있는 한자의 자형이 한자가 처음 만들어진 시기의 모습과 많이 다르다는 것을 알게 된다. 또 어떤 한자는 초기의 자형과 오늘날의 자형이 유사하여 자형의 변화 과정을 쉽게 이해할 수도 있다.

이와 같은 자형 탐색 학습이 토대가 되어 자형 구성 학습으로 나아갈 수 있다. 곧, 자형 구성 학습은 자형 탐색 학습을 통해 형성된 한자의 자형 변화에 대한 기초 지식을 바탕으로 좀 더 진전된 자형 학습을 하는 것이다. 다음의 자료를 예를 들어 '한자 자형 변화 그려보기' 활동을 고찰해 본다.

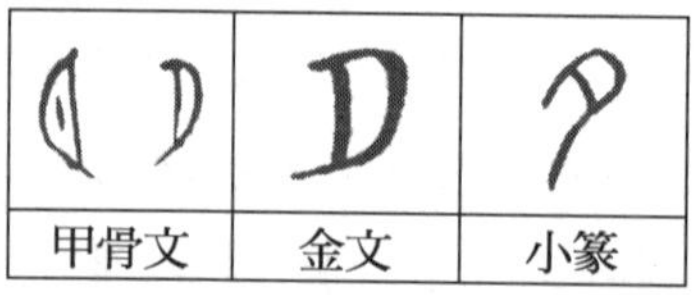

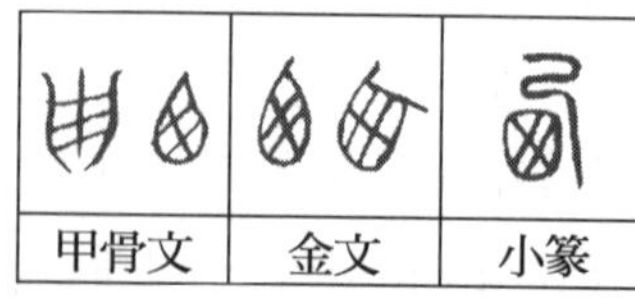

〈夕, 西의 자형〉

위는 '夕'과 '西'의 자형이 변화한 모습이다. 학습자들은 위의 그림을 보고, '夕'은 자형의 변화가 심하지 않은 데 비해 '西'는 매우 다르게 변하였음을 알 수 있다.

학습자들은 '西'와 같이 자형의 모습이 많이 달라진 한자를 보면서 나름대로 달라진 이유를 탐구해보고, 자신이 구성한 지식의 범위 내에서 해석을 하며, 이를 통해 고등 수준의 사고를 촉진하게 된다. 교사는 이처럼 학습자들에게 고등 수준의 사고를 촉진하는 다양한 기회를 제공해 주는 것이 중요하다.

'한자 자형 변화 그려보기' 활동은 위와 같이 자형이 변한 모습을 학습자가 스스로 그려보고, 자신이 그린 자형에 대해 설명해보는 학습 활동이다. 이 활동을 통해 학습자들은 스스로 예측하고, 추론하고, 해석하는 다양한 사고를 경험하게 된다. 이 활동을 하면서 학습자들은 자형이 변화된 모습을 그리는 데 어려움을 겪을 수 있다. 이러할 때 교사의 코칭(coaching)과 비계 설정(scaffolding)이 필요한 것이다.

교사는 코칭(coaching)을 통해서 학습자의 주의를 환기시키고 학습자가 무엇을 구성할 것인지에 대한 힌트와 피드백을 제공할 수 있다. 코칭을 할 때 교사는 학습자의 이해 수준과 배경 지식을 고려하여 추가적인 방향을 제시해야 하며, 학습자는 교사의 코칭을 받고 자신이 어려워하고 있는 것이 무엇인지 확인하고 그것에 대해 다시 구성해보도록 한다. 다음은 '한자 자형 변화 그려보기' 활동을 한 학습지의 예이다.

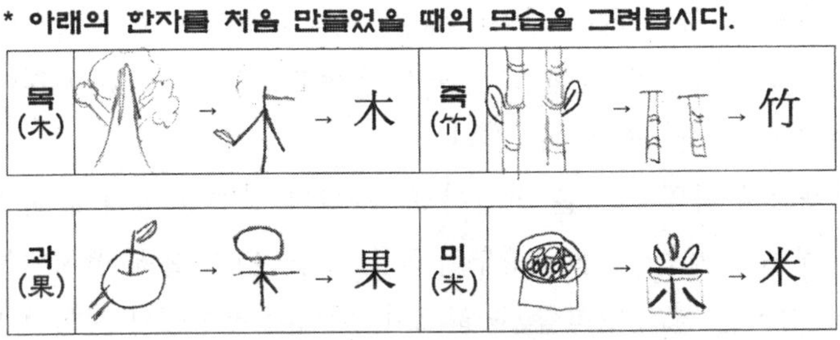

〈木, 竹, 果, 米 자형 변화 그려보기 학습지〉

위와 같은 학습지를 통해 '한자 자형 변화 그려보기' 활동을 할 때, 학습자에 따라서 매우 어려워하거나 전혀 하지 못하는 학생이 있을 수 있다. 이럴 때에 학습자를 위한 비계 설정(scaffolding)이 필요한 것이다. 교사는 학습자가 과제를 충실하게 수행할 수 있도록 학습에 도움을 주는 디딤돌 구실을 해야 한다. 교사는 학습자가 어려워하는 것이 무엇인지 학습자의 현재 수준을 잘 파악하여 학습자의 능력에 맞게 비계 설정을 수정해야 한다.

시범(modeling)과 피드백(feedback)을 통한 도움이 제공되어 학습자가 과제 수행에 익숙해지면 비계 설정은 점차 감소되며(fading) 더 이상 필요 없는 경우에는 제공하지 않는다. 비계 설정은 가능한 한 학습자의 근접발달 영역(ZPD) 내에서 이루어지는 것이 바람직하다.

'한자 자형 창조하기' 활동은 '한자 자형 변화 그려보기' 활동보다 진전된 활동이다. '한자 자형 변화 그려보기' 활동이 한자의 자형(字形)이 바뀐 형태에 중점을 두어 자형을 구성해보는 활동이라고 한다면 '한자 자형 창조하기' 활동은 기존의 자형을 무시하고 학습자가 스스로 한자의 자형을 창안해 보는 활동이다. 이 활동은 '사람들이 사물에 부여하는 의미나 해석은 자신의 지식에 근거한다.'는 구성주의 교수·학습 이론에 터를 두고 나온 것이다. 한자의 자형이나 자의가 상고 시대 선인들의 의미 부여에서 비롯한 것처럼 학습자 자신이 한자의 자형을 새롭게 창안해 보는 것도 한자 지식 구성의 일부분이라고 할 수 있다.

새롭게 한자의 자형을 창안하고, 자신이 창안한 한자에 대해 의미를 부여해 보는 것은 구성주의 교수·학습의 이론에 합치되는 것이다. 지식은 결코 완벽할 수 없으며, 이해의 적합성과 사회적 협상을 통해 진전되듯이 학습자가 구성한 한자의 지식이 완벽하지 못하다고 하여 상심할 필요는 없다.

한자 자형을 창안해 보는 여러 번의 경험을 통하여 학습자는 새로운 아이디어를 도출하게 되고, 그것이 밑바탕이 되어 주체적이고 창의적인 학습을 완성하게 된다.

'한자 자형 창조하기' 활동에 어려움을 겪는 학습자에게 교사는 코칭(coaching) 및 비계 설정(scaffolding)을 통하여 지식을 구성할 수 있도록 하는 것이 중요하다. 지식의 구성은 학습자나 교사 모두에게 시간과 정열을 요구한다. 교사는 학습자들이 '한자 자형 창조하기' 활동에 진전을 보이지 않는다고 하여 쉽게 포기해서는 안 되며, 학습자들이 주체적인 학습을 할 수 있도록 디딤돌의 구실을 충실히 해야 한다.

3) 자의 추론과 반성적 사고

자의 추론 학습은 학습자들이 한자가 지니고 있는 의미를 스스로 구성해 보는 활동으로 학습자의 창의적, 비판적, 반성적 사고(reflection) 능력을 기를 수 있다. 자의 추론 학습은 '한자 자의 추론하기' 활동과 '추론 활동 분석하기' 활동으로 구성하여 보았다. '한자 자의 추론하기'는 한자 낱자의 자원을 통해서 자의를 추론하는 활동과 한자와 한자가 결합된 회의자를 통해서 자의를 추론하는 활동으로 나누어 생각해 볼 수 있다. 우선 한자 낱자의 자원을 통해서 자의를 추론하는 경우를 살펴본다.

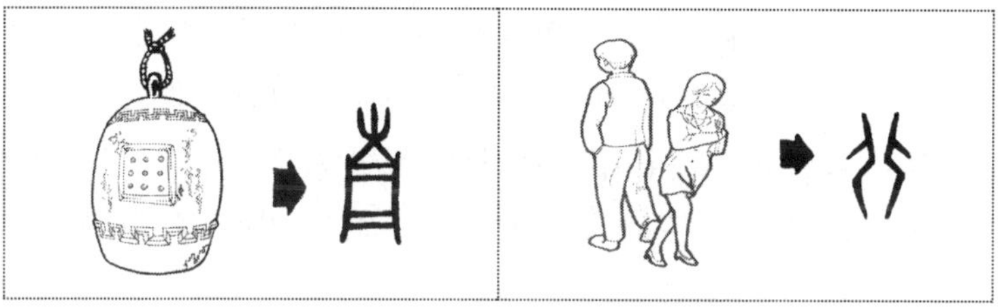

〈南, 北의 이미지 컷 자료〉

위는 '南'과 '北'의 자원과 관련 있는 이미지 컷 자료이다. 교사는 학습자들에게 '南'과 '北'을 지도하면서 '南'과 '北'의 자원과 관련된 이미지 컷을 제시하여 학습자들의 호기심을 불러일으킨다. '남쪽'이라는 한자의 뜻과 이미지 컷은 언뜻 보기에 상관성이 매우 낮다. 학습자들은 어떻게 해서 종과 같은 모양의 이미지 컷이 '남쪽'을 뜻하는 한자 '南'이 되었는지 혼란스러워 하게 된다. 또 '북쪽'을 뜻하는 한자 '北'과 두 사람이 서로 등지고 있는 모습의 이미지 컷 자료와도 쉽게 연관시키기 어려워한다. 이러한 혼란스러운 경험이 학습자들의 추론 능력을 기르게 되는 것이다.

이러한 활동은 '불균형이 학습을 촉진한다.', '반성적 추상이 학습의 원동력이다.'라는 구성주의 교수·학습 이론에 바탕을 두고 있다. 학습자들은 상관이 없어 보이는 두 가지 자료를 연결시키기 위해 다각도로 생각을 하게 된다. 이 과정에서 동화(assimilation)와 조절(accomodation)의 인지 과정이 작동한다. 학습자들은 동화와 조절의 과정을 겪으면서 반성적 사고(reflection)를 경험하는 것이다.

위의 자료를 보고 학습자들은 '남쪽'이라는 자의와 이미지 컷을 연관시키며 다양한 관점을 제시하게 된다. 학습자들이 제시한 의견은 학습자의 수준에서 구성한 지식이므로 한자의 원의(原義)와 다를 수 있다. 이 때 교사는 학습자의 추론이 잘못되었다고 질책하기보다는 긍정적이고 구성적인 피드백과 격려를 줘서 학습자가 다시 도전할 수 있는 자신감을 고취시켜 주는 것이 필요하다.

한자의 자원을 추론해 보는 활동은 고등 수준의 사고를 요하는 활동이다. 학습자 개개인이 해결해야 할 수 없을 때에는 구성원 상호 간에 대화를 통해 문제를 해결하도록 하는 것이 구성적인 지식을 형성하는 데 효과적이다.

다음으로 한자와 한자가 결합된 회의자의 학습을 하면서 자의를 추론하는 활동에 대해 살펴보자. 회의자의 학습은 학습자들이 다양하고 창의적인 생각을 발현할 수 있는 활동이다. 다음의 '男', '美', '孝'의 자의를 추론하는 활동을 한 학습지의 보기이다.

남 (男)	田 밭 전	+	力 힘 력	→ 男	농각이 밭을 갈다가 힘이 생겨서 '남자'라는 뜻이 생겼음
미 (美)	羊 양 양	+	大 큰 대	→ 美	큰사람이 한양을 길러다가 털이 너무 길어서 깎아서 옷을 만들어 입었다 그래서 '아름답다'는 뜻이 생겼음
효 (孝)	老 늙은이 로	+	子 아들 자	→ 孝	아들이 할머니와 할아버지를 효도해서 '효도'의 뜻이 생겼음

〈男, 美, 孝 자의 추론 활동 학습지〉

이 활동은 학습자들이 '男', '美', '孝'의 의미를 한자 낱자의 뜻을 통해서 추론해 보는 활동이다. 교사는 학습자들에게 한자의 뜻을 밝히지 말고, 회의자를 구성하는 낱자의 뜻만을 제시하여 학습자들 스스로 한자의 의미를 추론해 보도록 한다. 물론 학습자들은 한자의 본래 뜻과는 다른 다양한 의견을 제시할 수 있다.

이 활동에서는 학습자들이 회의자의 정확한 뜻을 인지하는 것보다는 한자의 뜻을 추론하는 과정에서 창의적이고 반성적인 사고(reflection)를 경험하게 하는 것이 중요하다.

위의 자료를 보면 학습자는 '男'에 대해, '총각이 밭을 갈다가 힘이 생겨서 남자라는 뜻이 생겼다'고 자신의 생각을 나타내고 있다. 또 '美'에 대해서는, '큰 사람이 한 양을 길러다가 털이 너무 길어서 깎아서 옷을 만들어 입었다. 그래서 아름답다는 뜻이 생겼다.'라고 의견을 표시하였다. 그리고 '孝'에 대하여는, '아들이 할머니와 할아버지를 효도해서 효도의 뜻이 생겼다.'고 썼다.

위의 자료는 학습자가 한자의 뜻을 알고 있는 상태에서 어떻게 해서 그와 같은 뜻이 생겼는지를 추론해 본 학습지이다. 학습자는 회의자를 구성하는 두 낱자의 뜻으로부터 두 낱자가 결합하여 만들어진 한자의 의미를 추론하기 위해 자신이 알고 있는 지식을 집중시켜서 연관하려고 노력하였다. 비록 한자의 원의(原義)와는 다르지만, 이러한 추론 활동을 통해 반성적 사고 경험을 하는 것이다.

'추론 활동 분석하기'는 학습자가 추론한 한자의 자의와 한자의 원의(原義)를 대조하고 비교해보면서 자신이 추론한 내용이 한자의 원의에 가깝게 추론한 것인지를 분석해보는 활동이다. 학습자는 자신이 추론한 내용을 분석하면서 한자의 원의와 가깝게 추론했는지 그렇지 못한지를 반성적으로 사고하여 판단하게 된다.

이 활동에서는 학습자 스스로 자신의 추론 내용을 분석해보는 과정이 중요하다. 교사나 동료 학습자가 나서서 대조하고 분석해준다면 학습자는 반성적 사고를 경험하지 못한다.

그러므로 교사의 교수적 도움이 중지되고, 학습자의 자기주도적 학습 비중이 극대화되는 것이 중요하다. '추론 활동 분석하기'는 '한자 자의 추론하기' 활동에 비해 학습자의 반성적 사고를 더욱 요구하는 활동이다.

이상의 내용을 통해 구성주의 자원 학습법의 교수·학습 모형에 대해 논의하였다. 구성주의 자원 학습법의 교수·학습 모형은 한자의 자형과 자의를 학습자가 주체가 되어 익히기 위한 학습 모형이다. 이 모형은 닫혀있는 체계가 아니라 열려있는 체계로 설계한 것으로, 학습자, 장소, 상황 등의 변인에 따라 구성주의 자원 학습법의 활동 내용들이 넘나들 수 있다. 이 모형에 의한 한자 학습은 초·중등학교에서 한자를 처음 익히는 학습자들에게 매우 유용한 학습 모형이다. 따라서 구성주의 자원 학습법 교수·학습 모형은 초·중등학교에서 한자를 가르치는 교사에게 유용한 한자 교수·학습 방법이다.

제4장 구성주의 자원 학습법의 실제

교수 설계(Instruction Design)란 수업을 어떻게 전개할 것인가를 다루는 전문 활동으로서 특정한 학습 내용과 특정대상 학생들을 위하여 어떠한 교수 방법을 언제 사용할 것인가를 처방해 주는 청사진이라고 할 수 있다.[1] 곧, 교수·학습 방법의 설계는 수업의 효과를 증진시킬 수 있는 최적의 교수·학습 방법을 계획하기 위해서 이루어진다고 볼 수 있다.

성공적인 교수·학습 방법을 설계하기 위해서는 고려해야 할 사항이 많다. 교과 교육에서 다양한 교수·학습 방법이 개발된 것도 각 교과의 학습 목표에 적합한 교수·학습 방법을 찾아서 적용한 결과이기 때문일 것이다. 이처럼 어느 하나의 교수·학습 방법이 그 교과의 모든 수업에 적용될 수 없고, 모든 학생에게도 적용될 수 없다. 그것은 학습하는 교과의 내용과 학습자의 수준을 고려해야 하기 때문이다.

구성주의 자원 학습법이 성공적으로 진행되려면 그에 알맞은 교수 설계를 해야 한다. 학습할 내용의 설계, 학습할 방법의 설계, 학습자의 수준에 따른 교수·학습 기법의 설계 등 여러 가지 요소를 고려하여 진행해야 한다. 이와 같은 인식 아래 여기에서는 구성주의 자원 학습법을 활용하여 수업할 학습 내용을 선정하고, 선정한 내용으로 실행할 수업의 실제에 대해 논의한다.

---

1) 서울대교육연구소, 『교육학대백과사전』(서울 : 하우동설, 1998), 291쪽.

1. 수업 내용의 선정 및 수업 과정

1) 수업 내용의 선정

수업 내용을 설계할 때 고려해야 할 것이 여러 가지이나 우선 학습자가 학습할 내용과 학습의 양을 들 수 있다. 학습할 내용이 학습자의 수준이나 흥미, 인지 발달 정도에 맞지 않으면 학습의 효과를 기대할 수 없기 때문이다. 또한 학습자의 수준에 적절한 내용이라 하더라도 학습의 양이 너무 많거나 너무 적으면 노력한 만큼의 효과를 얻을 수 없다. 그러므로 학습할 내용과 학습량을 검토하는 것은 수업 설계의 기본이라 할 수 있다. 그러면 먼저 수업 내용에 대하여 알아보겠다.

구성주의 자원 학습법을 활용한 한자 교수·학습을 실행하기 위해서는 학습자가 익혀야할 한자를 선정하는 것이 출발점이라고 할 수 있다. 입문기의 학습자가 한자를 익힐 때, 어떤 글자를 먼저 배우는 것이 효과적인가에 대한 과학적인 연구는 이루어지지 않았다. 다만 학교 현장에서 한자·한문을 지도하는 현장 교사들의 사례 연구 보고서가 있어, 한자 학습 내용에 대한 시사점을 주고 있다. 일선 교사들의 현장 연구 결과를 정리해보면 다음과 같다.

① 초기 한자 학습에서 부수(部首) 활용을 통한 유추활동은 형·음·의를 익히는 최선의 방법이었으며, 한자의 구조와 자원까지도 익힐 수 있다.
② 부수 한자를 육서로 분류하면 상형문자가 그 반수를 넘으므로 부수자를 철저히 지도하면 다른 한자도 흥미 있고 쉽게 이해할 수 있다.
③ 초등학교에서 한자를 지도할 때에는 국어 교과서를 분석하여 한자의 사용빈도가 높고 어휘 형성 범위가 넓은 한자를 학년 수준에 맞

게 선정하여 지도해야한다.

④ 육서의 원리에 의한 한자 지도는 흥미를 유발시키는 학습 방법이며 자의 파악에 정확을 기할 수 있다.

⑤ 한자는 획수의 많고 적음을 가리지 않고 상용한자(常用漢字)부터 가르치는 것이 바람직하다.

⑥ 도해식(圖解式) 한자 지도와 자원 풀이를 통한 구조적 한자 지도는 자음·자의의 이해를 장기화하여 한자의 결합 원리를 이해시키는 데 효과적이다.[2)]

위와 같은 연구 결과를 통해서 볼 때, 한자 학습은 부수(部首) 한자를 비롯한 상용한자(常用漢字)를 중심으로 지도하거나 한자의 사용 빈도가 높은 한자를 중심으로 지도하는 것이 효과적이라고 볼 수 있다. 또한 한자의 학습은 일상생활에 널리 쓰이는 한자를 골라서 하되, 그 방법은 한자의 짜임인 육서(六書)에 따라 학습하는 것이 효과적이라고 보고 있다.

필자는 이와 같은 연구 결과를 바탕으로 한자 교수·학습의 내용을 설계할 때 육서의 원리에 따라 지도하는 것으로 계획을 세웠다. 육서의 원리에 따라 한자를 지도하는 것은 필자가 설계한 구성주의 자원 학습법을 활용한 한자 학습과도 궤(軌)를 같이하기 때문이다. 육서의 원리에 따른 학습은 상형자를 먼저 학습하고 그 다음으로 지사자, 회의자, 형성자를 학습하는 것으로 학습의 순서를 정하였다. 한자의 학습은 낱글자 하나하나를 기계적으로 익히기 보다는 한자어를 통한 학습이 학습자의 어휘 능력 구성이나 언어생활 활용 능력 구성에 효율적이다.

실제로 학습할 내용은 학습 한자의 의미 형성을 고려하여 배정하였다. 수업 내용을 배열할 때 상형, 지사, 회의, 형성의 순서에 따라

---

2) 한국한자한문교육학회 편, 『新漢文科 教育論』(서울 : 전통문화연구회, 1999), 610~676쪽 참조

배열하되 학습 주제에 따라 그렇지 못한 경우도 있었다. 또한 학습자가 한자를 처음으로 배운다는 전제 아래 수업을 설계하였기 때문에 형성자의 학습은 배제하였다.

다음으로 한자의 학습량에 대해 검토해 보자. 학습자들이 단위 시간에 몇 글자의 한자를 학습하는 것이 적절한가에 대한 과학적인 연구는 없었다. 다만 한자 학습의 표준 소요시간을 알아보는 연구[3]가 진행되어 준거가 될 만하다. 선행 연구에 따르면 초학자들이 10자의 한자를 완전 학습하는 데 다획자(多劃字) 기준으로 약 70분이 소요된다고 한다. 이를 계산하여 보면 다획자 한자 당 약 7분이 소요된다. 이를 토대로 추정하여 보면 초등학교의 경우 단위 시간이 40분이므로 한 시간에 5~6자의 다획자를 학습하는 것이 가능하다. 이보다 획이 단순한 경우에는 단위 시간당 더 많은 한자를 학습할 수 있다. 여기에서는 학습자들이 학습해야 할 내용이 비교적 간단한 획의 글자라고 판단하여 한 시간에 학습할 한자의 수를 6자로 하였다.

이와 같은 기준에 따라 연구자가 선정한 한자 교수·학습 실험용 한자는 다음의 〈표〉와 같다.

〈구성주의 자원 학습법 실험용 선정 한자〉

	주제	육서 분류	학습 내용	학습 어휘(예)
1차시	나의 몸	상형	手 足 耳 目 口 鼻	手(투수, 포수) 足(수족, 족구) 耳(이목, 이비인후과) 目(주목, 목표) 口(입구, 출구) 鼻(비염, 이목구비)
2차시	우리 가족	상형	父 母 兄 弟 子 女	父(숙부, 부자) 母(숙모, 모녀) 兄(형제, 사촌형) 弟(형제, 제자) 子(모자, 부자) 女(여자, 남여)
3차시	동물 나라	상형	牛 馬 羊 犬	牛(한우, 우유) 馬(마차, 마부) 羊(양모, 산양) 犬(충견, 맹견)

3) 한양, "한자 학습의 표준 소요시간을 설정하기 위한 실험적 연구,"(계명대학교교육대학원 석사학위 논문, 1989), 19쪽.

			魚 鳥	魚(문어, 건어) 鳥(백조, 타조)
4차시	식물 나라	상형, 회의	木 竹 林 果 米 豆	木(목수, 목재) 竹(죽마, 죽림) 林(밀림, 임야) 果(과수, 과실) 米(백미, 현미) 豆(두부, 두유)
5차시	산과 들	상형	日 月 火 水 山 川	日(생일, 일출) 月(월출, 삼월) 火(화산, 화재) 水(약수, 수력) 山(등산, 남산) 川(하천, 산천)
6차시	방향	상형, 지사, 회의	東 西 南 北 上 下	東(동해, 강동) 西(서해, 서산) 南(남산, 강남) 北(남북, 북극) 上(정상, 최상) 下(천하, 하인)
7차시	숫자(1)	상형, 지사	一 二 三 四 五 六	一(일일, 일월) 二(이년, 이층) 三(삼학년, 삼색) 四(사방, 사년) 五(오월, 오층) 六(육학년, 육층)
8차시	숫자(2)	지사, 회의	七 八 九 十 百 千	七(칠일, 칠월) 八(팔년, 팔층) 九(구일, 구월) 十(삼십, 팔십) 百(사백, 칠백) 千(오천, 구천)
9차시	상대자	상형, 지사, 회의	大 小 多 少 本 末	大(거대, 최대) 小(최소, 약소) 多(다수, 다행) 少(소년, 소녀) 本(근본, 본국) 末(월말, 연말)
10차시	전통과 문화	회의	休 信 仁 男 美 孝	休(휴식, 휴일) 信(배신, 신용) 仁(인자, 인정) 男(남자, 남녀) 美(미인, 미남) 孝(효도, 효자)

위의 표에서 보듯이 학습할 내용은 상형자로부터 시작하여 지사자, 회의자 순으로 학습할 수 있도록 구성하였다. 학습 주제는 학습자 자신으로부터 시작하여 자신 주변의 가족을 학습하고, 동·식물 및 자연, 방향, 숫자, 상대자, 문화 등으로 확산적인 사고를 할 수 있도록 하였다. 학습량은 비교적 단순한 자형의 글자이기 때문에 한 시간에 여섯 자를 학습할 수 있도록 구성하였다.

2) 수업 과정

지식은 발견되기보다 구성된다는 구성주의 철학의 저변에는 맥락의 중요성이 숨어 있다. 최적의 교육적 사회 환경은 대화적 환경이다. 자신의 맥락에 서서 의견을 내고, 자신의 맥락에 서서 남의 의견을 조명해 볼 수 있게 해 주는 사회 환경은 대화적 환경이다. 학생을 맥락적 주체로 존중해주는 교사가 대화적 교사이다. 대화적 교사는 대화를 강요하는 교사라기보다 맥락적 구성을 가능하게 해 주는 교사이다. 교사도 여기서는 한 사람의 맥락적 구성 주체가 된다.4) 학습자의 학습도 맥락적 학습이 되어야 유의미하다고 볼 수 있다. 학습자의 학습 맥락과 동떨어진 탈맥락적 학습은 학습자의 지식을 구성하지 못한다.

이런 측면에서 '협동학습(Learning by Collaboration)'은 대화적 환경을 구성하고, 맥락적 학습을 가능하게 하는 학습 방법이라 볼 수 있다. 구성주의에서 지식 구성은 사회적 요소와 개인의 인지적 요소간의 통합을 통해 이루어진다. 그러므로 구성주의적 학습 환경은 학습자가 속해 있는 사회 구성원 간의 협동학습적 환경이 이루어졌을 때 최적의 환경을 갖추었다고 할 수 있다.

제7차 교육과정은 학생들의 자기주도적 학습 능력의 신장에 중점을 두고 있는데, 자기주도적인 학습(self-directed learning)은 학생이 학습의 주체가 되고, 교사는 학생의 자주적, 주체적 학습 활동을 보조하고 보장해주는 입장에 서게 되는 것이다.5) 학생들이 긍정적으로 상호 의존하는 가운데 동등하게 참여하고, 동시다발적인 상호작용이 일어날 수 있는 '협동 학습' 방법은 한자의 자원 학습을 학생들 스스로 주체가 되어 할 수 있는 방법이어서 매우 고무적이라 할 수 있다.

곧 한자의 자원을 나타낸 그림〔甲骨文, 金文, 小篆의 字形〕을 제시한 학습지를 나누어주면, 학생들은 자원을 나타낸 그림이 무엇을 상형한 것인지 추측하여 보고, 추측한 내용에 대해 서로 대화와 토

---

4) 조용기, 「구성주의 교육의 구성」, 『초등교육연구논총』 제12집(대구, 대구교육대학교 초등교육연구소, 1998), 83쪽.
5) 교육부, 『초등학교 교육과정 해설(Ⅰ)』, 1998.

론을 통해 이야기하면서 각자의 한자 지식을 구성하게 되는 것이다.

다음은 구성주의 자원 학습법을 적용한 교수·학습 과정안의 예시이다. 학습자들이 자기주도적으로 학습에 참여하되 소집단 토의 중심의 협동학습을 통해 한자지식을 구성할 수 있도록 교수·학습 전략을 계획한 것이다.

〈구성주의 자원 학습법 교수·학습 과정안〉

단원명	2. 우리 가족	지도 한자	父, 母, 兄, 弟, 子, 女	차시	2/10
학습 목표	· 자원을 통해 한자의 뜻과 음을 알 수 있다. · 한자를 익혀 일상생활에 활용할 수 있다.				

단계	학습요소	교수·학습 활동	시간	자료 및 유의점
도입	기습 한자 익히기 한자 알아맞히기 본시 목표 확인	○교사가 기습 한자 카드를 넘겨가며 아동들이 뜻과 음을 말하도록 한다. ○교사가 칠판에 이미 배운 한자 중에서 하나를 골라, 일부분을 써가며 아동들이 어떤 한자인지 맞히도록 한다. ○오늘 배울 한자를 소개한다. (父, 母, 兄, 弟, 子, 女)	5'	전체학습 한자카드
전개	자형 탐색하기 (시범보이기) 자의 추론하기 (코 칭) (비계설정) (반성적 사고)	○父, 母, 兄, 弟, 子, 女의 자형 변화를 알 수 있는 학습지를 아동들에게 나누어 주고 자형탐색 활동을 하도록 한다. - 父의 자형 탐색하기 - 母의 자형 탐색하기 - 兄의 자형 탐색하기 - 弟의 자형 탐색하기 - 子의 자형 탐색하기 - 女의 자형 탐색하기 ○ 자형 탐색 활동을 통해 찾은 자형을 보고 한자의 의미를 추론하여 본다. - 父의 자형을 통해 의미 추론하기 - 母의 자형을 통해 의미 추론하기 - 兄의 자형을 통해 의미 추론하기 - 弟의 자형을 통해 의미 추론하기 - 子의 자형을 통해 의미 추론하기 - 女의 자형을 통해 의미 추론하기	20'	전체학습 (협동학습) 협동학습

적용	한자 어휘 찾기 (명료화) (반성적 사고)	○오늘 배운 한자가 들어가는 한자어를 찾아보도록 한다. －父 : 부모, 부자, 부녀 －母 : 부모, 모자, 모녀, 숙모 －兄 : 형제, 친형, 사촌형 －弟 : 형제, 제자, 사제 －子 : 모자, 부자, 자녀 －女 : 여자, 남녀, 미녀	10'	개별학습 (전체학습)
	짧은글 구성하기 (탐 구)	○만든 한자어를 넣어서 짧은글을 짓도록 한다. －父 : 부모님께 효도를 하자. －母 : 시골에서 숙모님이 오셨다. －兄 : 우리 형제는 사이가 좋습니다. －弟 : 선생님은 제자가 매우 많습니다. －子 : 할머니는 자녀를 많이 두셨습니다. －女 : 여자 친구들이 노래를 부릅니다.		개별학습 (전체학습)
정리	평 가 정 리 차시 예고	○한자를 제시하고 한자의 뜻과 음을 말하게 한다. ○한자어를 제시하고 그 뜻을 말하게 한다. ○차시 예고	5'	

위의 〈표〉는 초등학교 3학년 학습자를 대상으로 필자가 계획한 실험 수업의 2차시 교수·학습 과정안이다. 우선 교사는 지난 시간에 배운 한자를 복습하면서 학습자들의 학습 상황을 점검하고, 학습자들이 새로운 한자를 익힐 수 있는 마음의 준비를 할 수 있도록 한다. 전시 학습을 상기할 때에는 단순히 한자 카드를 제시하기보다는 학습자들의 흥미를 끌 수 있도록 퀴즈를 내거나 자형의 일부분을 제시하여 학습자들이 호기심을 갖고 학습에 임할 수 있도록 한다.

본시 목표를 확인할 때에는 곧바로 학습 주제를 제시하기보다는 학습 주제와 관련된 학습자들의 경험이나 생각 등을 들추어낼 수 있는 질문을 하여 학습자의 인지 구조(scheme)를 활성화하도록 한다.

자형 탐색 활동은 '父, 母, 兄, 弟, 子, 女'의 갑골문, 금문, 소전 등의 자형 중에서 학습자의 호기심을 유발하고, 한자의 자의 추론과 밀접한 관련이 있는 비슷한 자형을 재료로 하여 이루어지도록 한다. 처음으로 한자의 갑골문, 금문, 소전 자형을 보는 학습자들은 다소 당혹스러워할 수 있으므로 교사는 시범보이기(modeling)를 통해 자형 탐색 활동을 이끌 수 있다.

시범보이기는 교사가 모든 학습 내용을 보여주기보다는 한두 한자만 예를 들어 보여주고, 나머지 한자는 유능한 학습자를 통해 시범을 보여줄 수도 있다.

자형탐색 활동은 '비슷한 자형 찾기'와 '이미지 컷 대조하기' 활동을 통해서 할 수 있다. 한자의 자의와 연관된 이미지 컷을 제시하고 학습자들로 하여금 한자와 관련된 이미지를 연결해보도록 하여 한자의 자의에 대한 스키마를 형성하도록 하는 것이다. '비슷한 자형 찾기'와 '이미지 컷 대조하기' 활동은 교사의 시범 보이기에 의한 전체 학습으로 진행할 수 있으나, 한두 번의 경험을 통해 학습자들이 소집단 내에서 토의를 통한 협동학습의 형태로 이루어질 수도 있다.

자의 추론 활동은 한자의 자형을 통해서 한자의 의미를 추론하는 과정이다. 자의 추론 활동은 한자와 관련된 이미지 컷 자료나 비슷한 자형을 통해서 할 수 있다. 자의 추론 활동을 할 때에 교사는 학습자들을 여섯 개의 소집단으로 나누어 하나의 소집단에서 한 글자 또는 두 글자의 자의를 추론하는 활동을 하게 해야 한다. 여섯 자의 한자를 모두 추론하기에는 시간도 부족할뿐더러 활동이 산만하게 되어 학습자들 사이의 토의 활동이 원활하게 이루어지지 않기 때문이다.

학습자들이 소집단 별로 자의 추론 활동을 하는 동안 교사는 방관자로서 지켜볼 것이 아니라 학습자들의 조력자(facilitator)나 동료학습자(co-learner)로서의 역할을 충실히 해야 한다. 구성주의에서 강조하는 것은 교사의 역할이나 존재의 부정이 아니라 역할의 변화를 의미한다. 교사는 학습자들의 조력자로서 학습자들이 어려움을 겪을 때 코칭(coaching) 및 비계설정(scaffolding)을 하여 학습자들이 문제를 해결할 수 있는 단서를 제공하고, 디딤돌의 구실을 해야 한다. 이와 같은 자의 추론 활동을 하면서 학습자들은 한자의 의미에 대한 자신의 생각을 명료화(articulation)하고 반성적 사고(reflection)를 하면서 한자 지식을 구성하게 되는 것이다.

한자 어휘 찾기와 짧은글 구성하기는 학습자들이 익힌 한자를 언어생활에 적용해보는 과정이다. 초등학교 한자 교육의 성격이 모국어를 바르게 이해하고, 국어 어휘력을 신장시키는 데 있으므로, 구성주의 자원 학습법을 통한 한자 교육도 이와 같은 성격을 반영하여야 한다. 한자 어휘 찾기와 짧은글 구성하기 활동은 학습자들이 개별적으로 학습지를 활용하여 이루어지는 활동이다. 그러나 학습자들이 쓰기 활동을 꺼려하거나 시간적으로 제한을 받을 경우에는 굳이 개별 학습을 하지 않고 바로 전체 학습으로 진행할 수 있다.

한자 어휘 찾기 활동을 하면서 학습자는 자신이 익힌 한자의 자형과 자의에 대하여 자신의 생각을 명료화할 수 있다. 또한 자신이 찾은 어휘에 쓰인 한자가 바른 의미로 사용되고 있는지에 대한 반성적 사고를 할 수 있다. 짧은글 구성하기 활동을 하면서 학습자는 자신이 찾은 어휘를 활용하여 만든 짧은글이 바른 맥락으로 쓰인 것인지에 대해 검토하여 보고, 탈맥락적인 문장을 지었다면 왜 그렇게 되었는지에 대한 반성적 사고를 하게 된다. 또한 자신이 익힌 한자나 어휘에 대한 지식을 활용하여 새로운 학습 목표를 설정하고, 자신이 설정한 문제를 해결하려는 탐구(exploration)의 경험도 하게 된다.

다음은 구성주의 자원 학습법에 활용할 수 있는 2차시 수업의 자원 학습 자료이다.

학교 현장의 교육 환경을 고려하여 볼 때 교사들이 손쉽게 접근할 수 있는 한자 자원 지도 자료가 제한되어 있다. 구성주의 자원 학습법을 실행하기 위해서는 이와 같은 자원 학습 자료가 교사들에게 제공될 수 있는 환경이 마련되어야 한다.[6] 여기에서는 교사들이 참고하여 교수·학습의 기본 자료로 삼을 만한 한자의 자원 학습 자료를 몇 가지 예시하였다.

먼저 갑골문(甲骨文), 금문(金文), 소전(小篆) 등의 자형을 도해(圖解)로 제시하고 도해와 관련된 자의(字義)를 서술하였다. 이와 같은 자원 학습 자료들은 학습자들에게 일방적으로 제시되기보다는 수업의 단서(端緖)로서 활용되어야 한다.

〈父의 자형 및 자의 설명〉

父		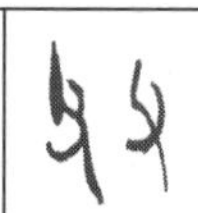	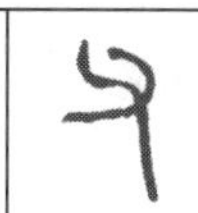
아비 부	甲骨文	金文	小篆

손에 돌도끼를 잡고 있는 모양의 글자이다. 첫 획은 돌도끼, 나머지 세 획은 손의 모양이 변한 것이다. 돌도끼로 전쟁도 하고 농사도 짓는 사람은 바로 사나이 또는 아버지.

〈母의 자형 및 자의 설명〉

母			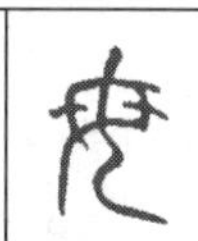
어미 모	甲骨文	金文	小篆

여인을 뜻하는 '女(녀)'와 아이를 낳은 어머니의 젖가슴을 뜻하는 두 점으로 이루어진 글자이다. '어머니'의 뜻으로 쓰인다.

〈子의 자형 및 자의 설명〉

子	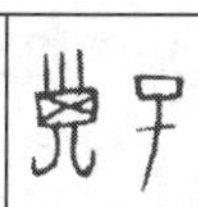		
아들 자	甲骨文	金文	小篆

갓난아이가 강보 속에서 두 손을 움직이는 모양이다. 본뜻은 '아이', '아들'의 뜻으로 쓰인다.

〈女의 자형 및 자의 설명〉

女	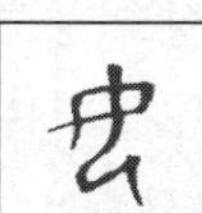	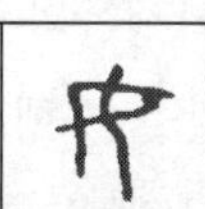	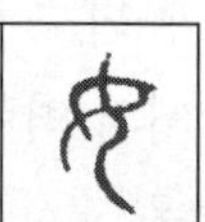
계집 녀	甲骨文	金文	小篆

무릎을 땅에 꿇은 여자의 모습이다. 두 손을 나란히 아래로 드리우고 눈도 아래를 향하고 있다. 고대 사회에서 여성의 지위가 남성에 비해 낮았음을 보여준다.

6) 초·중등학교에서 교사들이 활용할 수 있는 자원 학습의 참고 자료를 이 책의 부록으로 구성하여 제시하였다.

〈兄의 자형 및 자의 설명〉

兄	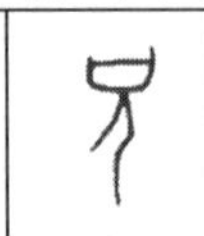		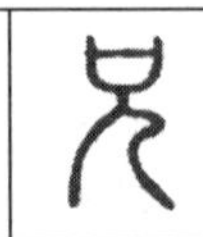
맏 형	甲骨文	金文	小篆

사람이 신주 앞에 꿇어앉아서 하늘을 향해 크게 입을 벌려 복 받기를 비는 모습이다. 맏이가 제사를 주관하므로 '형'이란 뜻으로 쓰이게 되었다.

〈弟의 자형 및 자의 설명〉

弟			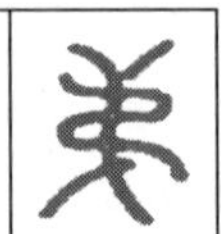
아우 제	甲骨文	金文	小篆

끈으로 어떤 물건을 묶어놓은 모양이다. 끈을 차례로 감았다는 데에서 '차례'의 뜻이 생겼고, '아우'라는 뜻도 생기게 되었다.

2. 구성주의 자원 학습법의 연구 설계

구성주의 인식론 아래에서 교사는 지식의 전수자가 아니라 인도자(scaffolder), 코치(coach), 그리고 같이 탐구하고 배우는 자(co-leaner, co-explorer)로서의 역할을 해야 한다. 교사는 학생들 개개인이 지닌 경험적 기술과 가치를 인정하고, 학생들의 목소리와 관심이 반영되어 있는 학습 결과가 나오도록 유도해 주는 구실을 해야 한다. 교사는 자신의 지식과 경험에 절대적 가치를 두지 않고 학생들의 경험과 지식을 인정해 주고 가치를 부여하는 과정을 통해서 교사 스스로도 자신의 지식과 경험과 다른 새로운 지식, 문화, 경험이 있음을 깨닫게 되고 학생들과 상호 동등한 위치에서 같이 탐구하고 배우는 자로서의 역할을 수행하게 되는 것이다.7) 전통적인 교실 학습 환경과 같은 교사 모델은 구성주의 교수·학습의 환경에는 어울리지 않는다.

구성주의적 학습 환경에서 교사는 학생의 답변에 대해 옳고 그름

7) 강인애, 『왜 구성주의인가?』(서울 : 문음사, 1997), 138~139쪽 참조.

의 즉각적인 판단을 내리는 대신, 학생의 생각이 교사의 그것과 다를 경우에는 학생의 생각을 다시 명료하게 말하도록 질문을 해 본다든지, 아니면 학생의 생각에 대하여 추가적인 질문을 하거나, 혹은 학생의 생각과 모순적이거나 일치하지 않는 생각을 질문으로 던져 보다든지 하는 식의 반응을 해야 한다.[8] 교사는 끊임없이 학생들이 사고를 구성할 수 있도록 촉진하는 질문을 마련해야 하며, 학습자들이 스스로 사고를 구성할 수 있도록 인내력을 가지고 기다려야 한다. 학습자들의 답변이 만족스럽지 못하더라도 교사가 먼저 단정하고 학습자들의 추가적인 사고 구성을 방해하는 말을 해서는 안 된다.

이와 같은 인식 아래 여기에서는 구성주의 자원 학습법의 실행에 따른 연구 과정, 구성주의 자원 학습법의 실행 과정, 구성주의 자원 학습법의 실행 효과 분석 등을 논의하고자 한다.

1) 연구 문제 및 절차

이 연구는 구성주의 자원 학습법을 적용하였을 때와 그렇지 아니하였을 때, 학습자들의 한자 이해 능력·어휘 이해 능력에 유의미한 차이를 보이는가를 탐구하는 것을 목적으로 삼는다. 아울러 구성주의 자원 학습법을 활용한 한자 교수·학습이 실제 현장에 적용되는 양상을 탐색하는 것을 목적으로 삼는다. 이 연구에서 설정한 연구 문제는 다음과 같다.

첫째, 구성주의 자원 학습법으로 한자를 학습한 학생들은 그렇지 않은 학생들보다 한자 이해 능력에 통계적으로 유의미한 차이를 보이는가?

둘째, 구성주의 자원 학습법으로 어휘를 학습한 학생들은 그렇지 않은 학생들과 어휘 이해 능력에 통계적으로 유의미한 차이를 보이는가?

---

8) 강인애, 「구성주의적 교수-학습의 원리와 적용」, 『교육이론과 실천』 제8권 제1호(마산 : 경남 대학교 교육문제연구소, 1998), 31~32쪽.

셋째, 구성주의 자원 학습법은 교실 현장에서 어떤 모습으로 적용되고 있는가?

이 연구의 첫째와 둘째 문제를 해결하기 위해서는 실험 설계를 하여 실험 수업을 하고 그 결과를 분석하였다. 세 번째 연구 문제를 해결하기 위하여 구성주의 자원 학습법을 실행하는 과정에서 이루어지는 담화와 상호작용의 양상을 참여관찰(participant observation)[9]과 심층면담(in-depth interview)[10]의 방법으로 자료를 수집하고 분석하였다. 참여관찰과 심층면접으로 대표되는 질적 연구 방법은 자료를 계량적으로 수집하고 처리하는 양적 연구 방법이 간과하는 개별적 사례의 고유한 모습과 내면을 심층적으로 분석하는 방법이다. 양적 연구 방법으로만 결과를 도출했을 때 보지 못하는 수업의 실제 내용들을 질적 연구 방법을 통하여 보강하면, 수업의 온전한 모습을 볼 수 있어서 연구의 객관성과 타당성을 보장해 줄 수 있을 것이다.

연구 목적을 달성하기 위해 필자는 직접 교사로서 학생들의 수업에 들어가서 수업을 진행하면서 '연구자로서 교사(teacher as researcher)'의 역할을 수행하였다.[11] 참여관찰은 연구 기간 동

9) '참여관찰'이란 연구자가 특정 집단의 일상 세계를 비교적 장기간 참여하여 그들의 삶과 문화를 관찰, 기록, 해석하는 것을 말한다. cf. 김영천, 『질적연구 방법론』 I (서울 : 문음사, 2006), 203~209쪽.

10) '심층면담'은 질적 연구의 자료수집 방법으로서 먼저 연구자는 면담과정에서 가치판단을 중지하며, 개방적이고 수용적인 자세로 다른 사람의 가치를 존중하며 공감을 갖는 것이 필요하다. cf. 신경림 외, 『질적연구 용어사전』(서울 : 현문사, 2003), 239쪽.

11) 교육 현장에 몸담고 있는 교사 자신이 교육 현실을 이해하거나 개선하기 위해 수행하는 연구를 실행연구(action research)라고 한다. 실행연구의 주체는 반드시 교사 자신이어야 하며, 연구의 대상은 자신이 실천하고 있는 실제적인 교육활동이어야 한다. 또 연구의 목적은 자신이 하는 일을 전보다 잘 이해하고, 그것을 보다 나은 방향으로 개선하는 것이다. 이런 맥락에서 '연구자로서 교사'(teacher as researcher)라는 말이 의미를 갖는다. cf. 이용숙 외, 앞의 책, 20~22, 45~46쪽.

안 이루어졌으며, 자료의 정확한 수집을 위해 수업한 내용을 캠코더(Camcoder)로 녹화하고, 보이스 레코더(Voice Recorder)로 녹음한 후 전사하여 필요한 부분을 연구에 이용하였다. 심층면접은 수업을 진행하면서 연구의 후반부에 반구조화된 면담 방법으로 진행되었다.

이 연구는 구성주의 자원 학습법의 효과를 분석하기 위해 양적 연구 방법인 실험연구와 질적 연구 방법인 참여관찰, 심층면담, 내용 분석 등의 연구 방법으로 진행하였다.

이 연구의 연구 절차를 예시하면 다음과 같다.

구성주의 자원 학습법 수업설계	· 보완 작업을 거친 후, 최종 한자 교수 · 학습 방법인'구성주의 자원 학습법' 수업설계
⇩	
사전평가 개발	· 예비평가 개발 및 Pilot test 실시 · 1차 · 2차 전문가의 내용타당도 작업 · 평가 문항 검토 및 수정 · 최종 한자 교수 · 학습 방법 평가문항 개발
⇩	
연구 대상자 선정	· 초등학교 3학년 60명 · 실험집단과 통제집단으로 구분
⇩	
사전평가 실시	· 한자 교수 · 학습 방법 평가를 통해서 사전에 한자 이해력을 파악함
⇩	
한자 교수 · 학습 방법 수업 실시	· 10차시로 구성 · 매주 실험집단 30명에게 실시 · 참여관찰, 심층면담 실시
⇩	
사후 평가	· 사전 평가와 동형의 평가를 동일한 연구 대상자에게 실시하여 한자 교수 · 학습 방법의 효과를 비교 · 분석함
⇩	
결 과	· 사전-사후 평가를 통해 자원 학습법의 효과성 검증

〈연구 절차〉

위의 연구 절차는 구체적으로 다음과 같이 설명할 수 있다. 첫째, 구성주의 자원 학습법을 알아보기 위한 평가개발은 예비평가 실시 후, 1차 · 2차 전문가의 내용타당도 작업을 거쳐 최종적으로 평가지를 개발하였다. 사전과 사후 평가지는 연구자가 제작한 후, 전문가의 내용타당도 작업을 거쳤다. 사후평가는 사전 평가와 동일한 문제를 이용하여 실시할 경우 생길 수 있는, 기억의 효과에 의한 평가의 오류를 방지하기 위해 동형(同形)의 문제를 제작하여 실험집단과 통제집단 모두에게 실시하였다.

둘째, 실험집단을 대상으로 한 교수 · 학습 방법은 한자 이해력을 측정하기 위한 수업 방법으로 '구성주의 자원 학습법'을 적용하여 수업을 실시하였다. 그리고 통제집단은 한자의 삼요소를 중심으로 교사가 설명하는 전통적인 수업 방법으로 진행하되 학습자의 자발적 참여가 왕성한 수업이 되도록 수업을 설계하고 실시하였다.

이 연구는 실험연구로서 준실험 설계 중 하나인 이질통제집단 사전-사후 설계를 사용하였으며, 실험 연구의 설계는 아래와 같다.

G_1	O_1	X	O_2	$E_1 = O_2 - O_1$
G_2	O_3	-	O_4	$E_2 = O_4 - O_3$

G_1 : 실험집단 G_2 : 통제집단
O_1, O_3 : 사전평가 O_2, O_4 : 사후평가 E_1, E_2 : 처치효과 비교

〈연구 설계〉

이 연구의 목적을 달성하기 위하여 초등학교 3학년 2개 학급을 실험집단과 통제집단으로 나누어 실험설계를 하였다. 실험집단에는 실험의 처치로 '구성주의 자원 학습법'을 실시하였다.

이 연구는 실험 연구로서 다음과 같은 연구 설계의 제한점을 갖고 있는 가운데 실시되었다.

첫째, 이 연구의 실험 대상은 서울특별시에 소재한 초등학교 3학

년 학생으로 제한되었다는 점이다. 따라서 학년별, 지역별, 학교급별로 일반화하는 데는 한계가 있을 수 있다.

둘째, 이 연구는 실험집단과 통제집단을 별도로 편성하지 않고 기존의 일반 편성 학급을 활용하였기 때문에 이에 대한 변인이 엄격히 통제되지 않았다.

2) 연구 대상

이 연구의 대상 학교는 서울특별시 관악구에 소재한 누리초등학교이다.[12] 필자가 누리초등학교를 대상으로 삼은 이유는 '재량활동'에 한자를 편성하였기 때문이다.

이 연구의 대상 학년은 초등학교 3학년이다. 필자가 3학년 학생을 연구 대상으로 삼은 것은 초등학교 학생에게 한자 교육을 실시할 경우 3학년부터 실시하는 것이 적절하다는 선행 연구가 있기 때문이다.[13]

또한 적어도 3학년은 되어야 한글에 대한 문식성(literacy)이 어느 정도 자리를 잡는다고 보기 때문이다.

이 연구의 대상자는 초등학교 3학년에 재학 중인 총 60명이다. 그 중에서 연구 기간 중에 전학을 하였거나 사전・사후 평가 시 불

---

12) 이 연구에서 밝힌 학교와 학급, 학생의 이름은 연구의 윤리적 민감성을 고려하여 가명으로 하였다. 이는 연구자가 연구 현장 구성원과 관련된 자료의 기밀 유지에 힘써야 하기 때문이다. 연구자는 연구의 과정에서 획득한 자료를 연구 이외의 목적을 위하여 사용해서는 안 되며, 참여자의 사생활 보호를 위해 참여자의 신변 정보를 담고 있는 질적 자료(이름, 점수, 면담자료, 작품 등)가 타인에게 노출되지 않도록 철저히 보호해야 한다. 익명 또는 가명의 사용은 이러한 원칙을 가장 잘 나타내는 방법이다. cf. 이용숙 외, 위의 책, 74쪽.

13) 최현섭・박영목・노명완・최영환・정혜승, 「초등학교 한자 교육 문제에 대한 총체적 분석 연구」〈교육정책연구 2002-특-12〉(서울 : 교육인적자원부, 2002), 163쪽.

박영목・이성영・신권식・이수인, 「초등학교 한자교육 프로그램의 교육 효과 검증 연구」〈2003년도 교육과정 후속지원 연구과제 답신 보고〉(서울 : 교육인적자원부, 2003), 104쪽.

참한 학생들을 제외하고 54명을 연구 대상자로 채택하였다.14)

연구 대상자의 일반적인 특성을 살펴보면 다음 〈표〉와 같다.

〈표〉 연구 대상의 일반적 특성

구 분		실험집단		통제집단		전 체	
		n	%	n	%	n	%
한자의 관심유무	있다	22	78.6	14	53.8	36	66.7
	없다	6	21.4	12	46.2	18	33.3
한자를 배운 경험유무	있다	24	88.9	19	76.0	43	82.7
	없다	3	11.1	6	24.0	9	17.3
한자를 배운 시기	유치원	2	8.3	5	26.3	7	16.3
	초등학교 1-2학년	20	83.3	14	73.7	34	79.1
	초등학교 3학년	2	8.3	0	0.0	2	4.7
한자를 공부한 기간	1년 미만	9	40.9	6	31.6	15	36.6
	1년 이상-2년 미만	10	45.5	8	42.1	18	43.9
	2년 이상	3	13.6	5	26.3	8	19.5
한자를 공부한 자료나 한자를 가르쳐 준 대상	주간학습지	4	17.4	7	36.8	11	26.2
	학원 선생님	5	21.7	4	21.1	9	21.4
	서점에서 산 책	4	17.4	2	10.5	6	14.3
	부모님	6	26.1	6	31.6	12	28.6
	학교 선생님	10	43.5	9	47.4	19	45.2
	기타	0	0.0	1	5.3	1	2.4
한자 급수 능력 시험을 치른 경험	있다	14	60.9	14	73.7	28	66.7
	없다	9	39.1	5	26.3	14	33.3
한자 급수 능력 시험의 급수 취득	4급	1	6.7	1	7.1	2	6.9
	5급	2	13.3	0	0.0	2	6.9
	6급	2	13.3	4	28.6	6	20.7
	7급	4	26.7	3	21.4	7	24.1
	8급	6	40.0	6	42.9	12	41.4
한자 공부를 하고싶은지 여부	하고 싶다	15	78.9	10	55.6	25	67.6
	하고 싶지 않다	4	21.1	8	44.4	12	32.4
전체		28	51.9	26	48.1	54	100.0

연구 대상자의 일반적인 특성을 전체적으로 개괄하면 한자의 관심

14) 연구 초기의 학급 구성을 보면 실험반 30명(남 : 16, 여 14, 계 : 30), 통제반 30명(남 : 16, 여 : 14명) 이었으나 실험반의 경우 전학생 1명과 결시생 1명을 제외한 28명을 최종 자료로 채택하였다. 통제반은 전학생 2명과 결시생 2명을 제외한 26명을 최종 자료로 채택하였다.

정도와 배운 경험은 실험반이 높게 나타나고, 한자를 공부한 기간과 한자 급수 능력 시험 경험은 통제반이 높게 나타나며, 그 외의 항목들은 서로 비슷한 결과를 보이고 있다. 그러나 실험반, 통제반 모두 사례 수가 적기 때문에 단순한 백분율 비교는 큰 의미가 없으며, 두 학급 모두 비슷한 환경의 학습자로 구성되어 있음을 알 수 있다.

3) 수업 효과 측정

수업은 10주에 걸쳐 매주 1시간씩 실험 수업을 실시하였다. 10주의 수업 기간은 한 학기 또는 한 학년의 수업 기간에 비하면 짧은 기간이지만, 이 연구에서는 자료포화(data saturation)[15]가 이루어지는 기간으로 판단하였기 때문에 10주에 한정해 수업을 진행하였다.

수업의 효과는 양적 연구 방법인 실험 연구의 방법을 통해서 측정하였다.[16] 실험연구는 학습자들의 배경을 알아보기 위한 설문지와 사전・사후 평가지를 통해서 진행하였다. 설문지는 학생들의 한자 학습과 관련한 내용을 중심으로 구성했다. 한자 관심도, 한자 학습 여부, 한자 학습 시기, 한자 학습 기간, 한자 학습 방법, 한자 급수 능력 시험 자격증 소지 여부, 한자 급수 능력 자격 급수, 한자 학습 희망 여부와 이유 등으로 구성하였다. 설문지는 사전 검사 전에 3학년 1개 반에 예비 설문조사를 실시하여 불필요한 내용을 제거하거나 수정한 후 설문지를 재구성하였다.

검사지는 한자 지식을 측정한 선행 연구의 사전 검사지와 사후 검사

---

15) 자료포화란 질적 연구에서 자료수집의 과정으로 자료의 일치감을 이루는 점에서 더 이상의 정보를 제공할 수 없는 시점의 상태를 말한다. cf. 신경림 외, 『질적연구 용어사전』(서울 : 현문사, 2003), 322쪽.

16) 이 연구에서 수집된 자료는 SPSS(Statistical Package for Social Science) 12.0버전을 이용하여 분석하였다. 분석기법으로는 연구 대상자의 일반적 특성을 파악하기 위해 빈도와 백분율을 산출하였고, 평가도구의 신뢰도는 Cronbach α계수로 검증하였다. 두 집단의 동질성을 알아보기 위해 동질성검사를 t 검증을 사용하여 실시하였고, 가설을 검증하기 위해 t검증(t-test)을 실시하여, 두 집단의 평균차가 실험에 얼마나 영향을 미치는가를 알아보았다.

지를 참고하여 연구자가 제작하였으며, 전문가에 의한 내용 타당도(content validity) 검사를 실시하여 검사 문항의 타당도를 높이고자 하였다. 또한 검사 문항의 신뢰도(reliability)를 측정하기 위해 문항 내적 일관성 신뢰도(internal consistency reliability) 측정 방법의 하나인 Cronbach's alpha 계수로 추정하였다. 결과에 대한 신뢰성을 확보하고자 먼저, 각 검사의 신뢰도 분석을 실시하였다. 각 검사 영역별 문항들의 Cronbach α계수를 산출한 결과는 다음 〈표〉와 같다.

〈표〉 한자 교수·학습 방법 평가도구의 신뢰도

평가변인		문항번호	문항 수	Cronbach α	
				사전	사후
한자(漢字) 이해 능력	자형(字形)에 따른 한자 음(音)의 재인(再認) 능력	1번~10번	10	.908	.777
	자형(字形)에 따른 한자 뜻[義]의 재인(再認) 능력	11번~20번	10	.885	.862
어휘(語彙) 이해 능력	자형(字形)에 따른 한자어 음(音)의 재인(再認) 능력	21번~25번	5	.556	.509
	자형(字形)에 따른 한자어 의미(意味)의 재인(再認) 능력	26번~30번	5	.615	.593
	자의(字義)를 통한 한자어 의미 추론(推論) 능력	31번~40번	10	.667	.525
전 체			40	.933	.885

3. 구성주의 자원 학습법의 실행 과정

앞에서 논의한 실험 계획에 따라 필자는 초등학교 교실 수업 현장에 '구성주의 자원 학습법'을 활용한 한자 수업을 실행하였다. 필자는 실행에 앞서서 이 연구의 전반적인 연구 과정과 절차에 대해 전문가와 협의하였다.[17] 전문가와의 협의를 통해 필자가 계획한 연구 과정의 문제점을 부분적으로 수정하여 교실 수업을 실시하게 되었다. 또한 수업 실행을 하기 전에 연구 대상자와 같은 학년의 학생을 대상으로 예비 연구(pilot study)[18]를 실시하여 설문지 및 검사지에서 적합하지 않다고 판단하는 내용을 교정하였다.

이 연구를 실행하면서 필자는 '구성주의 자원 학습법'을 활용한 한자 교수·학습 실행의 결과를 양적 연구 방법과 질적 연구 방법을 활용하여 분석하였다. 질적 자료의 분석은 참여 관찰과 심층 면담의 방법을 사용한 트라이앵귤레이션(triangulation)[19]을 실시하여 연구의 타당성을 확보하고자 하였다.

1) 실행 절차

이 연구는 2007년 3월부터 6월까지 15주 동안 실시하였다. 3월은 사전 설문지 타당도 검사와 예비 설문 조사를 하였으며, 사전·사후 검사를 제외한 10주에 걸쳐 매주 1시간씩 실험 수업을 실시하였다. 이 연구의 실행 절차는 아래의 〈표〉와 같다.

---

17) 필자는 이 연구를 진행하면서 연구의 객관성, 타당성, 신뢰성 등을 확보하기 위해 여러 차례 전문가와 협의하였다. 연구의 전반적인 과정과 절차에 대하여 한문교육 전공 교수 1명과 협의를 하였고, 사전·사후 평가 문항지의 개발에 대하여는 한문교육 전공 교수 1명, 국어교육 전공 교수 1명과 협의를 하였다. 또한 사전·사후 검사지의 코딩 및 통계처리, 내용 해석에 대하여는 중·고등학교 한문 교사 각 1명과 통계를 전공하는 대학원 박사과정 연구자와 협의를 하였다.

18) 예비 연구(pilot study)는 본 연구(main study)가 실시되기 전에 연구 절차 및 도구를 검토해 보고, 문제점을 알아내기 위해 실시하는 연구이다. 본 연구와 똑같은 절차 및 도구를 예비연구에서 사용하되, 다만 피험자의 숫자가 상대적으로 적다는 점이 본 연구와 다른 점이다. 이 연구에서는 실험반과 통제반을 제외한 이웃 학급의 남·녀 학습자 10명을 대상으로 예비연구를 실시했다. cf. 한국교육평가학회, 『교육평가용어사전』(서울 : 학지사, 2004), 255쪽.

19) 트라이앵귤레이션(triangulation)은 항법학이나 측량학에서 사용하는 삼각측량이라는 용어를 전용한 것으로 질적 연구의 엄격성을 높일 수 있는 유용한 방법으로 널리 활용되고 있다. cf. 김영천, 『네 학교 이야기』(서울 : 문음사, 2004), 46쪽.

〈표〉 연구의 실행 절차

	내용 / 학습 한자	내용 / 학습 어휘(예)
실험 시작 (3.19)	설문 타당도 검사 현장 들어가기 설문 예비 조사	1차 설문지·검사지 작성 및 전문가 협의(3. 20) 2차 설문지·검사지 작성 및 전문가 협의(3. 27) 실험 대상 학교 선정 및 현장 들어가기(3. 31) 예비 설문조사 실시 및 문항 수정(4. 2)
1주 (4.9)	사전 평가	실험반 및 통제반 사전 평가 및 분석
2주 (4.16)	手 足 耳 目 口 鼻	手(투수, 포수) 足(수족, 족구) 耳(이목, 이비인후과) 目(주목, 목표) 口(입구, 출구) 鼻(비염, 이목구비)
3주 (4.23)	父 母 兄 弟 子 女	父(숙부, 부자) 母(숙모, 모녀) 兄(형제, 사촌형) 弟(형제, 제자) 子(모자, 부자) 女(여자, 남여)
4주 (4.30)	牛 馬 羊 犬 魚 鳥	牛(한우, 우유) 馬(마차, 마부) 羊(양모, 산양) 犬(충견, 맹견) 魚(문어, 건어물) 鳥(백조, 타조)
5주 (5.7)	木 竹 林 果 米 豆	木(목수, 목재) 竹(죽마, 죽림) 林(밀림, 임야) 果(과수원, 과실) 米(백미, 현미) 豆(두부, 두유)
6주 (5.14)	日 月 火 水 山 川	日(생일, 일출) 月(월출, 삼월) 火(화산, 화재) 水(약수, 수력) 山(등산, 남산) 川(하천, 산천)
7주 (5.21)	東 西 南 北 上 下	東(동해, 강동) 西(서해, 서산) 南(남산, 강남) 北(남북, 북극) 上(정상, 최상) 下(천하, 하인)
8주 (5.28)	一 二 三 四 五 六	一(일일, 일월) 二(이년, 이층) 三(삼학년, 삼색) 四(사방, 사년) 五(오월, 오층) 六(육학년, 육층)
9주 (6.4)	七 八 九 十 百 千	七(칠일, 칠월) 八(팔년, 팔층) 九(구일, 구월) 十(삼십, 팔십) 百(사백, 칠백) 千(오천, 구천)
10주 (6.11)	大 小 多 少 本 末	大(거대, 최대) 小(최소, 약소) 多(다수, 다행) 少(소년, 소녀) 本(근본, 본국) 末(월말, 연말)
11주 (6.18)	休 信 仁 男 美 孝	休(휴식, 휴일) 信(배신, 신용) 仁(인자, 인정) 男(남자, 남녀) 美(미인, 미남) 孝(효도, 효자)
12주 (6.25)	사후 평가	실험반 및 통제반 사후 평가 및 분석

위에서 보듯이 실험 수업을 시작하기 전에 학습자들이 학습할 한자와 한자어를 선정하고, 실험에 사용할 설문지와 검사지를 작성하여 예비 연구를 진행하였다. 예비 연구에서 발견된 문제점을 전문가와의 협의를 통해 보완하여 설문지 및 검사지 문항의 내용 타당도를 얻고자 하였다.

실험 수업은 매주 월요일 2교시에 실험반 수업을, 3교시에 통제반 수업을 실시하였다. 수업을 진행하는 필자 및 학습자의 심리적 태도, 학습자의 학습 집중도 등을 고려하여 실험반과 통제반의 수업 시간을 매주 바꾸어 진행하려고 하였으나 예능 과목 교과 담당 시간이 정해져 있고, 학습자들도 시간표가 바뀌는 것을 혼란스러워하므로 바꿔 진행하지는 못하였다. 그러나 수업 시간이 학습자들의 학습 결과에 심각한 변인으로 작용할 것 같지는 않다고 판단하였다.

실험반 수업은 '구성주의 자원 학습법'을 활용한 수업이므로 앞장에서 밝힌 원리와 방법에 따라 학습 주제에 맞게 제작한 학습지를 활용하여 수업을 진행하였다. 통제반 수업은 교사의 설명과 학습자의 발표로 이루어지는 전형적인 수업에 맞게 만든 학습지를 활용하여 수업을 진행하였다.

2) 수업 참여관찰

참여관찰은 연구자가 연구 대상으로 삼은 사람들이 행하는 것을 관찰하고, 그들이 말하는 것을 청취하고, 가능한 대로 그들의 행동에 참여하는 것이다. 참여관찰에서 연구자는 일반적으로 잘 활용되지 않는 여러 가지 자료 수집 절차들을 활용하여 정보와 자료를 모을 수 있다. 관찰 상황에서 그 상황의 일부가 됨으로써, 연구자는 자료가 수집된 전후 맥락과 더불어, 수집된 자료를 이해하는 데 도움을 주는 경험들을 축적해 가게 된다. 연구자가 관찰 상황의 일부가 됨으로써 국외자가 되는 것을 막을 수 있고, 이렇게 함으로써 피관찰자와 관찰 장면에 대한 정보나 자료를 보다 쉽고 편안하게 얻어낼 수 있을 뿐만 아니라, 광범위하고도 심층적 자료를 수집해 낼 수 있다.[20] 참여 관찰의 유형으로는 비참여관찰, 소극적 관찰, 중간 참여관찰, 능

---

20) Stainback, S. & Stainback W. 『*Understanding & Conducting Qualitative Research*』(Virginia, 1988), 김병하 옮김, 『질적 연구의 이해와 실천』(서울 : 도서출판 특수교육, 1992), 80~82쪽.

동적 참여, 완전 참여의 다섯 가지로 분류할 수 있는데,[21] 이 연구에서 필자의 수업 관찰은 완전 참여의 방식을 택하였다.

이 연구를 하면서 필자는 학생들을 지도하는 교사의 역할을 하며 수업에 참여하였다. 필자는 '중간 참여관찰'의 방식으로 수업에 참여하여 관찰하고, 초등학교 교사 중에서 연구에 참여할 수 있는 교사를 섭외하려고 하였으나 적합한 교사를 찾기가 쉽지 않았다.

그 이유는 첫째, 재량 활동으로 '한자'를 편성한 학교에서 연구를 수행할 수 있는 교사를 섭외해야 하는 데, 재량 활동으로 '한자'를 편성한 학교가 많지 않았다.

둘째, 평소에 한자교육을 지도한 경험이 있거나 관심이 있어서 학생들을 대상으로 필자가 의도하는 대로 수업을 진행할 수 있는 교사를 섭외해야 하는 데, 적합한 교사를 찾기가 쉽지 않았다.

셋째, 질적 연구의 연구 방법인 참여 관찰에 대해 이해하고 필자의 연구를 도와줄 수 있는 교사를 섭외해야 하는 데, 참여 관찰에 대한 이해가 적었다. 실제로 필자는 한자·한문에 대한 소양이 있고 한자 교육에 대한 열정이 있는, 서울 강동 지역에 근무하는 17년 경력의 Y교사에게 연구 참여자가 되어주기를 의뢰하였다. Y교사는 연구의 내용에 대해 공감을 표하면서도 연구 참여자가 되는 것은 주저하였다. 교원단체 주관의 현장 연구대회에 응모하기 위한 연구의 경우, 대부분의 교사들이 스스로 연구 주체가 되어 연구를 진행하는데, 연구자가 직접 수업을 하지 않고 관찰만 하는 것은 그만큼 책임감이 부족하다고 Y교사는 인식하고 있었다.

이상과 같은 문제로 인해 필자는 참여관찰자가 되어 수업을 관찰하기보다는 '교사 연구자(teacher researcher)'가 되어 수업에 참여하기로 하였다.

---

21) James P. Spradley, 이희봉 역, 『문화탐구를 위한 참여관찰방법』(서울 : 대한교과서주식회사, 1988), 81~86쪽.

질적 연구의 참여란 관찰자가 기계와 같은 객관성을 가지고 현상을 기록하기를 바라는 양적 연구와 달리, 가급적 대상 집단의 내부적 관점에 서서 그 집단의 의식 세계의 역학을 자세히 관찰하고 기록하는 것이다.[22] 연구자가 교사가 되어 수업에 직접 참여할 경우 학생들을 지도하면서 발생하는 생생한 경험들을 학습자들의 시선에서 바라볼 수 있다. 또한 연구자가 예측(豫測)하거나 가정(假定)한 것과 다른 방향으로 학습자들이 반응할 때, 그에 대해 현장에서 적절하게 대처할 수 있으므로 관찰자의 위치에서 보는 것보다 효율적인 수업이 되도록 진행할 수 있다.

3) 학습자 면담

'연구 참여자가 정보나 의견, 신념 등에 대한 자신의 관점을 표현하도록 유도하는 언어적 의사교환' 또는 '목적을 가진 대화'로 정의 내려지는 면담은 참여관찰과 함께 질적 연구를 대표하는 연구 방법이다.[23] 면담의 목적은 참여자들에게 연구에서 밝히고자 하는 관심사에 대한 이야기를 하도록 하고, 참여자들이 그들 자신의 개념을 활용하도록 허용하는 방법으로 연구자에게 중요한 문제들을 제공하도록 하는 데 있다.[24] 학습자들이 제한된 수업 시간에 자신이 생각하는 내용을 명확하게 말하기는 어려우므로 면담을 통하여 학습자들이 어떠한 생각을 가지고 수업에 참여하였는지를 밝힐 수 있다.

이 연구에서는 반구조화된 면담(semistructured interview) 방식을 선택하여 학습자에게 2회 실시하였다. 학습자 면담은 현장 수업의 후반부인 6월 11일과 6월 18일에 하였는데, 면담 전과정을

---

22) 조용기, 「질적 연구의 성격」, 『교육인류학연구』(서울 : 한국교육인류학회, 2001), 158쪽.
23) 김영천, 「학교 교육현상 탐구를 위한 질적 연구의 방법과 과정」, 『교육에서의 질적 연구』(서울: 교육과학사, 2005), 85쪽.
24) Stainback, S. & Stainback W. 김병하 옮김, 앞의 책, 84쪽.

녹화하였으며 필요에 따라 면담지에 면담의 내용을 기록하였다. 면담에 참여한 학습자는 실험반 학급 중 각 5명씩 총 10명이다. 면담은 수업 중 자원 설명하기를 적극적으로 하였거나 학습지에 자원 설명을 유의미하게 한 학습자를 대상으로 실시하였다. 면담 방식은 개별 면담이 아닌 집단 면담 방식을 선택하였는데, 개별 면담에 따른 면담자의 부담을 덜고 자연스러운 면담 분위기를 형성하기 위해서이다. 면담은 한자 교육과 관련한 학습자의 배경 정보 및 자원 학습법에 대한 학습자의 의견, 한자 학습지의 자원 설명에 대한 학습자의 생각 등을 질문하는 형식으로 진행하였다.

4) 내용의 분석

질적 연구에서 참여관찰 및 심층면담과 더불어 중요한 연구 방법이 내용의 분석이다. 내용 분석은 비구조화된 커뮤니케이션(communication)의 자료를 면밀한 해석을 통하여 어떠한 결론을 추론하는 과정으로서, 커뮤니케이션 자료의 특성을 체계적·객관적으로 구명하는 방법으로 정의된다. 내용 분석은 탐구대상에 있는 자료가 함축하고 있는 메시지의 특징을 특정한 분석 준거나 관점에 근거하여 재해석함으로써 메시지에 숨어 있는 또 다른 진의를 추론하는 방법이다.[25] 연구자는 연구를 진행하면서 얻게 되는 여러 가지 자료들에 대해 내용 분석을 함으로써 학습자들이 '구성주의 자원 학습법'을 활용한 수업을 하면서 어떻게 생각하고, 어떻게 반응하며, 무엇을 잘못 알고 있는지를 밝히고자 하였다.

필자가 내용 분석의 자료로 삼은 것은 필자의 수업 계획서, 수업 참여관찰 노트, 실험반과 통제반의 학습자가 작성한 개인별 학습 활동지 540장과 녹음 및 녹화 자료이다. 녹음 및 녹화 자료는 내용 분석을 위해 전사(transcription)하였다.

---

25) 김영천, 앞의 논문, 87쪽.

4. 구성주의 자원 학습법의 효과 분석

여기에서는 구성주의 자원 학습법 실행의 효과를 양적 연구 방법을 활용하여 기술하였다. 양적 연구 결과는 우선 실험 집단과 통제 집단의 동질성을 검증하였다. 그리고 구성주의 자원 학습법을 활용한 한자 교수·학습 방법이 한자 이해 능력에 미치는 영향과 어휘 이해 능력에 미치는 영향을 검증하였다. 실험을 위해 두 집단에게 실시한 사전·사후 검사지는 다음과 같다.

〈사전 검사지1〉

**** 어린이 여러분에 대하여 ****

1. 어린이 여러분은 한자에 대해 관심이 있습니까?
 □ 1) 있다 □ 2) 없다

2. 어린이 여러분은 한자를 배운 적이 있습니까?
 □ 1) 있다 ☞ 3~6번으로 가세요. □ 2) 없다 ☞ 8,9번으로 가세요.

3. 어린이 여러분은 한자를 언제부터 배웠습니까?
 □ 1) 유치원 □ 2) 초등학교 1~2학년 □ 3) 초등학교 3학년

4. 어린이 여러분은 한자 공부를 얼마나 했습니까?
 □ 1) 1년 미만 □ 2) 1년 이상~2년 미만 □ 3) 2년 이상

5. 어린이 여러분은 무엇을(누구를) 통해 한자를 배웠습니까?
 (해당되는 모든 내용에 '∨' 표시를 해 주세요.)
 □ 1) 주간 학습지 □ 2) 학원 선생님 □ 3) 서점에서 산 책
 □ 4) 부모님 □ 5) 학교 선생님 □ 6) 기타

6. 어린이 여러분은 한자 급수 능력 시험을 본 적이 있습니까?
 □ 1) 있다 ☞7,9번으로 가세요. □ 2) 없다 ☞9번으로 가세요.

7. 어린이 여러분은 한자 급수 능력 시험에서 몇 급에 합격하였습니까?
 □ 1) 1급 □ 2) 2급 □ 3) 3급 □ 4) 4급 □ 5) 5급
 □ 6) 6급 □ 7) 7급 □ 8) 8급 □ 9) 기타 (급)

8. 어린이 여러분은 앞으로 한자 공부를 하고 싶습니까?
 □ 1) 하고 싶다 □ 2) 하고 싶지 않다

9. 어린이 여러분이 한자 공부를 하고 싶은 이유는 무엇인지 써 보세요.

〈사전검사지 2〉

**** 어린이 여러분의 한자 이해 정도에 대하여 ****

◉ 〈보기〉처럼 한자를 읽을 때 나는 소리를 맞게 나타낸 곳에 ○표를 하시오.(1~10)

〈보기〉 一 (○)① 일 ( )② 강 ( )③ 십 ( )④ 자

1. 山 ( ) ① 산 ( ) ② 신 ( ) ③ 선 ( ) ④ 강
2. 月 ( ) ① 일 ( ) ② 화 ( ) ③ 월 ( ) ④ 목
3. 父 ( ) ① 모 ( ) ② 부 ( ) ③ 자 ( ) ④ 도
4. 女 ( ) ① 구 ( ) ② 남 ( ) ③ 우 ( ) ④ 녀
5. 大 ( ) ① 심 ( ) ② 대 ( ) ③ 토 ( ) ④ 조
6. 少 ( ) ① 소 ( ) ② 일 ( ) ③ 상 ( ) ④ 의
7. 牛 ( ) ① 견 ( ) ② 본 ( ) ③ 우 ( ) ④ 패
8. 馬 ( ) ① 서 ( ) ② 인 ( ) ③ 수 ( ) ④ 마
9. 七 ( ) ① 비 ( ) ② 칠 ( ) ③ 목 ( ) ④ 동
10. 美 ( ) ① 십 ( ) ② 말 ( ) ③ 미 ( ) ④ 화

◉ 〈보기〉처럼 한자의 뜻을 바르게 나타낸 곳에 ○표를 하시오.(11~20)

〈보기〉 五 ( )① 하나 ( )② 손 (○)③ 다섯 ( )④ 형

11. 手 ( ) ① 손 ( ) ② 발 ( ) ③ 코 ( ) ④ 입
12. 兄 ( ) ① 아버지 ( ) ② 어머니 ( ) ③ 형 ( ) ④ 동생
13. 羊 ( ) ① 소 ( ) ② 개 ( ) ③ 말 ( ) ④ 양
14. 林 ( ) ① 나무 ( ) ② 열매 ( ) ③ 벼 ( ) ④ 수풀
15. 火 ( ) ① 해 ( ) ② 불 ( ) ③ 물 ( ) ④ 달
16. 下 ( ) ① 아래 ( ) ② 위 ( ) ③ 동쪽 ( ) ④ 남쪽
17. 四 ( ) ① 하나 ( ) ② 둘 ( ) ③ 셋 ( ) ④ 넷
18. 十 ( ) ① 열 ( ) ② 백 ( ) ③ 일곱 ( ) ④ 천
19. 小 ( ) ① 크다 ( ) ② 작다 ( ) ③ 많다 ( ) ④ 적다
20. 男 ( ) ① 믿음 ( ) ② 효 ( ) ③ 남자 ( ) ④ 여자

◉ 〈보기〉처럼 낱말 [한자어] 를 바르게 읽은 것에 ○표를 하시오.(21~25)

〈보기〉 二百 ( )① 이목 ( )② 수족 ( )③ 반목 (○)④ 이백

21. 耳目 ( ) ① 이목 ( ) ② 수족 ( ) ③ 반목 ( ) ④ 이사
22. 本末 ( ) ① 본심 ( ) ② 본말 ( ) ③ 목동 ( ) ④ 본국
23. 南北 ( ) ① 남인 ( ) ② 서북 ( ) ③ 남북 ( ) ④ 동북
24. 山川 ( ) ① 산수 ( ) ② 동산 ( ) ③ 하천 ( ) ④ 산천
25. 母子 ( ) ① 자매 ( ) ② 모자 ( ) ③ 부모 ( ) ④ 남매

◉ 〈보기〉처럼 낱말 [한자어] 의 바른 뜻을 골라 번호를 쓰시오.(26~30)

〈보기〉 생일(生日) --(④)
① 새로 나온 해 ② 해와 달 ③ 활발한 기운 ④ 태어난 날

26. 수족(手足) --( )
 ① 손과 발 ② 눈과 코 ③ 입과 귀 ④ 얼굴
27. 형제(兄弟) --( )
 ① 부모님 ② 형과 동생 ③ 사촌 ④ 산과 물
28. 일월(日月) --( )
 ① 물과 불 ② 해와 불 ③ 해와 달 ④ 달과 물
29. 대소(大小) --( )
 ① 크고 많음 ② 많고 적음 ③ 크고 작음 ④ 작고 많음
30. 미남(美男) --( )
 ① 잘생긴 남자 ② 잘생긴 여자 ③ 잘생긴 사람 ④ 못생긴 남자

◉ 〈보기〉처럼 낱말의 바른 뜻을 고르시오.(31~40)

〈보기〉 효자 : 부모를 잘 섬기는 아들

31. 악수 --( )
 ① 팔을 잡음 ② 손을 잡음
 ③ 다리를 잡음 ④ 발을 잡음
32. 숙모 --( )
 ① 작은아버지 ② 큰삼촌
 ③ 작은어머니 ④ 큰아버지
33. 한우 --( )
 ① 우리나라에서 자란 말 ② 우리나라에서 자란 양
 ③ 우리나라에서 자란 개 ④ 우리나라에서 자란 소
34. 백미 --( )
 ① 흰옷 ② 흰밥
 ③ 흰쌀 ④ 흰죽
35. 등산 --( )
 ① 나무에 오름 ② 산에 오름
 ③ 다리에 오름 ④ 배에 오름
36. 강동 --( )
 ① 강의 동쪽 ② 강의 서쪽
 ③ 강의 남쪽 ④ 강의 북쪽
37. 월말 --( )
 ① 한 달의 시작 ② 한 달의 처음
 ③ 한 달의 중간 ④ 한 달의 끝
38. 휴일 --( )
 ① 쉬는 날 ② 일하는 날
 ③ 공부하는 날 ④ 쉬지 않는 날

39. 칠월 ---------------------------------( )
① 두 번째 달 ② 네 번째 달
③ 일곱 번째 달 ④ 아홉 번째 달
40. 일출 ---------------------------------( )
① 달이 떠오름 ② 해가 떠오름
③ 별이 떠오름 ④ 무지개가 떠오름

〈사후 검사지〉

◉ 〈보기〉처럼 한자를 읽을 때 나는 소리를 맞게 나타낸 곳에 ○표를 하시오.(1~10)

〈보기〉 一 (○)① 일 ( )② 강 ( )③ 십 ( )④ 자

1. 足 ( )① 산 ( )② 수 ( )③ 족 ( )④ 강
2. 弟 ( )① 형 ( )② 화 ( )③월 ( )④ 제
3. 鳥 ( )① 모 ( )② 조 ( )③ 마 ( )④ 우
4. 果 ( )① 과 ( )② 남 ( )③ 목 ( )④ 림
5. 水 ( )① 천 ( )② 수 ( )③ 토 ( )④ 화
6. 南 ( )① 동 ( )② 서 ( )③ 남 ( )④ 북
7. 五 ( )① 삼 ( )② 오 ( )③ 육 ( )④ 구
8. 千 ( )① 팔 ( )② 십 ( )③ 백 ( )④ 천
9. 末 ( )① 대 ( )② 본 ( )③ 말 ( )④ 다
10.信 ( )① 신 ( )② 인 ( )③ 휴 ( )④ 미

◉ 〈보기〉처럼 한자의 뜻을 바르게 나타낸 곳에 ○표를 하시오.(11~20)

〈보기〉 五 ( )① 하나 ( )② 손 (○)③ 다섯 ( )④ 형

11. 鼻 ( )① 손 ( )② 발 ( )③ 코 ( )④ 입
12. 母 ( )① 아버지 ( )② 어머니 ( )③ 형 ( )④ 동생
13. 犬 ( )① 소 ( )② 개 ( )③ 말 ( )④ 양
14. 竹 ( )① 나무 ( )② 열매 ( )③ 벼 ( )④ 대
15. 川 ( )① 내 ( )② 불 ( )③ 물 ( )④ 달
16. 東 ( )① 아래 ( )② 위 ( )③ 동쪽 ( )④ 남쪽
17. 六 ( )① 하나 ( )② 셋 ( )③ 여섯 ( )④ 여덟
18. 百 ( )① 열 ( )② 일백 ( )③ 일곱 ( )④ 일천
19. 多 ( )① 크다 ( )② 작다 ( )③ 적다 ( )④ 많다
20. 孝 ( )① 효도 ( )② 믿다 ( )③ 사내 ( )④ 쉬다

◉ 〈보기〉처럼 낱말을 바르게 읽은 것에 ○표를 하시오.(21~25)

〈보기〉 二百 ( )① 이목 ( )② 수족 ( )③ 반목 (○)④ 이백

21. 手足 ( )① 투수 ( )② 수족 ( )③ 족구 ( )④ 출구
22. 大小 ( )① 다소 ( )② 본말 ( )③ 대소 ( )④ 다수
23. 西北 ( )① 서북 ( )② 남북 ( )③ 북서 ( )④ 동서
24. 火山 ( )① 산수 ( )② 산천 ( )③ 화수 ( )④ 화산
25. 父女 ( )① 자녀 ( )② 부모 ( )③ 부녀 ( )④ 남녀

◉ 〈보기〉처럼 낱말의 바른 뜻을 골라 번호를 쓰시오.(26~30)

〈보기〉 생일(生日) ---------------------------------(④)
① 새로 나온 해 ② 해와 달 ③ 활발한 기운 ④ 태어난 날

26. 牛馬 ---( )
① 소와 말 ② 소와 양 ③ 말과 개 ④ 말과 새
27. 耳目口鼻---( )
① 손,발,팔,다리 ② 귀,눈,입,코 ③ 해,달,별,물 ④ 물,불,산,강
28. 日月 ---( )
① 해와 별 ② 달과 별 ③ 해와 달 ④ 달과 산
29. 多少 ---( )
① 크고 많음 ② 많고 적음 ③ 크고 작음 ④ 작고 많음
30. 月末 ---( )
① 그 달의 시작 ② 그 달의 끝 무렵 ③ 그 해의 시작 ④ 그 해의 끝 무렵

◉ 〈보기〉처럼 낱말의 바른 뜻을 고르시오.(31~40)

〈보기〉 미인 : 얼굴이 예쁜 사람

31. 실족 ---------------------------------( )
① 팔을 잘못 잡음 ② 손을 잘못 잡음
③ 발을 잘못 디딤 ④ 부주의로 잘못함
32. 숙부 ---------------------------------( )
① 작은아버지 ② 큰삼촌
③ 작은어머니 ④ 큰아들
33. 맹견 ---------------------------------( )
① 충성스러운 짐승 ② 사나운 짐승
③ 충성스러운 개 ④ 사나운 개
34. 밀림 ---------------------------------( )
① 과일이 많이 달린 나무 ② 나무들이 빽빽하게 있는 숲
③ 과일이 달리지 않은 나무 ④ 나무들이 드물게 있는 숲
35. 하산 ---------------------------------( )
① 산에 올라감 ② 산에서 내려옴
③ 학교에서 집으로 감 ④ 낮은 솜씨를 가진 사람

36. 영남 ────────────────────────( )
① 고개의 동쪽 ② 고개의 서쪽
③ 고개의 남쪽 ④ 고개의 북쪽
37. 월초 ────────────────────────( )
① 그 달의 시작 무렵 ② 그 해의 시작 무렵
③ 그 달의 중간 무렵 ④ 그 달의 끝 무렵
38. 거대 ────────────────────────( )
① 엄청나게 작음 ② 엄청나게 셈
③ 엄청나게 큼 ④ 엄청나게 약함
39. 불효 ────────────────────────( )
① 효성스러움 ② 효도하는 자식
③ 부모를 잘 섬김 ④ 효도를 하지 않음
40. 배신 ────────────────────────( )
① 믿음을 지킴 ② 믿음을 저버림
③ 확실히 믿음 ④ 믿지 못함

1) 실험집단과 통제집단의 동질성 검증

구성주의 자원 학습법을 활용하여 수업을 진행한 실험집단과 활용하지 않은 통제집단이 사전에 동질(同質)한 집단인지를 알아보기 위해 두 집단의 동질성 여부를 검증하였다. 한자 및 어휘 이해 능력의 집단별 평균과 표준편차, t 검증 결과를 살펴보면 다음 〈표〉와 같다.

〈표〉 실험집단과 통제집단의 동질성

구 분		사례수	평균	표준편차	t	p
한자 음(音)의 재인(再認) 능력	실험집단	28	7.321	2.749	.982	.331
	통제집단	26	6.423	3.911		
한자 뜻〔義〕의 재인(再認) 능력	실험집단	28	7.000	3.162	-.268	.790
	통제집단	26	7.231	3.154		
한자어 음(音)의 재인(再認) 능력	실험집단	28	3.000	1.466	1.076	.287
	통제집단	26	2.577	1.419		
한자어 의미(意味)의 재인(再認) 능력	실험집단	28	4.571	0.879	.584	.562
	통제집단	26	4.423	0.987		
자의(字義)를 통한 한자어 의미 추론(推論) 능력	실험집단	28	8.214	1.969	-.194	.847
	통제집단	26	8.308	1.517		

위의 〈표〉에서 보듯이 사전 평가의 실험집단과 통제집단 동질성을 살펴보면, 유의수준 0.05에서 유의확률 p가 0.05보다 크므로 두 집단 간에 유의한 차이가 없는 것으로 판단할 수 있다. 따라서 수업 실시 전 실험집단과 통제집단은 동질한 집단으로 구성되었음을 알 수 있다.

2) 한자 이해 능력

구성주의 자원 학습법이 '한자 이해 능력'[26]에 미치는 영향은 실험집단의 한자 이해 능력 변화, 통제집단의 한자 이해 능력 변화, 실험집단과 통제집단을 비교한 한자 이해 능력 변화로 나누어 검증하였다.

가) 실험집단의 한자 이해 능력 변화

실험집단의 사전-사후 한자 이해 능력 평균을 살펴보면, 다음 〈표〉와 같다.

〈표〉 실험집단의 사전-사후 한자 이해 능력 변화

구 분		사례수	평균	표준편차	t	p
한자 음(音)의 재인(再認) 능력	사전	28	7.321	2.749	-2.413	.023*
	사후	28	8.178	2.357		
한자 뜻[義]의 재인(再認) 능력	사전	28	7.000	3.162	-3.162	.004**
	사후	28	8.393	2.572		
전 체	사전	28	14.321	5.611	-3.484	.002**
	사후	28	16.571	4.533		

* $p < .05$, ** $p < .001$

실험집단의 한자 음(音)의 재인(再認) 능력 평균은 구성주의 자

---

26) '한자 이해 능력'에 대해 다양한 시각으로 논의할 수 있으나, 필자는 '한자의 자형(字形)을 보고 한자의 음(音)을 읽을 수 있으며, 한자의 뜻[義]을 알 수 있는 능력'으로, '한자 문식성(literacy)'이라고 정의하고 실험을 진행하였다.

원 학습법을 활용한 한자 교수·학습 수업을 실시하기 전 7.321점에서 실시한 후 8.178점으로 증가하였고, 평균 증가에 대한 t 검증 결과, p〈.05 수준에서 통계적으로 유의하게 나타났다. 그리고 한자 뜻〔義〕의 재인(再認) 능력의 평균은 한자 교수·학습 방법 수업 실시 전 7.000점에서 실시 후 8.393점으로 증가하였고, 평균 증가에 대한 t 검증 결과, p〈.01 수준에서 통계적으로 유의하게 나타났다. 전체 한자 이해 능력의 평균은 한자 교수·학습방법 수업 실시 전 14.321점에서 실시 후 16.571점으로 증가하였고, 평균 증가에 대한 t 검증 결과, p〈.01 수준에서 통계적으로 유의하게 나타났다.

이상의 결과를 통해 볼 때, 구성주의 자원 학습법을 활용한 한자 교수·학습은 학습자들의 한자 이해 능력 향상에 효과적인 학습 방법임을 알 수 있다.

나) 통제집단의 한자 이해 능력 변화

통제집단의 사전-사후 한자 이해 능력 평균을 살펴보면, 다음 〈표〉와 같다.

〈표〉 통제집단의 사전-사후 한자 이해 능력 변화

구 분		사례수	평균	표준편차	t	p
한자 음(音)의 재인(再認) 능력	사전	26	6.423	3.911	-.941	.356
	사후	26	7.115	2.233		
한자 뜻〔義〕의 재인(再認) 능력	사전	26	7.231	3.154	-1.507	.144
	사후	26	8.154	2.361		
전 체	사전	26	13.653	6.638	-1.355	.188
	사후	26	15.269	4.094		

통제집단의 한자 음(音)의 재인(再認) 능력 평균은 한자 교수·학습 방법 실시 전 6.423점에서 한자 교수·학습 방법 수업 실시 후

7.115점으로 약간 증가하였으나, 평균 증가에 대한 t 검증 결과 유의한 차는 나타나지 않았다. 그리고 한자 뜻[義]의 재인(再認) 능력의 평균은 한자 교수·학습 방법 수업 실시 전 7.231에서 실시 후 8.154점으로 증가하였으나, 평균 증가에 대한 t 검증 결과 유의한 차는 나타나지 않았다. 전체 한자 이해 능력의 평균은 한자 교수·학습 방법 수업 실시 전 13.653점에서 실시 후 15.269점으로 증가하였고, 평균 증가에 대한 t 검증 결과 유의한 차는 나타나지 않았다.

이상의 결과를 통해 볼 때, 통제집단의 한자 이해 능력은 한자 교수·학습 수업을 실시하기 전과 실시한 후의 결과가 통계적으로 유의미한 차이가 없었다. 이것은 통제집단에 적용한 한자 교수·학습 방법이 학습자들의 한자 이해 능력 향상에 효과적이지 못함을 증명하는 것이다.

참고로 두 집단 간의 사전-사후 한자 이해 능력 변화를 그래프로 살펴보면, 다음 〈그림〉과 같다.

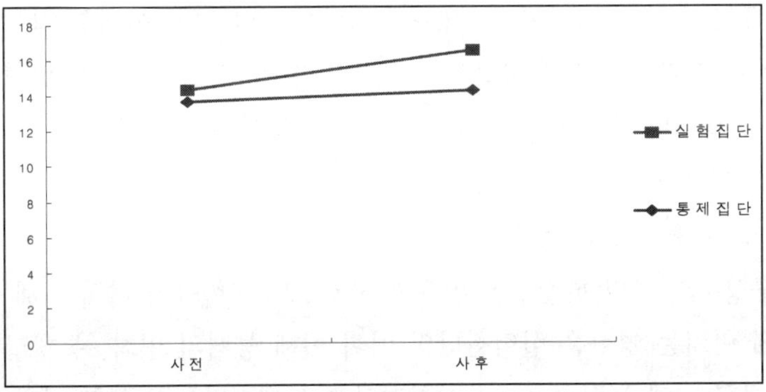

〈실험집단과 통제집단의 사전-사후 한자 이해 능력 변화〉

다) 실험집단과 통제집단의 한자 이해 능력의 변화

한자 교수·학습 방법 효과를 분석하기 위하여 두 집단 간 한자 이해 능력 사후검사의 차이를 알아본 결과는 다음 〈표〉와 같다.

〈표〉 실험집단과 통제집단의 한자 이해 능력

구 분		사례수	평균	표준편차	t	p
한자 음(音)의 재인(再認) 능력	실험집단	28	8.179	2.358	1.698	.095
	통제집단	26	7.115	2.233		
한자 뜻[義]의 재인(再認) 능력	실험집단	28	8.393	2.572	.355	.724
	통제집단	26	8.154	2.361		
전 체	실험집단	28	16.571	4.533	2.105	.027*
	통제집단	26	14.269	4.094		

* $p < .05$

한자 음(音)의 재인능력을 살펴보면, 두 집단 간의 사후검사 차는 통계적으로 유의미한 차가 나타나지 않았다. 한자 뜻의 재인능력 또한, 두 집단 간의 사후검사 차는 통계적으로 유의미한 차가 나타나지 않았다.

한자 이해 능력 전체를 살펴보면, 실험집단의 사후검사 점수가 16.571점, 통제집단이 14.269점으로 나타났으며, 이러한 점수의 차이가 통계적으로 유의한가를 알아보기 위하여 t-검정을 실시한 결과, p〈.05 수준에서 통계적으로 유의하게 나타났다.

3) 어휘 이해 능력

구성주의 자원 학습법을 활용한 한자 교수·학습이 어휘 이해 능력에 미치는 영향은 실험집단의 어휘 이해 능력의 변화, 통제집단의 어휘 이해 능력의 변화, 실험집단과 통제집단을 비교한 어휘 이해 능력의 변화로 나누어 검증하였다.

가) 실험집단의 어휘 이해 능력 변화

실험집단의 사전-사후 어휘 이해 능력 평균을 살펴보면, 다음

〈표〉와 같다.

〈표〉 실험집단의 사전-사후 어휘 이해 능력 변화

구 분		사례수	평균	표준편차	t	p
자형(字形)에 따른 한자어 음(音)의 재인(再認) 능력	사전	28	3.000	1.466	-4.221	.000**
	사후	28	4.129	1.177		
자형(字形)에 따른 한자어 의미(意味)의 재인(再認) 능력	사전	28	4.571	.879	-.205	.839
	사후	28	4.607	.628		
자의(字義)를 통한 한자어 의미 추론(推論) 능력	사전	28	8.214	1.969	.560	.580
	사후	28	8.000	.902		
전 체	사전	28	15.785	3.695	-2.011	.012*
	사후	28	17.120	1.974		

* $p<.05$, ** $p<.001$

실험집단의 자형에 따른 한자어 음의 재인능력 평균은 실시 전 3.000점에서 한자 교수·학습 방법 수업 실시 후 4.129점으로 증가하였고, 평균 증가에 대한 t 검증 결과, $p<.001$ 수준에서 통계적으로 유의하게 나타났다. 그리고 자형에 따른 한자어 의미의 재인 능력 평균은 구성주의 자원 학습법 수업 실시 전 4.571점에서 실시 후 4.607점으로 약간 증가하였고, 평균 증가에 대한 t 검증 결과 유의한 차는 나타나지 않았다. 자의를 통한 한자어 의미 추론 능력 평균은 구성주의 자원 학습법 수업 실시 전 8.214점에서 실시 후 8.000점으로 약간 감소하였고, 평균 감소에 대한 t 검증 결과 유의한 차는 나타나지 않았다.

전체 한자 어휘 이해 능력의 평균은 구성주의 자원 학습법 수업 실시 전 15.785점에서 실시 후 17.120점으로 증가하였고, 평균 증가에 대한 t 검증 결과, $p<.05$수준에서 통계적으로 유의하게 나타났다.

이상의 결과를 통하여 볼 때, 구성주의 자원 학습법을 활용한 한자 교수·학습은 자형에 따른 한자어 음의 재인 능력에는 효과적임을 알 수 있다. 그러나 자형에 따른 한자어 의미의 재인 능력이나 자의(字義)를 통한 한자어 의미의 추론 능력에는 효과적이지 못하다. 이것은 학습자들이 한자의 자형을 통해 한자의 음을 의미 있게 변별하고 있으나 의미의 변별은 잘 하지 못한 것이다. 필자는 이러한 결과가 나타난 원인을 세 가지 면에서 생각해보았다.

첫째, 문항의 사례가 적어서 유의미한 결과를 도출하지 못한 경우이다. 사전·사후 평가지에서 확인할 수 있듯이 자형에 따른 한자어 음의 재인 능력과 의미의 재인 능력을 검사하는 문항은 각 다섯 문항으로 구성하였다. 한자 음의 재인 능력이나 뜻의 재인 능력을 검사하는 문항은 각각 열 문항으로 구성한 것에 비해 문항 수가 반밖에 되지 않으므로 다섯 문항의 사전·사후 검사를 통해 의미 있는 변화를 도출하는 것 자체가 의미가 없을 수 있다.

필자는 학습자들이 초등학교 3학년 학생임을 고려하여 사전·사후 검사 문항을 전체 40문항으로 설정하였다. 문항이 너무 많을 경우 학생들이 문항 검사를 성실하게 하지 못하여 검사가 신뢰롭지 못할 수 있기 때문이었다. 필자는 초등학교 수업 시간이 40분이라는 것을 고려하여 40문항으로 문제를 구성하였다. 그렇지만 문항 구성에 대한 과학적이고 객관적인 근거는 없다. 이 모든 것은 필자의 역량이 부족하여 생긴 것으로 전적으로 필자의 실수에 기인한다.

둘째, 사전 검사와 사후 검사의 난이도 조절에 실패했을 경우이다. 사전 검사의 한자어 의미 재인 문항은 '수족(手足)', '형제(兄弟)', '일월(日月)', '대소(大小)', '미남(美男)'이고, 사후 검사의 문항은 '우마(牛馬)', '이목구비(耳目口鼻)', '일월(日月)', '다소(多少)', '월말(月末)'이다. 사전 검사 문항의 '형제', '대소', '미남'은 일상생활에서 자주 쓰는 낱말이지만, 사후 검사의 '우마', '이목구비', '월말' 등은 초등학교 3학년 수준에서 사전 검사 문항의 낱말보다 자주 사용하지 않는다. 이러한 경우에도 역시 필자의 잘못이다.

셋째, 사전·사후 검사에서 평가하려고 한 낱말들의 이해 능력이 학습자들의 한자 지식과 관계없이 국어 어휘 능력에 의해 결정되는 경우이다. 이 경우 학습자들이 구성주의 자원 학습법을 통하여 익힌 한자 학습이 평가에 미치는 영향이 적기 때문이다. 이러한 경우에 평가에 영향을 미치는 요인은 학습자들의 어휘 능력, 독서 능력, 의미 이해 능력 등 외생 변인에 의해 결정된다. 따라서 필자는 이러한 변인들을 통제하지 못하고 검사를 실시했으므로 연구 결과를 신뢰할 수 없게 된다. 이 또한 필자의 부주의에 기인한다.

자의(字義)를 통한 한자어 의미(意味)의 추론(推論) 능력에 대한 검사 문항도 위와 같은 분석을 할 수 있다. 특히 위의 세 번째 요인에 의해 결과가 도출되었을 가능성이 크다. 이러한 해석은 필자의 예비 연구(pilot study)가 충실하지 못하였음을 반증하는 것이다.

나) 통제집단의 어휘 이해 능력 변화

통제집단의 사전-사후 어휘 이해 능력 평균을 살펴보면, 다음 〈표〉와 같다.

〈표〉 통제집단의 사전-사후 어휘 이해 능력 변화

구 분		사례수	평균	표준편차	t	p
자형(字形)에 따른 한자어 음(音)의 재인(再認) 능력	사전	26	2.577	1.419	-1.070	.295
	사후	26	2.846	1.084		
자형(字形)에 따른 한자어 의미(意味)의 재인(再認) 능력	사전	26	4.423	.987	1.224	.232
	사후	26	4.230	.908		
자의(字義)를 통한 한자어 의미 추론(推論) 능력	사전	26	8.308	1.517	2.369	.026*
	사후	26	7.423	1.724		
전 체	사전	26	15.307	3.043	1.704	.101
	사후	26	14.500	3.036		

$*p < .05$

통제집단의 자형에 따른 한자어 음의 재인능력 평균은 실시 전 2.577점에서 한자 교수·학습 방법 수업 실시 후 2.846점으로 약간 증가하였고, 평균 증가에 대한 t 검증 결과 통계적으로 유의한 차는 나타나지 않았다. 그리고 자형에 따른 한자어 의미의 재인능력 평균은 한자 교수・학습 방법 수업 실시 전 4.423점에서 실시 후 4.230점으로 약간 감소하였고, 평균 감소에 대한 t 검증 결과 유의한 차는 나타나지 않았다. 자의를 통한 한자어 의미 추론 능력 평균은 한자 교수・학습 방법 수업 실시 전 8.308점에서 실시 후 7.423점으로 약간 감소하였고, 평균 감소에 대한 t 검증 결과, p<.05 수준에서 유의한 차이를 나타내고 있으나 사전 검사 보다 사후 검사 결과가 감소하였으므로 실질적인 의미는 없다고 판단한다.

전체 한자 어휘이해 능력의 평균은 한자 교수・학습 방법 수업 실시 전 15.307점에서 실시 후 14.500점으로 감소하였고, 평균 감소에 대한 t 검증 결과 유의한 차는 나타나지 않았다.

이상의 결과를 통하여 볼 때, 통제집단의 어휘 이해 능력의 변화는 한자 교수・학습을 실시하기 전과 후의 변화가 없는 것으로 볼 수 있다.

참고로 두 집단 간의 사전-사후 한자 어휘 이해 능력 변화를 그래프로 살펴보면, 다음 〈그림〉과 같다.

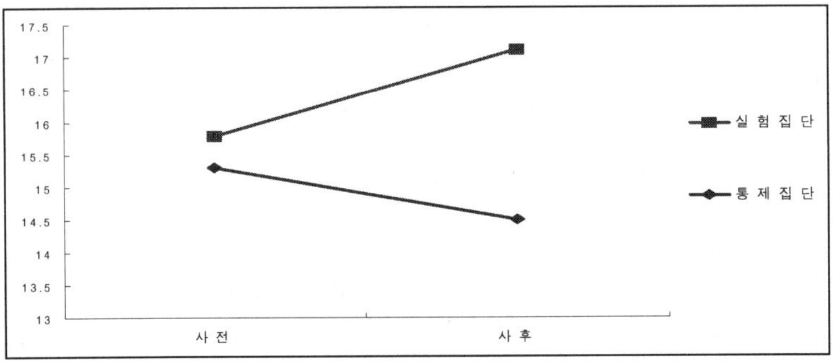

〈실험집단과 통제집단의 사전-사후 한자 어휘 이해 능력 변화〉

다) 실험집단과 통제집단의 어휘 이해 능력 변화

구성주의 자원 학습법 효과를 분석하기 위하여 두 집단 간 어휘 이해 능력 사후검사의 차이를 알아본 결과는 다음 〈표〉와 같다.

〈표〉 실험집단과 통제집단의 어휘 이해 능력

구 분		사례수	평균	표준편차	t	p
자형(字形)에 따른 한자어 음(音)의 재인(再認) 능력	실험집단	28	4.143	1.177	4.200	.000 **
	통제집단	26	2.846	1.084		
자형(字形)에 따른 한자어 의미(意味)의 재인(再認) 능력	실험집단	28	4.607	0.629	1.781	.081
	통제집단	26	4.231	0.908		
자의(字義)를 통한 한자어 의미 추론(推論) 능력	실험집단	28	8.000	0.903	1.556	.126
	통제집단	26	7.423	1.724		
전 체	실험집단	28	17.120	1.974	3.251	.002*
	통제집단	26	14.500	3.036		

* $p<.01$, ** $p<.001$

자형에 따른 한자어 음의 재인능력을 살펴보면, 실험집단의 사후검사 점수가 4.143점, 통제집단이 2.846점으로 나타났으며, 이러한 점수의 차이가 통계적으로 유의한가를 알아보기 위하여 t-검정을 실시한 결과, p〈.0015 수준에서 통계적으로 유의하게 나타났다.

그리고 자형에 따른 한자어 의미의 재인능력을 살펴보면, 두 집단 간의 사후검사 차는 통계적으로 유의미한 차가 나타나지 않았다. 자의를 통한 한자어 의미 추론 능력을 살펴보면, 두 집단 간의 사후검사 차는 통계적으로 유의미한 차가 나타나지 않았다.

한자 어휘 이해 능력 전체를 살펴보면, 실험집단의 사후검사 점수가 17.120점, 통제집단이 14.500점으로 나타났으며, 이러한 점수의 차이가 통계적으로 유의한가를 알아보기 위하여 t-검정을 실시한 결과, p〈.01 수준에서 통계적으로 유의하게 나타났다.

이상의 결과를 통해서 볼 때, 실험 집단은 한자 이해 능력의 검증 결과가 한자 음(音)의 재인능력과 한자 뜻의 재인능력 모두 유의하게 나타났다.

전체 한자 이해 능력의 평균은 한자 교수·학습방법 수업 실시 전 14.321점에서 실시 후 16.571점으로 증가하였고, 평균 증가에 대한 t 검증 결과, p〈.01 수준에서 통계적으로 유의하게 나타났다. 실험 집단의 한자 어휘 능력의 검증 결과 자형에 따른 한자어 음(音)의 재인능력은 유의하게 나타났으나 한자어 뜻의 재인능력과 한자어 의미의 추론능력은 유의하게 나타나지 않았다. 전체 한자 어휘 이해 능력의 평균은 한자 교수·학습 방법 수업 실시 전 15.785점에서 실시 후 17.120점으로 증가하였고, 평균 증가에 대한 t 검증 결과, p〈.05수준에서 통계적으로 유의하게 나타났다.

이와 같은 결과는 구성주의 자원 학습법을 활용한 한자 교수·학습 방법이 한자를 처음 익히는 학습자에게 효과적인 방법임을 증명한다.

제5장 구성주의 자원 학습법의 적용

이 장에서는 구성주의 자원 학습법을 실행하여 적용한 결과를 질적 연구 방법인 참여 관찰, 심층 면담, 내용 분석 등의 방법을 통해 기술하였다.

참여 관찰은 연구자가 연구 대상으로 삼은 사람들이 행하는 것을 관찰하고, 그들이 말하는 것을 청취하고, 가능한 대로 그들의 행동에 참여하는 것이다. 구성주의 자원 학습법을 활용한 한자 교수・학습 수업의 참여 관찰은 필자가 직접 교사로서 학습자의 수업에 참여하면서 이루어졌다.

필자가 관찰자인 동시에 참여자의 역할을 하므로 관찰하거나 경험한 내용을 즉석에서 기록하는 것은 불가능했다. 따라서 필자는 비디오 녹화 및 보이스레코더 녹음을 통해 수업 내용을 관찰하고, 수업 후에 녹화 및 녹음한 내용을 바로 전사하였다.

필자는 실험반과 통제반의 수업에 모두 참여 관찰하였으나 이 부분의 논의는 '구성주의 자원 학습법'을 적용한 실험반 수업에 한정해 기술하였다. 참여 관찰은 구성주의 자원 학습법의 모형에 따라 이미지 컷 대조하기, 비슷한 자형 찾기, 자형 변화 그려보기, 자의 추론하기 등으로 나누어 연구 결과를 제시하였다.

심층 면담은 제보자에게 면담을 하겠다는 양해를 구하고, 시간과 장소를 약속하여, 미리 준비한 면담지에 따라 하는 것이다. 필자는 수업에 참여 관찰하면서 학습에 적극적으로 참여하는 학습자와 매 시간 학습지에 자신의 경험을 유의미한 내용으로 연관시켜 기록하는 학습자를 심층 면담의 대상자로 선정하였다. 심층 면담은 학습자들이 지닌 배경 지식과 학습에 대한 학습자들의 반응, 한자 지식이 구성되는 과정 등으로 나누어 기술하였다.

내용 분석은 비구조화된 커뮤니케이션의 자료를 면밀히 해석하여 어떠한 결론으로 추론하는 과정이다. 필자는 수업을 계획하고 진행하면서 생산한 수업계획서, 수업참여 관찰 노트, 개인별 학습지, 녹화 및 녹음자료 등을 모두 내용 분석의 대상으로 삼았으나 여기에서는 실험반과 통제반 학습자들의 학습지 내용을 분석하여 기술하였다.

1. 참여 관찰

1) 이미지 컷 대조하기

'이미지 컷 대조하기' 학습은 상형 문자의 초기 자형과 사물의 이미지 컷을 대조하는 활동을 통해 자형과 사물의 유사점을 찾아보면서 한자 지식을 구성하는 활동이다. 곧 한자의 자형과 사물의 이미지를 연관하여 학습자들이 한자의 자형에 대한 지식을 구성하게 하거나 여기에서 나아가 한자의 뜻에 대한 지식을 구성하는 활동을 하게 되는 것이다.

필자는 '구성주의 자원 학습법'의 한자 교수·학습 방법을 진행하면서 초기에는 이미지 컷과 한자 자형을 동시에 제공하고 그것의 유사점을 찾아보는 형식으로 수업을 진행하였다.

예를 들어 1차시 '나의 몸' 학습에서는 손이나 귀의 이미지 컷과 한자 '手', '耳'를 제시하고 이미지 컷과 한자의 유사성을 탐색하는 활동을 통한 한자의 자형에 대한 지식을 구성하는 능력을 기르고자 하였다. 그리고 3차시 '동물나라' 학습에서는 물고기와 양의 이미지 컷과 한자 '魚', '羊'을 제시하여 학습자들의 탐색 활동을 통해 한자의 자형에 대한 지식을 구성하는 능력을 기르고자 하였다. 1차시와 3차시 수업의 학습 자료를 예시하면 다음의 그림과 같다.

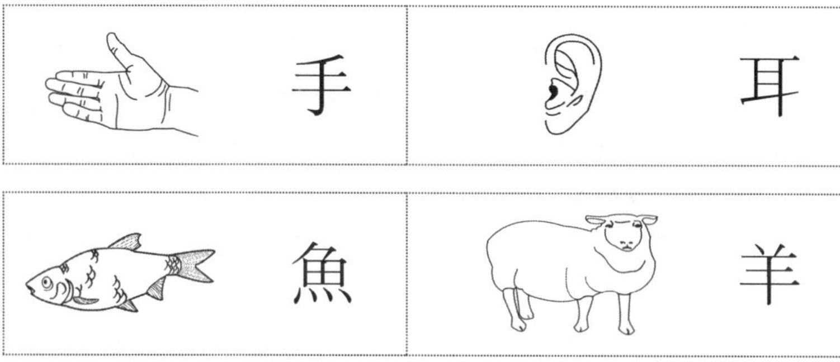

〈手, 耳, 魚, 羊 이미지 컷 대조하기 학습 자료〉

〈이미지컷 대조하기 활동〉

이와 같은 이미지 컷 대조하기 활동은 익혀야 할 한자를 이미 알고 있는 학습자들은 깊은 생각을 하지 않고 쉽게 문제를 해결하는 경우가 발생하였다. 한자를 처음 공부하는 학습자에게는 흥미와 친근감을 줄 수 있는 이미지 컷 자료이지만, 한자를 어느 정도 익힌 학습자들에게는 흥미와 관심을 끌 수 없게 된 것이다.

그래서 필자는 한자의 본래 모습과 오늘날 쓰이는 글자의 연관성이 적은 이미지를 갖고 있는 내용들을 이미지 컷 대조하기 활동으로 설계하고 시행하게 되었다.

필자는 6차시 수업을 진행하면서 '東, 西, 南, 北, 上, 下'의 한자를 여섯 모둠에 배정하고, 학습자들이 협동학습의 방법으로 한자에 대한 이미지 컷을 그려보고 그에 대한 의견을 제시하도록 하였다.

다음은 '東'의 이미지 컷과 관련된 수업 전사(轉寫) 내용의 일부이다.

〈약호〉 T : 교사, S1 : 학생 1, S2 : 학생 2, SS : 다수의 학생

T : 너희 모둠은 '동녘 동'을 어떻게 생각해서 그렸지요?

S1: 옛날에는요, 그냥 동쪽이었는데, 깊은 뜻을 알기 위해서 '동녘 동'으로 바뀌었어요. 그리고 그림을 보면 밑에가 산 같고 위에는 해가 뜨는 것 같아요. 원래 해가 동쪽에서 뜨니까요. 그래서 그림이요, 옛날에는 해가 뜨는 그림이었어요.

T : 그래. 잘 생각했어요. 너희 모둠에서는 그런 생각을 했구나. 그럼 옛날에 '동녘 동'자가 정말로 해가 뜨는 모습이었는지 '동녘 동'자를 그린 그림을 보여 줄게요. 자, 이건데, 무슨 그림 같아요?

S2: 사탕이요.

T : 사탕. 또.

S3: 자루.

T : 자루 같아 보여요. 또.

S4: 실패!

S3: 사람이 자루 안에 들어간 것 같아요.

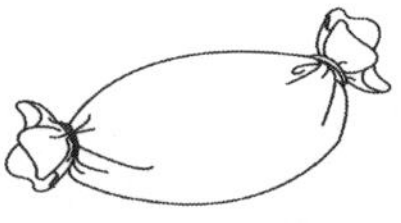

〈東의 이미지 컷 자료〉

S5: 시체.

T : 그래. 여러 가지 말을 했는데 옛날 '동녘 동'자의 처음 모습은 자루 모양이었다고 그래요. (이미지 컷 제시함) 그런데 시간이 지나면서 사람들이 자루 모양을 잊어버리게 되고, (그림을 그리며) 이렇게 나무에 해가 걸린 모습으로 생각했어요. 이렇게 그리니까 모양이 비슷해 보여요?

SS: 네.

T : 사람들이 생각하기에 따라서 원래 글자 모양하고 상관없이 글자를 그렸으니까 재미있다는 생각이 들죠?

SS: 네.

T : 여러분들도 한자의 원래 모습과는 달라도 좋으니까 자신이 생각한 모습을 그려보고 왜 그렇게 그렸는지 자신의 생각을 잘 말하면 돼요.

〈수업 전사 자료 ① - 6차시(5월 21일)〉

필자는 이 수업을 계획하고 진행하면서 학습자들이 협동학습의 방법으로 활동에 참여하면서 활발한 상호작용이 일어나서 구성원들끼리 지식을 공유하고, 다양한 관점을 통한 새로운 지식을 구성할 것이라는 기대를 하였다. 그러나 이러한 필자의 기대는 위의 전사 자료를 통해 볼 수 있듯이 여지없이 무너졌다. 학습자들은 모둠 구성원들끼리 협동학습을 하는 동안에 많은 대화를 통하여 학습에 대한 활발한 상호작용을 하기보다는 개별 활동을 하거나 학습 활동 이외의 활동을 하면서 시간을 보냈다. 그러므로 협동 학습의 시간을 통해 서로의 의견을 교환하여 새로운 의견을 도출하지 못하고 학습에 적극적인 학생의 의견에 동조하는 경향을 보였다.

이러한 수업 내용은 학습자의 상황을 잘 파악하지 못한 필자의 잘못에 기인한다. 필자는 학습자들이 협동학습의 방법을 이해하고 있으리라고 가정하고 협동학습의 방법에 대한 자세한 안내를 하지 않았다. 또, 학습자들은 평소 담임교사가 수업을 진행할 때에도 협동학습의 방법을 경험해 보지 못하였다. 그렇기 때문에 필자가 기대한 것처럼 협동학습의 방법을 통해 활동을 진행할 수 없었던 것이다.

이는 협동학습 모형에 대해 익숙하지 않은 초기 단계에서는 협동학습 방법이 학습할 내용보다는 상대적으로 더 큰 비중으로 다루어져야 한다는 사실을 간과한 것이다. 또한 협동학습에 참여하고 있는 학생들이 어려움을 겪을 때 학생의 현재 수준을 파악하여 그에 맞는 비계(scaffolding)를 설정해 주어 문제를 해결할 수 있는 단서를 제공해 주어야 하는 교사의 역할을 충실히 이행하지 못해서이기도 하다.[1] 필자는 단지 협동학습이 이루어지는 동안에 소집단 사이를 순회하면서 학생들이 협동학습에 잘 참여하도록 재촉하거나 학생들에게 협동 학습의 방법을 안내하는데 시간을 소비하였다.

---

1) 신헌재・이주섭, 「국어교육과 협동학습」, 『한국초등국어교육』 제15집 (서울 : 한국초등국어교육학회, 1999), 44쪽 참조.

학습자들이 협동학습의 방법을 잘 이해하지 못하여 구성원들 간에 활발한 상호작용이 일어나지 못한 것은 다음의 '西'와 관련된 수업 전사 자료를 통해 더욱 확인할 수 있다.

T : 자, 그럼 이번에는 '서녘 서'자를 얘기해 봐요. '서녘 서'자는 처음에 어떤 모습이었을까? 어느 모둠이 준비했지요?
SS: ……
T : 선생님이 2모둠보고 하라고 한 것 같은데. 2모둠 어떻게 됐어요?
SS: 못했어요.
T : 못했다고?
SS: 네. 애들이 장난만 치고 안했어요.
T : 잘 생각이 안 났나 보지? 그럼 할 수 없지. 선생님이 이 그림을 보여줄 테니까 잘 생각해 봐요. (이미지 컷 제시함) 어떤 모습이죠?
S1: 나무!
T : 또. 자세히 봐요. 나무에 뭐가 있나요?
S2: 노을.
T : 그래. 노을이 질 때는 언제일까요?
SS: 저녁때요.

〈西의 이미지 컷 자료〉

T : 그림을 자세히 보면 노을도 지고 있지만, 나무 위에 새가 앉아 있어요. 새가 나무 둥지 위에 앉아서 쉬고 있을 때가 언젤까?
SS: 저녁때요.
T : 그래. 새가 날아다니다가 둥지에 앉는 때는 서쪽 하늘에 노을이 지는 때지. 그래서 사람들이 '서녘 서'의 모습이 이렇게 새가 둥지에 앉아있는 모습이 아니었을까 생각했다고 해요.

〈수업 전사 자료 ② - 6차시(5월 21일)〉

〈수업 전사 자료 ①〉과 〈수업 전사 자료 ②〉를 통해 '이미지 컷 대조하기' 활동은 한자를 익히지 않은 학습자들에게는 한자 학습에 대한 흥미와 친근감을 줄 수 있는 학습 방법임을 확인할 수 있다. 그러나 한자를 많이 알고 있는 학습자나 한자에 대한 배경 지식이 균일하지 못한 학습자 집단을 대상으로 수업을 진행할 때에는 그에 적절한 지도 기법이 필요하다 할 수 있다. 또한 협동학습의 방법을 통해 '한자 이미지 컷 대조하기' 활동을 진행할 때에는 학습자들이 협동학습의 학습 방법을 충분히 이해하고 있어야 효과적으로 진행할 수 있으며, 학습자 못지않게 교사 자신도 학습 촉진자로서의 역할을 충실히 하여야 함을 알 수 있다.

2) 비슷한 자형 찾기

'비슷한 자형 찾기' 학습은 상형 문자의 초기 자형과 현재 쓰이는 자형을 학습자가 비교하면서 유사점을 찾아가는 활동을 통해 한자 지식을 구성하는 것이다. 이 활동은 학습자가 서로 비슷한 한자의 자형을 찾는 데 목표가 있는 것이 아니라, '비슷한 자형 찾기' 학습을 하면서 학습자가 주변의 구성원들과 끊임없이 상호작용을 주고받으면서 한자 지식을 구성하는 데 목표가 있다. 다음의 수업 전사(轉寫) 내용은 한자 '父', '母'를 비슷한 자형 찾기 활동을 통해 학습한 것이다.

T : 이 글자는 '아버지 부'인데 왜 '아비 부'가 됐는지 얘기해 보자. 누가 해 볼까요? 저기, 효선이가 해 볼래? 왜 '아비 부'라고 생각했어요?
S1: 아버지의 수염이 난 모습 같아요.
T : 그래. 수염 난 모습이라고. 또 다른 사람? 수정이.
S2: 전 아버지 머리 모양 같아요.
T : 왜 머리 모양이라고 생각했어요?
S2: 아버지가요 집안에서 가족들을 위해 일을 하시고, 돈도 벌어 오시잖아요. 그러려면 머리를 많이 써야 하니까 머리 모습이 크게 된 것 같아요.
T : 그래. 수정이가 중요한 말을 했네. 아버지가 하시는 일하고 연결해서 설명했네. 또 다른 사람은? 그래, 정민이.
S3: 전요, 아버지가 도끼를 들고 있는 모습으로 보여요.
T : 오, 새로운 의견이야. 정민이는 아버지가 도끼를 들고 있는 모습이래요. 여러분도 그렇게 보여요?
SS: 네.

T : 또 다른 의견 있어요? 응, 병수가 얘기해 봐요.

S4: 전, 식칼 같아요.

T : 왜 식칼이라고 생각했어요?

S4: 옛날에 사냥을 하려면 식칼이 필요하잖아요.

T : 그래. 그럴 수도 있겠구나. 자, 지금까지 여러 가지 의견이 나왔는데, 여러분들이 말한 것 가운데 이 글자의 원래 모습이 있어요. 수염, 머리, 도끼, 식칼 중에 어떤 것일까? 먼저 수염이라고 생각하는 사람 손을 들어 보세요.

SS: (손을 든다.)

T : 다음, 머리라고 생각하는 사람?

SS: (손을 든다.)

T : 다음, 도끼?

SS: (손을 든다.)

T : 다음, 식칼?

SS: (손을 든다.)

T : 그래. 각자 생각하는 게 다른 데, 이 글자의 원래 모습은 도끼를 든 사람의 모습이라고 해요. 옛날에 원시인들은 먹을 게 없었지요. 그래서 사냥을 해야 하는데 그때 돌도끼를 들고 했다고 해요. 또 집을 지을 때에도 도끼를 가지고 짓고. 그러면 누가 도끼를 들고 했을까요?

SS: 남자요.

SS: 아버지요.

T : 그래요. 옛날에 사냥을 하는 사람은 집안에서 힘이 가장 센 아버지가 했기 때문에 이 글자는 '아비 부'란 글자 모양이 된 거야. 이해가 돼요?

SS: 네.

T : 그러면 아버지하고 짝할 수 있는 사람이 누구일까요?

SS: 어머니요.

T : 그래. 그럼 '어미 모' 글자를 볼까요? 이 글자는 어떤 글자하고 모양이 비슷하죠?

SS: ('여자 녀'를 가리키며) 제일 끝에 있는 그림이요.

T : 그래. 이 글자는 '여자 녀'를 그린 그림이야. 그런데 이 글자는 어

떤 모습을 그린 걸까요? 누가 얘기해 볼래요? 자, 상미.
S5: 여자가요, 무릎을 꿇고 앉아 있는 모습 같아요.
T : 오, 정말로 여자가 무릎 꿇고 앉아 있는 모습 같아요?
SS: 네. 아니요.
T : 아닌 사람, 어떤 모습 같아요?
S6: 전 서 있는 거 같아요.
T : 응, 서 있는 것 같아요. 앉아 있는 게 아니고. 또, 주연이!
S7: 전 여자의 가슴 같아요.
SS: 아이, 변태.
T : 여자의 가슴 같아요?
S7: 네.
T : 그래. 지금 주연이는 이 글자(어미 모)를 보고 말한 것 같네요. 그럼 이 두 그림을 같이 보자. 이 그림의 글자하고(여자 녀) 이 것(어미 모)하고 모양이 비슷한데 뭐가 다르지요?
SS: 점이 두 개 들어갔어요.
T : 그래. 점이 두 개 들어갔지요? 이 점이 무얼까요?
S8: 저는 그 점이 집에서 있는 엄마가 (……소리가 작아서 전사 못함.)
T : 그래. 또 다른 의견? 힌트, 아까 주연이 말을 생각해 봐요.
S9: 여자가 아기한테 젖을 주는 모습이에요.
T : 그래. 정확하게 말했네. 여자가 아기한테 젖을 먹이는 모습을 생각해서 어머니의 젖가슴을 나타낸 거야. 그래 여자의 모습에서 엄마의 모습을 구별하기 위해 엄마의 가슴을 표시한 거야. 이해가 돼요?
SS: 네.

〈수업 전사 자료 ③ - 2차시(4월 23일)〉

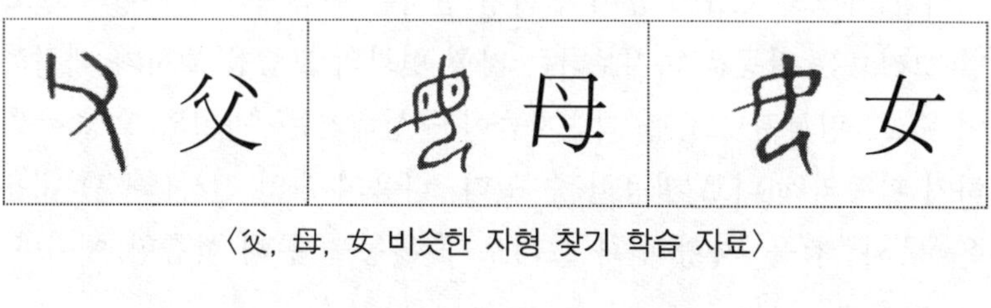

〈父, 母, 女 비슷한 자형 찾기 학습 자료〉

위의 〈수업 전사 자료 ③〉은 학습자들이 2차시의 학습 내용인 '父, 母, 兄, 弟, 子, 女'의 초기 자형과 현재 쓰이는 자형과의 대조를 통해 비슷한 자형을 찾은 이후에 그 까닭을 설명하는 학습 활동을 제시한 것이다.

학습자들은 ‘父’, ‘母’의 자형과 ‘[illegible]’, ‘[illegible]’의 자형을 비교하는 활동을 하면서 자신의 개인적, 사회적 경험을 떠올린다. 또한 과제를 해결하기 위해 자신이 알고 있는 지식을 총망라하여 자료를 분류해 보고, 분석해 보고, 예측해 보고, 나아가 새로운 지식을 창조하게 되는 것이다.

3) 자형 변화 그려보기

〈자형 변화 그려보기 활동〉

‘자형 변화 그려보기’ 학습은 학습자가 현재의 한자 자형을 토대로 초기 한자의 자형을 추측하여 그 변화 과정을 그려보는 활동이다. 이러한 학습은 학습자들이 자형의 모습을 추측할 수 있는 상형자를 중심으로 진행하는 것이 효과적이라고 할 수 있다. ‘이미지 컷 대조하기’ 활동의 ‘東’, ‘西’의 예에서 보듯이, 비록 한자가 만들어진 초기에는 상형의 원리에 의해 만들어진 한자라고 하더라도, 오늘날 그 짜임의 원리를 짐작하기 어려운 글자들은 학습자들이 쉽게 그 변화된 모양을 그릴 수 없다.

다만 자형의 모습이 많이 변화된 한자는 학습자들이 자형의 변화를 그려보는 활동을 하기보다는 자형 변화의 모습을 교사가 제시하여 주고, 변화된 모습을 학습자들이 구성해가는, 자형의 모양 추측하기 활동의 하나로 활용할 수 있다. 다음의 수업 전사(轉寫) 내용은 ‘果’와 ‘米’를 ‘자형 변화 그려보기’ 활동을 통해 학습한 예이다.

T : 이번엔 ‘열매 과’에 대해 알아볼까요? 유신이는 어떻게 생각했어요?
S1: 열매가 동그랗게 열린 것을 생각해서 ‘열매 과’를 그렸어요.

T : 그래요. 잘 말해 주었어요. 다음엔 대성이가 그리면서 생각한 것을 들어볼까요?

S2: '열매 과'는 처음에 사과 모양을 생각했고요, '果'자는 과자를 생각해서 과자 봉지를 그렸어요.

T : 그래, 재미있는 생각을 했네. 이번에는 장수가 말해볼래요?

S3: 사과가 처음에는 동그란 모양인데요, 시간이 지나면 점점 익어서요, 그래서 사과의 모양이 네모나게 변했어요.

T : 그래. 잘했어요. 또 수철이가 말해볼래요?

S4: 수박이 있는데, 수박을 먹으려면 칼로 잘라야 하잖아요. 수박을 칼로 자르니까 네모난 모양이 돼서 이렇게 변했어요.

T : '열매 과'를 그리면서 여러 친구들이 얘기한 것을 들어보니까 많은 고민을 한 것 같아요. 우리가 알고 있는 열매들은 동그란 모양이 많지요?

SS: 네.

T : 그런데 '열매 과'자의 모양은 '나무 목' 위의 부분이 네모난 모양이어서 여러 친구들이 고민한 것 같아요. 그래서 어떤 친구는 과자 봉지, 어떤 친구는 수박을 반듯하게 자른 모양이라고 했는데, 중요한 것은 과일 모양이 동그란 거냐 아니면 네모난 거냐 이런 게 아니에요. 어떤 모양이 변해서 오늘날 같은 글자가 되었을까 하고 여러분 스스로 생각해 보는 거지요.

T : 이번에는 '쌀 미'자에 대해 말해 볼까요? 응, 철호가 먼저 말해볼래요?

S5: 처음에는 쌀이 이렇게 따로따로 있었는데 밥을 하다 보니까 이렇게 모여 있게 되어서 글자 모양이 되었어요.

T : 그래. 그 다음 누가 얘기해 볼래요? 경숙이 말 들어보자.

S6: 쌀이 이렇게 있었는데요, 쌀을 사람이 먹었어요. 그래서 글자 가운데 '사람 인'자가 들어갔어요. 그리고 '사람 인' 옆에 쌀 두 개를 붙인 거예요.

T : 그래. 선생님은 그런 생각을 못했는데, '쌀 미'자 안에 '사람 인'이 있었네. 기발한 생각이다. 자, 다음에 미정이가 얘기해 보세요.

S7: 처음에는 쌀알만 있었는데요, 쌀알에서 싹이 나서 눈이 위로 올

라왔어요. 그래서 쌀눈이 자란 모습이에요.

T : 그래. 그럴 수도 있겠구나. 다음에 희선이.

S8: 처음에요, 쌀이 있었는데, 쌀이 이렇게 자루에 들어 있잖아요. 자루에 들어있는 쌀이 삐죽삐죽 올라와서 이런 모양이 된 거예요.

T : 그래. 잘 했어요.

〈수업 전사 자료 ④ - 4차시(5월 7일)〉

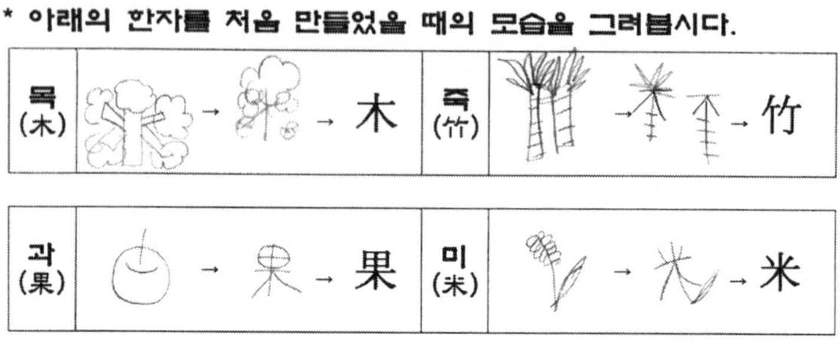

〈자형 변화 그려 보기 학습지〉

위의 〈수업 전사 자료 ④〉에서 보듯이 학습자들은 '자형 변화 그려보기' 활동을 하면서 학습자들은 나름대로 자기가 겪은 경험이나 지식을 동원하여 오늘날 쓰고 있는 자형과 비슷한 모양으로 변화되는 과정을 그리고 있다. '과일 과(果)'의 자형을 구성하면서 동그란 열매의 모양이 어떤 과정에서 네모난 모양의 형태〔田〕로 변하였는지 쉽게 떠오르지 않아서 각자가 생각한 나름대로의 의견을 제시하는 것이다.

이와 같은 한자 자형 지식의 구성은 '쌀 미(米)'의 학습에서도 나타나고 있다. 학습자들은 둥근 모양의 쌀알이 어떻게 해서 뾰족뾰족한 모양의 '쌀 미'가 되었는지 쉽게 이해할 수 없다. 그렇기 때문에 '밥을 할 때 쌀이 모여 있는 모양'이라고 하거나 '쌀자루에서 쌀이 삐죽삐죽 솟아 오른 모양'이라고 생각을 하고 있는 것이다. 또한 '쌀 미(米)'의 자형을 분석하여 보고 자신이 알고 있는 '사람 인(人)'자의 자형과 연관 짓는 사고 작용을 하게 되는 것이다.

4) 자의 추론하기

'자의 추론하기' 학습은 학습자들이 한자 낱자 낱자의 결합을 통해서 이루어지는 한자를 학습하면서 스스로 새로운 의미를 구성해보는 활동이다.

'자의 추론하기'는 학습자들에게 회의자를 구성하는 낱글자의 뜻을 알려주고 난 뒤에 낱글자가 결합된 회의자의 뜻을 새롭게 구성해보는 활동으로 할 수 있다. 이와는 달리 한자 낱자와 회의자의 뜻을 모두 알려주고, 한자 낱자가 결합하여 회의자의 뜻이 어떻게 만들어졌는지를 추정해보는 학습으로 진행할 수도 있다.

다음의 수업 전사 내용은 '美'의 '자의 추론 활동'이다.

T : 이번에는 철수가 해볼까요? 철수는 무슨 글자를 발표할까요?
S1: 아름다울 미.
T : '아름다울 미'자를 한다고요? 그래 한 번 들어보자.
S1: 미자는 '양 양'자하고 '큰 대'자잖아요. 그래서 양이 크면 아름답다는 뜻이에요.
T : 양이 크면 아름다운가요? 정말 그래요? 양이 크면 아름다워요? 글쎄. 누가 더 얘기해 볼래요? 기준이가 얘기해 볼래요?
S2: 양이 보통 양보다 크니까 아름답다는 뜻이에요.
T : 크다고 아름다운가요? 큰 것 중에 아름다운 게 뭐가 있나요? 더 좀 생각해봐야 할 것 같은데. 또 누가 말해 볼까요? 민주가 해 볼래.
S3: 있잖아요. 양이 뿔이 있어요. 근데 그 뿔이 크니까 아름답잖아요. 그래서 아름다울 미가 되었어요.
T : 그렇구나. 양 뿔이 커서 보기가 좋아서 '아름다울 미'가 되었단 말이지요. 아까보다는 좀 이해가 잘 되네요. 여러분들도 이해가 돼요?
SS: 네.
T : 또 다른 친구? 소민이가 해 볼까?
S4: 양의 마음이 아름다운 데서 아름다울 미가 됐어요.

T : 양이 마음이 아름다워서 아름다울 미가 됐다. 그럼 큰 대자는 어떻게 해야 될까요?

S11: 양의 마음이 크니까 아름답다는 뜻이에요.

T : 여러 가지 얘기를 많이 해 주었네요. 옛날에 사람들이 하늘에 제사를 지냈지요? 그때 제물로 바치는 게 있었는데 어떤 거였는지 알아요?

SS: 양이요.

T : 옛날 영화를 보면 양을 잡아서 하늘에 제사를 지냈어요. 이럴 때 어떤 양을 잡았을까요? 어떤 모양의 양이 좋았을까요?

SS: 큰 거요.

T : '아름다울 미'자는 아까 민주 얘기처럼 양 뿔이 큰 게 보기 좋다는 데서 '아름답다'는 뜻이 되기도 했지만, 또 제사 지낼 때 큰 양을 잡아서 지내야 보기 좋다고 해서 큰 양이 아름답다는 뜻이 되었다는 말도 있어요.

T : 그래. 지금까지 여러 사람들이 얘기를 잘 해주었는데. 여러 친구들의 생각하고 한자를 처음 만들었을 때의 뜻하고 크게 다르지 않아요. 이렇게 여러분들이 자신의 생각으로 한자의 뜻을 말해 주니까 더 재미있고 기억에도 잘 남을 거예요. 여러분도 그래요?

SS: 네.

〈수업 전사 자료 ⑤ - 10차시(6월 18일)〉

〈자의 추론 활동〉

위의 〈수업 전사 자료 ⑤〉는 학습자들에게 '美'를 구성하고 있는 낱자인 '羊'과 '大'의 뜻을 알려주고 난 뒤, '양'과 '크다'의 뜻이 만나서 어떻게 '아름답다'라는 뜻이 되었는지를 구성해 보도록 수업을 진행한 것이다.

위의 자료에서 보듯이 학습자들은 '아름답다'는 뜻을 추론해내기 위하여 활발한 사고 과정을 거치게 된다.

처음에는 S1, S2학습자처럼 단순하게 겉으로 드러난 뜻을 통해서 회의자의 의미를 파악하려고 한다. 그런데 "양이 크면 아름답다는 뜻이에요."나 "양이 보통 양보다 크니까 아름답다는 뜻이에요."와 같은 대답을 통해서는 주위의 학습자를 설득시킬 수 없다.

이러한 때 교사의 역할이 중요하다.

교사는 단지 학습자들이 제시하는 생각들을 듣고 관망만 할 것이 아니라 상황에 알맞은 코칭(coaching)이나 학습자들에게 단서를 제공하는 비계설정(scaffolding)을 하여 학습자들의 사고를 촉진시켜 주어야 한다. 학습자들은 교사의 단서나 힌트를 통해 고등 수준의 지식을 구성하는 활동을 하게 되며, 이를 통해 자신의 생각을 명료화(articulation)한다.

이와 같은 반성적 사고(reflection)를 통해 학습자들은 S3, S4와 같은 고등 지식을 구성하게 된다. 즉 "양이 뿔이 크니까 큰 모양이 보기 좋아서 '아름다울 미'가 되었다."고 생각하거나 "양의 마음이 크니까 아름다워서 '아름다울 미'가 되었다."는 생각을 하게 된 것이다.

2. 학습자의 심층 면담

심층면담에 가장 적절한 시기는 현장 연구 기간의 중반기 이후라고 할 수 있다. 왜냐하면, 적어도 집중관찰까지는 끝내야 어떤 질문을 할 필요가 있는지에 대한 계획을 세울 수 있기 때문이다. 그 이름이 암시하듯이 심층면담은 몇 개의 질문으로만 간단히 끝나는 것이 아니고, 제보자 한 사람 당 몇 시간이 걸릴 정도로 폭넓고 깊이 있는 질문들을 해 나가는 방법이다.[2] 심층면담에 대한 이와 같은 논의가 일반적이지만 면담 대상자의 특성에 따라 기술적 방법은 융

2) 이용숙, 앞의 논문, 126~127쪽 참조.

통성 있게 운영되어야 할 것이다.

필자는 초등학교 3학년 학습자를 대상으로 면담을 실시하였는데, 이 연구의 후반부인 9차시 수업(6월 11일)과 10차시 수업(6월 18일)이 종료된 이후에 면담을 실시하였다. 면담은 필자가 수업에 참여관찰하면서 학습에 적극적으로 참여하였던 학습자와 학습지 구성을 유의미하게 한 학습자를 대상으로 진행하였는데, 1회에 각 다섯 명씩, 10명의 학습자와 면담을 하였다. 면담 방식은 개별 면담이 아닌 집단 면담 방식을 선택하였다.

집단 면담 방식을 선택한 것은 학습자들이 자연스러운 분위기 속에서 솔직하게 자신의 의견을 말할 수 있게 하기 위해서이다. 면담 시간은 1회에 50분 정도 걸렸다.

심층면담은 깊이 있는 질문으로 인해 긴 시간이 소요되는 것이 일반적이지만, 이 연구의 면담 대상자들이 초등학생이라는 사실을 감안하면 50분의 시간도 짧지 않은 시간이었다. 실제로 면담을 진행하면서 면담 대상자들은 지루해 하는 표정을 짓거나 말을 하기도 하였다. 면담은 학교 내의 교과전담교사 연구실에서 진행하였다. 교과전담교사 연구실에는 긴 안락의자(sofa)가 있었는데 학습자들은 여기에 앉아서 편안한 모습으로 면담에 응하였다. 면담 내용은 필자가 면담지에 기록하였으며, 전 과정을 캠코더(Camcoder)로 녹화하였다.

1) 배경 지식

필자는 면담을 시작하면서 면담자들이 편안한 마음으로 대답할 수 있도록 면담자의 한자 학습에 대한 사전 지식을 묻는 것으로 면담을 시작하였다. 면담자들이 필자와 수업을 하기 이전에 어떠한 형태의 한자 교육을 받았는지에 대해 물어보았다.

T : 교실에서만 보다가 이렇게 만나니까 더 반갑네. 너희들도 그렇지?
SS: 네.

T : 선생님이 왜 불렀는지 궁금하지요? 선생님이 너희들하고 두 달 넘게 한자 공부를 했는데, 다음 주 월요일이면 수업이 끝나요. 그래서 선생님이 너희들이 무슨 생각을 하고 있는지 몇 가지 물어보려고 그러니까 아무 걱정 말고 생각이 나는 대로 얘기해주면 돼요. 무슨 말인지 알겠죠?

SS: 네.

T : 우선, 너희들이 한자를 전에 공부했는지 안했는지 궁금해서 그런데 석찬이는 전에 한자 공부했었나요?

S1: 네.

T : 언제부터 공부했어요?

S1: 1학년 때부터요.

T : 어떻게 공부했어요?

S1: 학원에서 공부했어요?

T : 그럼 한자 급수 시험도 봤어요?

S1: 네.

T : 몇 급이죠?

S1: 7급이요.

T : 그랬구나. 그럼 창수는 어떻게 공부했어요?

S2: 학교에서 배웠어요.

T : 언제?

S2: 일, 이, 삼학년.

T : 일학년부터 삼학년까지 모두 배웠구나. 선생님이 가르쳐주셨어요?

S2: 네.

T : 아침 자습 시간에?

S2: 네.

T : 어떤 식으로 공부했어요? 선생님이 칠판에 써 주시고 쓰라고 하셨나요?

S2: 네.

T : 그럼, 한자 급수 시험도 봤어요?

S2: 네.

T : 몇 급 땄어요?

S2: 급수는 없어요.

〈심층 면담 자료 ① - 1회(6월 11일)〉

〈심층 면담 활동〉

위의 자료에서 보듯이 면담자들은 필자와의 수업 이전에 어떠한 형태로든 한자에 대한 지식을 갖고 있었다. 10명의 면담자 가운데 5명은 학교에서, 3명은 학습지를 통해, 1명은 부모님을 통해, 1명은 학원에서 한자 교육을 받았다고 말하였다. 또 이중 2명의 면담자는 한자 급수 자격 검정시험에서 8급을, 다른 2명의 면담자는 7급을 획득했다고 말하였다. 한자를 처음 공부한 시기를 물어보았는데 유치원 다닐 때 1명, 초등학교 1학년 때 4명, 초등학교 2학년 때 3명, 초등학교 3학년 때 2명이라고 대답을 하였다. 필자는 정규 교과과정으로 초등학교에서 한자를 가르치지 않기 때문에 초등학교 3학년 수준의 학습자들이 한자에 대한 지식이 거의 없을 것이라고 가정하였는데, 이러한 면담 자료는 필자의 가정이 잘못된 것이었음을 증명해 주고 있다.

초등학교 3학년 수준의 학습자들이 한자에 대한 지식을 어느 정도 형성하고 있음은 학생들이 작성한 설문지를 통해서도 확인할 수 있다. 앞의 〈표〉에서 밝혔듯이 실험반 학생의 89%, 통제반 학생의 76%가 한자를 이미 학습하였다고 응답하였다. 그런데 면담자의 한자에 대한 배경 지식으로 중요한 내용은 한자를 배웠는지의 여부보다는 어떠한 방법으로 한자를 배웠는가 하는 점이다. 다음의 면담 자료는 면담자들이 한자를 공부한 방법에 대해 말하여 주고 있다.

T : 지금까지 선생님하고 한자를 두 달 넘게 배웠는데 선생님이 좀 궁금한 게 있어요. 그걸 물어볼 거니까, 그냥 자기 생각을 말해주면 돼요. 알았지요?. 우선, 너희들 한자를 어디서 배웠어요?
S1 : 학습지로 배웠어요.
S2 : 학원에서 배웠어요.

T : 그러면 학원에서 배울 때 선생님이 글씨를 쓰시고 이 글자는 '날 일'이야 이런 식으로 배웠지요?
S3 : 네.
S2 : 아니요.
T : 아냐. 그러면 어떻게 배웠어요?
S2 : 우린 그냥 썼어요.
T : 그냥 썼어요? 무조건?
S2 : 네.
S3 : 그림을 보여주시고 가르쳐 주셨어요.
T : 어떻게? 무슨 그림?
S3 : 그냥, 그림을 설명해주시고 썼어요.
변해온 과정이 나타난 그림이요.
S4 : 그리고 그냥 썼어요.
S1 : 막 썼어요.
T : 또 어떻게 배웠어요? 다르게 배운 사람?
S5 : 학교에서 배웠는데요, 그냥 칠판에 있는 거 보고 썼어요.

〈심층 면담 자료 ② - 2회(6월 18일)〉

위의 자료에서 보듯이 면담자들은 학교나 학원에서 한자 공부를 하면서 담당 선생님의 지도를 받아 한자 공부를 한 것이 아니라 쓰기 중심의 단순 암기 형식으로 한자를 공부한 것이다. 이러한 쓰기 중심의 기계적인 학습은 학습자의 학습 의욕을 떨어뜨리고 한자 학습에 대한 부정적인 인식을 심어주게 되므로 역효과를 불러올 수 있다. 학습자들의 학습이 진정한 의미를 지니기 위해서는 비활성 지식(inert knowledge)의 기계적인 암기가 아니라, 이해와 문제 해결 그리고 개념적 변화에 초점을 두고 관련된 맥락에서 이루어져야 한다.3)

학습자들이 공부하는 한자 지식이 살아있는 지식이 되려면 학습자의 비판적, 반성적 사고를 통해 구성하는 지식이어야 한다. 교사 또는 또래집단 간에 아무런 상호작용도 없이 시간을 보내기 위해

3) 조영남, 앞의 논문, 99쪽.

기계적으로 공책의 빈칸을 매우는 형태의 한자 학습은 학습자의 지식을 구성하는 데 큰 도움을 주지 못한다.

한자 한 글자를 배우더라도 이 글자가 어떠한 맥락에서 어떤 뜻으로 사용하고 있는지에 대해 학습자 스스로 생각해보고 반성적으로 사고해 보는 것이 참다운 한자 지식을 구성하는 방법이 될 수 있다.

2) 학습 반응

필자가 별도의 처치 설계를 하지 않은 통제반 학습자들에게는 한자의 삼요소, 한자 어휘, 한자 어휘의 언어생활 활용 등을 중심으로 수업을 진행하였는데, 시간이 지날수록 익숙해진 학습방법으로 인해 학습자들의 흥미가 감소해진다는 것을 감지할 수 있었다.

필자가 통제반 학습자들에게 '한자 빙고 맞추기' 등의 활동으로 수업을 진행하자 학습자들은 수업에 흥미를 갖고 적극적으로 참여하게 되었다. 이에 비하여 실험반 학습자들에게는 한자 교수・학습을 진행하면서 여러 가지의 '자원 학습' 방법을 시도하였다. 통제반에 비해 실험반 학습자들은 수업에 지속적으로 관심을 보였는데, 이것이 두 학급 구성원들의 차이에 의한 것인지 아니면 교수・학습 방법이 달라서인지 알아보기 위해 학습자들의 수업에 대한 반응을 묻게 되었다. 다음의 면담 자료는 학습자들이 문자학을 활용한 한자 교수・학습 방법을 어떻게 인지하고 있는지를 보여주는 것이다.

T : 그런데 선생님이 너희들과 공부하면서 처음에는 이 글자는 '해 일'자야. 이렇게 해의 모양에서 바뀌어서 나중에 '해 일'이 되었지요. 너희들이 글자가 어떻게 해서 생겨났는지 한 번 생각해봐요. 이런 식으로 공부를 했죠?
S1 : 네.
T : 그런데 그렇게 공부하니까 어떤 거 같아요?
S3 : 어려워요.
SS : 쉬워요.

T : 어려워요? 그래. 다른 방법으로 공부할 때보다 어려운 것 같아요? 쉬운 것 같아요? 재미있는 것 같아요? 재미없는 것 같아요?
SS : 재미있어요.
T : 정말 재미있었어요? 뭐가 재밌었지요? 한 사람씩 말해 볼래요?
S3 : 저한테는 물어보지 마세요.
T : 서진이는 뭐가 재미있었어요?
S1 : 한자를 전에는 그냥 쓰라고 했었는데, 그렇게 하지 않고 하나씩 그림을 그려가면서 해 보니까 재밌었어요.
T : 예정이는 뭐가 재미있었어요?
S4 : 전 재미없었어요.
T : 재미없었어요?
S4 : 힘들었어요?
T : 뭐가 힘들었지요?
S4 : 하나하나 생각을 해 가면서 하려니까 힘들었어요.
T : 그랬구나. 현주는 어땠어요?
S5 : 재미없었어요?
T : 왜 재미가 없었어요?
S5 : 한 시간 내내 생각하고 쓰고 해야 하니까 재미없었어요. 다른 시간에는 막 놀기도 하고 그랬는데.
T : 그랬구나. 재석이는 어땠지요?
S2 : 재미있었어요.
T : 뭐가 재밌었는데요?
S2 : 한자가 만들어진 과정을 생각해서 써 보는 게 재밌어요.
T : 그래. 그런 식으로 한자를 공부하니까 어떤가요? 한자를 기억하기가 더 오래갈 것 같아요? 아니면 똑 같은 것 같아요?
S2 : 기억이 오래 갈 것 같아요.
T : 다른 사람도 그래요?
SS : 네.

〈심층 면담 자료 ③ - 2회(6월 18일)〉

위의 〈심층 면담 자료 ③〉을 통해 보면 학습자들은 자신들이 한자 지식을 구성하는 학습 방법에 대해 상반되는 반응을 보였다. 학습의 흥미 측면에서 볼 때 재미있는 학습이었다는 의견과 재미없는 학습이었다는 의견을 나타냈으며, 학습 내용의 이해 면에서는 학습자가 이해하기 쉬운 학습이라는 의견과 그렇지 못하다는 의견을 모두 나타내었다.

재미있는 학습 방법이라고 응답한 학습자의 의견을 보면, S1 학습자는 "한자를 전에는 그냥 쓰라고 했었는데, 그렇게 하지 않고 하나씩 그림을 그려가면서 해 보니까 재미있어요."라고 하였고, S2 학습자는 "한자가 만들어진 과정을 생각해서 써 보는 게 재미있어요." 라고 하였다. 이것은 학습자들이 학습에 자발적이고 능동적으로 참여하여 자신의 지식을 구성하려고 노력할 때 의미 있는 학습이 될 수 있다는 구성주의 학습의 원리와 부합하고 있다고 볼 수 있다. S1 학습자가 전에 한자를 공부한 것은 단순한 기계적 쓰기 활동의 반복이어서 학습의 흥미나 효과가 적을 수밖에 없다. 그러나 자신이 한자에 대한 지식을 구성할 때에는 풍부한 맥락 속에서 나름대로의 의미를 부여해 가면서 하기 때문에 한자 학습이 지루하지 않고 의미 있는 한자 지식을 구성하게 된 것이다.

S2 학습자도 자신이 당면한 과제를 해결하기 위해 자신의 선행 지식을 최대한 활용하고, 자신이 겪은 실생활과 관련지으며 문제를 해결하려고 노력할 것이다. 이러한 과정 중에 학습자는 인지적 갈등과 혼란을 경험하게 되고, 반성적 사고를 통해 고등 지식을 형성하게 되는 것이다.

'자원 학습법'을 통한 한자 학습이 재미없고 힘들다고 응답한 학습자의 의견을 보면, S4 학습자는 "하나하나 생각을 해 가면서 하려니까 힘들었어요."라고 하였고, S5 학습자는 "한 시간 내내 생각하고 쓰고 해야 하니까 재미없었어요. 다른 시간에는 막 놀기도 하고 그랬는데."라고 응답하였다. 비록 S4 학습자와 S5 학습자가 재미없고 힘들다는 의견을 제시하였지만 그 까닭은 S1 · S2 학습자와 다르지 않다. 자신이 해결해야 할 문제가 단순히 해결할 수 있는 문제가 아니고 고차적인 사고 과정을 통해 해결할 수 있는 문제이기 때문에 어렵다는 것이다. 학습자들이 겪는 이러한 어려움은 교사의 역할에 따라 어느 정도 해소될 수 있을 것이다. 교사가 학습을 진행하면서 학습자의 수준을 고려하여 시범(modeling), 코칭(coaching), 비계설정(scaffolding)의 과정을 수행하였다면 학습자들은 문제 해결에 어려움을 덜 느끼고 자신의 생각을 명료화(articulation)하였을 것이다.

이상과 같은 상반된 의견을 보이는 학습자들에게 필자가 '자원 학습법'에 대한 초인지(metacognition)적 질문을 하였을 때, "기억이 오래 갈 것 같아요."라고 응답한 것은 매우 고무적이라 할 수 있다. 교사가 학습자의 반응을 수용해가며 다양한 수업 전략을 구사하여 수업을 진행한다면 학습자들은 학습에 능동적으로 참여하여 반성적, 비판적, 창의적 사고를 하게 되고 나아가 고등 지식을 형성할 수 있기 때문이다.

3) 한자 지식의 구성

학습자들이 한자를 공부하면서 한자 지식을 구성하는 방법은 다양하다. 학습자들은 한자의 자형 학습을 통해 한자 지식을 구성하기도 하고, 한자의 자의 학습을 통해 한자 지식을 구성하기도 한다. 필자는 학습자들이 자형 학습을 통해 어떻게 지식을 구성하는가를 알아보기 위해 학습자들과 면담을 하였는데, 필자의 기대와 달리 학습자들은 자신이 어떠한 생각으로 지식을 구성하였는지에 대해 깊이 있는 답변을 하지 못하였다. 다음은 학습자들이 '日'의 자형을 그린 것에 대하여 필자가 면담한 내용이다.

T : 그럼, 정미가 그린 걸 보고 설명 좀 해 줄래요? 잘 생각이 안 나면, 보고 해도 돼. '해 일'자는 어떻게 그린 거죠?

S3: 해 안에 작대기 하나를 그려서 됐어요.
T : 해 안에 작대기가 왜 들어갔을까요?
S3: 그냥 그린 거예요.

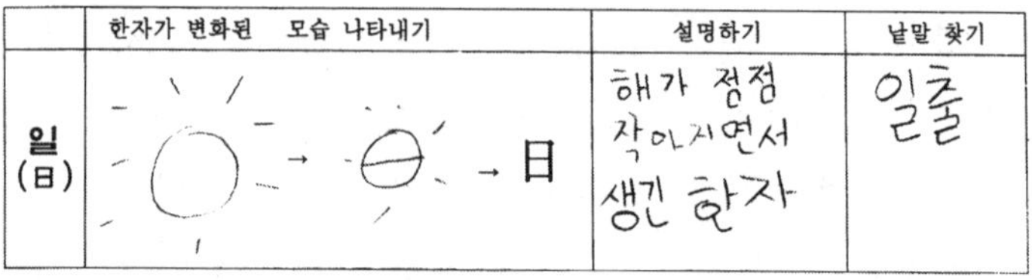

	한자가 변화된 모습 나타내기	설명하기	낱말 찾기
일(日)	→ → 日	해가 점점 작아지면서 생긴 한자	일출

〈'日'의 자원 학습지 - S3 학습자〉

(중략)

T : 그랬구나. 잘 했어요. 다음에는 창수. 창수가 한 번 얘기해 볼까요? '날 일'자부터.

S2: '날 일'자는 동그란 모양이에요. 작대기를 그려서 이렇게 되었다가 나중에 네모난 모습이 되었어요.

T : 왜 처음에는 동그란 해 모양을 그렸다가 네모난 모양이 되었을까요?

S2: 글자 모양하고 비슷하게 그리다 보니까 네모난 모양이 됐어요.

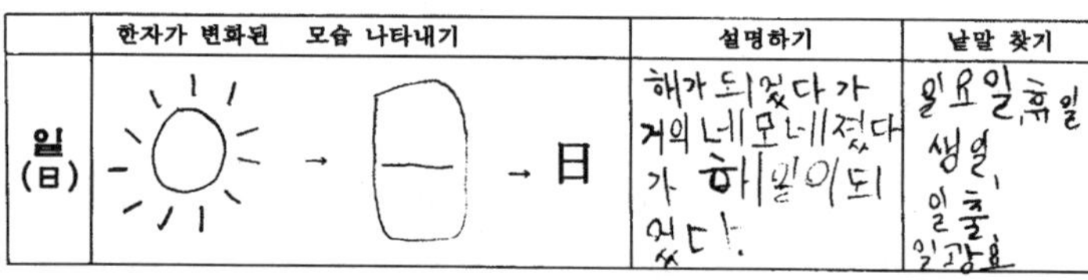

	한자가 변화된 모습 나타내기	설명하기	낱말 찾기
일(日)	→ → 日	해가 되었다가 거의 네모네졌다가 해빛이 되었다.	일요일, 휴일, 생일, 일출, 일광욕

〈'日'의 자원 학습지 - S2 학습자〉

(중략)

T : 다음엔 수정이가 얘기해볼래요? '날 일'부터.

S4: 먼저 태양이 계속 빛이 나니까 조금 갈라졌을 수 있어서 그렇게 그린 거예요.

T : 왜 태양이 갈라졌을까요?

S4: 태양이 계속해서 빛을 비치니까 힘들어서 가운데가 조금 갈라졌어요.

T : 그래. 태양이 힘들어서 가운데가 갈라졌구나.

S4: 네.

〈심층 면담 자료 ④ - 1회(6월 11일)〉

T : 그래. 힘들지. 조금만 기다리면 끝나요. 재석이는 '일'자를 그린 게 남다른데 얘기 좀 해 줄래요?

S2 : 있잖아요. 옛날 사람들은 해가 비치지 않고요, 안에 형광등이 있는 거예요. 거기서 빛이 난다고 생각했어요. 그래 가지고요, 나중에 형광등을 그리기 힘드니까 이거처럼 작대기를 죽 그은 거예요.

T : 해 안에 형광등이 있다고 생각한 거죠?

S2 : 네.

〈심층 면담 자료 ⑤ - 2회(6월 18일)〉

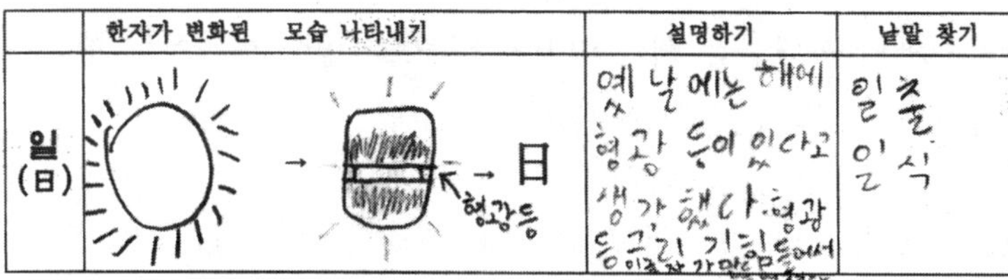

〈'日'의 자원 학습지 - S2 학습자〉

필자가 한자 '日'의 자형을 구성한 것에 대해 물어보았을 때, 네 명의 학습자가 대답하는 형태는 매우 달랐다. 위의 〈심층 면담 자료 ④〉의 첫 번째 자료에서 보듯이 S3 학습자는, "해 안에 작대기 하나를 그려서 됐어요."라고 말하였지만, 자신이 구성한 자형에 대해 분명하게 그 이유를 밝히지 않았다.

이에 비해 두 번째 자료의 S2 학습자는, "작대기를 그려서 이렇게 되었다가 나중에 네모난 모습이 되었어요."라고 S3 학습자와 비슷한 의견을 말하였다.

필자가 다시 그 이유를 캐물었더니 S2 학습자는, "글자 모양하고 비슷하게 그리다 보니까 네모난 모양이 됐어요."라고 말하였다. 이를 통해 볼 때, S2 학습자는 '日'의 자형을 구성하기 위해 나름대로 분류(classification)하고 분석(analysis)하는 과정을 통해서 한자 지식을 구성하였다고 볼 수 있다. 학습자 나름대로 자신이 그린 자형 변화 그림과 현재 쓰이는 한자와의 유사점을 찾고자 노력한 것이다.

비록 S3 학습자는 "그냥 그린 거예요."라고 대답하고 자신이 그린 이유를 밝히지는 않았지만, S3 학습자도 자형을 구성하면서 S2 학습자와 같은 인지 과정을 경험했을 것이다.

〈심층 면담 자료 ④〉의 세 번째 자료와 〈심층 면담 자료 ⑤〉를 통해 보면, 학습자들은 분류와 분석의 과정을 넘어 창의적인 의견을 제시하고 있다. S4 학습자는 "태양이 계속해서 빛을 비치니까 힘들어서 가운데가 조금 갈라졌어요."라는 응답을 하였으며, S2 학습자는 "옛날 사람들은 해가 비치지 않고요, 안에 형광등이 있는 거예요, 거기서 빛이 나는 거예요."라고 대답을 하였다.

이를 통해 보면 S4 학습자는 '日'의 변화 과정을 구성하면서 태양의 모습과 한자 '日'의 모습이 바뀌게 된 원인을 분석하고 그에 따른 자신의 새로운 의견을 내놓은 것이다.

S2 학습자는 '日'의 자형을 구성하면서 자형과 자의를 연관시켜 대답을 하였다. 곧 '日'의 한 가운데에 있는 '一'획은 태양이 빛을 내는 기능을 하고 있다고 본 것이다. 태양이 밝은 빛을 비추는 것은 태양 안에 형광등이 있기 때문이며, 형광등의 모습이 변하여서 '一'과 같은 단순한 형태로 되었다고 예측(prediction)한 것이다.

이상과 같이 학습자들은 자형을 구성하면서 학습자 수준에서 새로운 의미를 부여하기 위해 분류하고, 분석하고, 예측하고, 창조하는 경험을 하는 것이다. 이와 같은 활동은 반성적 사고(reflection)를 통해 이루어지고 있다고 볼 수 있다.

3. 어휘 학습 자료

필자는 구성주의 자원 학습법이 학습자들의 한자 지식을 구성할 뿐만 아니라 한자 어휘에 대한 지식도 구성할 수 있다고 보았다. 곧

'자원 학습'을 통하여 학습자가 한자를 익히는 것이 단지 그 한자의 음과 뜻을 이해하는 데 그치지 않고 나아가 어휘의 의미를 이해하거나 어휘의 의미를 추론하는 어휘 지식을 구성한다고 본 것이다.

필자는 학습자들의 어휘 지식을 형성하기 위해 한자 낱자의 학습에 그치지 않고 배운 한자가 들어가는 한자 어휘를 찾아보는 학습 활동을 하거나, 찾은 어휘를 이용하여 맥락에 맞게 짧은 글을 짓는 학습 활동을 시도하여 보았다. 실험 수업의 초기에는 학습자들이 학습지에 배운 한자를 통해 의미를 추론할 수 있는 한자 어휘를 찾아 쓰게 하고, 찾은 어휘를 활용한 짧은 글 짓기 활동을 학습지에 쓰도록 하였다.

실험 수업의 통제반은 자원 학습을 하지 않았기 때문에 한자의 삼요소를 포함한 어휘 찾기를 통한 어휘 의미 추론 학습과 어휘 활용 학습이 무리가 없었다. 그러나 실험반의 경우에는 자원 학습과 어휘 의미 추론 학습, 어휘 활용 학습을 다 수행하기엔 시간이 부족하여 계획대로 진행할 수 없었다. 그래서 실험반의 어휘 학습은 어휘 찾기 활동은 학습지를 활용하여 진행하고, 어휘를 언어생활에서 활용하는 학습은 사고 구술(thinking aloud)4)의 방법을 원용하여 진행하였다.

어휘 학습을 실시한 결과 학습자들은 한자의 뜻과 관련된 한자 어휘를 찾는 활동과 찾은 어휘를 이용하여 언어생활에 활용해보는 활동에 흥미를 갖고 적극적으로 참여하였다.

그러나 초등학교 3학년 수준의 학습자는 어휘력(vocabulary)이나 어휘 능력(lexical competence)이 형성되어 가는 단계이

4) 서울대학교 국어교육연구소, 앞의 책, 380쪽.
사고 구술(thinking aloud)이란 머릿속에서 진행되는 생각을 소리 내어 말하는 것을 가리킨다. 머릿속에서 골똘히 생각하던 것을 무의식중에 입으로 중얼거리게 되는 원리를 말하는 것으로서, 머릿속의 사고(思考)를 그대로 말로 드러내어 관찰할 수 없는 존재인 사고 과정을 관찰 가능한 형태로 바꾸는 일이다.

기 때문에 적지 않은 혼동을 하고 있었다.

특히 필자는 한자를 통한 한자 어휘 찾기 활동을 중심으로 진행하려고 하였는데, 우리말의 구조적 특성상 한글과 한자가 혼합된 어휘가 많이 있어서 학습자들은 어려움을 겪었다. 또한 동음이의자(同音異義字)를 혼동하거나 고유어를 한자어로 혼동하는 사례도 있었다. 실험반과 통제반 학습자들이 수행한 학습지는 다음 그림과 같다.

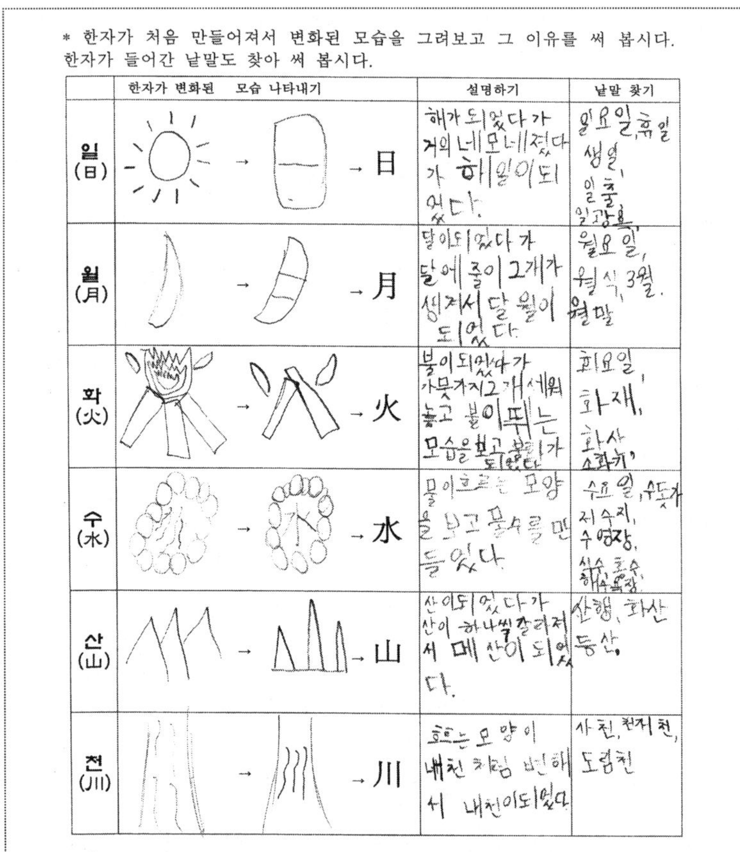

* 한자가 처음 만들어져서 변화된 모습을 그려보고 그 이유를 써 봅시다. 한자가 들어간 낱말도 찾아 써 봅시다.

	한자가 변화된 모습 나타내기	설명하기	낱말 찾기
일(日)	→ → 日	해가 되었다가 거의 네모내졌다가 해 일이 되었다.	일요일, 휴일, 생일, 일출, 일광욕,
월(月)	→ → 月	달이 되었다가 달에 줄이 그개가 생기서 달 월이 되었다.	월요일, 월식, 3월, 월말
화(火)	→ → 火	불이 되었다가 나뭇가지 2개 세워 놓고 불이 뛰는 모습을 보고 불화가 되었다	화요일, 화재, 화산, 소화기
수(水)	→ → 水	물이 흐르는 모양을 보고 물수를 만들었다	수요일, 수돗가, 저수지, 수영장, 식수, 홍수, 해수욕장
산(山)	→ → 山	산이 되었다가 산이 하나씩 갈라져서 메 산이 되었다.	산행, 화산, 등산,
천(川)	→ → 川	흐르는 모양이 내천 처럼 변해서 내천이 되었다	사천, 천지천, 도림천

〈실험반의 5차시 학습지〉

日	日	火	火	山	山
해 일	해 일	불 화	불 화	메 산	
月	月	水	水	川	川
달 월	달 월	물 수	물 수	내 천	내 천

*** 아래의 한자가 들어간 낱말을 찾아 써 봅시다.**

일(日) : 일요일, 일식, 일기, 일주일, 일몰

월(月) : 월요일, 2월, 월식

화(火) : 화요일, 화상, 화염, 화초, 화재, 소화기, 화산

수(水) : 약수터, 수요일, 생수, 수영, 약수, 수산물 수돗물

산(山) : 등산, 화산, 산촌, 백산.

천(川) : 청계천, 제천 하천

*** 아래의 한자가 들어간 낱말을 써서 짧은 글을 지어 봅시다.**

일(日) : 오늘은 일요일이라서 학교를 안 갑니다.

월(月) : 월요일은 일주일이 시작되는 날입니다.

화(火) : 화요일에는 어머니께서 집에 안 계십니다.

수(水) : 아침에 아빠랑 약수터에 갔습니다.

산(山) : 가족과 등산을 했습니다.

천(川) : 가족과 청계천에서 수영을 했습니다.

〈통제반의 5차시 학습지〉

위와 같이 학습자들이 수행한 학습지를 분석해 보면 학습자들은 한자 어휘 찾기를 통한 의미 추론 활동을 하면서 다음과 같은 학습 결과를 나타냈다. 아래의 결과는 5차시 학습의 예이다.

1) 한자를 통한 한자 어휘를 바르게 유추

한자 학습을 통해 한자의 자의를 바르게 이해하고, 이를 통하여 한자 어휘 찾기 활동을 바르게 한 학습자들의 학습지 결과를 보면 다음과 같다.

〈한자를 통해 한자 어휘를 바르게 유추한 경우〉

한자	한자 어휘 찾기 결과
日	일광욕, 일몰, 일사병, 일식, 일요일, 일주일, 일출, 토요일, 화요일, 휴일, 금요일, 목요일, 생일, 수요일, 월요일, 일기, 내일
月	월식, 월요일, 월말, 삼월, 월출, 이월
火	화산, 화요일, 화재, 소화기, 화로, 화염, 화상
水	수압, 해수욕장, 식수, 수요일, 수영장, 저수지, 수도, 홍수, 수족관, 수산물, 약수, 상수, 수영복, 생수
山	산천초목, 등산, 산악, 산수, 설악산, 산행, 산소, 관악산, 화산, 고산, 산초, 백두산, 산촌, 금강산, 산맥, 산사태
川	하천, 도림천, 청계천

위의 내용으로 볼 때, 학습자들은 '日', '水', '山'으로 구성된 한자 어휘는 비교적 많이 알고 있었고, '月', '火'로 구성된 한자 어휘는 비교적 조금 알고 있었으며, '川'으로 구성된 한자 어휘는 매우 조금 알고 있었다. 이것은 학습자들이 평상시의 언어 습관에서 '川'과 관계된 한자 어휘를 잘 사용하지 않고 있음을 알 수 있다.

2) 동음이의자(同音異義字)의 혼동

한자 학습을 통하여 한자의 자의를 바르게 이해하였으나 한자 어휘 찾기 활동을 할 때에는 동음이의자를 혼동한 학습자들의 학습지 예를 보면 아래와 같다.

〈한자 어휘 찾기를 하면서 동음이의자와 혼동한 경우〉

한자	한자 어휘 찾기 결과
水	수건
山	산성비, 재산
川	천재, 온천, 천국, 천고마비, 천지

위에서 학습자들이 찾은 낱말 들은 본래 '手巾', '酸性', '財產', '天才', '溫泉', '天國', '天高馬肥', '天地' 등으로 쓰인다. 학습자들은 위의 예에 나타난 한자 '手', '酸', '產', '天', '泉'이 들어간 한자 어휘들이 '水', '山', '川'과 소리가 같다는 이유로 혼동하고 있음을 알 수 있다.

3) 한자어와 고유어로 혼합된 낱말을 혼동

한자 학습을 통해 한자의 자의를 바르게 이해하였으나, 한자 어휘 찾기 활동을 할 때에는 한자어와 고유어로 혼합된 낱말을 한자 어휘로 혼동한 학습자들의 학습지 예를 보면 아래와 같다.

〈한자어와 고유어로 혼합된 낱말을 한자어로 혼동한 경우〉

한자	한자 어휘 찾기 결과
月	몇 월
火	화롯불
水	약수터, 수돗가
山	산불, 산성비
川	개천

위에 나타난 어휘들은 '몇+月', '火爐+ㅅ+불', '藥水+터', '水道+ㅅ+가', '山+불', '개+川' 등과 같이 '고유어+한자어', '한자어+

고유어'의 형태로 구성된 어휘이다. 학습자들은 위의 예에 나타난 어휘들을 한자 어휘와 혼동하고 있음을 알 수 있다.

4) 고유어를 한자어로 혼동

한자 학습을 통하여 자의를 바르게 이해하였으나 한자 어휘 찾기 활동을 할 때에는 고유어를 한자어로 혼동한 학습자들의 학습지 예를 보면 다음과 같다.

〈고유어를 한자어로 혼동한 경우〉

한자	한자 어휘 찾기 결과
日	일곱
水	수세미, 수박, 강강수월래(강강술래)
川	천둥

위에 나타난 '일곱', '수세미', '수박', '강강수월래', '천둥' 등의 낱말은 한자 '日', '水', '川'과 관련이 없는 고유어로 된 낱말들이다. '강강수월래'는 '강강술래'의 잘못된 표현으로 한자어 '强羌水越來'는 아무런 의미가 없는 음차(音借)이다. 학습자들은 보기의 어휘들이 한자 '日', '水', '川' 등과 소리가 같다는 이유로 혼동하였음을 알 수 있다.

이와 같이 학습자들이 표기한 학습지의 어휘 분석을 통해 볼 때, 초등학교 학습자에게 바른 어휘 사용 능력을 형성하게 하기 위해서는 한자의 자의(字義)를 통한 학습이 필요함을 알 수 있다. 학습자들이 자신이 사용하는 낱말이 어떤 뜻으로 사용되고 있는지를 이해하고 있다면 그 낱말에 쓰인 한자의 뜻을 거꾸로 추론할 수도 있을 것이다. 이와 같은 한자 학습이 학습자들의 실생활에 도움이 되는 학습이 되는 것이다.

물론 학습자들의 어휘 이해 능력이나 어휘 활용 능력을 기르는 데 한자 학습이 전부가 될 수는 없다. 다양한 언어 사용 환경에서 읽기 교육이나 쓰기 교육을 통하여 어휘 능력을 기를 수도 있고, 말하기 교육이나 듣기 교육을 통해 어휘 활용 능력을 기를 수도 있다. 다만 한자 학습이 학습자들의 어휘 이해 능력 향상에 정적(positive)인 기능을 하고 있음을 되새길 필요가 있다.

4. 구성주의 자원 학습법 실행의 의의

교수·학습 방법은 교수·학습 목표를 효과적으로 성취하기 위하여 교사와 학생과의 의사소통의 절차를 설계한 프로그램이다. 학습자와 교사가 원활하게 의사소통을 하여 학습목표를 성취하였다면 효과적인 교수·학습 방법을 시행하였다고 볼 수 있다.

교수·학습 목표를 성취하기 위하여 각 교과마다 교과의 특성에 적절한 교수·학습 방법을 개발하여 시행하고 있다. 한문 교과에서도 다양한 교수·학습 방법을 개발하여 현장에서 실시하고 있다. 한문 교과는 한자·한자어, 한시, 한문 등의 내용 영역에 따라 내용 목표를 도달하기 위한 교수·학습 방법을 개발하여 수업 현장에 적용하고 있는데, 이 연구는 한자·한자어 영역의 교수·학습 방법 개발을 위해 시도한 것이다.

필자는 구성주의 자원 학습법을 개발하여 학교 수업 현장에 적용하여 보았다. '자원 학습법'은 일반적으로 '자원을 활용하는 한자 학습 방법'이란 의미로 많이 사용하고 있다. 필자는 이러한 의미에 구성주의적 시각을 바탕으로 하여 '구성주의 자원 학습법'이란 용어를 사용하였다. 즉 학문적 배경으로 문자학 이론을 토대를 삼고, 교수·학습 방법으로 구성주의를 원용(援用)하여 새로운 시각의 '자원 학습법'을 이끌어 낸 것이다.

이와 같은 시각에서 필자는 다음과 같이 '구성주의 자원 학습법'의 원리를 제시하였다.

첫째, 한자의 자형(字形)을 통해 한자에 대한 지식을 구성한다.

둘째, 한자의 자음(字音)을 통해 한자에 대한 지식을 구성한다.

셋째, 한자의 자의(字義)를 통해 한자에 대한 지식을 구성한다.

넷째, 한자의 자형과 자음을 통해 어휘에 대한 지식을 구성한다.

다섯째, 한자의 자형과 자의를 통해 어휘에 대한 지식을 구성한다.

여섯째, 한자의 자형 · 자음 · 자의를 통해 정확한 어휘 사용에 대한 지식을 구성한다.

일곱째, 한자의 자형 · 자음 · 자의를 통해 어휘 의미 추론에 대한 지식을 구성한다.

이상의 구성주의 자원 학습법의 원리에 따라 자형을 중심으로 한 학습 방법과 자의를 중심으로 한 학습 방법을 개발하여 초등학교 수업 현장에 적용하여 보았다.

구성주의 자원 학습법의 실행은 두 가지 연구 방법으로 진행하였다. 먼저 양적 연구 방법인 실험 연구를 통해 학습의 효과를 검증하였으며, 다음으로 질적 연구 방법인 참여 관찰, 심층 면담, 내용 분석 등을 통해 학습의 양상을 밝히었다.

필자는 실험 연구를 위해 초등학교 3학년 동질 집단 두 학급을 정하고, 실험 집단은 '구성주의 자원 학습법'의 방법으로 교수 · 학습을 진행하고, 통제 집단은 한자의 삼요소를 중심으로 교사가 설명하는 전통적인 교수 · 학습을 실시하였다.

실험 연구 결과 '구성주의 자원 학습법'으로 수업을 진행한 실험 집단은 한자 이해 능력과 어휘 이해 능력의 측정에서 통제 집단보다 높은 점수를 얻었는데, 이는 통계적으로 유의한 차이이다. 곧 구성주의 자원 학습법을 활용한 한자 교수·학습 방법이 한자를 처음 익히는 학습자에게 효과적인 학습 방법인 것이다.

필자는 참여 관찰과 심층 면담을 통해 학습자들이 '구성주의 자원 학습법'을 통한 한자 학습을 어떻게 수행하고 있는지를 밝혔다. 참여 관찰을 통해 볼 때, 구성주의 교수·학습 이론에서 중시하는 협동학습의 수업 전략이 성공하기 위해서는 학습자들이 협동 학습의 방법을 충분히 이해해야 하고, 교사도 학습 촉진자로서의 구실을 충실히 해야 한다. 또한 학습자들이 자의(字義) 추론 활동을 할 때 교사는 상황에 알맞은 코칭(coaching)을 하거나 학습자들에게 단서를 제공하는 비계설정(scaffolding)을 하여 학습들의 반성적 사고(reflection)를 촉진시켜 주어야 한다.

학습자와의 심층 면담을 통해 볼 때, 한자 학습은 기계적인 단순 암기를 지양하고 관련된 맥락 속에서 학습자들이 상호 작용하는 가운데 이루어져야 의미가 있다. 학습자들은 '구성주의 자원 학습법'이 자신이 알고 있는 선행 지식과 경험을 최대한 활용하여야 하기 때문에 재미있는 학습이었다는 의견과 그렇지 못하다는 의견을 제시하면서도 오래 기억될 수 있는 한자 학습법이라는 데에 동의하였다.

어휘 학습 자료의 내용 분석을 통해 볼 때, 학습자들에게 바른 어휘 사용 능력을 형성하게 하기 위해서는 한자의 자의(字義)를 통한 학습이 필요하다.

필자는 구성주의 자원 학습법 실행을 통하여 다음과 같은 실행의 의의를 이끌어 내었다.

첫째, '구성주의 자원 학습법'은 효과적인 한자 교수·학습 방법이다.

둘째, '구성주의 자원 학습'의 효과를 얻기 위해서는 학습자의 자발적, 능동적 참여가 필요하다.

셋째, '구성주의 자원 학습'을 실시할 때에는 학습 촉진자로서 교사의 구실을 충실히 해야 한다.

구성주의 이론을 토대로 필자가 개발한 '구성주의 자원 학습법'의 수업 모형은 닫혀있는 체계가 아니라 개별적인 교수・학습 환경에 따라서 변화될 수 있는 열려 있는 체계이다. 구성주의 교수・학습에서는 교수・학습의 상황에 맞게 모형을 적절히 변용할 수 있으므로, 필자가 개발한 교수・학습 모형의 적용은 하나의 사례로서 한자 교육을 하는 초・중학교 현장 교사들에게 도움을 줄 수 있다.

이 연구의 중요한 의의는 다음과 같다.

첫째, 학습자 중심의 구성주의 자원 학습법을 개발하여 한자 교수・학습의 새로운 이론을 마련하였다.

둘째, 구성주의 자원 학습법을 통한 한자 교수・학습의 효과를 검증하여 학교 현장에서 교사들이 활용할 수 있도록 하였다.

셋째, 구성주의 자원 학습법은 한자 교육을 하는 초・중등학교 현장 교사들에게 도움이 되는 유용한 한자 교수・학습 이론이다.

지금까지 필자가 기술한 '구성주의 자원 학습법'은 학습자가 수업의 주체이자 중심이 되는 학습이론이다.

한자・한문 학습에서 학습자 중심의 학습이 되려면 한자의 자원 학습뿐 아니라 한자의 활용학습, 한자 어휘의 학습, 한문 문장의 학습, 한시의 학습에 이르기까지 연계성을 띠고 체계적으로 이루어져야 한다.

일부분 연구 성과가 보고되기도 하였으나 미진한 분야가 더 많다. 필자도 한자 어휘 학습의 몇 가지 방법을 구상해 보았으나 구체적인 연구와 현장 검증은 하지 못하였다. 이 부분은 차후의 과제로 남겨 둔다.

또한 이 논의의 근간으로 삼은 구성주의 교수・학습 이론은 인지주의 연구자를 비롯한 객관주의 이론가들에 의해 많은 비판을 받고 있는 것이 사실이다. 학습자가 학습의 주체가 되어 능동적으로 참여하고 스스로 이끌어나갈 수 있는 교수·학습 방법을 이끌어내기 위하여 구성주의 이론을 원용하였는데 대안은 없는지 숙고해 보아야 한다.

참고문헌

Ⅰ. 자료

朴世茂,『童蒙先習』
宋翼弼,『龜峯集』
柳希春,『新增類合』
李　珥,『擊蒙要訣』
鄭道傳,『三峰集』
丁若鏞,『與猶堂全書』
正　祖,『弘齋全書』
崔世珍,『訓蒙字會』
河　崙,『浩亭集』

『大學』
『小學』
『漢書』
高樹藩 編,『正中形音義綜合大字典』, 臺北：正中書局, 中華民國 76年.
谷衍奎 編,『漢字源流字典』, 北京：華夏出版社, 2003.
唐　蘭,『古文字學導論』, 濟南：齊魯書社, 1981.
徐中舒 主編,『甲骨文字典』, 四川辭書出版社, 1998.
李樂毅,『漢字演變五百例』, 北京：北京語言大學出版社, 2005.
張玉書 外,『康熙字典』, 上海, 漢語大詞典出版社, 2002.
張撝之, 沈起煒, 劉德重 主編,『中國歷代人名大辭典』, 上海：上海古籍出版社, 1999.
中文大辭典編纂委員會,『中文大辭典』, 臺北：中國文化大學出版部, 中華民國 74년.
湯可敬,『說文解字今釋』, 長沙：岳麓書社, 2005.
漢語大詞典編輯委員會,『漢語大詞典』, 上海：漢語大詞典出版社, 1990.
許愼 撰・段玉裁 注,『說文解字注』, 上海：上海古籍出版社, 2006.
許進雄,『古文諧聲字根』, 臺北：商務印書館, 中華民國 84年.
謝光輝 編,『漢語字源字典』, 北京：北京大學出版社, 2003.
『四庫全書』(文淵閣, 電子版), 武漢：武漢大學校出版部, 1998.
교육부,『초등학교 교육과정 해설』Ⅰ~Ⅴ, 서울, 대한교과서주식회사, 1998.

교육부, 『중학교 교육과정 해설』(V), 서울, 대한교과서주식회사, 1999.
교육부, 『고등학교 교육과정 해설』-⑬한문-, 서울, 대한교과서주식회사, 2001.
교육부, 『초·중·고등학교 국어과·한문과 교육 과정 기준』, 서울, 선명인쇄 주식회사, 2000.
교육인적자원부, 「초등학교 교육과정」 2007-79(별책2), 교육인적자원부 전자판, 2007.
교육인적자원부, 「중학교 교육과정」 2007-79(별책3), 교육인적자원부 전자판, 2007.
국립국어연구원, 『표준국어대사전』, 서울 : (주) 두산동아,
서울대학교 교육연구소, 『교육학대백과사전』, 서울 : 하우동설, 1998.
서울대학교 국어교육연구소, 『국어교육학사전』, 서울 : 대교출판, 2005.
신경림·장연집·조영달·김남선 외, 『질적연구 용어사전』, 서울 : 현문사, 2003.
한국교육평가학회, 『교육평가 용어사전』, 서울 : 학지사, 2004.

Ⅱ. 교과서

1. 초등학교 한자 교과서

강종출, 『국어과 한자어를 활용한 한자공부』, 부산 : 근아출판사, 2003.
김명동·김영숙·김정란·김종득·박순연·이지연, 『재량 한자』, 서울 : (주)티나라, 2003.
김봉영·김영모·김종철·김진수·신보림·심충현·윤성출·이용한·정경동·조애귀·한갑수·홍성순, 『초등학교 漢字』, 안산 : 한국생활한자교육연구회, 2002.
김철수, 『초등학교 술술풀리는 한자』, 서울 : 교학사, 2004.
김해교육청, 『漢字』, 서울 : 대한교과서, 2004.
박기용·박명의·신원범·최지영·김석순·권영운·전영태, 『漢字』, 창원 : 경상남도교육청, 1999.
대구광역시교육청, 『재미 天地 초등 漢字』, 대구 : 동화사, 2004.
방인태·한은수·김창호·김봉섭·남수극·원효재·임동화, 『어린이漢字』, 서울 : 두산, 2003.
봉림초, 『한자쑥쑥 지능쑥쑥』, 서울 : 두산, 2004.
양혜순·김봉곤, 『한자야 이야기랑 놀자』, 서울 : 한자교육평가원, 2005.
오덕진·구남욱·김영조, 『아하! 한자』, 서울 : 한자자격시험도서, 2003.
이금량 외, 『초등학교 漢字』, 인천 : 도서출판 명우(주), 2006.
이명학 외, 『생각이 열리는 漢字』, 서울 : (주)금성출판사, 2006.

이병혁・이향우・문태식,『초등학교 신나는 漢字』, 서울 : 천재교육, 2003.
이상진・최상근・장윤혁,『초등학교 재미솔솔 漢字』, 서울 : 대교, 2004.
임명자 외,『놀이로 배우는 쑥쑥 漢字』, 서울 : 대한교과서(주), 2006.
장재영・문태식・윤옥순・박성해・오미경,『즐거운 한자』, 서울 : (주)천재교육, 2005.
장희구,『재미있는 한자 학습』, 광주 : 21C 미래교육, 2005.
전라남도교육감,『한자공부』, 서울 : 삼안출판사, 1999.
전한준・김윤숙・진철용,『초등학교 漢字』, 서울 : 재능교육, 1996.
정우상・안재철・정우인・한은수,『초등학교 漢字』, 서울 : 전통문화연구회, 1996.
조갑래・강재인・배성달・김규성・최용진・이재돈,『재미있는 漢字마당』, 부산: 창의마당연구소, 2003.
조래채 외,『초등학교 漢字』, 서울 : 중앙교육진흥연구소, 2005.
추성범 외,『한자 통통』, 부산 : 장원교육문화, 2005.
학교법인 제철학원,『어린이 한자』, 성남 : 대한교과서, 1995.
홍광식・김일환,『초등학교 漢字』, 서울 : 교학사, 1998.
홍성식・장희구・임금래・김종욱,『초등 한자와 생활』, 서울 : 학문사, 2003.
홍진복・이동태・홍경희・양복실・이영희,『초등학교 漢字』, 서울 : 상서각, 2002.
小學語文過程教材研究開發中心 編,『語文』一年級 上冊, 北京 : 人民教育出版社, 2006.
小學語文過程教材研究開發中心 編,『語文』一年級 下冊, 北京 : 人民教育出版社, 2006.
小學語文過程教材研究開發中心 編,『語文』二年級 上冊, 北京 : 人民教育出版社, 2006.
小學語文過程教材研究開發中心 編,『語文』二年級 下冊, 北京 : 人民教育出版社, 2006.

2. 중학교 한문 교과서

김상홍・최창구・이강렬,『중학교 한문』1・2・3, 서울 : 중앙교육진흥연구소, 2000.
민병수・심경호,『중학교 한문』1・2・3, 서울 : 민중서림, 2000.
박갑수・김진영・송진영,『중학교 한문』1・2・3, 서울 : 지학사, 2000.
박성규・윤재민,『중학교 한문』1・2・3, 서울 : 박영사, 2000.
오종일・김철수・원 윤・염성엽,『중학교 한문』1・2, 서울 : 문원각, 2000.

유성준 · 송요권 · 유경순, 『중학교 한문』 1 · 2 · 3, 서울 : 새한교과서, 2000.
윤미길 · 한성희 · 백원철, 『중학교 한문』 1 · 2 · 3, 서울 : 교학사, 2000.
이상진 · 최상근 · 박장렬, 『중학교 한문』 1 · 2 · 3, 서울 : 동화사, 2000.
이응백 · 이창득 · 정성배 · 오건오, 『중학교 한문』 1 · 2, 서울 : (주)한국교육미디어, 2000.
이화규 · 박성순 · 이성권, 『중학교 한문』 1, 서울 : 한서출판사, 2000.
최상익 · 허남욱 · 이천식 · 권혁진, 『중학교 한문』 1 · 2 · 3, 서울 : 도서출판 태성, 2000.

3. 고등학교 한문 교과서

김경수 · 김성룡 · 김봉숙 · 김평호, 『고등학교 한문』, 서울 : 교학사, 2001.
김상홍 · 최창구 · 이강렬 · 원창희, 『고등학교 한문』, 서울 : 중앙교육진흥연구소, 2001.
박갑수 · 이상진 · 최상근, 『고등학교 한문』, 서울 : 지학사, 2001.
신표섭 · 이병주 · 이윤찬 · 강경모 · 백광호 · 허시봉 · 류기영 · 이태희, 『고등학교 한문』, 서울:대한서림, 2001.
안재철 · 원용석 · 김동규, 『고등학교 한문』, 서울 : 대한교과서, 2001.
유성준 · 김동환 · 유형구, 『고등학교 한문』, 서울 : 청색, 2001.
이명학 · 장호성 · 현상곤 · 임완혁, 『고등학교 한문』, 서울 : 두산, 2001.
이수철 · 곽치영, 『고등학교 한문』, 서울 : 정진출판사, 2001.
이희목 · 진재교 · 최돈욱 · 신영주, 『고등학교 한문』, 서울 : 천재교육, 2001.
최상익 · 이병혁 · 허남욱 · 이영우, 『고등학교 한문』, 서울 : 금성출판사, 2001.

Ⅲ. 국내 논저

1. 단행본

국립국어연구원, 『우리 문화 길라잡이』, 서울 : 학고재, 2004.
권낙원 · 김동엽, 『교수-학습 이론의 이해』, 서울 : 문음사, 2006.
김방한, 『언어와 역사』, 서울 : 서울대학교출판부, 1998.
金相洪, 『朝鮮朝 漢文學의 照明』, 서울 : 이회, 2003.
金彦鍾, 『한자의 뿌리』1 · 2, 서울 : 문학동네, 2001.
김영천, 『네 학교 이야기 한국 초등학교의 교실 생활과 수업』, 서울 : 문음사, 1997.
김영천, 『질적연구방법론 I 』, 서울 : 문음사, 2006.
金王奎, 『漢文敎育學 硏究의 動向과 課題』, 한국교원대학교, 2007.(미간행)

김은경, 『한문교육의 이론과 실제』, 서울 : 보고사, 2007.
김재춘・부재율・소경희・채선희, 『교육과정과 교육평가』, 서울 : 교육과학사, 2005.
김진우, 『언어학습의 이론과 실상』, 서울 : 한국문화사, 2001.
김판수・박수자・심성보・유병길・임채성・허승희・황홍섭, 『구성주의와 교과교육』, 서울 : 학지사, 2000.
盧命完, 『國語教育論』, 서울 : 한샘, 1994.
盧命完・李次淑, 『文識性 研究』, 서울 : 도서출판 박이정, 2002.
박경자, 『언어습득연구방법론』, 서울 : 고려대학교출판부, 1997.
박기용, 『초등교사를 위한 한문, 한자 교육』, 서울 : 월인, 2007.
박도순, 『교육연구방법론』, 서울 : 문음사, 2001.
朴成益, 『授業 方法 探究』, 서울 : 교육과학사, 1999.
朴成益, 『教授・學習 方法의 理論과 實際』 (Ⅰ)・(Ⅱ), 서울 : 교육과학사, 2005.
박영목・한철우・윤희원, 『국어과 교수 학습론』, 서울 : (주)교학사, 2005.
박영목・한철우・윤희원, 『제2판 국어교육학 원론』, 서울 : 도서출판 박이정, 2005.
朴正道, 『漢文科 教授 學習 方法論』, 서울 : 도서출판 박이정, 1999.
방인태・김창호・한은수, 『초등학교 한자교육』, 서울 : 도서출판 역락, 2006.
백광호, 『타이머와 죽비』, 파주 : 한국학술정보(주), 2008.
변영계, 『교수・학습 이론의 이해』, 서울 : 학지사, 2005.
서광선・정대현 편역, 『비트겐슈타인』, 서울 : 이화여자대학교출판부, 1997.
石泉鄭愚相博士 古稀紀念論叢刊行委員會, 『新漢文科教育論』, 서울 : 전통문화연구회, 1999.
성태제, 『교육연구방법의 이해』, 서울 : 학지사, 2004.
성태제, 『문항제작 및 분석의 이론과 실제』, 서울 : 학지사, 2004.
손민호, 『구성주의와 학습의 사회이론』, 서울 : 문음사, 2005.
송병렬, 『새로운 한문 교육의 지평』, 서울 : 문자향, 2002.
宋永日, 『漢字 教授 學習 方法과 評價論』, 서울 : 장서원, 2001.
신헌재・이재승, 『학습자 중심의 국어 교육』, 서울 : 도서출판 박이정, 2001.
신헌재・이경화・이재승・한명숙・박태호・신기술・김도남・이은숙, 『국어과 교수・학습 방법』, 서울 : 도서출판 박이정, 1996.
심경호, 『한학연구입문』, 서울 : 이회, 2003.
安承德, 『漢字教育論』, 서울 : 아세아문화사, 1993.
安載澈, 『漢文科 教材研究 方法論』, 서울 : 박이정, 2004.
우리말연구소 엮음, 『외국의 국어 교육과정』 1・2, 서울 : 나라말, 2004.

이경화, 『읽기 교육의 원리와 방법』, 서울 : 도서출판 박이정, 2003.
이규갑, 『한자가 궁금하다』, 서울 : 학민사, 2001.
李敦柱, 『漢字學總論』, 서울 : 박영사, 2004.
이만규, 『조선교육사』 Ⅰ·Ⅱ, 서울 : 거름, 1988.
李明學, 『교양인을 위한 한문의 세계』, 서울 : 성균관대학교출판부, 2004.
이삼형·김중신·김창원·이성영·정재찬·서혁·심영택·박수자, 『국어교육학』, 서울 : 소명출판, 2000.
이상구, 『구성주의 문학교육론』, 서울 : 박이정, 2002.
이성은·오은순·성기옥, 『초·중등 교실을 위한 새 교수법』, 서울 : 교육과학사, 2002.
이영주, 『漢字字義論』, 서울 : 서울대학교출판부, 2000.
이용숙·김영천·이혁규·김영미·조덕주·조재식, 『실행연구방법』, 서울 : 학지사, 2005.
이정모·이재호 편, 『인지심리학의 제문제(Ⅱ):언어와 인지』, 서울 : 학지사, 1998.
李忠九, 『漢字部首 解說』, 서울 : 전통문화연구회, 1998.
장영진, 『한자부수 214』, 서울 : 도서출판 다운샘, 2006.
전국한문교사모임, 『2001 한문교육의 실제』, 서울 : 전국한문교사모임 당산동연구모임, 2001.
전성연 편, 『교수-학습의 이론적 탐색』, 서울 : 원미사, 2001.
전정례, 『언어와 문화』, 서울 : 도서출판 박이정, 2000.
전정례·김형주, 『훈민정음과 문자론』, 서울 : 도서출판 역락, 2002.
정문성·김동일, 『열린교육을 위한 협동학습의 이론과 실제』, 서울 : 형설출판사, 2002.
정민·박수밀·박동욱·강민경, 『살아있는 한자 교과서』 1·2, 서울 : 휴머니스트, 2004.
鄭愚相·金容傑, 『漢文 文型 新講』, 서울 : 성신여자대학교출판부, 1987.
정현선, 『다매체 시대의 국어교육과 문화교육』, 서울 : 도서출판 역락, 2004.
정혜승·전지영·박나현·지인옥·하수민, 『창의성 계발을 위한 국어과 교수학습 전략』, 서울 : 사회평론, 2006.
조용환, 『질적 연구』, 서울 : 교육과학사, 2006.
주삼환·이석열·김홍운·이금화·이명희, 『수업관찰과 분석』, 서울 : 원미사, 1998.
천소영, 『한국어와 한국문화』, 서울 : 우리책, 2005.
崔雲植, 『한국 서사의 전통과 설화문학』, 서울 : 민속원, 2002.
최지현·서혁·심영택·이도영·최미숙·김정자·김혜정, 『국어과 교수·학습 방법』, 서울 : 역락, 2007.
최현섭・최명환・노명완・신헌재・박인기・김창원・최영환, 『국어교육학개론』, 서울 : 삼지원, 2004.
하영삼, 『연상 한자』, 서울 : 예담 China, 2004.
한국교원대학교 초등교육연구소 편, 『구성주의와 교과교육』, 서울 : 문음사, 1999.
한국교원대학교 초등국어교육전공, 『입문기 문자교육연구』Ⅰ, 2004. 미간행
한국교원대학교 漢文教育研究室, 『한자 교수・학습 전략과 지도안』, 2005. 미간행
韓國語文教育研究會 編, 『漢字教育論』, 서울 : 도서출판 월인, 2006.
한연석, 『漢字學槪論』, 서울 : 보고사, 2008.
한예원, 『한문교육론』, 서울 : 문자향, 2006.
漢字教育活性化推進會 編, 『漢字教育新講』, 서울 : 傳統文化研究會, 1998.
한철우・김명순・박영민, 『문학중심 독서지도』, 서울 : 대한교과서주식회사, 2005.
한철우・박진용・김명순・박영민, 『과정중심 독서지도』, 서울 : (주)교학사, 2003.
허경철・이화진・박순경・소경희・조덕주, 『교과교육학신론』, 서울 : 문음사, 2001.

2. 논문

강병윤・송영일・허왕욱, 「초등학교 한자 교육과정 개발연구(Ⅰ)」, 『어문연구』 제30권 제2호, 서울 : 한국어문교육학회, 2002.
강인애, 「구성주의 모델들의 특징과 차이점」, 『교육공학연구』 제12권 제1호, 서울 : 한국교육공학회, 1996.
강인애, 「객관주의와 구성주의」, 『교육공학연구』 제13권 제1호, 서울 : 한국교육공학회, 1997.
강인애, 「구성주의적 교수-학습의 원리와 적용」, 『교육이론과 실천』 제8권 제1호, 마산 : 경남대학교 교육문제연구소, 1998.
김기창, 「한자어 교수・학습 방법」, 『신한문과교육론』, 서울 : 전통문화연구회, 1999.
김라연, 「모둠 독서 활동에서의 독서 행동 변화 양상 연구」, 서울 : 고려대학교대학원 박사학위논문, 2006.
金相洪, 「漢文教育用 基礎漢字 1,800자 調整의 基本 方向」, 『漢文教育研究』 제15호, 서울 : 韓國漢文教育學會, 2000.

金相洪, 「21세기 한문 교육의 정상화 과제」, 『漢文敎育硏究』 제17호, 서울 : 韓國漢文敎育學會, 2001.

金相洪, 「韓國의 漢文敎育用 基礎漢字 變遷 考」, 『漢文敎育硏究』 제21호, 서울 : 韓國漢文敎育學會, 2003.

金相洪, 「BE-SE-TO Belt에서 한국 한문교육의 과제」, 『漢字漢文敎育』 제12집, 서울 : 韓國漢字漢文敎育학회, 2004.

金相洪, 「星湖의 「百諺解」攷」, 『朝鮮朝 漢文學의 照明』, 서울 : 이회문화사, 2004.

金相洪・鄭愚相・李東歡・申用浩・沈慶昊, 「한국・북한・일본・중국・대만의 교육용한자 상용한자 분석자료」, 서울 : 韓國漢文敎育學會, 1999.

김선영, 「한자 습득이 전공용어 이해력에 미치는 영향 연구」, 청원 : 한국교원대학교 교육대학원 석사학위논문, 2006.

金王奎, 「초등학교 학교재량시간 교육과정에 따른 초등학교 한문교육」, 『교육과정평가연구』 제2권 제1호,서울 : 한국교육과정평가원, 1999.

金王奎, 「初等學校 漢文 敎育의 現況과 實際」, 『漢字漢文敎育』 제6집, 서울 : 韓國漢字漢文敎育學會, 2000.

金王奎, 「한국의 초등학교 한자 교육의 현황과 과제」, 『漢文敎育硏究』 제21호, 서울 : 韓國漢文敎育學會, 2003.

金王奎, 「한문교육학의 학문적 정립을 위한 序說」, 『大東漢文學』 제19집, 대구 : 大東漢文學會, 2003.

金王奎, 「한자교육 연구의 動向과 課題」, 『漢字漢文敎育』 제17집, 서울: 韓國漢字漢文敎育學會, 2006.

金王奎, 「한문교육학 연구 방법론의 현황(現況)과 과제(課題)」, 『漢文敎育硏究』 제27호, 서울 : 韓國漢文敎育學會, 2006.

김왕규・원용석・한은수・김동규, 「한문과 교과교육 내용 체계 및 내용 교재 개발」, 『漢字漢文敎育』 제17집, 서울: 韓國漢字漢文敎育學會, 2006.

金鍊秀, 「漢詩 敎育에서의 구성주의 교수・학습 방법 연구」, 서울 : 고려대학교대학원 박사학위논문, 2006.

김윤희, 「구성주의 교수・학습 이론」, 『교수・학습의 이론적 탐색』, 서울 : 원미사, 2001.

김익수, 「한자의 자형 분석을 통한 字義의 이해」, 『漢文敎育硏究』 제4호, 서울 : 韓國漢文敎育學會, 1990.

金永玉, 「漢字 敎育을 위한 漢字 字形 分析 硏究」, 서울 : 고려대 석사학위논문, 2002.

金永玉, 「中國에서의 漢字敎育 현황」, 『漢文敎育硏究』 제21호, 서울 : 韓國漢文敎育學會, 2003.

김정숙, 「한국어 교육 과정과 교과서 연구」, 서울 : 고려대학교대학원 박사학위논문, 1992.
김종운, 「초등 한자 교수·학습 프로그램의 실제」, 『한국어문교육』 제13집, 청원 : 한국교원대학교 한국어문교육연구소, 2004.
金昌祜, 「漢字敎育에 있어서 字源의 問題」, 『漢字漢文敎育』 제15집, 서울 : 韓國漢字漢文敎育學會, 2005.
김혜정, 「국어과 교수·학습 방법론에 대한 비판적 고찰」, 『국어교육』 제118호, 서울 : 국어교육학회, 2005.
南宮遠, 「韓國 開化期 漢文科 敎育의 展開 過程과 敎科書 硏究」, 서울 : 성신여자대학교대학원 박사학위 논문, 2006.
노명완·이차숙·정혜승·윤준채, 「한글 표기와 한자 표기가 독서 과정에 미치는 효과 비교 연구」, 서울 : 고려대학교, 2003.
문영진·장호성·김왕규·박영호·송병렬·안재철·윤재민·이군선, 「중·고등학교 한문 선택과목 교육과정 개정 시안 연구 개발」, 서울 : 한국교육과정평가원, 2006.
민현식·이찬규·김왕규·정혜승·노명희·박진호·박재현·이준석, 『초등학교 교과서 한자어 및 한자 분석 연구』, 서울 : 국립국어연구원, 2004.
박미리, 「초등학교 한문과 교육과정 및 교재의 모형 설계」, 광주 : 조선대학교 교육대학원 석사학위논문, 2007.
박성규·윤재민·백광호·양원석, 「초등학교 한자교육을 위한 초급한자 선정에 관한 연구」, 『고려대학교한자한문연구소 제7회 연구발표자료집』, 서울 : 고려대학교한자한문연구소, 2007.
박성익, 「교수·학습 방법 탐색의 방향과 과제」, 『초등학교 10개 교과의 교수·학습 방법과 적용 방안 탐색을 위한 세미나 자료집』, 서울 : 한국교육과정평가원, 2002.
박성익, 「미래 학교교육에서의 교수·학습 방법」, 『교육광장』 제21호, 서울 : 한국교육과정평가원, 2004.
박영목·권경안, 「한글 전용과 한자 혼용에 대한 선호도 조사 연구」, 서울 : 한국교육개발원, 1989.
박영목·손영애, 「한글 전용 표기와 한자 혼용 표기가 독서 과정에 미치는 효과 실험 연구」, 서울 : 한국교육개발원, 1990.
박영목·이성영·신권식·이수인, 「초등학교 한자교육 프로그램의 교육 효과 검증 연구」, 서울 : 교육인적자원부, 2003.
박윤경, 「교육과정 변화기 사회과 교사의 교육과정 실행에 대한 사례 연구」, 서울 : 서울대학교대학원 박사학위논문, 2003.
方仁泰, 「초등한자교육론」, 『韓國初等敎育』 제9권 제1호, 서울 : 서울교육대학교초등교육연구소, 1997.
方仁泰, 「초등 한문교육의 문제 및 해결 방안」, 『漢字漢文敎育』 제12집, 서울 : 韓國漢字漢文敎育學會, 2004.
백광호, 「미리 圖形化된 노트에서 한자 쓰기가 漢字 正書力 신장에 미치는 효과 연구」, 『漢文敎育硏究』 제24호, 서울 : 韓國漢文敎育學會, 2005.
백광호, 「학생 주도적 학습을 위한 교실 수업 사례 연구」, 『漢字漢文硏究』 창간호, 서울 : 고려대학교한자한문연구소, 2005.
백광호, 「언어 생활에 나타난 한자 어휘의 오류 연구」, 『漢文敎育硏究』 제25호, 서울 : 韓國漢文敎育學會, 2005.
백광호, 「한자능력시험과 독해력의 비교 연구-초등학생을 중심으로」, 『어문연구』 제129호, 서울 : 한국어문교육연구회, 2006.
백광호, 「'實行硏究' 活性化를 위한 『漢文敎育』 內容 分析-敎授·學習 分野를 중심으로」, 『漢文敎育硏究』 제27호, 서울 : 韓國漢文敎育學會, 2006.
백광호, 「思考口述을 통한 漢文科 讀解 樣相 硏究」, 『漢字漢文敎育』 제18집, 서울 : 韓國漢字漢文敎育學會, 2007.
宋秉烈, 「漢文 敎育의 位階性과 連繫性 문제」, 『漢文學報』 제9집, 서울 : 우리한문학회, 2003.
宋秉烈, 「한문과 교육과정의 한자와 식자」, 『한문교육』 제66호, 서울 : 전국한문교사모임, 2005.
宋秉烈, 「漢文科 敎育課程의 內容 領域 設定 및 內容 組織의 原理 摸索」, 『漢文敎育硏究』 제24호, 서울 : 韓國漢文敎育學會, 2005.
서혁·서수현, 「구성주의와 읽기 교수·학습의 방향」, 『독서연구』 제18집, 서울: 한국독서학회, 2007.
申用浩, 「중등학교 '한문'의 변천 과정과 문제점」, 『漢文敎育硏究』 제6호, 서울 : 韓國漢文敎育硏究會, 1992.
신헌재, 「초등국어 교육 50년의 반성과 전망」, 『청람어문교육』 제30집, 청원 : 청람어문교육학회, 2004.
신헌재·이주섭, 「국어교육과 협동 학습」, 『한국초등국어교육』 제15집, 서울 : 한국초등국어교육학회, 1999.
沈慶昊, 「일본에서의 漢字漢文敎育」, 『漢文敎育硏究』 제14호, 서울 : 韓國漢文敎育學會, 2000.
安載澈, 「초등 한문교육과정과 교과서 분석」, 『漢字漢文敎育』 제3집, 서울 : 韓國漢字漢文敎育學會, 1996.
安載澈, 「한문과 교육과정의 변천연구」, 『漢字漢文敎育』 제11집, 서울 : 韓國漢字漢文敎育學會, 2003.
楊沅錫, 「中國의 漢字 敎育」, 『漢字漢文敎育』 제15집, 서울 : 韓國漢字漢文敎

育學會, 2005.

楊沅錫, 「중국의 현대한자학 연구와 한자교육」, 『漢字漢文研究』 창간호, 서울 : 고려대학교한자한문연구소, 2005.

楊沅錫, 「朝鮮 後期 文字訓詁學 研究」, 서울 : 고려대학교대학원 박사학위논문, 2006.

연준흠, 「내용과 형식 스키마가 독해에 미치는 영향」, 청원 : 한국교원대학교대학원 박사학위논문, 1997.

오예승, 「유아 한자 교육의 현황과 교재 분석」, 청원 : 한국교원대학교교육대학원 석사학위논문, 2007.

元容錫, 「한문과 교육과정 변천과 내용체계 연구」, 청원 : 한국교원대학교대학원 박사학위논문, 2007.

유영희, 「국어과 교수·학습 방법과 한문과 교육」, 『한국한문교육학회 2004년도 제3회 심포지엄자료지』, 서울 : 韓國漢文教育學會, 2004.

이경숙, 「形聲字의 聲符를 이용한 漢字 教育에서의 應用」, 『한문학보』 제10집, 서울 : 우리한문학회, 2004.

李東歡, 「한자·한자어의 이해」, 『문장연습』, 서울 : 고려대학교출판부, 1984.

李明學, 「漢字教育의 當爲性과 意義」, 『漢文教育研究』 제25호, 서울 : 韓國漢文教育學會, 2005.

이미애, 「중학교 한문과 정의적 영역의 학습 효과에 관한 연구」, 『漢文教育研究』 제20호, 서울 : 韓國漢文教育學會, 2003.

이상구, 「구성주의적 읽기 교육의 논의 양상과 과제」, 『배달말』제34집, 배달말교육학회, 2004.

이성영, 「스키마 이론의 개념과 한계」, 서울 : 서울대학교대학원 석사학위논문, 1990.

이성영, 「국어과 교재의 특성」, 『국어교육학연구』제2집, 서울 : 국어교육학회, 1992.

이영수, 「한자 학습의 효율성 제고를 위한 부수 및 성부 활용 연구」, 청원 : 한국교원대학교대학원 석사학위논문, 2004.

이정연, 「유아 한자 교수 학습 방법 연구」, 청원 : 한국교원대학교교육대학원 석사학위논문, 2007.

李忠九, 「說文解字에 나타난 漢字 字源 研究」, 『漢字漢文教育』 제17집, 서울 : 韓國漢字漢文教育學會, 2006.

임형택, 「한민족의 문자생활과 20세기 국한문체」, 『한국문학사의 논리와 체계』, 서울 : 창작과 비평사, 2002.

岑運强·郭莉, 「關于漢字性質的討論及中國大陸漢字初等教育的若干問題」, 『漢文教育研究』 제21호, 서울 : 韓國漢文教育學會, 2003.

장영희,「한자교육의 실태와 방향」,『국어교육』제8집, 서울 : 서울대국어교육연구소, 2001.

정구향,「초등학교 10개 교과의 교수·학습 방법과 적용 방안 탐색」,『교육광장』제5권 제4호, 서울 : 한국교육과정평가원, 2002.

정구향·유영희·김미혜,「연구보고 RRC 2002-15 초등학교 국어과 교수·학습 방법과 자료 개발 연구」, 서울 : 한국교육과정평가원, 2002.

鄭愚相,「한문과 교육정책과 한문교육용 기초한자의 선정」,『漢字漢文敎育』창간호, 서울 : 韓國漢字漢文敎育學會, 1994.

鄭愚相,「漢字 指導의 三段階 戰略」,『漢字敎育新講』, 서울 : 傳統文化硏究會, 1998.

鄭愚相,「漢文科 敎育의 槪念」,『新漢文科敎育論』, 서울 : 傳統文化硏究會, 1999.

鄭愚相,「漢字倂用의 當爲性과 初等漢字敎育」,『漢字漢文敎育』제7집, 서울 : 韓國漢字漢文敎育學會, 2001

정재찬,「국어교육 현상에 대한 교육사회학적 접근」,『국어교육학연구』제12집, 서울 : 국어교육학회, 2001.

鄭載喆,「제7차 한문과 교육과정 실천상의 쟁점과 해결 방안」,『漢文敎育硏究』제18호, 서울 : 韓國漢文敎育學會, 2002.

조미헌·이용학,「인지적 도제 방법을 반영한 교수설계의 기본 방향」,『교육공학연구』제9권 제1호, 서울 : 한국교육공학회, 1994.

조영남,「구성주의 교수 학습」,『초등교육연구논총』제12집, 대구 : 대구교육대학교 초등교육연구소, 1998.

진철용,「한자 습득이 한자어의 의미 파악에 미치는 영향 연구」, 청원 : 한국교원대학교교육대학원 석사학위논문, 2005.

陳泰夏,「韓國은 왜 文字의 最理想國인가?」,『漢字文盲 이대로 좋은가』, 서울 : 傳統文化硏究會, 2005.

최영환,「초등학교 국어과 교수·학습 방법의 변화와 지향」,『국어교육』제111호, 서울 : 한국국어교육연구회, 2003.

최현섭·박영목·노명완·최영환·정혜승,「초등학교 한자 교육 문제에 대한 총체적 분석 연구」, 서울 : 교육인적자원부, 2002.

韓相雲,「六書故引說文考異」, 臺北 : 國立臺灣師範大學國文硏究所碩士論文, 中華民國 75.

한연석,「구형학 이론을 적용한 한자 학습 신장 방안」,『漢字漢文敎育』제14집, 서울 : 韓國漢字漢文敎育學會, 2005.

한연석,「자원을 활용한 한자 교수학습방법 연구」,『漢字漢文敎育』제17집, 서울 : 韓國漢字漢文敎育學會, 2006.

韓睿娫, 「日本 初中高 학교의 漢字・漢文 教育의 특징에 관하여」, 『漢文教育研究』 제21호, 서울 : 韓國漢文教育學會, 2003.

韓睿娫, 「한자・한자어 필수 학습 요소 개발」, 『漢文教育研究』 제24호, 서울 : 韓國漢文教育學會, 2005.

韓殷洙, 「國民學校 漢字教材 構成 試論」, 『漢字漢文教育』 창간호, 서울 : 韓國漢字漢文教育學會, 1994.

韓殷洙, 「초등에서의 한자교육 방법」, 『새국어교육』 제58호, 서울 : 한국국어교육학회, 1999.

韓殷洙, 「初等學校 漢字教育 評價方法의 摸索」, 『漢字漢文教育』 제9집, 서울 : 韓國漢字漢文教育學會, 2002.

韓殷洙, 「初等學校 漢文 教材의 內容 水準 問題」, 『漢字漢文教育』 제13집, 서울 : 韓國漢字漢文教育學會, 2004.

韓殷洙, 「初等學校 漢字 教材의 분석과 教授・學習 方法 고찰」, 『語文研究』 제33권 제3호, 서울 : 韓國語文教育研究會, 2005.

韓殷洙, 「字源을 活用한 漢字 教授 學習 方法 研究」, 『漢字漢文教育』 제17집, 서울 : 韓國漢字漢文教育學會, 2006.

韓殷洙, 「言語學習理論을 통한 漢字教育 試考」, 『漢字漢文教育』 제18집, 서울 : 韓國漢字漢文教育學會, 2007.

韓殷洙, 「初等學校 漢文 教育課程 제정을 위한 試論(1)」, 『漢字漢文教育』 제20집, 서울 : 韓國漢字漢文教育學會, 2008.

韓殷洙, 「초등학교 한자 읽기 교육의 문제」, 『漢字漢文教育』 제21집, 서울 : 韓國漢字漢文教育學會, 2008.

韓殷洙, 「초・중등학교 한자・한문 교과서의 한자 자원 학습 문제」, 『한국어연구』 제27호, 서울 : 한국어문교육학회, 2008.

韓殷洙, 「학습자 중심의 한자 교수・학습 방법」, 『東洋漢文學研究』 제27집, 부산 : 東洋漢文學會, 2009.

韓殷洙・鄭寓仁, 「初等學校 漢字 教材 編纂考」, 『漢字漢文教育』 제3집, 서울 : 韓國漢字漢文教育學會, 1996.

한철우, 「효율적인 어휘 지도 방안」, 『교원교육』 제8권 제1호, 청원 : 한국교원대학교 교육연구원, 1992.

한철우, 「국어 교사의 전문성과 교사 양성 과정」, 『교수논총』 제15권 제2호, 청원 : 한국교원대학교, 1999.

한철우, 「국어교육 50년 한 지붕 세 가족의 삶과 갈등」, 『국어교육학연구』 제21집, 서울 : 국어교육학회, 2004.

한철우・박영민, 「독서 클럽 활동을 통한 인성 지도」, 『독서연구』 제9호, 청원 : 한국독서학회, 2003.

허 철, 「한문교과교육학 정립을 위한 시론」, 서울 : 성균관대학교 교육대학원 석사학위논문, 1999.
허 철, 「현대한자학의 개념과 연구 영역」, 『한문학보』 제10집, 서울 : 우리한문학회, 2004.

Ⅳ. 국외 및 번역서

裘錫圭, 李鴻鎭 譯, 『중국문자학』, 서울 : 신아사, 2001.
戴汝潛, 『漢字教与學』, 濟南 : 山東教育出版社, 2000.
蘇培成, 『現代漢字學綱要』, 北京 : 北京大學出版社, 2001.
시라카와 시즈카, 심경호 역, 『漢字 백 가지 이야기』, 서울 : 황소자리, 2005.
시라카와 시즈카, 심경호 역, 『文字講話 Ⅰ』, 서울 : 바다출판사, 2008.
阿辻哲次, 김언종・박재석 역, 『漢字의 역사』, 서울 : 학민사, 2001.
王鳳陽, 『漢字學』, 長春 : 吉林文史出版社, 1989.
劉 釗, 『古文字構形學』, 福建人民出版社, 2006.
陸宗達, 김 근 역, 『說文解字通論』, 대구 : 계명대학교출판부, 2002.
李學勤, 『古文字學初階』, 北京 : 中華書局, 2003.
林 尹 編, 『文字學槪說』, 臺北 : 正中書局, 중화민국 60년.
張朋朋, 『集中識字』, 北京 : 華語教學出版社, 2006.
全廣鎭 편역, 『중국문자훈고학사전』, 서울 : 동문선, 2003.
馮國瑞 主編, 『小學語文教材教法』, 鄭州 : 鄭州大學出版社, 2004.
許進雄, 洪 熹 역, 『중국고대사회』, 서울 : 동문선, 2003.
胡奇光, 이재석 역, 『中國小學史』, 서울 : 동문선, 1997.
黃德寬・陳秉新, 하영삼 역, 『漢語文字學史』, 서울 : 동문선, 2000.
Albertine Gaur, 강동일 옮김, 『문자의 역사』, 서울 : 도서출판 새날, 1995.
A. Bank, M. E. Henerson, L. EU, 『*A Practical Guide to Program Planning*』, New York, Columbia University, 1981. 박성익・권락원 편역, 『授業模型의 適用技術』, 서울 : 도서출판 성원사, 1994.
David Wary(eds), 『*Literacy*』 Vol. Ⅰ~Ⅳ, RoutledgeFalmer, 2004.
Doug Buehl, 『*Classroom Strategies for Interactive Learning*』, Wisconsin State Reading Association, 1995. 노명완・정혜승 역, 『협동적 학습을 위한 45가지 교실 수업 전략』, 서울 : 도서출판 박이정, 2002.
Gary D. Borich, 『*Effective Teaching Methods*』, Pearson Education Inc, 2007.

Gayle H. Gregory & Carolyn Chapman, 『*Differentiated Instruction Strategies*』, Corwin Press, 2002. 조영남 · 나종식 · 김광수 공역, 『수준별 · 개별화 교수 · 학습 전략』, 서울 : 학지사, 2005.

Georges Jean, 이종인 옮김, 『문자의 역사』, 서울 : (주) 시공사, 2006.

Gredler, M. E. 『*Learning and Instruction*』, N. Y. : Macmillan Publishing Compony, 2005.

H. Douglas Brown, 『*Principle of language learning and teaching*』, Pearson Education, 2000. 이흥수 · 박매란 · 박주경 · 이병민 · 이소영 · 최연희 공역, 『외국어 학습 · 교수의 원리』, 서울 : Pearson Education Korea, 2005.

H. H. Stern, 심영택 · 위호정 · 김봉순 역, 『언어교수의 기본 개념』, 서울 : 도서출판 하우, 2005.

자크 데리다, 김웅권 옮김, 『그라마톨로지에 대하여』, 서울 : 동문선, 2004.

Jacqueline G. Brooks & Martin G. Brooks, 『*In Search of Understanding: The Case for Constructivist Classroom*』 추병완 · 최순근 옮김, 『구성주의 교수 · 학습론』, 서울 : 도서출판 백의, 1999.

제니퍼 메이슨, 김두섭 역, 『질적연구방법론』, 서울 : 나남출판, 2005.

James P. Spradley, 박종흡 역, 『문화기술적 면접법』, 서울 : 시그마프레스, 2003.

존 R. 앤더슨, 이영애 역, 『인지심리학과 그 응용』, 서울 : 이화여자대학교출판부, 2002.

지크프리트 J. 슈미트 편저, 박여성 옮김, 『구성주의』, 서울 : 까치, 1995.

Leslie P. Steffe & Jerry Gale, 조연주 · 조미헌 · 권형규 역, 『구성주의와 교육』, 서울 : 학지사, 1997.

Leslie P. Steffe & Jerry Gale, 『*Constructivism in Education*』, Lawrence Erlbaum Assoiation, Inc, 1995. 이명근 역, 『교육과 구성주의』, 서울 : 학지사, 2005.

Murray Singer, 정길정 · 연준흠 역, 『언어심리학』, 서울 : 한국문화사, 1999.

R. H. Robins, 박수영 옮김, 『언어학의 형성사』, 서울 : 도서출판 역락, 2004.

Thomas G. Gunning, 『*Creating Literacy*』, Pearson Education Inc, 2003.

William E. Doll, Jr, 김복영 옮김, 『교육과정과 포스트모더니즘의 시각』, 서울 : 교육과학사, 1997.

Yves Michaud 외, 강주헌 옮김, 『문화란 무엇인가』, 서울 : 시공사, 2005.

부 록

부록1. 수업내용 전사(轉寫) 자료(10차시 수업)

T : 지금까지 공부한 내용을 다시 확인해 보겠어요. 이게 무슨 글자이지요?
SS : 날 일
T : 해 일 이란 뜻의 글자였는데, 나중에 날 일이란 뜻이 되었죠? 그 다음 이것은?
SS : 달 월 (안보여요)
T : 그럼 이 글자는 무슨 글자이죠?
SS : 손 수, 발 족, 족발
T : 이 글자는?
SS : 귀 이
T : 그 다음
SS : 눈 목, 입 구, 코 비
T : 코 비 이죠? 그래서 이 글자 일월의 뜻이 처음에는 뭐지요?
SS : 해, 아니 해와 달
T : 해와 달이죠? 이거는?
SS : 손과 발
T : 그리고 이거는?
SS : 귀와 눈과 입과 코.
T : 귀와 눈과 입과 코죠. 그런데 일월과 이목구비는 다른 뜻도 있어요? 일월은 해와 달이란 뜻이지만, 해와 달이 떠서 지나가면 시간이 지나가게 되죠. 시간이 가는 거죠. 그래서 일월은 '세월'이란 뜻도 가지고 있어요. '일월이 흘러갔다'라는 말이 있으면 '세월이 지나갔다'는 뜻이에요. 그 다음에 수족은 손과 발이죠. 그런데 예를 들어 '개똥이는 말똥이의 수족이 되었다'란 말이 있으면 그럴 때에는 그 사람을 위해 손과 발처럼 일하는 것을 뜻해요. 그 다음에 이목구비 귀와 눈과 입과 코란 뜻이죠?
SS : 네.
T : 그런데 '그 아이는 이목구비가 참 반듯하다.'라고 쓰면 무슨 뜻일까요?
S1 : 이하고 눈.
T : 그럴 때에는 '얼굴의 생김새가 참 반듯하다.', '얼굴의 모양이 뚜렷하다.' 그런 뜻으로 쓰여요. 알았죠?

SS : 네.
T : 오늘 이 시간에는 지금까지 공부한 것과는 다른 것을 배울 겁니다. 어떤 글자인지 한 번 볼까요? 지난 번 공부한 한자하고는 달라요. (학습지를 나누어 준다.)
SS : ……
T : 학습지 다 받았지요? 그러면 여길 보세요. 지난번에 처음 배울 때에는 산의 모양에서 뭐가 되었다고?
SS : 메 산자.
T : 내의 모양에서 뭐가?
SS : 내 천.
T : 이 처럼 메 산이나 내 천은 실제로 있는 모습을 보고 글자를 생각해 낸 거죠? 그런데 실제로 있지 않지만 사람들이 생각하는 것을 글자로 만든 것도 있죠. 뭐가 있었지요?
SS : 윗 상자.
T : 그래 위 상자는 우리 눈에는 안보이지만 사람들이 생각해서 글자를 만든 거죠. 아래 하자도 마찬가지지요. 그런데 이번 시간에 배우는 것은 이것과는 달라요. 이번에는 사람들이 글자와 글자를 합쳤어요. 예를 들어 사람이 있어. 나무가 있어. 사람과 나무를 합쳤어. 사람이 나무에 기대어 있네. 그러면 사람이 나무에 앉아있죠. 사람이 나무 그늘에 앉아있는 거죠. 이럴 때가 언제이죠? 언제 그래.
SS : 쉴 때.
T : 사람이 나무 그늘에서 쉴 때이죠. 그래서 사람이 나무와 만나면, 사람은 이렇게 모양이 바뀌어. 사람이 나무와 같이 있는 글자를 '쉴 휴'라고 했어요. 그래서 뜻은 쉬다라고 해요. 자 그러면 여러분 학습지를 보면 여러 가지 글자가 나와 있죠?
SS : 네.
T : 다음에는 이런 글자가 있네요. (한자 카드를 보이며) 이 글자는 방금 배운 사람인 하고 이 글자하고 같이 있죠. 이 글자는 '말씀 언'이란 글자인데, '사람 인'과 '말씀 언'이 만나서 어떤 뜻이 되었을까요?
SS : ……
T : 이 글자는 '믿을 신'자예요. 뜻이 '믿다'이죠. 왜 '믿다'란 뜻이 되었을까요? 한 번 생각해 보세요.
SS : 네.
T : 그 다음 글자는 역시 '사람 인'더하기 '두 이' 자야? 그래서 '어질 인'이란 글자가 되었어요. 뜻이 '어질다'란 거야. '어질다'란게 무슨 뜻인지 알죠?
SS : 네.
T : 이 글자는 왜 '어질다'란 뜻이 되었을까요? 한 번 생각해 보세요. 그 다음 글자는 무슨 글자인지 알죠?
SS : 네.

T : 무슨 글자지요?
SS : 남자 남. 사내 남.
T : 이 글자는 '밭 전' 더하기 '힘 력'으로 되었는데 왜 '사내 남'이 되었을지 생각해 보세요. 그 다음 글자는 뭐지요?
SS : 아름다울 미.
T : '아름다울 미'는 '양 양' 더하기 '큰 대'자야. 왜 '아름답다'는 뜻이 되었을까요? 이것도 생각해 보세요. 그 다음 글자는?
SS : 효도 효요.
T : '효도 효'자는 '늙을 로'자하고 '아들 자'자를 합친 글자지요. '늙을 노'하고 '아들 자'를 합쳤는데 왜 '효도'라는 뜻이 되었을까요? 한 번 생각해 보세요.
S1 : 선생님, 제가 말할래요.
T : 아, 지금은 각자 생각해보는 시간이에요. 먼저 말해버리면 다른 사람들의 생각을 방해할 수 있으니까 있다가 같이 말해보자. 자, 여러분들이 왜 그런 뜻의 글자가 되었는지 잘 생각해서 그 이유를 학습지에 한 번 적어 보세요.
S1 : 야, 이따가 말해.
S2 : 됐거든. 너나 잘해.
T : 자, 뭘 썼는지 한 번 볼까요? 다른 사람 건 보지 말고 자기 생각을 쓰면 돼요.

T : 자 이제 시간이 많이 지났는데 무슨 생각을 하고 있는지 한 번 들어볼까요? 누가 해 볼래요? 자기가 하고 싶은 글자를 아무거나 하면 돼요. 음 동철이가 해볼래? 동철이는 어떤 글자를 해볼 거야?
S1 : 효도 효.
T : 그래. 동철이는 어떻게 생각하고 있는지 잘 들어보자.
S1: 전, '효도 효'를 할 건 대요. '효도 효'를 보면 '아들 자'자 하고 '늙은이 로'자가 있잖아요. 근데 아들이 밑에 있고, '늙은이 로'가 위에 있잖아요. 그래서 아들이 늙은이를 업어주는 모양이에요.
T : 그래서 '효도 효'가 된 거예요?
S1 : 네.
T : 잘 말했어요. 또 다른 사람 얘기를 들어볼까요? 누가 할래? 응, 지원이. 지원이는 뭘 할래?
S2 : '어질 인'이요.
T : 그래. '어질 인' 할래? 얘기해 보세요.
S2 : '어질 인'은 '두 이'자가 들어가잖아요. 그래서 사람이 두 마음을 가진 거예요.
T : 잘 얘기했는데, 사람이 두 마음을 가진 게 왜 어질다는 뜻이 되었을까요?

더 좀 생각해 볼래? 다른 사람? 철민이가 얘기해 볼래요? 철민이는 어떤 글자 할까?

S3 : '효도 효'요.

T : 자, 말해 보세요.

S3 : 늙은 어머니를 아들이 효도하니까 '효도 효'자가 된 거 같아요.

T : 아, 그래요. 늙은 어머니에게 효도하니까 '효도 효'다. 그렇구나. 이번엔 민주가 해 볼래요? 민주는 어떤 글자?

S4 : '사내 남'이요.

T : 그래 '사내 남'을 어떻게 생각하고 있는지 들어보자.

S4 : '사내 남'은 '밭 전'하고 '힘 력'으로 되어 있잖아요. 그런데 옛날에 보면 밭에 가서 남자들이 힘을 써서 일하잖아요. 밭에 가서 힘써서 일하는 사람들은 사내니까 사내 남이에요.

T : 아, 그래요. 잘 했어요. 다음은 수지가 해 볼까요? 수지는 어떤 글자?

S5 : '믿을 신'이요. '믿을 신'자는 '사람 인'하고 '말씀 언'이잖아요. 사람들의 말은 믿어줘야 해요. 그래서 '믿을 신'이 된 거 같아요.

T : 그렇구나. 이번엔 동수. 동수는 무슨 글자?

S6 : 사람이 두 명 있으니까 '두 사람'의 뜻이 되었어요.

T : '두 사람'이란 뜻하고 '어질다'란 뜻하고 왜 같은지 잘 이해가 안 되네. 왜 '두 사람'에서 '어질다'란 뜻이 되었을까요? 더 설명해 줄 수 있어요?

S6 : ……

T : 지금 생각이 안 나면 자리에 앉아서 좀 더 생각해 보세요. 어쨌든 잘 얘기해 줬어요. 다음? 기준이. 기준이는 어떤 자 할 거예요?

S7 : '사내 남'자요.

T : '사내 남' 할 거야. 한 번 얘기해 보세요.

S7 : 남자가 밭에 나가서 일을 하잖아요. 일을 하면서 힘이 생겼어요. 그래서 '사내 남'자 예요.

T : 그래요. 이번에는 동일이 해 볼래요? 동일이는 무슨 글자?

S8 : '믿을 신' 할 거예요. 사람이 말을 하면 다른 사람들이 믿잖아요. 다른 사람들이 믿고 살기 때문에 '믿을 신'자가 되었어요.

T : 그랬구나. 잘했어요. 다음. 수정이가 할래요? 수정이는 무슨 자?

S9 : '어질 인'이요.

T : 그래 어디 한 번 해봐요.

S9 : '어질 인'은 '사람 인'하고 '두 이'자잖아요. 사람이 뱅뱅 두 바퀴 돌아서 '어질 인'이 된 것 같아요.

T : 그래. 그런데 그럴 때는 '어질 인'이 아니라 '어지러울 인'이라고 해야겠는걸. '어질다'하고 '어지럽다'는 뜻이 다르잖아. '어질다'란 말은 사람의 마음씨가 너그럽고, 착하고, 다른 사람을 잘 이해하고, 슬기롭고 이런 것들을 뜻하는 말이지요. 그래서 '옛날에 어진 임금님이 있었다.' 그런 말을 하잖아요.

T : 이번에는 철수가 해볼까요? 철수는 무슨 글자야?

S10 : 아름다울 미.

T : '아름다울 미'자를 할 거야? 그래 한 번 들어보자.

S10 : 미자는 '양 양'자 하고 '큰 대'자잖아요. 그래서 양이 크면 아름답다는 뜻 이예요.

T : 양이 크면 아름다운가요? 정말 그래요? 양이 크면 아름다워요? 글쎄. 누가 더 애기해 볼래요? 기준이가 얘기해 볼래?

S7 : 양이 보통 양보다 크니까 아름답다는 뜻이에요.

T : 크다고 아름다운가요? 큰 것 중에 아름다운 게 뭐가 있나? 더 좀 생각해 봐야 할 것 같은데. 또 누가 말해 볼까? 민주가 해 볼래.

S4 : 있잖아요. 양이 뿔이 있어요. 근데 그 뿔이 크니까 아름답잖아요. 그래서 아름다울 미가 되었어요.

T : 그렇구나. 양 뿔이 커서 보기가 좋아서 '아름다울 미'가 되었단 말이지. 아까보다는 좀 이해가 잘 되네. 여러분들도 이해가 되요?

SS : 네.

T : 또 다른 친구? 소민이가 해 볼까?

S11 : 양의 마음이 아름다운데서 아름다울 미가 됐어요.

T : 양이 마음이 아름다워서 아름다울 미가 됐다. 그럼 큰 대자는 어떻게 해야 되지요?

S11 : 양의 마음이 크니까 아름답다는 뜻 이예요.

T : 여러 가지 얘기를 많이 해 주었어요. 옛날에 사람들이 하늘에 제사를 지냈지요. 그때 제물로 바치는 게 있었는데 어떤 거였는지 알아요?

SS : 양이요.

T : 옛날 영화를 보면 양을 잡아서 하늘에 제사를 지냈어요. 이럴 때 어떤 양을 잡았을까요? 어떤 모양의 양이 좋았을까요?

SS : 큰 거요.

T : '아름다울 미'자는 아까 민주 얘기처럼 양 뿔이 큰 게 보기 좋다는 데서 '아름답다'는 뜻이 되기도 했지만, 또 제사 지낼 때 큰 양을 잡아서 지내야 보기 좋다고 해서 큰 양이 아름답다는 뜻이 되었다는 말도 있어요.

T : 그래. 지금까지 여러 사람들이 얘기를 잘 해주었는데. 여러 친구들의 생각하고 한자를 처음 만들었을 때의 뜻하고 크게 다르지 않아요. 이렇게 여러분들이 자신의 생각으로 한자의 뜻을 말해 주니까 더 재미있고 기억에도 잘 남을 거예요. 여러분도 그래요?

SS : 네.

T : 그럼 시간이 다 되어 가니까, 공부한 내용을 정리해 볼까요?

T : 처음에 '쉴 휴'자를 배웠죠. '사람 인' 하고 '나무 목'하고 합친 글자인데, 사람이 나무 그늘 밑에서 쉬니까 '쉴 휴'란 글자가 되었다고 했죠?

SS : 네.

T : 그 다음 여기에 있는 '믿을 신'자는 '사람 인' 더하기 '말씀 언'이죠. 사람의 말, 사람의 말이 어때야 되요? 사람의 말에는 진실한 믿음이 담겨 있어야 하겠죠?

SS : 네.

T : 예를 들어서 이 친구하고 이 친구하고 약속을 했어. 두 시에 만나서 어딜 가기로 했어. 그런데 두 시에 안 나가면 어떻게 돼요?

SS : 거짓말.

T : 약속을 못 지키게 된 거죠. 사람이 약속을 했으면 지켜줘야 하는데 약속을 안 지키면 어떻게 되겠어요? 그 사람을 사람들이 잘 믿어줄까요?

SS : 아니요.

T : 그래요. 그래서 사람의 말에는 믿음이 있어야 한다는 뜻에서 '믿을 신'이 된 거 예요. 다음 '어질 인'자를 생각해 봐요. '어질 인'자는 뭐랑 뭐가 만난 글자죠?

SS : '사람 인' 더하기 '두 이'예요.

T : 사람 둘이 만났네. 생각해 봐요. 사람이 둘이 만나서 어떻게 해야 할까요? 사람은 서로 생각하는 게 다르죠. 그런데 자기 생각대로만 하면 어떻게 될까요? 또 친구끼리 만났어. 그런데 서로 밀치고 때리면 어떻게 될까요?

SS : 크게 싸움이 일어나요.

T : 싸움이 일어나면 어떻겠어요? 학교에 재미있게 공부하려고 왔는데 학교에 와서 싸우면 어떻게 되겠어요?

SS : 싸우면 안 돼요.

T : 예. 그래서 사람과 사람이 만날 때에는 서로 마음을 너그럽게 먹고 이해해 줘야 한다는 데서 '어질 인'이 되었어요. 자, 다음 '사내 남'자야. '사내 남'자는 무슨 글자로 돼 있지?

SS : '밭 전', '힘 력'이요.

T : 그래. 옛날에는 사람들이 밭에 가서 밭을 갈았어요. 요즈음은 기계로 밭을 갈지만, 옛날에는 사람들이 직접 갈았지. 사람들이 밭을 갈다가 소가 밭을 갈고 또 기계로 밭을 가는 걸로 변한 거야. 그런데 사람들이 밭을 갈려면 누가 밭을 갈아야 할까?

SS : 남자.

T : 그래. 옛날에는 사람들이 직접 어깨에 쟁기를 메고 밭을 갈았어요. 쟁기가 뭔지 알아요? 본적 있지? 밭을 가는 거. 사람들이 어깨에 쟁기를 메고 밭을 갈려면 많은 힘이 필요하겠지. 남자와 여자 중에 누가 더 힘이 세죠?

SS : 남자.

T : 그래서 이 글자는 남자, 사내란 뜻이 된 거지요.

S1 : 선생님, 근데 밭은 호미로도 갈 수 있죠?

T : 그럼 호미로도 갈 수 있지요. 시간이 오래 걸려서 그렇지. 다음 '아름다울

미'자를 볼까요? 이게 '양 양'자하고 '큰 대'자죠. 마치 이 글자의 맨 위가 양의 뿔 모양이야. 그래서 양의 뿔이 큰 게 아름답다고 하는 얘기도 있고, 또 옛날에는 하늘에 비가 안 오면 제사를 지냈죠?

SS : 네.

T : 하늘에 제사 지낼 때 작은 양을 잡는 거하고, 큰 양을 잡는 거하고 어떤 게 보기가 좋을까요? 큰 양을 잡아서 제사를 지내야 보기가 좋겠죠?

SS : 네.

T : 그래서 양이 큰 게 보기가 좋아서 '아름다울 미'란 뜻이 되었다고 하기도 해요. 다음 '효도 효'자를 볼까요? '효도 효'자는 아까 얘기가 다 나왔어요. 이게 뭐야? '늙을 로'자죠. 그리고 이건 '아들 자'자죠. 아들이 늙으신 어머니를 업고 있는 모양이야. 어릴 때는 어머니가 아기를 업고 있죠? 그런데 시간이 지나면 이게 거꾸로 되는 거야. 늙으신 부모가 아들에게 업히는 거지요. 이런 게 바로 효도라고 할 수 있지요.

S1 : 그런데 글자가 조금 다른데요.

T : 그렇지. 이게 '늙을 로'자인데 여기서 이게 빠지고 이 자리에 '아들 자'가 들어간 거야. 이렇게 해서 '효도 효'가 되었지. 이해가 되요?

SS : 네.

T : 이렇게 해서 오늘 수업을 정리해 보았어요. 오늘 배운 글자들은 한자와 한자가 만나서 새로운 뜻을 만든 거죠. 혹 오늘 배운 것 중에서 의심나는 것 있으면 질문해 보세요. 궁금한 거.

S1 : 저는 요, '어질 인'자가 두 사람이 서로 마주 보고 있는 것 같아요. 사람과 사람이 마주보면서 서로 친하게 지내려고 하는 것 같아요.

T : 그래. 그렇게 생각해 볼 수도 있겠네요. 여러 분들이 왜 그런 뜻이 되었는지 잘 생각해 보면 되요. 이렇게 해서 오늘 수업을 마치겠어요.

부록2. 심층면담 전사(轉寫) 자료(2회)

T : 지금까지 선생님하고 한자를 두 달 넘게 배웠는데 선생님이 좀 궁금한 게 있어. 그걸 물어볼 거니까, 그냥 자기 생각을 말해주면 돼. 알았지. 우선, 너희들 한자를 어디서 배웠니?

S1 : 학습지로 배웠어요.

S2 : 학원에서 배웠어요.

T : 그러면 학원에서 배울 때 선생님이 글씨를 쓰시고 이 글자는 '날 일'이야 이런 식으로 배웠지.

S3 : 네.

S2 : 아니요.

T : 아냐. 그러면 어떻게 배웠어.

S3 : 우린 그냥 썼어요.

T : 그냥 썼어? 무조건?

S3 : 네.

S2 : 그림을 보여주시고 가르쳐 주셨어요.

T : 어떻게? 무슨 그림?

S2 : 그냥, 그림을 설명해주시고 썼어요.
변해온 과정이 나타난 그림이요.

S4 : 그리고 그냥 썼어요.

S1 : 막 썼어요.

T : 또 어떻게 배웠니? 다르게 배운 사람?

S5 : 학교에서 배웠는데요, 그냥 칠판에 있는 거 보고 썼어요.

T : 그래. 그러면 선생님이 다르게 물어 볼게. 그전에 학습지에서 배우거나 학원에서 배우거나 학교에서 배울 때 선생님이 한자를 써 주시고 한 번 써봐라 그러셨죠.

S5 : 네.

S4 : 아니요.

T : 그런데 선생님이 너희들과 공부하면서 처음에는 이 글자는 '해 일'자야. 이렇게 해의 모양에서 바뀌어서 나중에 '해 일'이 되었지 너희들이 글자가 어떻게 해서 생겨났는지 한 번 생각해봐. 이런 식으로 공부를 했죠?

S1 : 네.

T : 그런데 그렇게 공부하니까 어떤 거 같애?

S3 : 어려워요.

SS : 쉬워요.

T : 어려워요? 그래. 다른 방법으로 공부할 때보다 어려운 것 같애? 쉬운 것 같애? 재미있는 것 같애? 재미없는 것 같애?

SS : 재미있어요.
T : 정말 재미있었어? 뭐가 재밌었니? 한 사람씩 말해 볼래?
S3 : 저 한테는 물어보지 마세요.
T : 서진이는 뭐가 재미있었어?
S1 : 한자를 전에는 그냥 쓰라고 했었는데, 그렇게 하지 않고 하나씩 그림을 그려가면서 해 보니까 재밌었어요.
T : 예정이는 뭐가 재미있었어?
S4 : 전 재미없었어요.
T : 재미없었어?
S4 : 힘들었어요?
T : 뭐가 힘들었지?
S4 : 하나하나 생각을 해 가면서 하려니까 힘들었어요.
T : 그랬구나. 현주는 어땠니?
S5 : 재미없었어요?
T : 왜 재미가 없었어?
S5 : 한 시간 내내 생각하고 쓰고 해야 하니까 재미없었어요. 다른 시간에는 막 놀기도 하고 그랬는데.
T : 그랬구나. 재석이는 어땠지?
S2 : 재미있었어요.
T : 뭐가 재밌었는데?
S2 : 한자가 만들어진 과정을 생각해서 써 보는 게 재밌어요.
T : 그래. 그런 식으로 한자를 공부하니까 어떠니? 한자를 기억하기가 더 오래갈 것 같니? 아니면 똑 같은 것 같니?
S2 : 기억이 오래 갈 것 같아요.
T : 다른 사람도 그래요.
SS : 네.
T : 그래요? 그럼 이제 다른 것 좀 물어보자. 예정이, 지난 시간에 대 소 본 말 배웠죠?
S4 : 네.
T : 그럼 지난 시간에 배운 글자들의 변화된 모습을 그림으로 그렸었는데 어떻게 그린 건지 설명해줄래? 우선 '큰 대'자부터. '큰 대'자는 어떻게 생각해서 그린 거야?
S4 : ……(소리가 너무 작아서 잘 안 들림)
T : 다시 얘기해 줄래? 좀 더 큰 소리로. 크게.
S4 : (두 팔을 벌리면서) 그냥 팔을 쫙쫙 벌리고 있는 사람의 모습을 그려봤어요.
T : 그래. 그렇게 팔을 벌리면 사람이 크게 보인다고 생각했어요?
S4 : 네.
T : 그랬구나. 그럼 '작을 소'자는 어떻게 생각했니?

S4 : '작을 소'는 어린애가 약간 팔을 들고 있는 모습이라고 생각해서 그렸어요.

T : 근데 왜 '작을 소'란 글자가 되었을까?

S4 : 어린 애가 팔을 조금 들고 있는 모습하고 '작을 소'자 하고 비슷하게 생겼어요.

T : 그래. 예정이는 '작을 소'의 글자 모양하고 어린애 모습하고 비슷하다고 생각했구나. 그 다음 '본'자는?

S4 : ……

T : '본'자는 나무뿌리라고 썼네. 어떻게 이렇게 생각했지?

S4 : ……

T : 잘 기억이 안 나니?

S4 : 네.

T : 그럼 '말'자는?

S4 : ……

T : 나무가 자라다가 끝이 난 모습이라고 썼네.

S4 : ……

T : 나무가 자라다가 더 이상 안자란다고 생각했어요?

S4 : 네.

T : 그래. 잘 얘기해 주었어요. 다음엔 재석이한테 물어보자. 재석이는 어떻게 생각하고 한자의 변화된 모습을 그렸는지 하나씩 설명해 보세요. '대'자부터 설명해 주세요.

S2 : '대'자는 아주 큰 사람을 그려서 만들었어요.

T : 그래. 왜 '대'자인데 사람을 생각했을까?

S2 : 이 글자 모양이 사람 모양 같아요.

T : 응, 사람 모양 같아. 그럼 '소'자는 어떻게 만들었니?

S2 : 작은 곡식이 나란히 있는 것을 그렸어요.

S3 : 얘가 오줌 싼다.

SS : (다 같이 웃음)

T : 왜 곡식을 그렸을까?

S2 : 곡식이 작잖아요.

T : 곡식 알갱이가 작으니까 그걸 생각해서 그린 거니?

S2 : 네.

T : 그래. 그 다음 '본'자는? 나무에 뿌리를 본뜬 모양이라고 그랬네. 왜 그런 생각을 했어?

S2 : 이게 나무뿌리 같이 생겼잖아요. 이 글자는 '나무 목'자구요.

T : 그래. '나무 목'자를 떠올려서 뿌리라고 생각한 모양이구나. 그럼 '말'자는?

S2 : 제일 끝에 있는 사람을 본뜬 모양이에요.

T : 왜 사람을 생각했을까?

S2 : 이 게 '사람 인'자잖아요? '사람 인'위에 길게 나온 게 있으니까 그래요.

T : 그랬구나. 잘 얘기해 주었어. 다음은 또 누구 얘기해 볼까? 자, 현주가 얘기해 보자. 어떻게 얘기할 건지 알지? '큰 대'자부터 얘기해 주면 돼.

S5 : '큰 대'자는 큰 나무가 있잖아요. 큰 나무의 있었다가 가지가 옆으로 기울어지면서 큰 대 자 모습이 되었어요.

T : 그래. '소'자는 어떻게 만들었니?

S5 : 이 거 처럼요, 작은 나무가 있다가 나뭇가지가 아래로 내려가면서 '소'자가 됐어요.

T : 그래. 현주는 두 글자 모두 나무로 생각했네. '큰 대'자는 큰 나무, '작을 소'자는 작은 나무, 그것도 재미있다. 다음 '본'자는?

S5 : 나무뿌리가 점점 자라서 된 모양이에요.

T : 나무뿌리라고? 왜?

S5 : 이 모양이 나무이고, 이 모양은 나무의 뿌리 같잖아요.

T : 그래. 그 다음 '말'자를 얘기해 줄래?

S5 : '말'자는 이렇게 개가 있다가 강아지로 변했는데 강아지가 일어서서 '말'자가 되었어요.

T : 그래. 그런데 왜 강아지가 '말'이 되었을까? '말'에는 강아지란 뜻은 없는데.

S5 : 그 다음은 물어보지 마세요.

T : 그래. 알았어. 잘 했어. 다음 누구 걸 볼까? 유정이한테 물어볼까?

S3 : 저한테는 물어보시지 말라고 했잖아요?

T : 물어보지 말어?

S3 : 네.

T : 그럼 다 물어보지 않고 하나만 물어보자. 여기 '소'자를 콩이 세 개 있는 것을 본떠서 한자가 만들어졌다고 그랬네? 왜 그랬을까?

S3 : 아, 그냥 예전에 배운 걸로 한 거예요.

T : 예전에 그렇게 배웠어?

S3 : 네.

T : 그럼 다른 글자는 어떻게 생각해서 그렸니? '본'자는?

S3 : 어어, 뿌리가. 까먹었어.

T : 그럼 '말'자는?

S1 : 제가 대신 읽어 줄게요.

S3 : 어엉.

T : 그래, 그럼 유정이는 그만하자. 이제, 누가 안 했나? 서진이 안 했나?

SS : 네.

S3 : 재석이도 안 했어요.

S2 : 나, 했어. 이 바보야.

T : 자 서진이 해 보자. '대'자는 어떻게 된 거지?

S1 : '대'자는 거인이 자주하는 모습이에요.

T : 그래. 거인이 자주하는 모습이라. 그럼 '소'자는?
S1 : '소'자는 소인이 자주하는 모습이죠.
T : 무슨 뜻인지 잘 모르겠는데.
S1 : ……
T : 그래. 그럼 '본'자는?
S1 : 땅 아래에 나무뿌리가 있어서 그 모습을 그린 거에요.
T : '말'자는 안 썼네.
S1 : 네. 잘 모르겠어요.
T : 그래, 알았어. 그럼 이건 그만하고, 다른 걸 좀 물어볼까? 재석이가 '위 상'자하고 '아래 하'자 그린 이유를 얘기해 볼까?
S2 : '윗 상'자는 땅에 심어진 새싹이 올라온 모습을 본떠서 된 거에요.
T : 그래. 그럼 '아래 하'자는 어떻게 된 거지?
S2 : 지렁이와 개미가 땅을 파는 모습을 그린 거예요.
T : 그래. 지렁이와 개미가 땅을 파는 모습처럼 글자가 생겼니?
S2 : 네.
T : 그럼, 예정이는 어떻게 생각하니? 예정이가 얘기 해 볼래?
S4 : '상'자는요, 아파트 모양과 비슷하게 생겼어요. 아파트 꼭 대기에 뭐가 삐죽 올라온 것 같아요. 그리고 '하'자는 책상 밑에 있는 고양이 모습이에요.
T : 책상 밑에 고양이라고? 왜? 왜 그렇게 생각했는데?
S4 : 글자 모양이 그렇게 생겼어요.
T : 그래. 난 전혀 그런 생각 안 해봤는데. 정말, 새로운 생각인 걸.
S3 : 선생님, 이제 그만 할래요.
T : 그래. 힘들지. 조금만 기다리면 끝나. 재석이는 '일'자를 그린 게 남다른데 얘기좀 해 줄래?
S2 : 있잖아요. 옛날 사람들은 해가 비치지 않고요, 안에 형광등이 있는 거예요. 거기서 빛이 난다고 생각했어요. 그래 가지고요, 나중에 형광등을 그리기 힘드니까 이거처럼 작대기를 죽 그은 거예요.
T : 해 안에 형광등이 있다고 생각한 거야?
S2 : 네.
T : 그래 그럼 '달 월'자는?
S2 : '달 월'이요, '달 월'은요, 달이 너무 늙어서, 달이 너무 늙어서, 늙어 가지고 안에 주름살이 생겼어요. 그래서 주름살이 생긴 모습을 그린 거예요.
T : 그랬구나. 그럼 이번엔 현주가 얘기해 줄래요?
S5 : 있잖아요. '날 일'자는 해가 떴다가 산에 가려져서 내려 간 모양이에요.
T : 왜 산으로 내려갔을까?
S5 : 해가 떴다가요, 달이 나올려고 하니까 산으로 들어간 거예요.
T : 그래. 그럼 '달 월'자는 어떻게 그렸니?
S5 : '달 월'자는 달이 떴다가 오른쪽으로 가고 별들이 꾸며져서 '달 월'이 된

거에요.

T : 그럼. 이 게 별들이 떠 있는 모습을 그린 거니?

S5 : 네.

T : 그럼, '불 화'자는?

S5 : 불이 나서요, 불이 점점 꺼져서 이런 모양이 된 거에요.

T : 그래. '물 수'자는 어떻게 생각했니?

S5 : '물 수'는 비가 내리고 있는데, 사람이 비를 맞는 모습을 그린 거에요.

T : 그래. 잘 말했어. 이번에 서진이가 말해 볼까? 어떻게 '일'자가 된 거지?

S1 : 해가 있는데요, 해가 선글라스를 쓰고 있는 모습이에요. 선글라스를 쓰고 있는 모습이 변해서 이렇게 글자가 되었어요.

T : 그럼, '달 월'자는 어떻게?

S1 : 달은 원래 보름달이었는데요, 보름달이었는데, 달이 중간에 초승달로 변하고 이렇게 주름이 생겨서 '달 월'자가 되었어요.

T : 그래. 이건 달의 주름살이란 말이지. 그럼 '화'자는?

S1 : 그건 잘 모르겠어요.

T : 오래 전에 그린 거라 생각이 잘 안 나는 모양이구나. 그래 잘 했어. 자, 모두 잘 했어요. 긴 시간인데, 지금까지 얘기를 잘 해 주어서 고마워요.

부록3. 한자 자원(字源) 학습 활용자료[1]

이 자료는 필자가 창안한 '구성주의 자원 학습법'의 여러 기법을 학교 현장에서 교사들이 쉽게 구현할 수 있도록 하기 위해 마련한 것이다. 필자의 경험으로는 학생들에게 자원교육을 하고 싶어도 적합한 참고자료가 없어서 곤란을 겪을 때가 많았다. 이러한 어려운 점을 해결하기 위하여 제시하였으나 자의 설명의 대부분은 선학들의 연구를 인용하여 정리한 것이다. 인용 전거(典據)를 일일이 밝히지 못한 점에 대해 관용(寬容)을 빌며, 훌륭한 연구물을 이용할 수 있게 되어 충심으로 감사함을 밝힌다.

家			
집 가	甲骨文	金文	小篆

자형의 윗부분 宀(면)은 지붕, 아래의 豕(시)는 돼지로 집안에 돼지가 있는 모습이다. 옛날에 사람들이 집안에 돼지를 키우던 모습, 또는 많은 피해를 주었던 뱀을 막을 돼지를 집안에 키우던 모습으로 보기도 한다.

角			
뿔 각	甲骨文	金文	小篆

짐승 뿔의 모양을 본뜬 글자이다.

各			
각각 각	甲骨文	金文	小篆

자형은 발 하나가 동굴 밖으로부터 동굴 입구로 다가오고 있는 모습이다. 본래의 뜻은 '오다', '이르다'이다. 뒤에 이러한 뜻은 格(이를 격)으로 표현되었다. '각각', '각자'의 뜻으로 쓰인다.

---

1) 이 자료의 字體는 『常用漢字圖解』(북경대학출판사), 『漢字演變五百例』(북경어언대학출판사)를 참고 하였으며, 字源 설명은 『漢字源流字典』(화하출판사), 『古文諧聲字根』(상무인서관), 『漢語字源字典』(북경대학출판사), 『漢字演變五百例』(북경어언대학출판사), 『한자의 뿌리』(문학동네), 『한자 정해』(비봉출판사) 등을 참고하여 기술하였다.

干	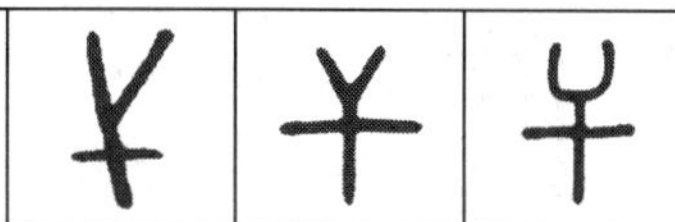		
방패 간	甲骨文	金文	小篆

무기의 일종인 방패를 본뜬 글자이다. 이 방패는 공격과 방어를 다 할 수 있는 무기였다. 위로부터 찌르개, 몸체, 손잡이로 구성되어 있다. 본래의 뜻은 원시시대의 '사냥하는 도구'이다.

看	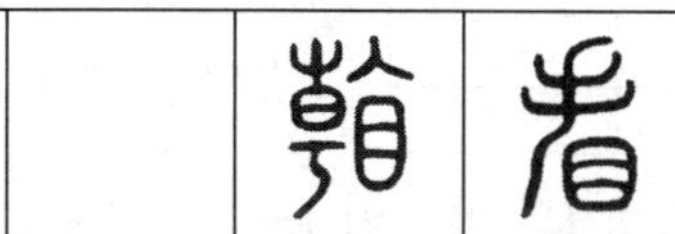		
볼 간	甲骨文	金文	小篆

자형은 手(수)와 目(목)으로 이루어져 있다. 손을 눈 위에 올려 햇빛이 눈부시게 비치는 것을 막아 멀리 바라본다는 뜻이다.

間	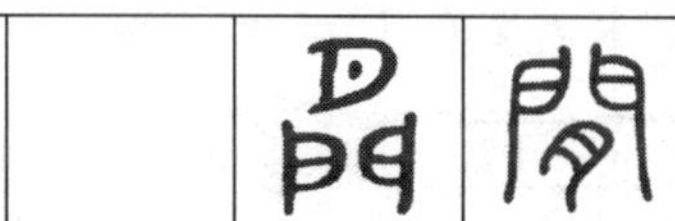		
사이 간	甲骨文	金文	小篆

자형은 門(문)과 月(월)로 이루어진 글자이다. 間은 閒(간)의 속자이다. 문틈 사이로 하늘에 떠있는 달빛이 비치는 모습을 나타낸 것이다. '틈', '사이' 등의 뜻으로 쓰인다.

監			
볼 감	甲骨文	金文	小篆

한 사람이 세숫대야 앞에 꿇어앉아서 세숫대야 안의 물에 자신의 얼굴을 비추는 모습이다. 본래의 뜻은 '거울'인데 이런 뜻은 '鑑·鑒'(거울 감)으로 쓰게 되었다. '살펴보다', '감독하다'의 뜻으로 쓰인다.

甘	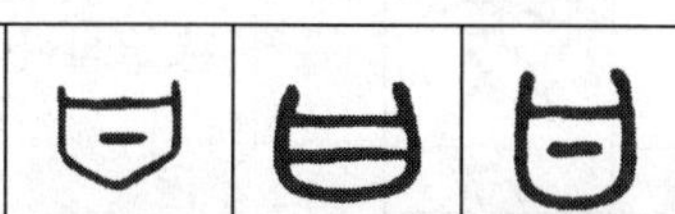		
달 감	甲骨文	金文	小篆

갑골문의 자형은 입 안에 짧은 가로 선이 있는 모습이다. 이것은 물고 있는 물건을 의미하는데 달거나 맛있지 않으면 물고 있지 않았을 것이다. 여기에서 '달다', '맛있다' 등의 뜻이 나왔다.

降	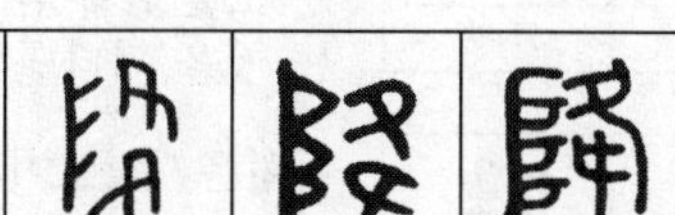		
내릴 강	甲骨文	金文	小篆

자형의 왼쪽 阝(부)는 언덕이고 오른쪽 夅(강)은 아래로 향한 두 발이다. 본래의 뜻은 '높은 곳에서 낮은 곳으로 내려가다'이다. 그 뜻이 확대되어 '항복하다'는 뜻으로 쓰였다.

開			
열 개	甲骨文	金文	小篆

금문의 자형은 두 짝 문 사이에서 양손으로 빗장을 풀고 있는 모습이다. '열다'란 뜻이다.

去	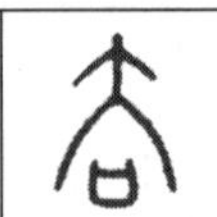		
갈 거	甲骨文	金文	小篆

갑골문의 자형의 윗부분은 사람의 모습이고, 아랫부분은 사람이 살던 동굴 출구의 모습이다. 본래 뜻은 자기가 살던 동굴을 '떠나가다'이다. 똥을 누고 있는 사람의 모습으로 보기도 한다. 이때에는 '버리다'가 본뜻이다.

車	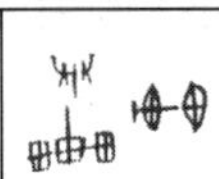	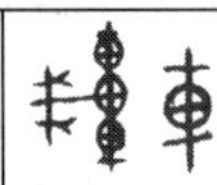	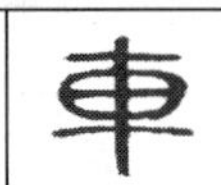
수레 거	甲骨文	金文	小篆

수레 한 대를 위에서 내려다 본 모습이다. '수레'라는 뜻이다.

巾		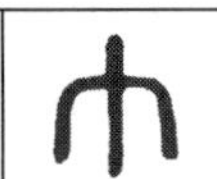	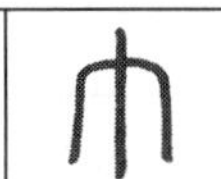
수건 건	甲骨文	金文	小篆

자형은 한 폭의 마포(麻布)나 갈포(葛布)를 걸어 넣은 모습을 본뜬 글자이다.

見	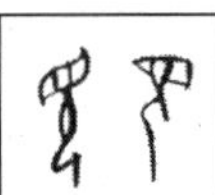	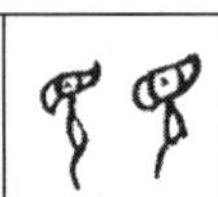	
볼 견	甲骨文	金文	小篆

윗부분은 눈, 아랫부분은 사람〔人〕을 나타낸다. 눈을 강조하여 그린 사람의 모습이다. '보다'라는 뜻으로 쓰인다.

犬	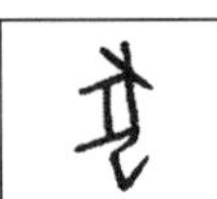		
개 견	甲骨文	金文	小篆

꼬리를 감아올린 개의 모양을 본뜬 글자이다. '개'라는 뜻이다.

牽			
끌 견	甲骨文	金文	小篆

자형은 玄(繩 : 줄 승), 冖(멱), 牛(우)로 이루어져 있다. 새끼줄로 외양간에 있는 소를 묶어 밖으로 끌어내는 것을 나타낸다.

兼			
겸할 겸	甲骨文	戰國文字	小篆

자형은 두 포기의 벼를 손으로 잡고 있는 모습이다. 본래의 뜻은 '함께 갖고 있다'이다.

經	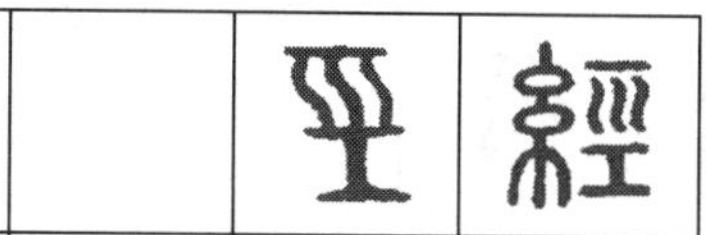		
날 경	甲骨文	金文	小篆

금문의 자형은 날실과 베틀의 모습을 본뜬 글자이다. 세로로 놓여있는 세 개의 곡선이 날실(베틀 위에 세로로 놓인 실)이고 '一', '工'은 베틀 모양을 그린 것이다. 본래의 뜻은 '날실'이다. 소전 이후 糸(멱)을 덧붙여 '經'자를 만들었다. '날실', '다스리다'의 뜻으로 쓰인다.

京			
서울 경	甲骨文	金文	小篆

흙을 쌓아 높아진 언덕에 지은 정자의 모습을 본뜬 글자이다. 본뜻은 사람이 쌓아서 이룬 '높은 언덕'이다. 특별히 '서울'을 가리키는 뜻으로 쓰인다.

競	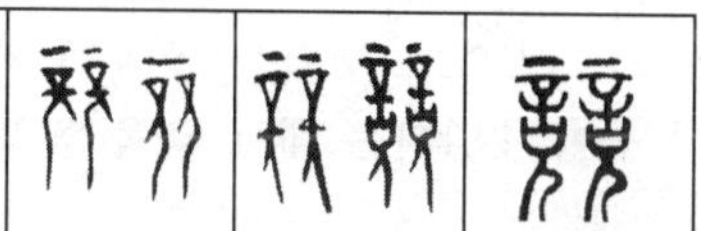		
다툴 경	甲骨文	金文	小篆

두 사람이 달리기 시합을 하는 모양이다. 또는 이마에 黥(경 : 옛날 얼굴에 죄명을 새기던 옛 형벌)을 친 두 죄수가 목숨 걸고 싸우는 모습을 나타낸 글자이다. '다투다'라는 뜻으로 쓰인다.

系	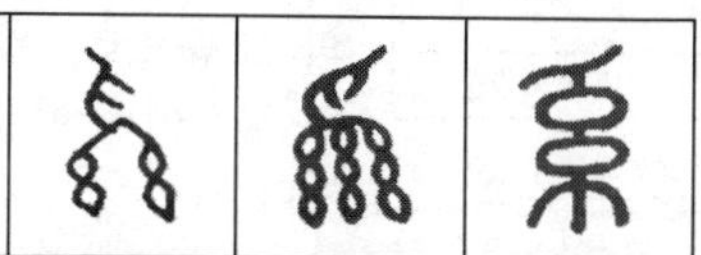		
이을 계	甲骨文	金文	小篆

갑골문의 자형은 한 손으로 두 타래의 명주실을 잡고 있는 모습이다. 본래의 뜻은 '매다'이다. '계승하다', '계보', '체계'의 뜻으로 쓰인다.

鷄			
닭 계	甲骨文	金文	小篆

갑골문과 금문의 자형은 수탉의 모습을 본뜬 글자이다. '닭'이란 뜻이다.

繼	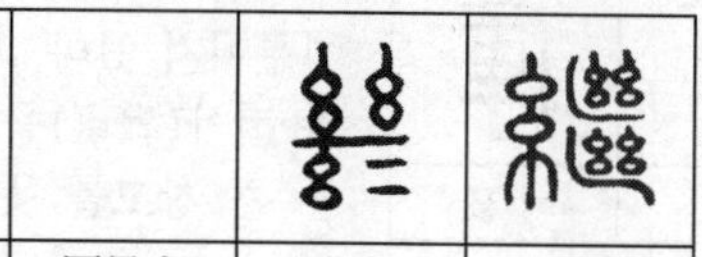		
이을 계	甲骨文	金文	小篆

금문의 자형은 두 타래의 실이 하나는 이어지고 하나는 끊어진 모습이다. 소전 이후 糸(멱)이 덧붙어 繼가 되었다. '이어 나가다', '계승하다'의 뜻으로 쓰인다.

戒			
경계할 계	甲骨文	金文	小篆

갑골문 자형은 두 손으로 무기를 잡고 있는 모습을 본뜬 글자이다.

啓	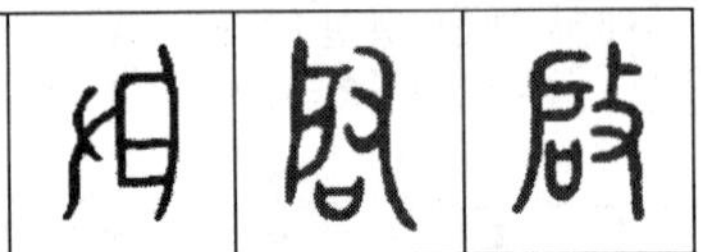		
열 계	甲骨文	金文	小篆

갑골문 자형은 한 손으로 쪽문을 열고 있는 모습을 나타낸 것이다. 본래의 뜻은 '문을 열다', '가르쳐 이끌다'이다.

高			
높을 고	甲骨文	金文	小篆

갑골문을 보면 누각이 층층이 겹쳐 있는 모습이다. 윗부분은 비스듬한 지붕, 아랫부분은 누대, 가운데는 벽을 버티는 기둥과 여러 층을 구분하는 선을 나타낸다. 누각이 높이 솟았다는 데서 '높음'을 뜻한다.

鼓			
북 고	甲骨文	金文	小篆

자형은 한 손으로 북채를 잡고 북을 두드리는 모습을 나타낸 것이다. 왼쪽이 '북'의 모습으로, 윗부분은 북의 장식이며 아랫부분은 북의 받침이다. 오른쪽은 북채를 든 손의 모습이다.

考			
상고할 고	甲骨文	金文	小篆

갑골문 자형은 지팡이를 짚은 노인을 본뜬 글자이다. 본래의 뜻은 '늙은이'이다. '고찰하다', '시험보다'의 뜻으로 쓰인다.

庫		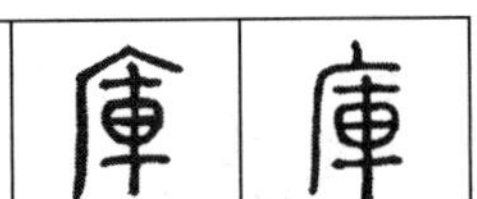	
곳집 고	甲骨文	金文	小篆

자형은 广(엄)과 車(거)로 이루어져 있다. 병기(兵器)와 전차(戰車)를 숨겨둘 만큼 큰 창고를 뜻한다.

告	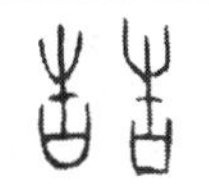		
알릴 고	甲骨文	金文	小篆

함정 위에 푯말을 세워놓은 모양이다. '알리다'라는 뜻을 가진다.

谷			
골 곡	甲骨文	金文	小篆

갑골문의 자형에서 윗부분의 빗금 네 개는 흐르는 물을 표시하고, 아랫부분은 산골물이 흘러나오는 샘의 입구를 표시한다. 본래의 뜻은 '산 사이의 물이 흐르는 길'이다. '골짜기'란 뜻이다.

曲			
굽을 곡	甲骨文	金文	小篆

갑골문과 금문의 자형은 대나무나 버드나무로 만든 광주리의 굽은 면을 본뜬 것이다. 목수들이 사용하는 굽은 자라고 보기도 한다. '굽다'란 뜻이다

困			
괴로울 곤	甲骨文	金文	小篆

갑골문 자형은 口(위)와 木(목)으로 이루어진 글자로, 양쪽 여닫이문 가운데에 세우는 문지방을 뜻한다. 문지방이 문을 움직이는데 제한을 주었다는 데서 '곤란을 당하다'는 뜻이 나왔다. 困은 梱(문지방 곤)의 본래자이다. '괴롭다', '지치다'의 뜻으로 쓰인다.

骨	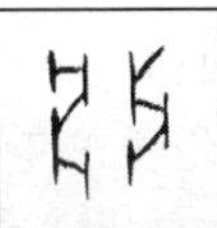		
뼈 골	甲骨文	金文	小篆

본래 '살'의 상형인 아랫부분 '月'이 없이 쓰이던 글자로, 은나라에서 점칠 때 쓰이던 '소 어깨뼈'를 본뜬 글자이다. 윗부분 가운데의 두 획이 점칠 때의 갈라진 모양이다. '쇠뼈'라는 뜻에서 차츰 사람과 동물의 '뼈'를 뜻하게 되었다.

共			
함께 공	甲骨文	金文	小篆

두 손으로 물건을 들고 있는 모양으로 '함께'라는 뜻이다.

戈	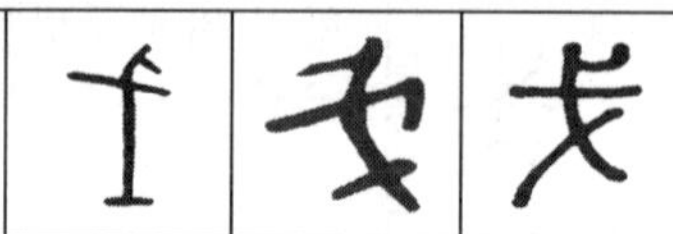		
창 과	甲骨文	金文	小篆

갑골문 자형은 상고 시대에 사용하던 창의 모습을 본뜬 글자이다. 긴 자루가 달려 있고 옆으로 뻗은 칼날이 있어서 옆으로 찌르거나 낚아챌 수 있었으며 위에는 장식이 달려 있다.

果	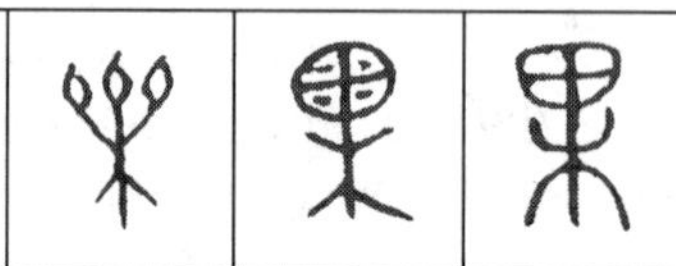		
실과 과	甲骨文	金文	小篆

갑골문에는 한 그루 나무에 열매가 가득 달려 있는 모양이다. 본뜻은 '나무에 열린 열매'인데 결과, 결단의 뜻으로도 쓰인다.

瓜		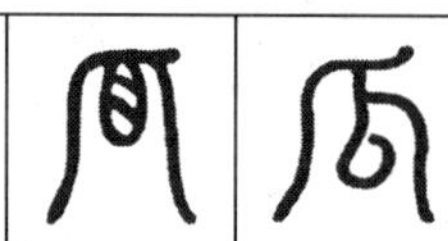	
오이 과	甲骨文	金文	小篆

금문 자형은 오이 넝쿨 아래 타원형의 오이가 매달린 모양을 본뜬 글자이다.

貫			
꿸 관	甲骨文	金文	小篆

갑골문 자형은 막대기나 노끈으로 물건을 꿰고 있는 모습이다. 고대에 화폐로 사용하던 조개를 뚫어 꿴 돈꿰미로 보기도 한다. '꿰뚫다', '습관', '본적' 등의 뜻으로 쓰인다.

關		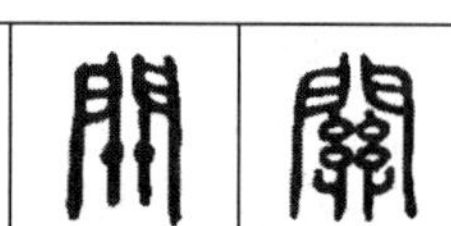	
빗장 관	甲骨文	金文	小篆

금문의 자형은 두 짝 문과 문 중간에 빗장이 잠겨 있는 모습이다. 본래의 뜻은 '문의 빗장'이다.

冠			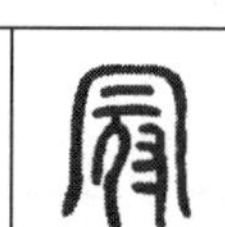
갓 관	甲骨文	金文	小篆

자형은 머리 큰 사람의 상형인 元(원)과 모자의 상형인 冖(멱)과 다른 사람의 손을 뜻하는 寸〔肘 : 팔꿈치 주〕로 이루어져 있다. 손으로 다른 사람의 머리에 모자를 씌우는 관례를 나타낸다.

光			
빛 광	甲骨文	金文	小篆

사람의 머리 위에 한 덩어리의 불이 있는 모양이다. '빛'이라는 뜻에서 '밝다', '빛나다'의 뜻으로도 쓰인다.

教	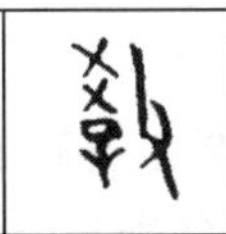	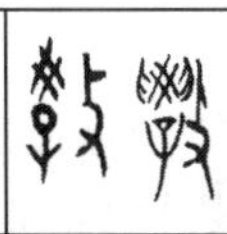	
가르칠 교	甲骨文	金文	小篆

왼편의 윗부분은 셈이나 계산에 쓰이는 나뭇가지, 왼편의 아랫부분은 어린아이의 뜻인 子(자)이며 오른편은 막대기(매)를 손에 든 모습이다. 셈을 공부하는 아이에게 매를 들어 가르치는 모습을 나타낸 글자로 '가르치다'라는 뜻이다.

交	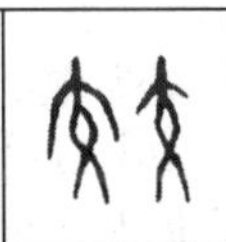	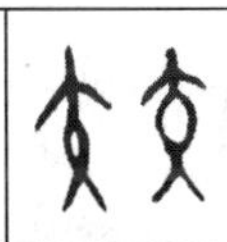	
사귈 교	甲骨文	金文	小篆

다리를 엇갈리게 하고 서있는 사람의 모습이다. 가뭄이 들었을 때 기우제(祈雨祭)를 맡은 여자 무당이 춤을 출 때의 동작으로 보기도 한다. '엇갈리다'가 본 뜻이며 '서로', '사귀다' 등의 뜻으로 널리 쓰인다.

求			
구할 구	甲骨文	金文	小篆

갑골문 자형은 짐승 가죽으로 만든 털옷을 본뜬 글자이다. 求는 裘(갖옷 구)의 본자이다. '구하다', '빌다' 등의 뜻으로 쓰인다.

舊		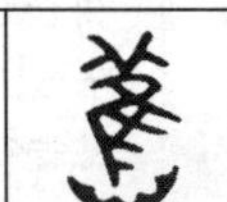	
오랠 구	甲骨文	金文	小篆

갑골문의 자형은 눈이 동그랗고 머리 깃이 세워진 흉측한 새가 둥지 위에 앉아 있는 모습이다. 본래의 뜻은 '수리부엉이'〔鵂 : 수리부엉이 휴〕이다. 지금은 '옛날', '옛것', '오래된' 등의 뜻으로 쓰인다.

遘	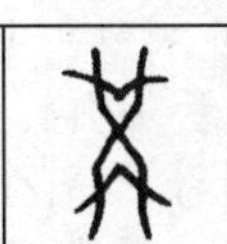	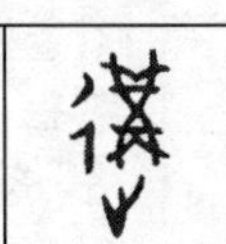	
만날 구	甲骨文	金文	小篆

갑골문 자형은 두 마리의 물고기가 주둥이를 맞대고 있는 모습이다. 본래의 뜻은 '서로 만나다'이다.

寇			
도둑 구	甲骨文	金文	小篆

갑골문 자형은 도둑이 방에 쳐들어와 두 손으로 무기를 잡고 옥과 도자기를 깬 후 집에 불을 지른 모습이다. 금문에서는 침입자가 몽둥이로 주인의 머리를 치고 있는 모습이다.

臼			
절구 구	甲骨文	金文	小篆

벼를 찧는 절구의 모습을 본뜬 글자이다. 금문 자형은 절구의 단면도로 중간에 짧은 선들은 쌀을 나타낸다.

丘			
언덕 구	甲骨文	金文	小篆

갑골문의 자형은 작은 두 동산의 모습을 본뜬 글자이다. 고대인들이 살던 동굴의 모습이라고 보기도 한다.

口			
입 구	甲骨文	金文	小篆

입의 모양을 본뜬 글자이다. '입'이라는 뜻이다.

具			
갖출 구	甲骨文	金文	小篆

갑골문을 보면 윗부분은 '조개'[貝]가 아니라 '솥'임을 알 수 있다. 아랫부분은 두 손의 모습이다. 즉 이 글자는 손으로 솥을 들고 있는 모양으로, 본뜻은 '솥을 들어서 제사상에 올리다'에서 나온 '설치하다'이다. 이후 어느 집이나 솥 하나씩은 없을 수 없다는 점에서 '갖추다'라는 뜻으로 사용되었다.

弓			
활 궁	甲骨文	金文	小篆

갑골문 자형은 활의 모습을 본뜬 글자이다. 금문 자형은 활의 시위가 생략되어 있으며, 후에 자꾸 변하여 오늘날처럼 되었다.

宮			
집 궁	甲骨文	金文	小篆

갑골문 자형은 집을 의미하는 宀(면) 아래 방의 모습을 본뜬 '口' 두 개가 들어있는 모양이다. '궁궐', '가옥' 등의 뜻으로 쓰인다.

几			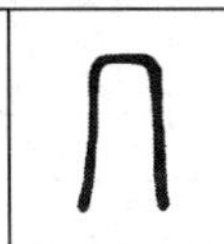
안석 궤	甲骨文	金文	小篆

고대인들이 사용하던 키 작은 탁자의 모습을 본뜬 글자이다. 노인들이 앉을 때 팔을 걸어 몸을 기대던 것으로, 책상이나 탁자 등 작은 탁자 일반을 가리키기도 한다.

鬼		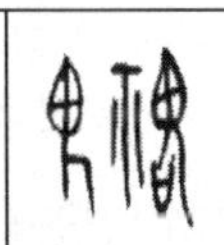	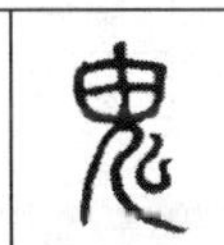
귀신 귀	甲骨文	金文	小篆

윗부분은 '탈' 즉 귀신 가면, 아랫부분은 '사람', '厶'은 사람이 꿇어앉아 있을 때의 '발부분'이 변한 것이다. 이 글자는 귀신 가면을 쓴 무당이 서거나 쭈그리고 앉아있는 모양을 본뜬 것이다. 본뜻은 '귀신'이다.

龜			
거북 귀	甲骨文	金文	小篆

거북의 모습을 본뜬 글자이다. '거북'이란 뜻이다.

糾	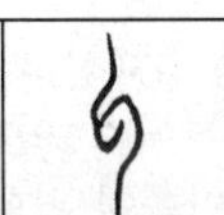		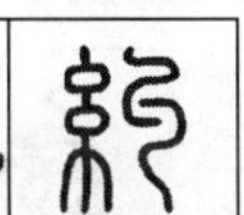
얽힐 규	甲骨文	金文	小篆

갑골문 자형은 등나무 줄기가 서로 얽혀 있는 모습이다. '얽히다', '모으다', '바로잡다' 등의 뜻으로 쓰인다.

棘			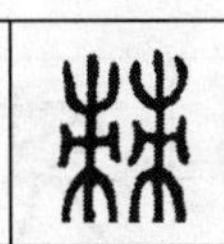
멧대추나무 극	甲骨文	金文	小篆

자형은 朿(가시 자)를 옆으로 나란히 놓은 모양이다. 가시가 있고 키가 작은 '멧대추나무'를 뜻한다. 또한 가시가 있는 모든 초목들을 가리키기도 한다.

斤			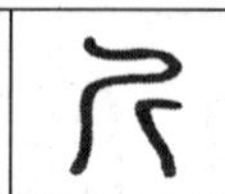
도끼 근	甲骨文	金文	小篆

돌도끼의 모양을 본뜬 글자이다. 뒤에 와서는 주로 무게를 재는 단위로 사용되었다.

琴		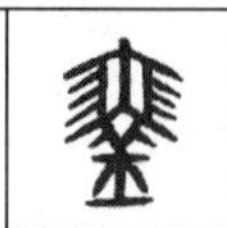	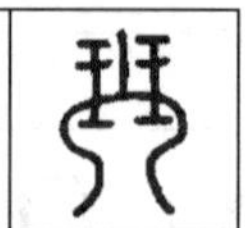
거문고 금	甲骨文	金文	小篆

현악기의 하나인 거문고의 모습을 본뜬 글자이다. 소전 자형의 윗부분은 현(絃)을 매는 기러기 발, 즉 안족(雁足)을 본뜬 모습이며, 아랫부분은 공명통(共鳴筒)의 상형이다.

禽	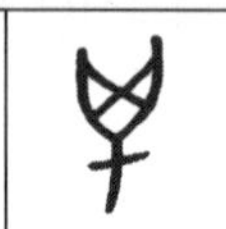	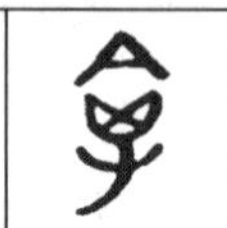	
날짐승 금	甲骨文	金文	小篆

갑골문 자형은 긴 자루와 그 끝에 달린 그물의 모습을 본뜬 글자이다. 본래의 뜻은 '사로잡다'이다. 禽은 擒(사로잡을 금)의 본자이다.

金		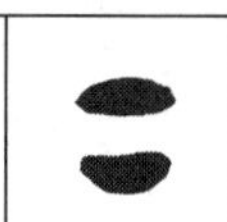	
쇠 금	甲骨文	金文	小篆

금문의 자형은 두 덩어리의 쇳덩이를 본뜬 글자이다. 거푸집과 쇳덩이를 본뜬 것으로 보기도 한다. '쇠', '금', '돈' 등의 뜻으로 쓰인다.

及	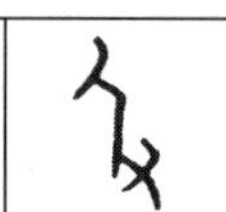		
미칠 급	甲骨文	金文	小篆

갑골문의 자형은 아래쪽에 있는 큰 손이 위쪽에 있는 사람을 잡고 있는 모습이다. 본래의 뜻은 '따라잡다'이다.

急			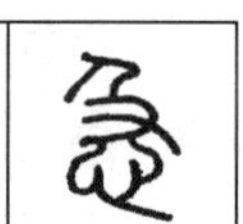
급할 급	甲骨文	金文	小篆

자형은 心(심)과 及(급)으로 이루어져 있다. 본래의 뜻은 '마음이 편협하다'이다. '빠르다', '조급하다', '긴급하다' 등의 뜻으로 쓰인다.

其	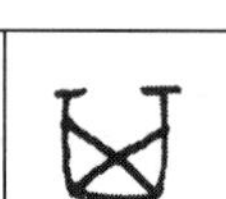		
그 기	甲骨文	金文	小篆

갑골문 자형은 곡식의 알곡과 쭉정이를 까부르는데 쓰는 키의 모양을 본뜬 글자이다. 其는 箕(키 기)의 본자이다. '그', '그것', '그것의' 뜻으로 쓰인다.

基			
터 기	甲骨文	金文	小篆

금문의 자형은 윗부분의 其〔箕 : 키 기〕와 아랫부분의 土로 이루어져 있다. 其는 곡식의 쭉정이나 검부러기를 날려 보내고 알곡을 남길 때 쓰는 도구인 키와 키를 든 두 손의 모습이다. 본래의 뜻은 '담·벽의 기초'이다. '터전', '기초' 등의 뜻으로 쓰인다.

企			
꾀할 기	甲骨文	金文	小篆

갑골문 자형은 人(인)과 止(지)로 이루어져 있다. 사람이 발꿈치를 들고 멀리 바라보고 있음을 나타낸다. 본래의 뜻은 '발꿈치를 들다'이다. '도모하다', '바라다' 등의 뜻으로 쓰인다.

棄	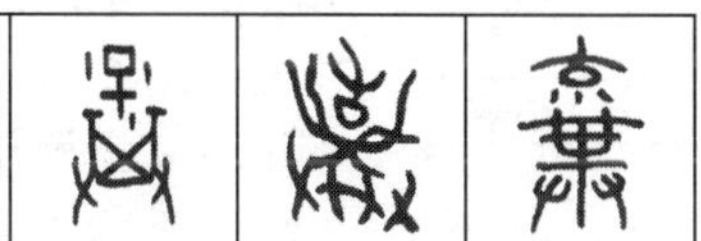		
버릴 기	甲骨文	金文	小篆

갑골문 자형을 보면 두 손으로 죽은 아이〔子를 거꾸로 써서 죽은 것을 표시함〕를 삼태기에 담아 내다버리는 모습이다.

旣			
이미 기	甲骨文	金文	小篆

음식을 담은 그릇 앞에 있는 사람이 고개를 뒤로 돌리고 있는 모습이다. 이미 '배불리 먹었다'는 뜻이다.

器		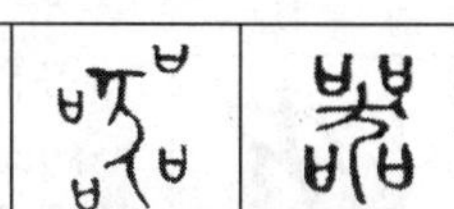	
그릇 기	甲骨文	金文	小篆

개(犬)와 네 개의 '口'로 '口'는 제사에 쓰이던 귀한 그릇, 또는 진귀한 보물을 담아둔 '상자'를 뜻한다. 이 글자는 '사나운 개'와 '보물'의 모습을 나타낸 것으로 본뜻은 '그릇'인데, 차츰 '도구', '인재' 등으로 뜻으로 쓰이게 되었다.

氣	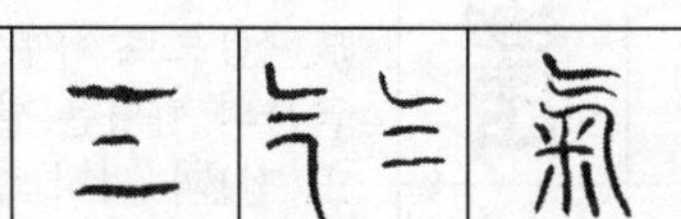		
기운 기	甲骨文	金文	小篆

본래의 글자는 '气'(기)로 창공에 길게 펼쳐진 새털구름을 뜻했는데, 나중에는 모든 '김'과 '기운'까지 뜻하게 되었다. 글자 모양도 원래의 글자에 米(미)가 더해져, 지금의 글자가 되었다. '기운'이라는 뜻으로 쓰인다.

男		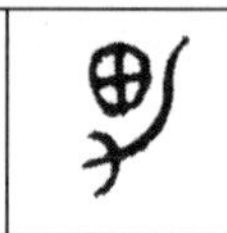	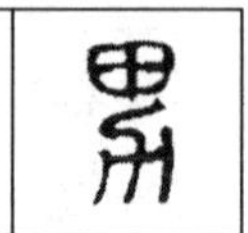
사내 남	甲骨文	金文	小篆

윗부분은 '밭', 아랫부분은 '가래' 모양이다. 가래로 밭을 가는 사람인 '남자'를 뜻하는 글자이다.

南	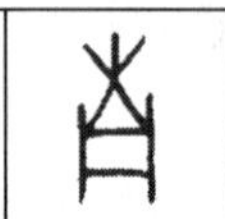		
남녘 남	甲骨文	金文	小篆

자형은 고대 남방의 부족들이 사용하던 악기의 모습을 본뜬 글자이다. 일종의 종 모양의 악기로 위쪽에는 끈을 묶어 매달 수 있었다. 지금은 '남쪽'의 뜻으로 쓰인다.

女	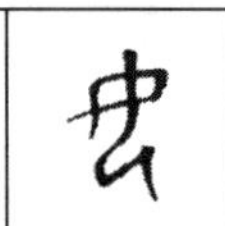	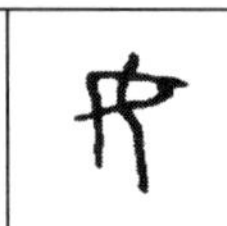	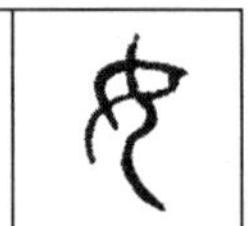
계집 녀	甲骨文	金文	小篆

무릎을 땅에 꿇은 여자의 모습이다. 두 손을 나란히 아래로 드리우고 눈도 아래를 향하고 있다. 고대 사회에서 여성의 지위가 남성에 비해 낮았음을 보여준다.

年	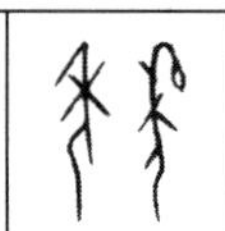	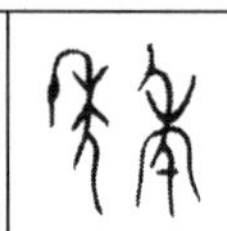	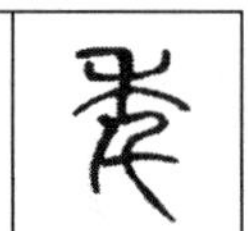
해 년	甲骨文	金文	小篆

윗부분은 익어 고개숙인 곡식, 아랫부분은 곡식을 등에 진 사람을 뜻한다. 본래 '곡식이 여물었다'는 뜻이었는데 나중에 '한 해'의 의미로 널리 쓰이게 되었다.

奴		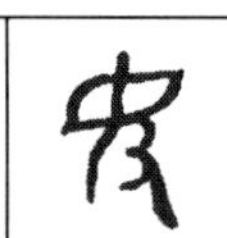	
종 노	甲骨文	金文	小篆

갑골문 자형은 女(여)와 又(우)로 이루어져 있다. 큰 손으로 힘을 써서 여자를 붙잡아 강제로 노예로 만듦을 나타낸다.

農	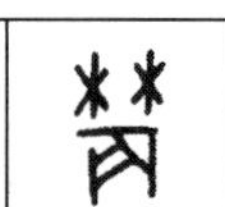		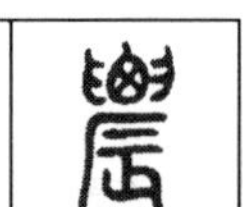
농사 농	甲骨文	金文	小篆

갑골문의 자형은 林(림)과 辰(신)으로 이루어져 있다. 금문의 자형은 밭의 상형인 田(전)과 깍지 낀 두 손의 상형인 臼(국)으로 이루어졌으며, 그 아래는 농기구로 쓰인 커다란 조개껍데기인 辰으로 이루어졌다. '농사', '농부'의 뜻으로 쓰인다.

單	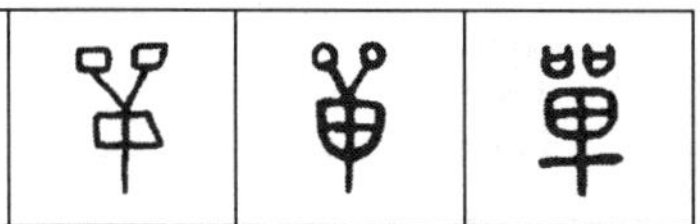		
	甲骨文	金文	小篆

갑골문 자형은 갈라진 나무 끝에 돌을 매달아 만든 일종의 원시적인 무기 모습을 본뜬 글자이다. 본래의 뜻은 원시인들이 수렵이나 전투할 때 사용하는 '무기'이다. '홀로', '간단하다' 등의 뜻으로도 쓰인다.

旦			
아침 단	甲骨文	金文	小篆

갑골문 자형은 아침 바다 위로 떠오른 해와 수면 위에 비친 해의 모습으로 되어 있다.

大			
큰 대	甲骨文	金文	小篆

두 다리와 두 팔을 벌린 사람의 모습을 앞에서 본 뜬 모양이다. '크다'라는 뜻으로 쓰인다.

到		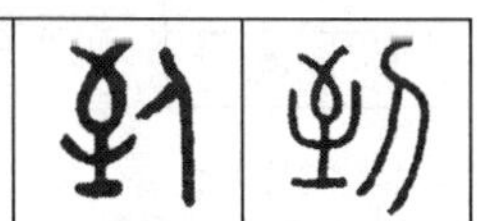	
이를 도	甲骨文	金文	小篆

금문 자형은 至(지)와 人(인)으로 이루어져 있는데, 사람이 왔음을 가리킨다.

刀	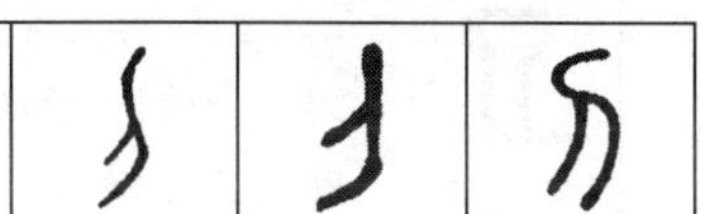		
칼 도	甲骨文	金文	小篆

한쪽에만 날이 선 한 자루 칼의 모양을 본뜬 글자이다. 윗부분은 칼자루이고, 아랫부분은 칼이다.

道		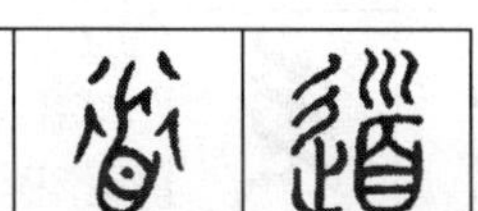	
길 도	甲骨文	金文	小篆

금문 자형의 바깥쪽은 行(행)으로 '길'이란 뜻이고, 안쪽은 首(수)로 '우두머리'란 뜻이다. 道는 導(이끌 도)의 본래자로, 본래의 뜻은 '인도하다'이다. 또한 '길'을 뜻하기도 한다.

徒			
걸을 도	甲骨文	金文	小篆

갑골문 자형은 윗부분의 土(토)와 아랫부분의 止(지)로 이루어져 있다. 본래의 뜻은 '걸어서 가다'이다. 금문 이후에 彳(조금 걸을 척)을 덧붙여 그 뜻을 분명히 했다. '걷다', '무리' 등의 뜻으로 쓰인다.

突			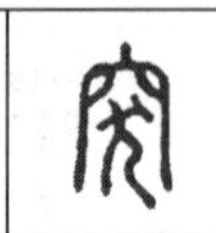
갑자기 돌	甲骨文	金文	小篆

자형은 穴(혈)과 犬(견)으로 이루어졌다. 개 한 마리가 갑자기 동굴 속에서 뛰어나오는 모습이다. '갑자기', '부딪치다' 등의 뜻으로 쓰인다.

冬			
겨울 동	甲骨文	金文	小篆

갑골문의 자형은 한 가닥 노끈의 양쪽 끝에 각각 매듭을 엮어 놓은 모습이다. 冬은 終(끝날 종)의 본래자이다. 본래의 뜻은 '끝'이다. '겨울'이란 뜻으로 쓰인다.

東	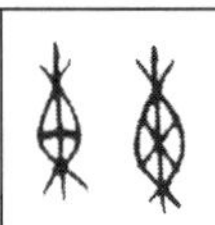	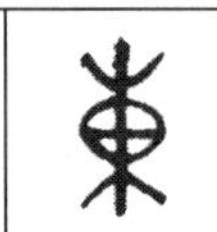	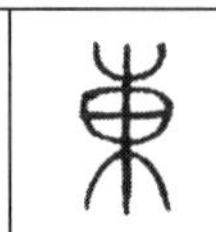
동녘 동	甲骨文	金文	小篆

본래는 알곡이나 과일을 가득 담아 양 끝을 묶어놓은 자루의 모양이다. 해 뜨는 동쪽을 의미하는 글자와 이 글자의 발음이 같아서 빌려 쓰게 되었다. '동쪽'이라는 뜻으로 쓰인다.

豆		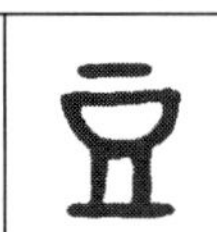	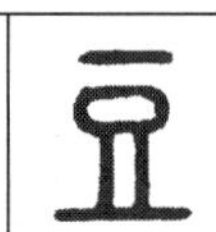
콩 두	甲骨文	金文	小篆

고대에 음식물을 담는 그릇을 본뜬 글자로 높은 다리가 있으며, 주로 제사지낼 때 썼다. '콩', '제기'(祭器) 등의 뜻으로 쓰인다.

斗	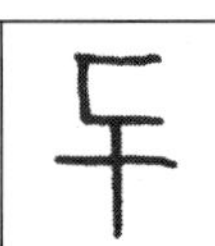	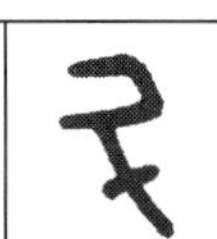	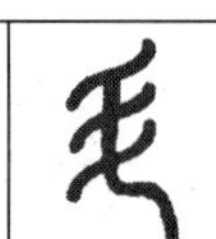
말 두	甲骨文	金文	小篆

고대에 술을 담을 때 쓰던 작은 국자의 모양을 본뜬 글자이다. 부피의 단위를 재는 '말'이란 뜻이다.

屯	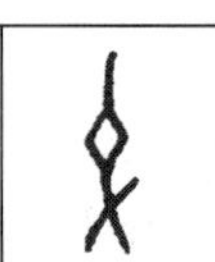	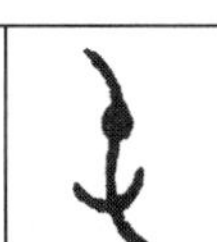	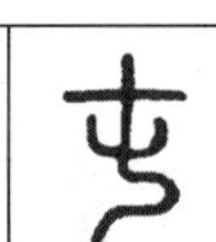
진칠 둔	甲骨文	金文	小篆

갑골문 자형은 콩과 식물의 싹이 나올 때 구불구불 땅을 뚫고 어렵사리 나오는 모습을 본뜬 글자이다. 屯은 春(봄 춘)의 본자이다.

得			
얻을 득	甲骨文	金文	小篆

갑골문의 자형은 한 손에 조개를 잡고 있는 모습이다. 본래의 뜻은 '얻다', '획득하다'이다.

登			
오를 등	甲骨文	金文	小篆

두 손으로 제기를 들고 제단에 오르는 모습이다. '오르다'의 뜻으로 쓰인다.

羅	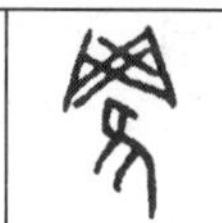	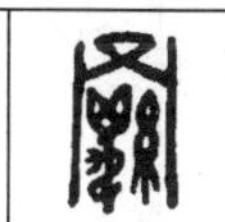	
그물 라	甲骨文	金文	小篆

갑골문 자형은 새가 그물에 걸려 있는 모습이다. 본래의 뜻은 '새를 잡는 그물'이다. '비단', '벌리다' 등의 뜻으로 쓰인다.

樂	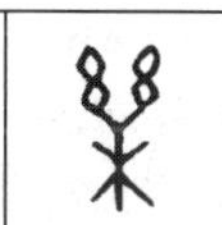	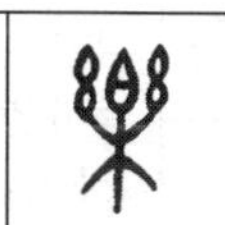	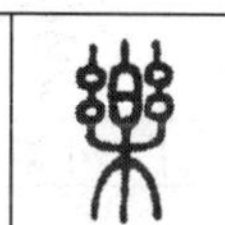
즐거울 락	甲骨文	金文	小篆

갑골문의 자형은 나무〔木〕와 실〔絲〕의 모습을 본뜬 것이다. 이때의 나무는 공명통(共鳴筒)이 있는 속이 빈 나무였을 것이고, 실은 굵기가 다른 줄인 현(絃)이었을 것이다. 본래의 뜻은 '악기'(樂器)이다. '음악', '즐겁다', '좋아하다' 등의 뜻으로 쓰인다.

亂		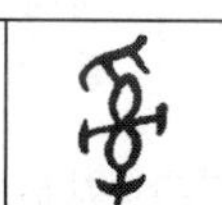	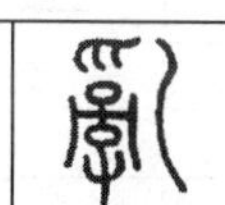
어지러울 란	甲骨文	金文	小篆

금문의 자형은 헝클어진 한 다발의 실을 두 손으로 정리하는 모습이다. 한 손에 실감개를 들고 한 손으로 실을 감는 모양으로 보기도 한다. '어지럽다', '혼란스럽다'의 뜻으로 쓰이나 '다스리다'는 뜻도 가지고 있다.

來			
올 래	甲骨文	金文	小篆

오곡 중의 하나인 '밀'의 모습을 본뜬 글자이다. 지금은 '오다', '미래' 등의 뜻으로 쓰인다.

麗	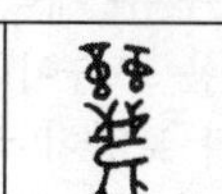		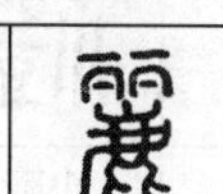
고울 려	甲骨文	金文	小篆

머리에 아름다운 한 쌍의 뿔을 달고 있는 사슴의 모습이다. 본래의 뜻은 '짝을 이루다'이다.

歷			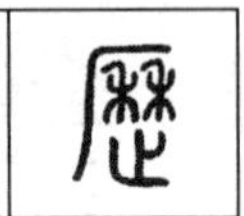
지낼 력	甲骨文	金文	小篆

갑골문의 자형은 한쪽 발이 숲속을 걸어가는 모습이다. 본래의 뜻은 '지나가다'이다.

鬲	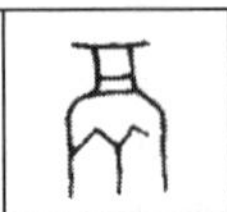	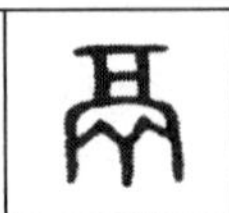	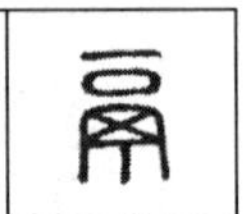
솥 력	甲骨文	金文	小篆

발이 셋 달린 솥의 모양을 본뜬 글자이다.

力	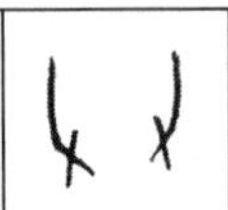	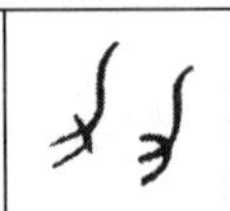	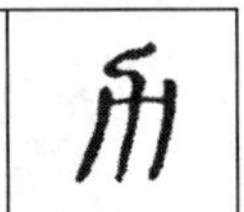
힘 력	甲骨文	金文	小篆

땅을 파는 농기구 '가래'의 모양이다. 지금은 '힘'이라는 뜻으로 쓰인다.

零	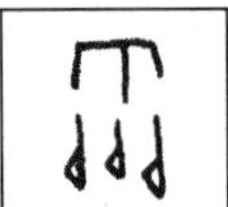		
비가 올 령	甲骨文	金文	小篆

갑골문 자형은 하늘에서 큰 비가 내리고 있는 모습을 본뜬 글자이다. 원래는 霝(비올 령)으로 썼다. 지금 쓰이는 零(영)은 '숫자 0', '떨어지다', '나머지'의 뜻으로 쓰인다.

靈		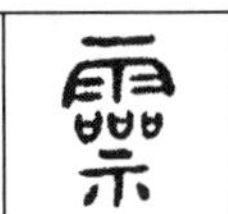	
신령 령	甲骨文	金文	小篆

금문 자형은 霝(령)과 示(시)로 이루어져 있다. 신에게 제사지내며 비가 오기를 기원하는 것이다.

令	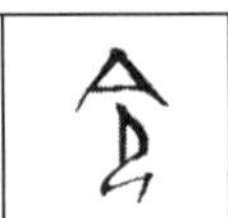		
명령 령	甲骨文	金文	小篆

윗부분 '人'은 궁전이다. 아랫부분 '卩'은 꿇어앉은 사람의 모습이다. 옛날 궁전에서 꿇어앉은 신하가 임금의 '명령'을 듣고 있는 모습을 나타낸 글자로 '명령'이라는 뜻을 가진다.

禮	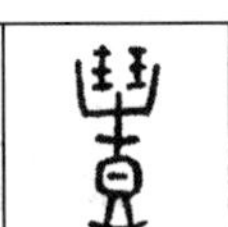	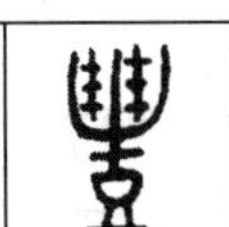	
예도 례	甲骨文	金文	小篆

갑골문 자형은 제사 그릇 위에 옥 두 개를 담은 그릇을 얹은 모습이다. 뒤에 豐(풍)과 모양이 비슷하여 示(시 : 제단의 모습)를 덧붙여 禮(례)가 되었다.

老		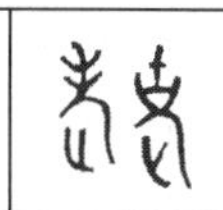	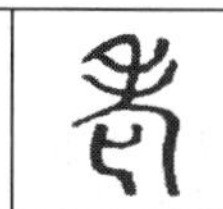
늙을 로	甲骨文	金文	小篆

허리 굽은 노인이 지팡이를 짚고 서있는 모습이다. '노인'이라는 뜻으로 쓰인다.

鹿	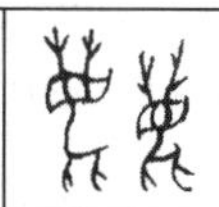	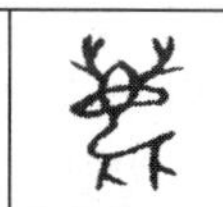	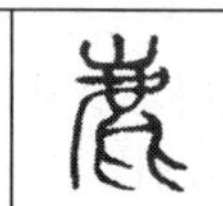
사슴 록	甲骨文	金文	小篆

멋진 뿔이 있는 한 마리 사슴의 모습이다. '사슴'을 뜻한다.

弄		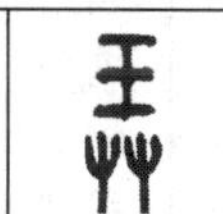	
희롱할 롱	甲骨文	金文	小篆

자형은 玉(옥)과 廾(공)으로 이루어져 있다. 두 손으로 옥을 만지며 갖고 노는 모습을 나타냈다.

牢			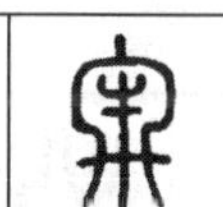
우리 뢰	甲骨文	金文	小篆

갑골문 자형은 한 마리의 소가 우리 안에 갇혀 있는 모습이다. 본래의 뜻은 '가축을 기르는 우리'이다.

料		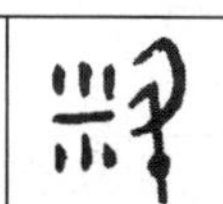	
헤아릴 료	甲骨文	金文	小篆

자형은 米(미)와 斗(두)로 이루어져 있다. 되를 사용하여 쌀의 양을 헤아리는 것이다.

龍			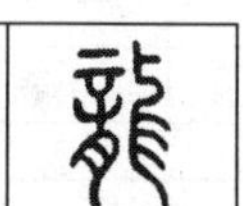
용 룡	甲骨文	金文	小篆

갑골문의 글자는 전설상의 신비한 용을 본뜬 글자라고 하는데 어떤 동물인지 알 수 없다. '용'이란 뜻이다.

栗	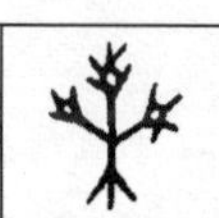	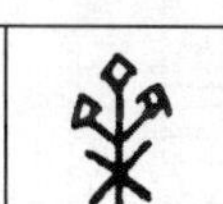	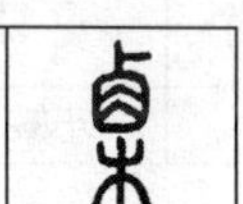
밤나무 률	甲骨文	金文	小篆

갑골문 자형은 한 나무에 많은 가시가 붙어 있는 과일이 달린 나무를 본뜬 글자이다.

裏			
속 리	甲骨文	金文	小篆

자형은 衣(의)와 里(리)로 이루어져 있다. 본래의 뜻은 '속옷'이다. '속', '안'의 뜻으로 쓰인다.

利	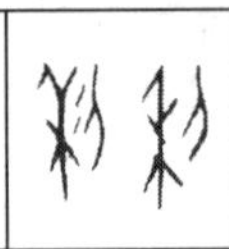		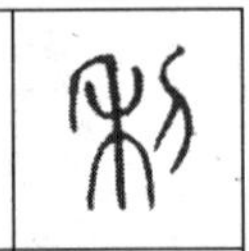
날카로울 리	甲骨文	金文	小篆

禾(화)와 刀(도)로 이루어진 글자이다. 오른편의 刀(도)는 칼, 또는 밭갈이에 쓰는 가래로 본다. 벼농사를 짓는 것은 이롭다라는 데에서 '이롭다'라는 뜻을 가진다. '날카롭다'는 뜻으로도 쓰이는데, 이것은 칼 또는 가래 끝의 날카로움에서 나온 것이다.

里		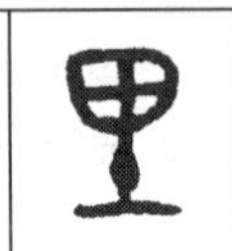	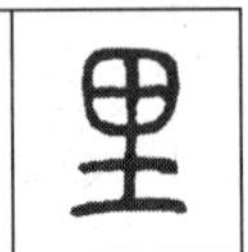
마을 리	甲骨文	金文	小篆

자형은 밭의 상형 田(전)과 흙의 상형 土(토)로 이루어져 있다. 본뜻은 밭이 있는 땅에서 추출한 '거주지'이다. '마을'이란 뜻이다.

林	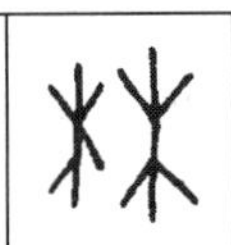	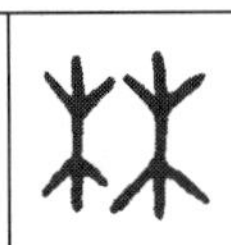	
수풀 림	甲骨文	金文	小篆

두 그루의 나무가 나란히 서있는 모습을 본뜬 글자이다. '숲'의 뜻으로 쓰인다.

立			
설 립	甲骨文	金文	小篆

한 사람이 땅을 디디고 서 있는 모양이다. '서다'라는 뜻으로 쓰인다.

馬	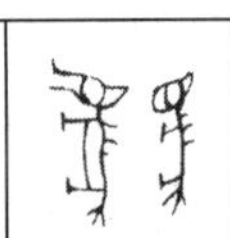	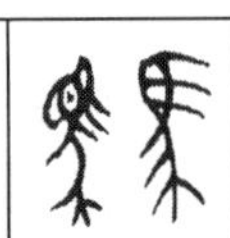	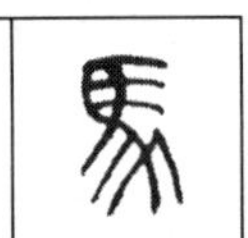
말 마	甲骨文	金文	小篆

말의 모습을 본뜬 글자이다. '말'이라는 뜻이다.

莫	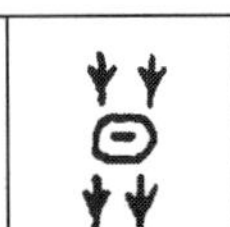	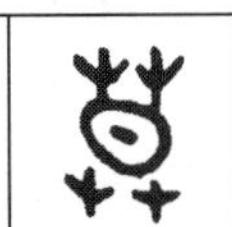	
없을 막	甲骨文	金文	小篆

갑골문 자형은 日(일)과 네 개의 茻(망)으로 이루어져 있다. 해가 질 무렵 태양이 풀밭 너머로 떨어지고 있는 모습이다. 본래의 뜻은 '해가 질 무렵'이다. 뒤에 와서 '하지 말라'는 뜻으로 쓰이게 되자 '日'을 덧붙여 暮(저물 모)를 만들어 본래의 뜻을 유지하게 되었다.

萬	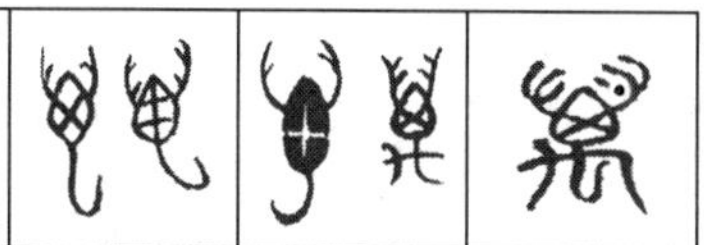		
일만 만	甲骨文	金文	小篆

전갈을 본뜬 글자의 모양이 변한 것이다. 윗부분의 '艹'(초) 부분은 먹이를 집을 때 사용하는 집게, '田'(전) 부분은 몸체, 나머지는 꼬리 부분이다. 마지막 한 획은 꼬리 끝의 독침이다. 숫자 '만'을 나타내던 소리와 발음이 같아 숫자를 표시하는 글자로 널리 쓰이게 되었다. 10000의 의미로 쓰인다.

末	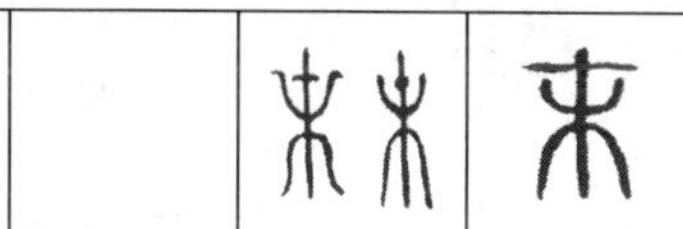		
끝 말	甲骨文	金文	小篆

'木'(목) 위에 짧은 획이 그어져 있어 나뭇가지가 있는 위치를 가리킨다. 나뭇가지라는 뜻에서 '사물의 끝', '마지막', '중요하지 않은 것'의 뜻으로 쓰이게 되었다.

望			
바랄 망	甲骨文	金文	小篆

한 사람이 땅 위에 서서 눈을 크게 뜨고 먼 곳을 바라보고 있는 모습이다. 본래의 뜻은 '먼 곳을 바라보다'이다.

莽			
우거질 망	甲骨文	金文	小篆

자형은 犬(견)과 茻(망)으로 이루어져 있다. 개가 우거진 풀 속에서 이리저리 뛰고 있는 것을 나타낸다. '풀', '광활하다'의 뜻으로 쓰인다.

網			
그물 망	甲骨文	金文	小篆

갑골문의 자형은 길게 펼친 그물의 모습을 본뜬 글자이다. 두 개의 막대기 사이에 노끈이 서로 엇갈리도록 짜서 만든 것이다.

買	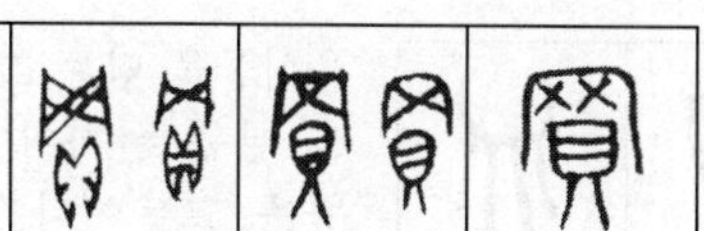		
살 매	甲骨文	金文	小篆

윗부분은 '그물', 아랫부분은 '조개'이다. 이익을 거두어들인다는 의미로 '사다'라는 뜻이다.

갑골문 자형은 來(래)와 夊(치)로 되어 있다. 그렇지만 麥(맥)의 본자는 來(래)이다. 來(래)가 '오다'란 뜻으로 널리 쓰이게 되자 본래의 뜻을 보존하기 위해 그 아래 뿌리까지 그려 넣은 麥(맥)을 만들게 된 것이다. 고대의 사람들은 보리는 하늘에서 내려오는 것이라고 여겼다.

자형은 맹꽁이의 모습을 본뜬 글자이다. 맹꽁이란 뜻으로 쓰일 때는 '맹'으로 읽는다. 그러나 주로 '노력하다'나 지명의 뜻으로 쓰인다. 이때는 '민' 또는 '면'으로 읽는다.

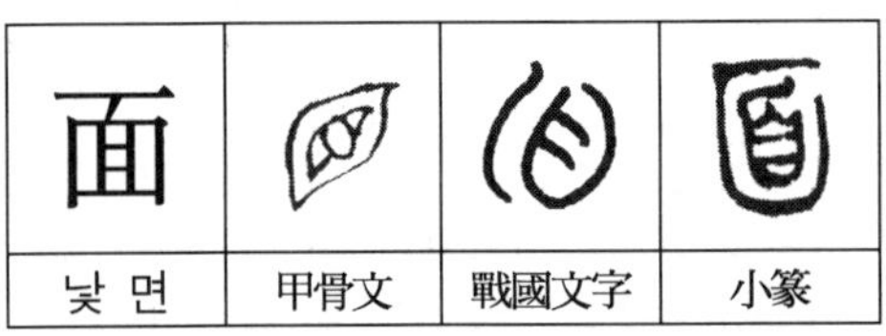

갑골문을 보면 사람의 얼굴 모습을 본뜬 것이다. 밖은 얼굴의 윤곽, 안에 있는 것은 눈으로 '얼굴'이라는 뜻이다.

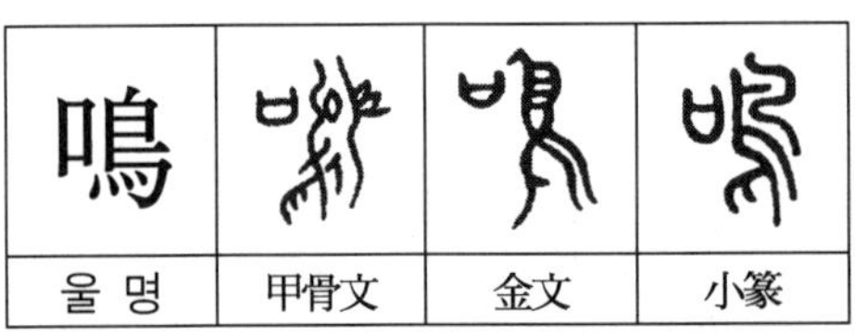

자형은 口(구)와 鳥(조)로 이루어져 있다. 본래의 뜻은 '새가 울다'이다.

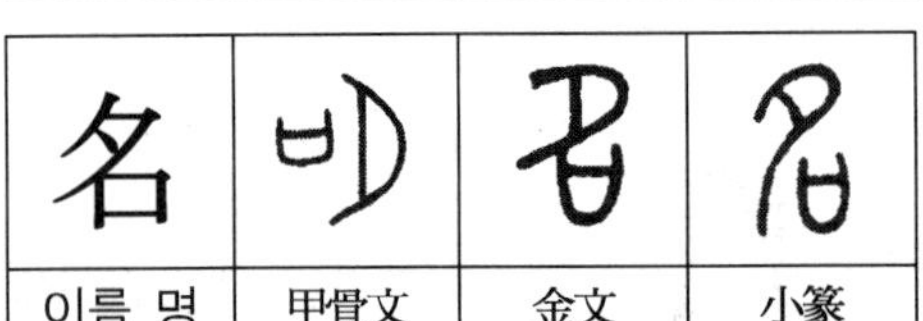

갑골문의 자형은 口(구)와 夕(석)으로 구성된 글자이다. 날이 저물어 어두워지면 사람을 분명히 볼 수가 없으므로 그의 이름을 불러서 그의 대답을 듣고 분간한 것이다. '이름', '이름나다'의 뜻으로 쓰인다.

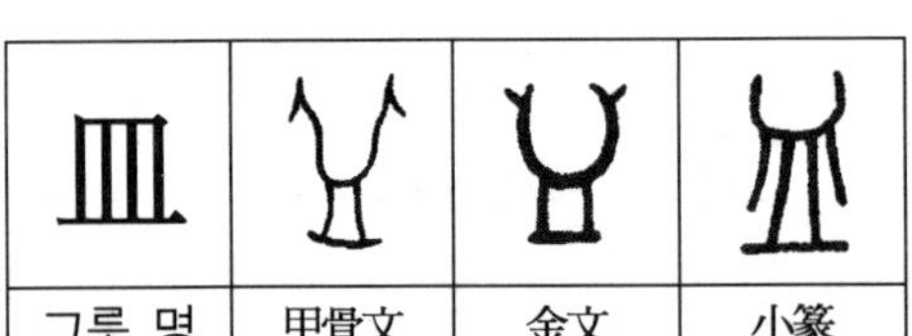

음식물을 담는 그릇의 단면을 본뜬 글자이다. 본래의 뜻은 '그릇'이다.

明	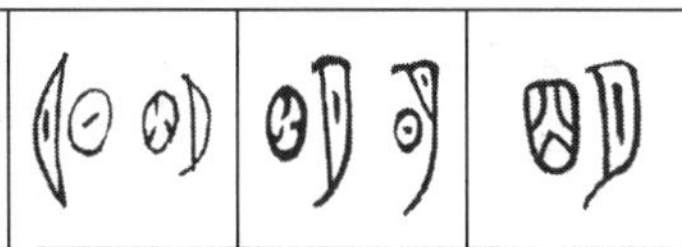		
밝을 명	甲骨文	金文	小篆

왼편은 해의 모양인 '日'(일)이 아니라 '창문'의 상형인 '囧'(경), 오른편은 달의 모양이다. '밝다'의 뜻으로 쓰인다.

矛		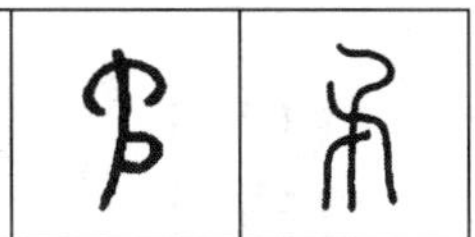	
창 모	甲骨文	金文	小篆

앞으로 찌르는 고대 무기의 모습을 본뜬 글자이다. 긴 자루가 달려 있고, 위쪽에는 칼끝이 있으며, 아래쪽에는 구멍이 나있고, 자루의 측면에는 귀가 달려 있다.

毛		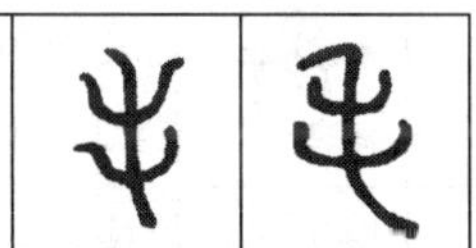	
털 모	甲骨文	金文	小篆

금문 자형은 새의 깃털 모습이다. 길게 털이 달린 짐승의 꼬리 모습으로 보기도 한다. '털'의 뜻으로 쓰인다.

母			
어미 모	甲骨文	金文	小篆

여인을 뜻하는 '女(녀)'와 아이를 낳은 어머니의 젖가슴을 뜻하는 두 점으로 이루어진 글자이다. '어머니'의 뜻으로 쓰인다.

目			
눈 목	甲骨文	金文	小篆

갑골문과 금문의 자형은 눈의 모습이다. 소전의 자형은 눈의 모습을 세워 씀으로써 눈의 모습과 거리가 생기게 되었다. '눈', '품목'의 뜻으로 쓰인다.

牧			
기를 목	甲骨文	金文	小篆

한 손에 채찍을 잡고 한 마리의 소를 몰고 있는 모습이다. 본래의 뜻은 '가축을 놓아 기르다'이다.

穆	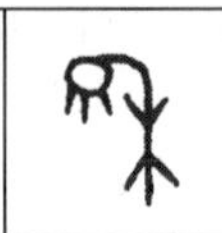	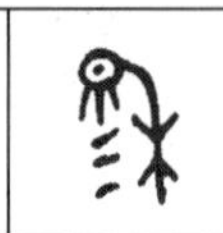	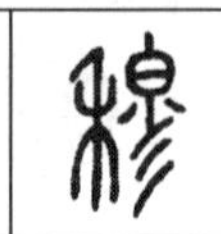
화목할 목	甲骨文	金文	小篆

갑골문의 자형은 곡식의 익어서 이삭을 아래로 숙이고 있는 모습을 본뜬 글자이다. 본래의 뜻은 '익은 곡식'이다. 지금은 '온화하다', '화목하다', '크고 아름답다' 등의 뜻으로 쓰인다.

木	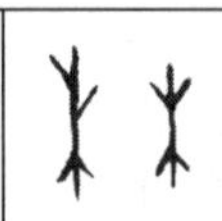	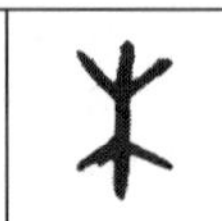	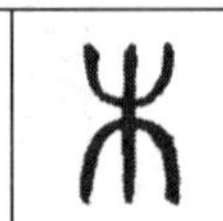
나무 목	甲骨文	金文	小篆

한 그루 나무의 모습이다. '나무'의 뜻으로 쓰인다.

夢	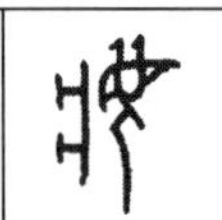		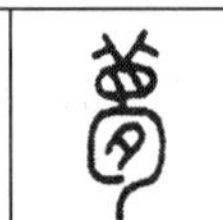
꿈 몽	甲骨文	金文	小篆

갑골문 자형은 한 사람이 침상에 누워서 있는 모습이다. 누워있는 사람의 눈을 크게 그린 점에서 꿈속에서 무엇인가를 보고 있는 것으로 보인다. 본래의 뜻은 '꿈', '꿈을 꾸다'이다.

苗			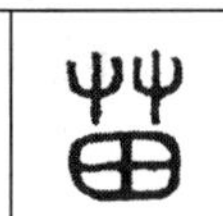
싹 묘	甲骨文	金文	小篆

자형은 艸(초)와 田(전)으로 이루어져 있다. 농작물의 어린 싹이 밭에서 자라고 있는 모습이다.

武	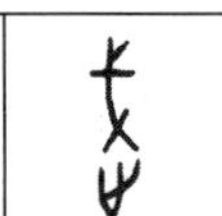	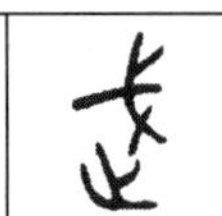	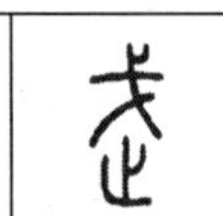
굳셀 무	甲骨文	金文	小篆

자형은 戈(과)와 止(지)로 이루어진 글자로 창을 메고 걷고 있음을 뜻한다. 본래의 뜻은 '무기를 들고 싸우러 가다'이다.

戊	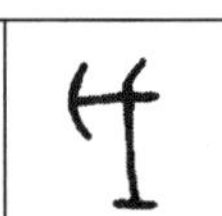	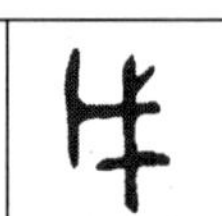	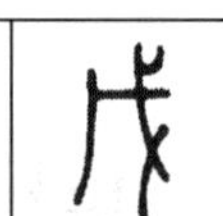
다섯째 천간 무	甲骨文	金文	小篆

갑골문 자형은 반달모양의 넓은 칼날이 달린 도끼를 본뜬 글자이다. 오른쪽은 긴 자루, 왼쪽은 반달 모양의 도끼날이다. 이것은 고대의 의장용(儀仗用) 무기의 하나이다.

舞			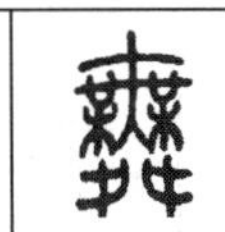
춤출 무	甲骨文	金文	小篆

한 사람이 양손에 소꼬리를 잡고 춤을 추는 모습이다. '춤', '춤을 추다'의 뜻으로 쓰인다.

門	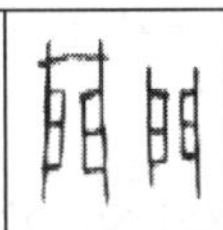	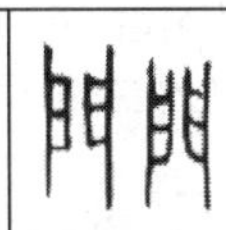	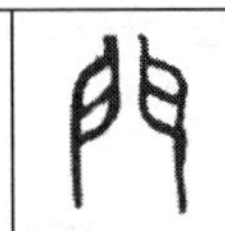
문 문	甲骨文	金文	小篆

두 짝 문의 모습으로 '문'의 뜻으로 쓰인다.

聞	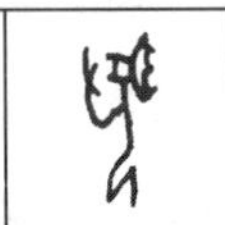	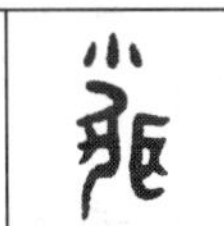	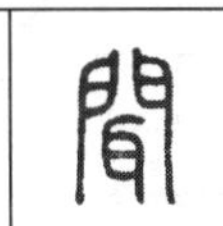
들을 문	甲骨文	金文	小篆

갑골문의 자형은 한 사람이 꿇어앉아서 손으로 입을 막고 커다란 귀로 무슨 소리를 듣고 있는 모습이다. 본래의 뜻은 '듣다'이다.

文		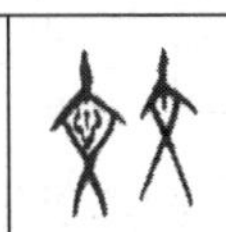	
무늬 문	甲骨文	金文	小篆

가슴에 문신을 새겨 넣은 사나이가 버티고 선 모양을 본뜬 글자이다. 갑골문을 보면, 이 글자의 가운데 부분에 다양한 형태의 문신이 있다. '무늬'라는 뜻이었는데, 지금은 '글월', '글' 등의 의미로 널리 쓰이고 있다.

物	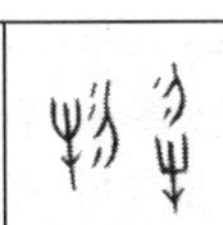		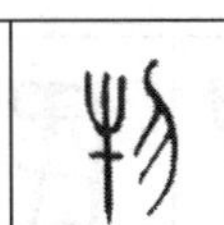
만물 물	甲骨文	金文	小篆

왼편은 '소'의 정면 모습이고 오른편은 '칼과 핏방울'을 나타낸다. '칼로 소를 잡다'가 본뜻이다. '잡색의 소'라는 뜻으로 쓰이다가 나중에 '만물'도 뜻하게 되었다.

未	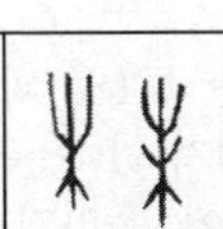	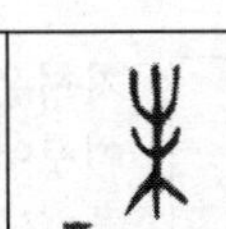	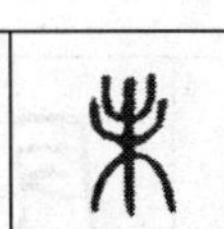
아닐 미	甲骨文	金文	小篆

나무의 가지와 잎이 겹쳐져 있는 모양으로 가지와 잎이 무성하다는 뜻이다. 지금은 '아직 ~하지 않다'의 뜻으로 쓰인다.

美	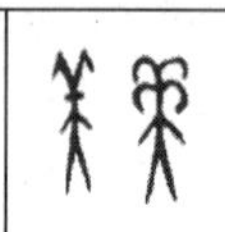	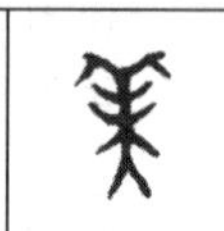	
아름다울 미	甲骨文	金文	小篆

윗부분은 새의 깃털 장식, 아랫부분은 사람을 정면에서 본뜬 '大'이다. 이 글자는 아름답게 보이기 위해 새의 길다란 깃털을 머리에 꽂아 장식한 사람의 모습이다. 본뜻은 '아름답다'이다. 윗부분의 장식을 새의 깃털이 아니라 양의 뿔로 만든 것이라고 보기도 한다.

尾	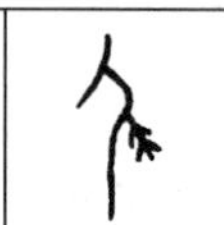	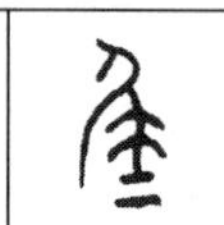	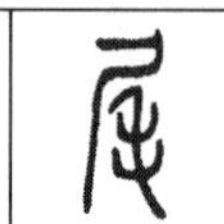
꼬리 미	甲骨文	金文	小篆

한 사람의 엉덩이에 꼬리 모양의 장식물이 달려있는 모습이다. '꼬리'의 뜻으로 쓰인다.

眉	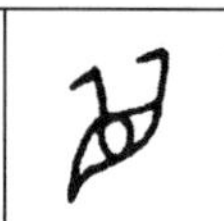	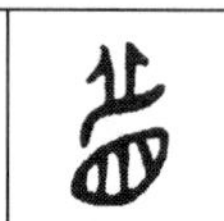	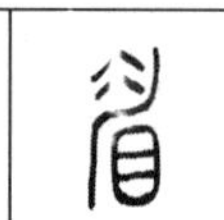
눈썹 미	甲骨文	金文	小篆

눈 위에 눈썹이 자라난 모습이다. '눈썹'의 뜻으로 쓰인다.

米			
쌀 미	甲骨文	金文	小篆

갑골문의 자형은 벼이삭에 달린 낟알을 본뜬 글자이다. '쌀'의 뜻으로 쓰인다.

民		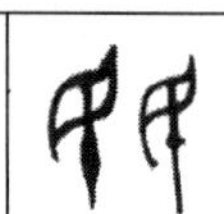	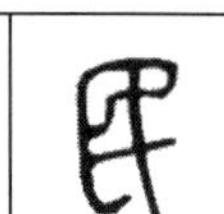
백성 민	甲骨文	金文	小篆

윗부분은 '눈', 아랫부분은 끝이 뾰족한 '무기'를 나타낸다. 뾰족한 무기로 포로의 한 쪽 눈에 상처를 입히는 모습이다. 전쟁에서 사로잡은 포로가 저항을 못하도록 만든 다음 노동에 쓰던 고대 사회의 모습을 반영한 글자이다.

反	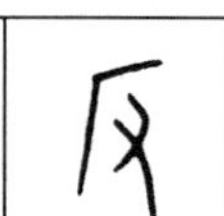		
되돌릴 반	甲骨文	金文	小篆

자형은 厂(엄)과 又(우)로 이루어져 있다. 손으로 절벽을 기어 올라감을 뜻한다. 反은 攀(붙잡고 오를 반)의 본자이다. 뒤에 와서 본래의 의미가 없어지고 '반대되다', '뒤집다' 등의 뜻으로 널리 쓰이게 되었다.

發			
필 발	甲骨文	金文	小篆

갑골문 자형은 손에 쥔 막대기를 앞에 가는 사람의 다리 사이에 끼워 걷기에 불편을 주는 모양이다. 한 사람이 달려가며 투창을 던지는 모습이라 보기도 한다. '펴다', '일어나다', '쏘다', '보내다' 등의 뜻으로 쓰인다.

邦			
나라 방	甲骨文	金文	小篆

갑골문 자형은 丰(봉)과 田(전)으로 이루어져 있다. 나라를 세운 뒤 영토를 구분하기 위해 경계선에 심었던 큰 나무를 뜻한다.

拜	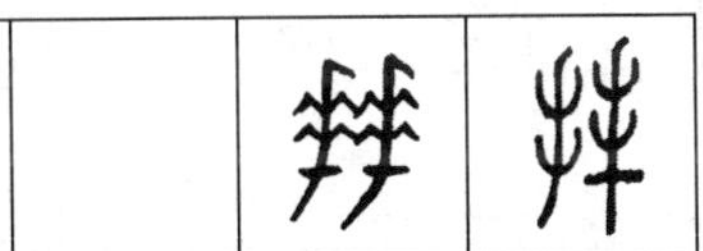		
절 배	甲骨文	金文	小篆

사람이 허리를 구부리고 두 손을 맞잡은 모습이다. 또는 풀꽃을 잡아 뽑는 모습이라고 보기도 한다. 풀을 뽑으려면 허리를 굽히거나 무릎을 땅에 대야 하는데 이런 자세는 예(禮)를 행할 때와 비슷하다 하여 '절'이란 뜻이 나왔다.

白			
흰 백	甲骨文	金文	小篆

갑골문의 자형은 한 톨 흰쌀의 모양을 본뜬 글자이다. 쌀알의 중간에 그은 선은 싹눈이다. '희다'는 뜻이다.

百			
일백 백	甲骨文	金文	小篆

갑골문 자형의 윗부분은 하나의 자이고, 아랫부분은 기장쌀 낟알이다. '일백'을 뜻한다.

帛			
비단 백	甲骨文	金文	小篆

갑골문 자형은 白(백)과 巾(건)으로 이루어져 있다. 백색의 물들이지 않은 명주를 뜻한다. 뒤에는 견직물(絹織物)을 가리키는 말이 되었다. '비단'이란 뜻이다.

樊			
울타리 번	甲骨文	金文	小篆

두 손으로 나무의 가지와 줄기를 이용하여 울타리를 엮고 있는 모습을 본뜬 글자이다. 본래의 뜻은 '울타리'이다.

伐			
칠 벌	甲骨文	金文	小篆

갑골문 자형은 창으로 사람의 목을 찌르고 있는 모습을 나타내고 있다. '베다', '찌르다'가 본뜻이며, '전쟁'은 파생된 뜻이다.

法			
법 법	甲骨文	金文	小篆

금문의 자형은 人(인), 口(구), 水(수), 廌(해태 체)로 되어 있다. 신비스러운 짐승인 해태(獬廌)가 법을 수면과 같이 공평하게 유지하여 정직하지 않은 자는 뿔로 받아버린다는 뜻을 지니고 있다. '법'이란 뜻이다.

兵			
군사 병	甲骨文	金文	小篆

갑골문 자형은 斤(근)과 廾(공)으로 이루어져 있는데, 긴 자루가 달린 무기를 두 손에 들고 있는 모습을 나타낸 글자이다. 본래의 뜻은 '무기'이다.

竝			
나란히할 병	甲骨文	金文	小篆

두 사람이 어깨를 나란히 하고 서 있는 모습이다. 본래 '나란히 서 있다', '함께 서 있다'는 뜻이다.

秉			
잡을 병	甲骨文	金文	小篆

갑골문 자형은 한 포기 벼를 손으로 잡고 있는 모습이다. 본래의 뜻은 '한 줌의 볏단'이다.

甫			
클 보	甲骨文	金文	小篆

갑골문 자형은 밭의 상형인 田(전)과 풀 한 포기의 상형인 屮(철)이 합하여 이루어진 것이다. 밭에서 새싹이 자라나고 있는 모습이다. 甫는 圃(밭 포)의 본자이다. '크다', '사나이' 등의 뜻으로 쓰인다.

報			
갚을 보	甲骨文	金文	小篆

갑골문 자형은 하나의 큰 손이 죄인을 잡아 그에게 차꼬를 채우는 모습이다. 본래의 뜻은 죄인을 '판결하다'이다. '알리다', '갚다'의 뜻으로 쓰인다.

步			
걸음 보	甲骨文	金文	小篆

두 발을 한 번씩 들어 앞으로 나아가는 걸음걸이의 모습이다. '걸음'의 뜻으로 쓰인다.

寶			
보배 보	甲骨文	金文	小篆

갑골문의 자형은 宀(면), 貝(패), 玉(옥)으로 이루어져 있다. 방 안에 재물과 진기한 보물이 있음을 나타낸다. '보배', '보물'이란 뜻이다.

保			
지킬 보	甲骨文	金文	小篆

어른이 포대기에 싸인 아이를 두 손으로 안고 있는 모습이다. 본래의 뜻은 '양육하다'이다. 뒤에 '보호하다', '돕다'의 뜻을 갖게 되었다.

福			
복 복	甲骨文	金文	小篆

갑골문의 자형은 제단 아래에서 두 손으로 큰 술항아리를 들고 신에게 복을 기원하는 것이다. '복', '행복'의 뜻으로 쓰인다.

伏			
엎드릴 복	甲骨文	金文	小篆

개 한 마리가 사람 뒤에 엎드려 그를 습격할 기회를 엿보고 있는 모습을 나타낸 글자이다. 땅바닥에 엎드려 있는 사람을 본뜬 글자로 보기도 한다. 본래의 뜻은 '습격할 기회를 노리다'이다. '엎드리다', '숨다', '굴복하다' 등의 뜻으로 쓰인다.

僕			
종 복	甲骨文	金文	小篆

갑골문 자형은 이마에 경형(黥刑)을 당한 노예가 삼태기에 담긴 쓰레기를 버리는 모습이다.

本			
근본 본	甲骨文	金文	小篆

'木'(목)의 뿌리 부분에 둥근 점이나 짧은 가로 획이 그어져 있어 나무뿌리가 있는 곳을 가리킨다. 나무뿌리에서 '根本'(근본), '基礎'(기초)의 뜻을 가진다.

鳳			
봉새 봉	甲骨文	金文	小篆

갑골문과 금문은 한 마리의 봉황의 모습을 나타내었는데, 특히 꼬리 부분의 아름다운 깃털을 강조하였다. '봉황'의 뜻으로 쓰인다.

奉			
받들 봉	甲骨文	金文	小篆

두 손으로 곡식이 무성하게 자란 것을 잡고 있는 모습으로 조상들에게 봉헌(奉獻)하여서 풍성하게 거두기를 기원하는 뜻을 나타낸다.

富			
넉넉할 부	甲骨文	金文	小篆

금문의 자형은 宀(면)과 畐〔술독의 모습〕으로 이루어져 있다. 집 안에 술항아리가 있으니 생활이 풍족함을 나타낸다. '넉넉하다'란 뜻이다.

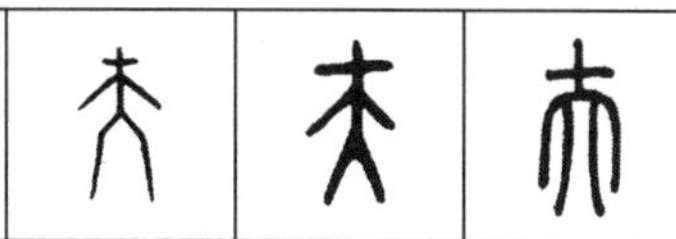

夫			
지아비 부	甲骨文	金文	小篆

정면을 보고 바로 서 있는 사람의 모습이다. 머리 부분의 짧은 가로선은 남자가 성인이 된 후 비녀로 머리를 묶었음을 나타낸다. 본래의 뜻은 '성인 남자'이다.

缶			
질그릇 부	甲骨文	金文	小篆

갑골문 자형의 윗부분은 질그릇을 만들 때 흙을 다지는 데 쓰는 공이〔午〕이며 아랫부분은 거푸집〔凵〕이다. 액체를 담는 '질그릇' 또는 고대 악기의 하나인 '질장구'이다.

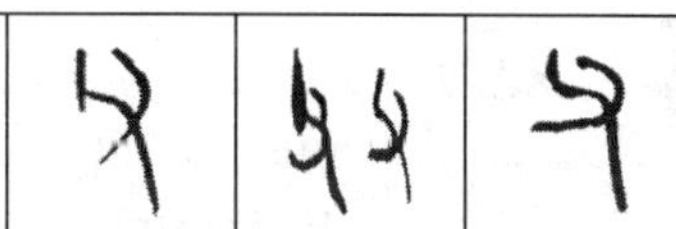

父			
아비 부	甲骨文	金文	小篆

손에 돌도끼를 잡고 있는 모양의 글자이다. 첫 획은 돌도끼, 나머지 세 획은 손의 모양이 변한 것이다. 돌도끼로 전쟁도 하고 농사도 짓는 사람은 바로 사나이 또는 아버지. '아버지'라는 뜻으로 쓰인다.

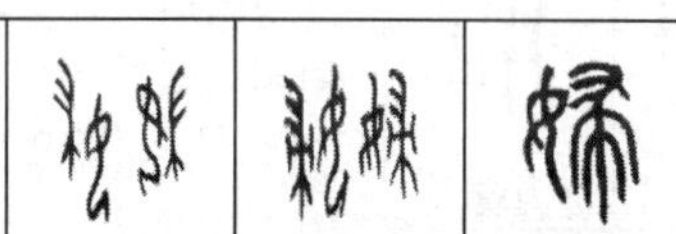

婦			
며느리 부	甲骨文	金文	小篆

왼편의 '女'는 여자, 오른편의 '帚'(추)는 빗자루를 거꾸로 놓은 모습이다. 여자가 더러운 것을 청소하는 모습을 나타낸 글자이다. 뒤에 '며느리', '아내', '여자' 등의 뜻으로 널리 쓰이게 되었다.

北			
북녘 북	甲骨文	金文	小篆

두 사람이 등지고 서 있는 모양이다. '등지다'(이 때는 '배'라고 읽음)가 본뜻이며, '배반하다'라는 뜻으로도 사용되었다. 그런데 뒤에 '북쪽'(이 때는 '북'이라고 읽음)으로 더 널리 쓰이자 '등지다'라는 본뜻을 보존하기 위해 '살'의 상형인 '月'을 넣어 '背'를 만들었다.

分	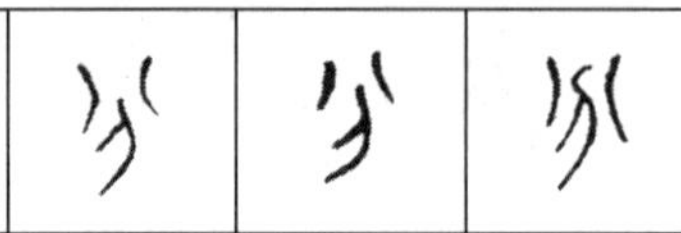		
나눌 분	甲骨文	金文	小篆

원래 윗부분의 '八'(팔)은 어떤 물건이 반으로 나누어진 상태를 뜻하던 글자였는데, 여덟을 뜻하는 글자와 발음이 같다는 이유로 숫자 '8'의 뜻으로 널리 쓰이게 되었다. 이에 본뜻을 살리기 위해 나누는 도구 '刀'(도)를 더하여 이 글자를 만들게 되었다.

奔			
달릴 분	甲骨文	金文	小篆

자형의 윗부분은 한 사람이 두 팔을 휘저으며 달려가는 모습이고, 아랫부분은 세 개의 발로 빨리 달려가는 것을 뜻한다.

朋			
벗 붕	甲骨文	金文	小篆

두 꿰미의 조개를 엮어 놓은 모습을 본뜬 글자이다. 조개 다섯 개가 한 꿰미〔串 : 꿰미 관〕이고, 두 꿰미가 한 붕(朋)이다. 본래의 뜻은 '화폐 단위의 명칭'이다. 지금은 '벗'의 뜻으로 쓰인다.

比	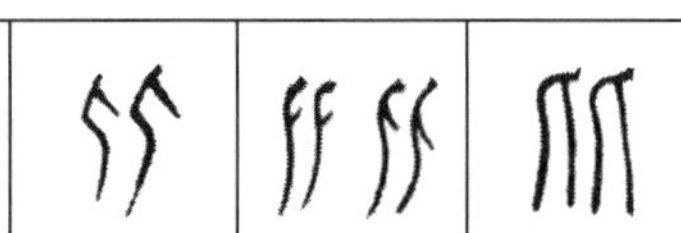		
견줄 비	甲骨文	金文	小篆

두 사람이 앞뒤로 나란히 선 모양이다. 본래의 뜻은 '나란히 있다'이다. '견주다', '따르다'의 뜻으로 쓰인다.

非			
아닐 비	甲骨文	金文	小篆

자형은 새가 양 날개를 펴고 상공으로 날아가는 모습을 본뜬 글자이다. 이것이 飛(날 비)의 최초의 자형이다. 지금은 '아니다', '그르다', '비난하다' 등의 뜻으로 쓰인다.

氷	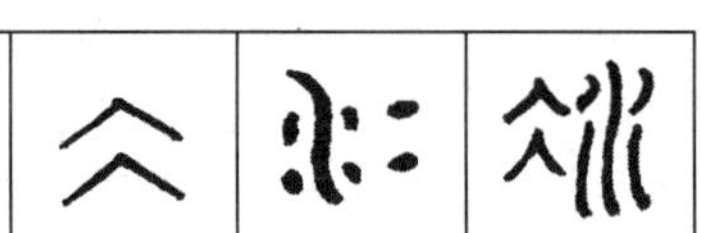		
얼음 빙	甲骨文	金文	小篆

금문을 보면 물 '水'(수) 옆에 두 점이 있는데, 이것이 물 위에 뜬 두 덩어리 얼음이다. 이것을 줄인 것이 '氷'(빙)자이다. '얼음'이라는 뜻으로 쓰인다.

史	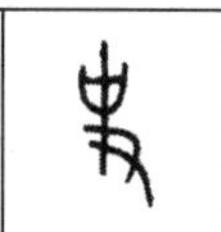		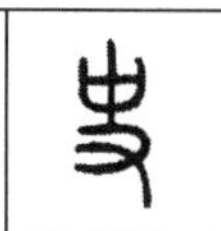
역사 사	甲骨文	金文	小篆

갑골문은 손으로 사냥할 때 쓰는 어떤 물건을 잡고 있는 모습이다. 본래의 뜻은 '사관'(史官 : 역사를 기록하는 일을 담당한 관리)이다. 史, 吏, 事는 본래 근원이 같은 자(同源字)이었는데 나중에 뜻이 분화되었다.

死	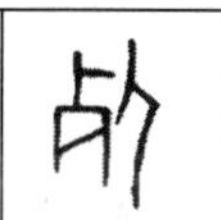	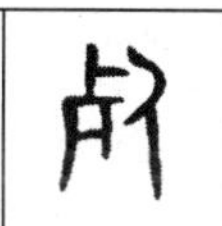	
죽을 사	甲骨文	金文	小篆

자형의 왼편 '歹'(알)은 '흐트러진 뼈', 오른편 '匕'(화)는 흐트러진 뼈 앞에 꿇어앉아 있는 사람이다. 옛날 중국에서 사람이 죽으면 살이 다 썩은 뒤에 뼈를 주워 모아 장례를 다시 치르기도 했는데, 이러한 모습을 나타낸 글자이다. '죽다', '죽음'이라는 뜻으로 쓰인다.

舍			
집 사	甲骨文	金文	小篆

간단하게 지은 초가집을 본뜬 글자이다. '집'이란 뜻이다.

四	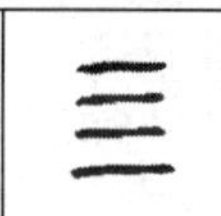	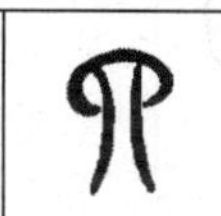	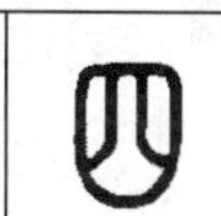
넉 사	甲骨文	金文	小篆

갑골문은 가로로 네 줄을 그어 숫자 4를 표시했다. 금문은 짐승의 콧구멍을 본뜬 모습이다. 四는 呬(숨쉴 희)의 본래자이다. '넷'이란 뜻이다.

射	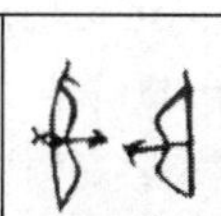	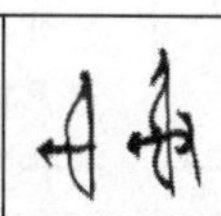	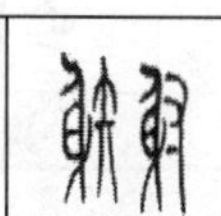
쏠 사	甲骨文	金文	小篆

화살이 팽팽하게 매겨진 '활'의 모습이다. 본뜻은 '쏘다'이다.

絲	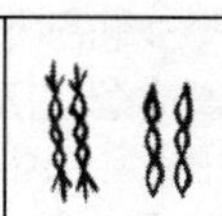	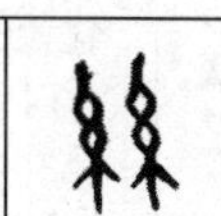	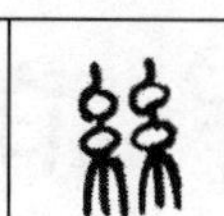
실 사	甲骨文	金文	小篆

두 타래 명주실의 모습으로 '실'이라는 뜻으로 쓰인다.

思			
생각할 사	甲骨文(囟)	金文	小篆

윗부분은 두개골, 아랫부분은 심장의 모양으로 아직 숨골이 단단히 굳지 않은 '어린 아이 머리'의 상형이다. '생각'이라는 뜻으로 쓰인다.

山		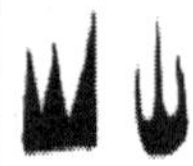	
뫼 산	甲骨文	金文	小篆

산의 모양을 본 뜬 글자이다. '산'이라는 뜻을 가진다.

三			
석 삼	甲骨文	金文	小篆

길이가 같은 세 개의 산가지가 나란히 있는 모양으로 숫자 3을 표시했다. '셋'을 뜻한다.

森			
나무빽빽할 삼	甲骨文	金文	小篆

자형은 세 개의 木(목)으로 되어 있다. 수목(樹木)이 매우 많이 있음을 나타내었다.

相			
서로 상	甲骨文	金文	小篆

자형은 눈으로 나무를 자세히 살피고 있는 모습이다. 본래의 뜻은 '자세히 보다', '관찰하다'이다. 또한 '서로', '용모'의 뜻도 있다.

喪			
죽을 상	甲骨文	金文	小篆

갑골문 자형은 뽕나무 한 그루와 대바구니의 모습이다. 본래의 뜻은 '뽕잎을 따다'였으며 뽕나무 자체로 보아서는 잎을 잃어버리게 되므로 '잃어버리다'란 뜻이 나왔다. 또한 고대에 중국에서는 상사(喪事)가 생기면 뽕나무 가지를 써서 표시하였다.

祥		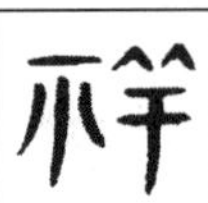	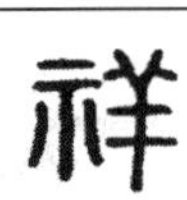
상서로울 상	甲骨文	金文	小篆

갑골문 자형은 한 마리 양의 머리 모습을 정면에서 본뜬 글자이다. 고대인들은 羊(양)을 祥(상 : 행복, 상서로움)의 뜻으로 썼다. 뒤에 와서 示를 덧붙여 그 뜻을 나타냈다.

上	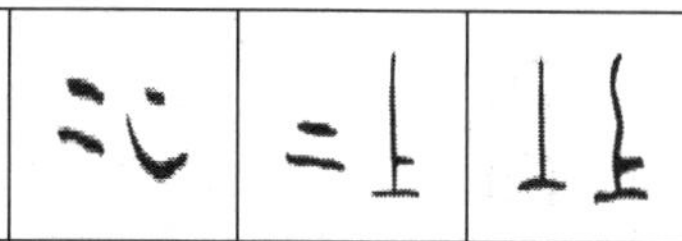		
위 상	甲骨文	金文	小篆

갑골문은 긴 세로선 위에 짧은 세로선을 그은 것이다. '위', '올라가다'라는 뜻으로 쓰인다.

象			
코끼리 상	甲骨文	金文	小篆

코끼리의 모습을 본뜬 글자이다. '코끼리'라는 뜻이다.

生	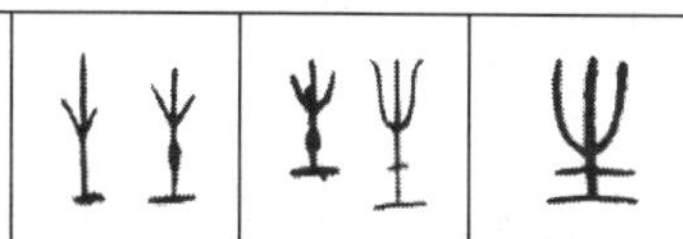		
날 생	甲骨文	金文	小篆

아랫부분(一)은 흙덩이를 상형한 '土'(토). 윗부분은 땅 표면을 뚫고 나온 새싹의 모양이다. '나다', '태어나다'는 뜻으로 쓰인다.

黍			
기장 서	甲骨文	金文	小篆

갑골문 자형은 기장이 익어서 그 이삭이 아래로 드리워진 모양을 본뜬 글자이다.

西	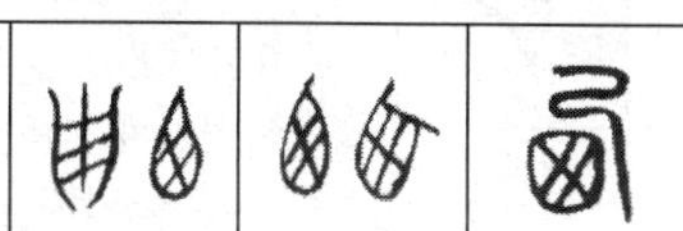		
서녘 서	甲骨文	金文	小篆

대나무로 엮은 바구니의 모양을 본 뜬 것이다. 이 글자의 발음이 해지는 서쪽을 뜻하는 발음과 비슷했으므로 서쪽의 뜻으로 사용하였다.

書		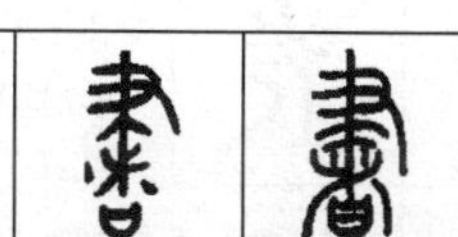	
글 서	甲骨文	金文	小篆

금문의 자형은 聿(율)과 者(자)로 이루어져 있다. 손에 붓을 잡고 무엇인가 기록하는 것이다. 본래의 뜻은 '쓰다', '기록하다'이다.

鼠	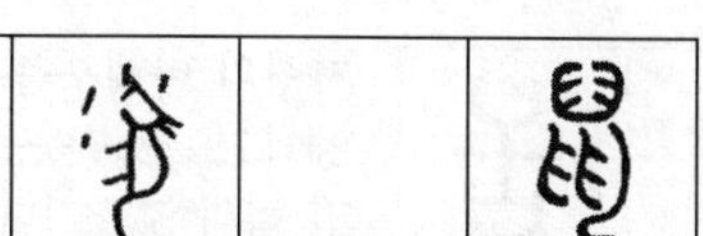		
쥐 서	甲骨文	金文	小篆

갑골문의 자형은 쥐의 모습을 본뜬 글자이다. 뾰족한 입, 날카로운 이빨, 굽은 등, 긴 꼬리 등이 있고, 옆에는 먹다 남은 음식 찌꺼기까지 널려 있다. '쥐'라는 뜻이다.

昔		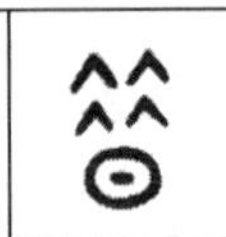	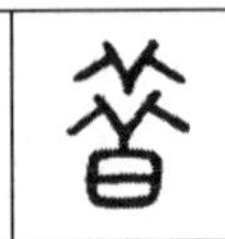
예 석	甲骨文	金文	小篆

갑골문과 금문의 윗부분은 홍수가 나 넘쳐흐르는 물의 모습이고 아랫부분은 태양의 모습을 본뜬 글자이다. '홍수로 고통을 받던 지난 그 어느 날'에서 '옛날'이란 뜻이 나왔다.

石	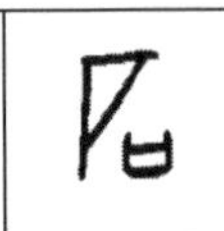	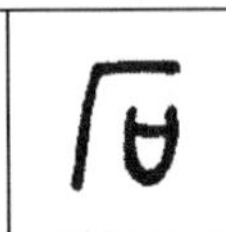	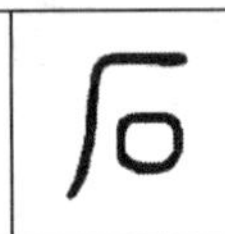
돌 석	甲骨文	金文	小篆

갑골문의 자형은 산의 벼랑 아래 돌덩이가 놓여 있는 모습이다. '돌'이라는 뜻이다.

析	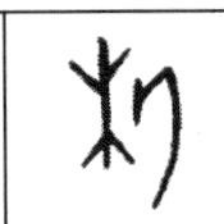	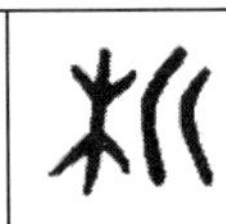	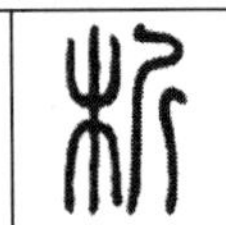
가를 석	甲骨文	金文	小篆

자형은 木(목)과 斤(근)으로 이루어져 있다. 도끼로 나무를 쪼개는 것을 나타낸다. '분석하다', '해석하다' 등의 뜻으로 쓰인다.

夕	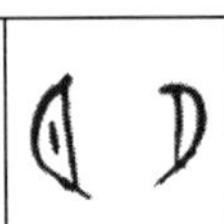	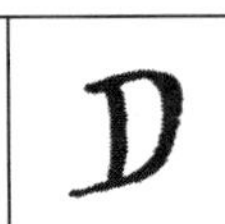	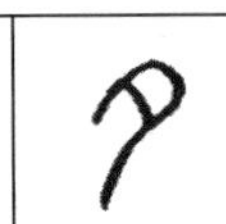
저녁 석	甲骨文	金文	小篆

달을 나타내는 '月'(월)에서 가운데 한 획이 빠진 글자로 '희미한 달'이 본뜻이다. 달이 희미하게 보이는 '저녁'이라는 뜻을 가지게 되었다.

先	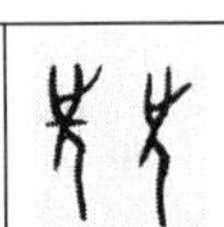	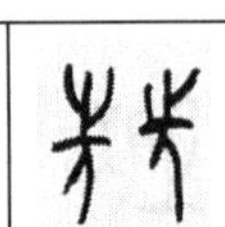	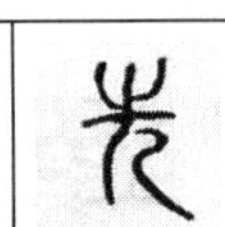
먼저 선	甲骨文	金文	小篆

윗부분은 발바닥의 모양인 '止'(지), 아랫부분은 사람을 본뜬 '人'(인)이다. 발걸음이 남보다 앞서 있다는 뜻으로 '먼저', '나아가다'의 뜻을 가진다.

舌			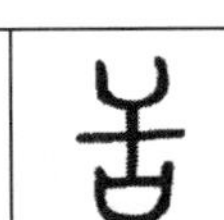
혀 설	甲骨文	金文	小篆

자형의 아랫부분은 입의 모양이고, 윗부분은 길게 내민 혀의 모습이다. '혀'의 뜻으로 쓰인다.

涉	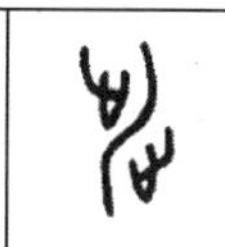	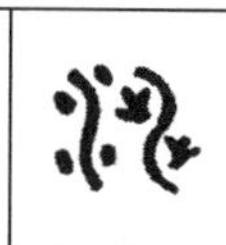	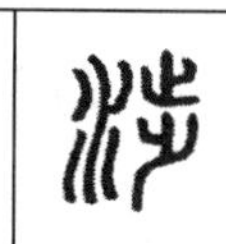
건널 섭	甲骨文	金文	小篆

갑골문의 자형은 가운데에 흐르는 냇물이 있고, 냇물 양쪽으로 각각 발이 있는 모습이다. 냇물 이쪽에서 걷기 시작하여 반대쪽에 도달하였음을 나타낸 것으로 본래의 뜻은 '냇물을 걸어서 건너다'이다.

聖	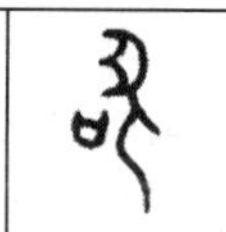	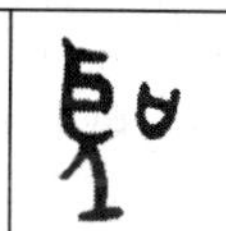	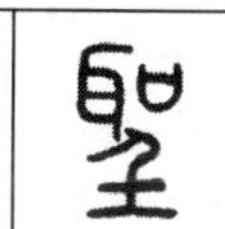
성인 성	甲骨文	金文	小篆

갑골문 자형은 耳(이)와 人(인)과 口(구)로 이루어져 있다. 커다란 귀를 갖고 있는 사람이 어떤 사람의 말하는 입에 주의를 기울이고 경청하는 모습을 나타냈다.

星	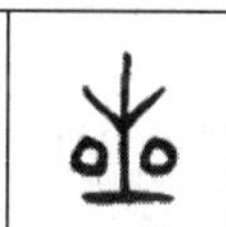	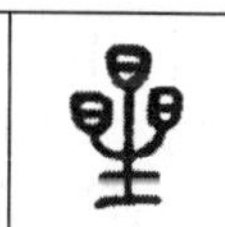	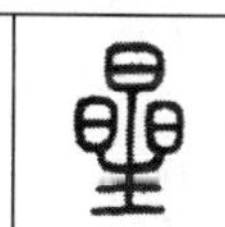
별 성	甲骨文	金文	小篆

갑골문 자형은 하늘에 떠 있는 여러 개의 별을 본뜬 모습이나. 갑골문과 금문에 보이는 '口'나 '日'은 별의 모양이다.

成	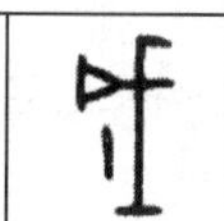	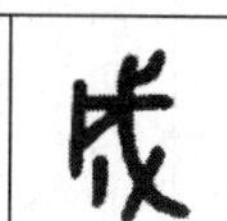	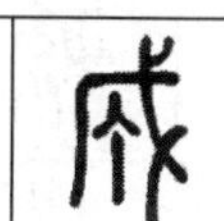
이룰 성	甲骨文	金文	小篆

자형은 戊(술)과 丁(정)으로 이루어져 있다. 戊은 '넓적한 날이 달린 무기'의 모습으로 물건을 베어서 맹세하여 회맹을 맺는 뜻을 보이는데 사용하였다. 이 무기를 든 병사들이 '대오를 이루다'에서 추출한 '이루다'가 본뜻이다.

世		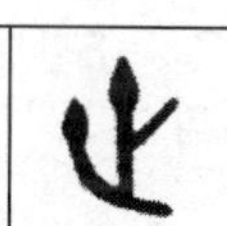	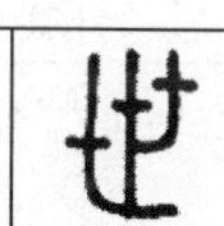
대 세	甲骨文	金文	小篆

금문의 자형은 세 개의 十(십)을 서로 연결하여 30년을 표시했다. 30년을 '一世'라고 하였다. '세상', '세대'를 뜻한다.

小	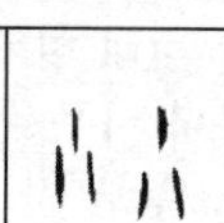	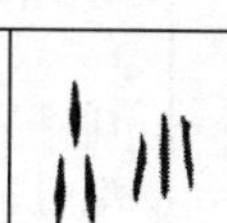	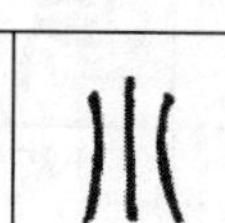
작을 소	甲骨文	金文	小篆

작은 물건 세 개가 모여 있는 모습이다. '작다'는 뜻이다.

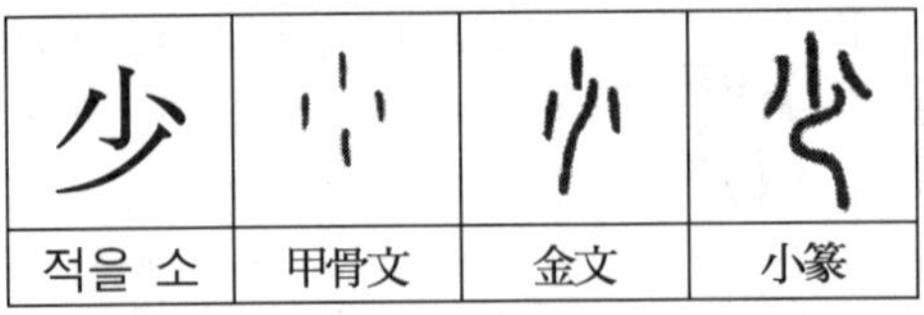

무언가 작은 물건 네 개가 올망졸망 모여 있는 것을 본뜬 글자이다. '적다'는 뜻이다.

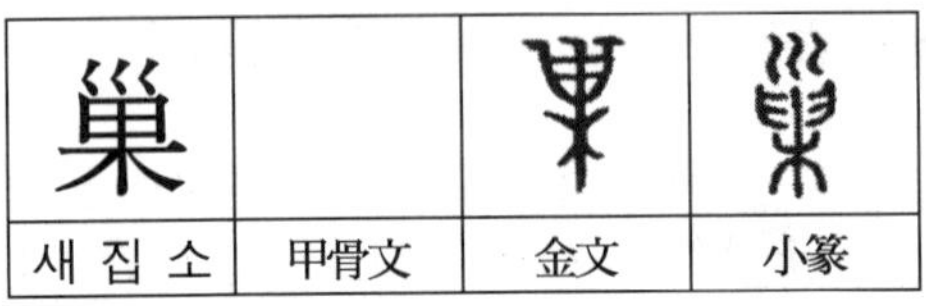

나무 위에 있는 새의 둥지 모양을 본뜬 글자이다. 금문의 자형은 새 둥지 위로 세 마리의 새 새끼들을 튀어나오게 해서 그 모양을 더 분명히 했다.

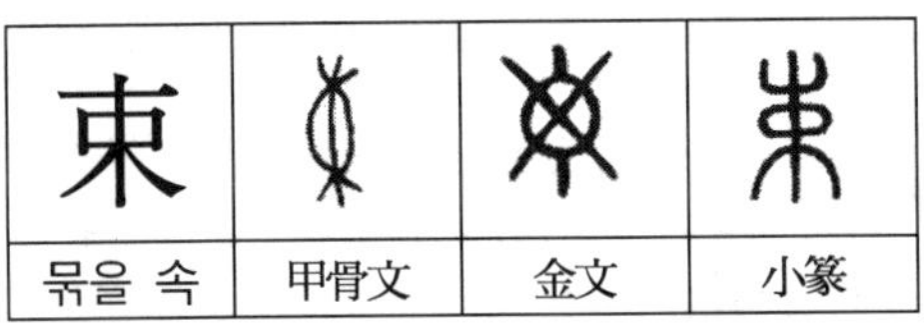

자형은 새끼줄로 땔나무나 목간을 묶어 놓은 모습이다. 보자기의 양 끝을 묶어 자루를 만든 모양이라 보기도 한다. '묶다', '속박', '약속'의 뜻으로 쓰인다.

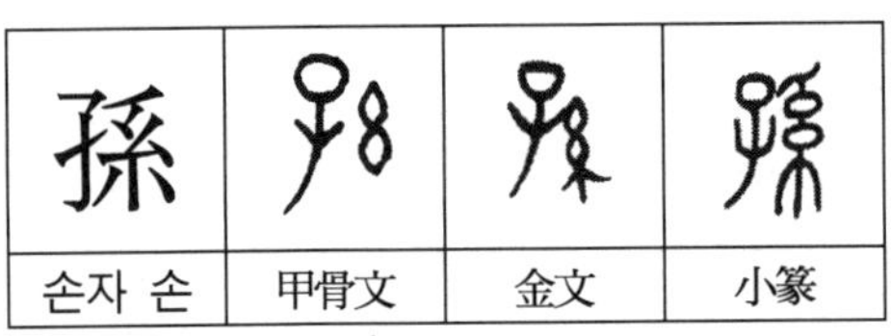

자형은 子(자)와 系(계)로 이루어져 있다. 아들을 잇는 아들이므로 손자를 뜻한다.

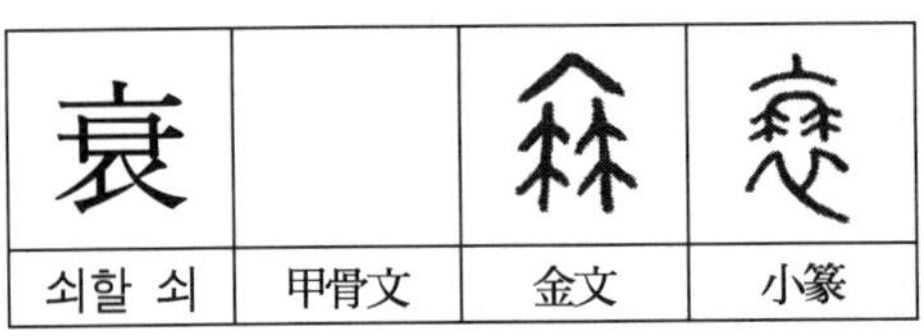

금문 자형은 풀이나 종려나무 잎으로 만든 비옷의 모습을 본뜬 글자이다. 衰는 蓑(도롱이 사)의 본자이다. 소전 자형은 실이 너풀거리는 삼베를 본뜬 것이라고 보기도 한다. '쇠퇴하다', '쇠약해지다', '쇠락하다' 등의 뜻으로 쓰인다.

갑골문 자형은 손으로 병기를 잡고 있는 모습이다. 殳(수)는 고대 병기의 하나로 대나무나 나무로 만들었다. 길이는 열두 자 정도 되었고, 한 쪽 끝은 모가 나 있었으나 칼날은 없었다고 한다. 杸(팔모진 창 수)로 쓰기도 한다.

戍			
수자리 수	甲骨文	金文	小篆

갑골문 자형은 한 병사가 창을 메고 파수 보는 모습을 본뜬 것이다.

羞			
부끄러워할 수	甲骨文	金文	小篆

갑골문 자형은 羊(양)과 手(수)로 이루어져 있다. 한 손으로 양의 고기를 베어 맛있는 부분을 왕에게 진헌(進獻)함을 나타낸다. 羞는 饈(드릴 수)의 본자이다. '부끄러워하다', '음식', '바치다' 등의 뜻으로 쓰인다.

讎		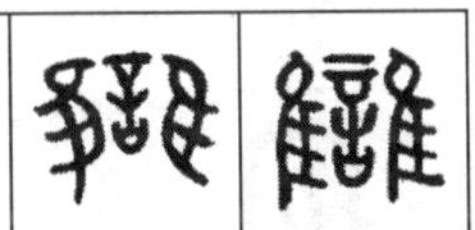	
대답할 수	甲骨文	金文	小篆

금문 자형은 두 마리의 새〔隹〕와 言(언)으로 이루어져 있다. 새 두 마리가 서로 마주보고 지저귀고 있는 모습이다. 본래의 뜻은 '대답하다'이다. '짝', '갚다', '원수' 등의 뜻으로 쓰인다.

水			
물 수	甲骨文	金文	小篆

흐르는 물의 모습이다. 중간의 구불구불한 곡선은 물의 흐름을 표시하고, 옆의 몇 개 점은 물결을 나타낸다. '물'이라는 뜻으로 쓰인다.

手		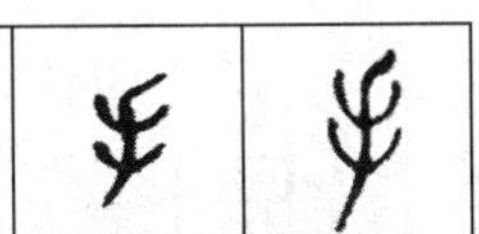	
손 수	甲骨文	金文	小篆

사람의 손가락을 벌린 모습을 본뜬 글자이다. 거기에서 '손'이란 뜻이 생겼다.

首	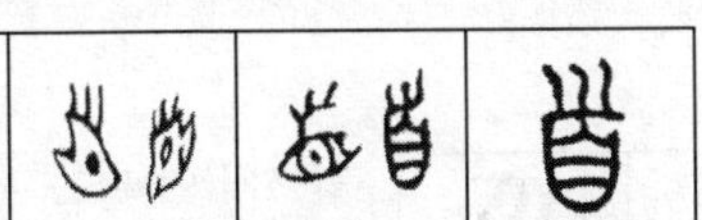		
머리 수	甲骨文	金文	小篆

갑골문을 보면 사람의 머리털이 있고 눈이 돌출되어 있다. 금문에서는 두 부분이 가지런히 나누어져 있다. '머리'라는 뜻으로 쓰인다.

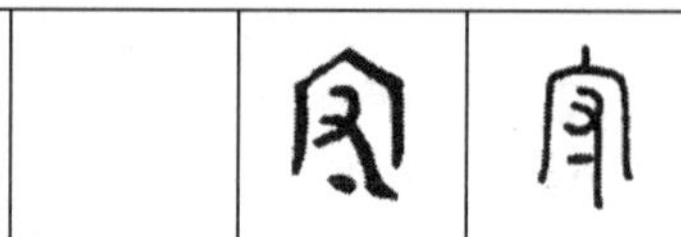

守			
지킬 수	甲骨文	金文	小篆

금문의 자형은 宀(면)과 寸(肘 : 팔꿈치 주)로 이루어진 글자이다. 宀은 정사를 보는 곳을, 寸은 손을 써서 하는 일을 뜻하며, 법에 따라 관청의 일을 관장하는 것이다. '지키다'란 뜻으로 쓰인다.

獸			
짐승 수	甲骨文	金文	小篆

갑골문 자형의 왼쪽은 끝부분이 갈라진 나무 막대기〔單〕이고 오른쪽은 개〔犬〕의 모습이다. 본래의 뜻은 '사냥하다'이다. 뒤에 와서 본래의 뜻은 狩(사냥 수)로 쓰고, 사냥의 대상물인 짐승을 獸로 썼다.

囚			
가둘 수	甲骨文	金文	小篆

한 사람을 감옥에 가두어 놓은 모습이다. 본래의 뜻은 '가두다'이다.

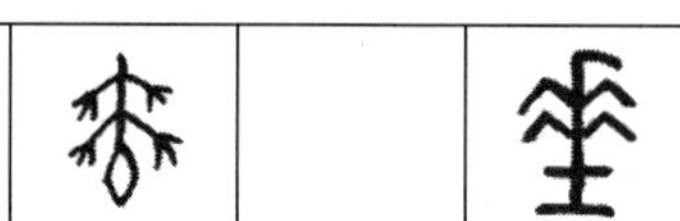

垂			
드리울 수	甲骨文	金文	小篆

갑골문의 자형은 흙 위에 꽃과 잎을 아래로 축 늘어뜨린 채 서있는 풀의 모습이다. 본래의 뜻은 '아래로 축 늘어지다'이다. '늘어지다', '드리워지다'의 뜻으로 쓰인다.

須			
모름지기 수	甲骨文	金文	小篆

갑골문의 자형은 사람의 입 아래에 몇 개의 털이 나 있는 모습이다. 須는 鬚(수염 수)의 본래자이다. '수염', '기다리다', '모름지기'의 뜻으로 쓰인다.

受			
받을 수	甲骨文	金文	小篆

한 사람이 다른 사람의 손에 접시를 건네주고 있는 모습이다. 이것으로 '주다'라는 뜻과 동시에 '받다'라는 뜻을 나타냈다. 지금은 '받다'라는 뜻으로 쓰인다.

宿			
묵을 숙	甲骨文	金文	小篆

자형은 宀(면), 人(인), 西(첨 : 대자리)로 이루어진 글자로, 방 안에 한 사람이 대나무 돗자리 위에서 자고 있는 모습이다. '숙박하다'의 뜻으로 쓰인다.

叔			
아재비 숙	甲骨文	金文	小篆

자형은 한 손으로 콩을 뽑고 있는 모습을 나타낸 것이다. 본래의 뜻은 '거두다'이다. 한 동안 '콩'의 뜻으로 쓰이다가 '숙부'를 뜻하는 것으로 널리 쓰이게 되자 菽(콩 숙)을 만들어 대신하게 되었다.

盾			
방패 순	甲骨文	金文	小篆

고대 전쟁을 할 때 쓰던 방어용 무기를 본뜬 글자이다. 직사각형 또는 사다리꼴 모양의 모습으로 중간에 손잡이가 달려 있어 사용하기 편리하게 되어 있다.

習			
익힐 습	甲骨文	金文	小篆

갑골문 자형의 윗부분은 羽(우)이고 아랫부분은 日(일)로 새가 매일 날고 있음을 나타냈다. 본래의 뜻은 '새가 여러 번 날다'이다. '익히다', '습관'의 뜻으로 쓰인다.

乘			
탈 승	甲骨文	金文	小篆

한 사람이 나무 위에 올라가 있는 모습이다. 본래의 뜻은 '오르다'이다. '타다'의 뜻으로 쓰인다.

承			
받들 승	甲骨文	金文	小篆

갑골문과 금문의 자형은 밑에서 두 손으로 한 사람을 떠받들고 있는 모습이다. 본래의 뜻은 '받들다'이다.

丞			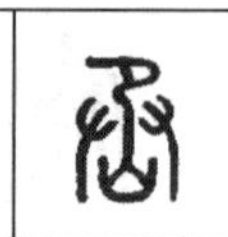
도울 승	甲骨文	金文	小篆

갑골문 자형은 두 손으로 구덩이 빠진 사람을 구조해 주는 모습이다. 본래의 뜻은 '구하다'이다.

矢	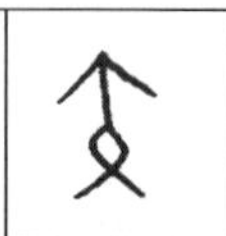		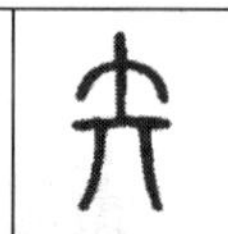
화살 시	甲骨文	金文	小篆

화살의 모양을 본뜬 글자이다. 윗부분은 화살촉, 중간 부분은 화살대, 아랫부분은 화살의 꼬리이다.

豕	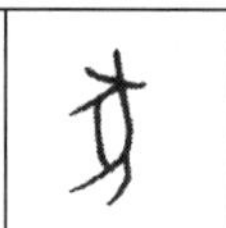	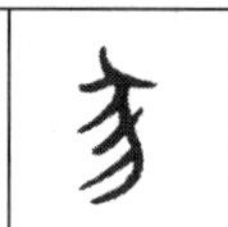	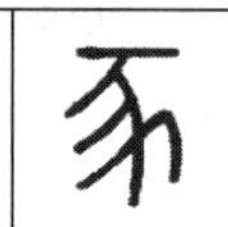
돼지 시	甲骨文	金文	小篆

갑골문의 자형은 한 마리의 돼지 모습이다. 머리는 위로, 꼬리는 아래로 향하고 있고 가운데는 뚱뚱하게 살이 찐 몸통이다. 본래의 뜻은 '돼지'이다.

時	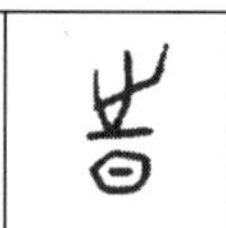	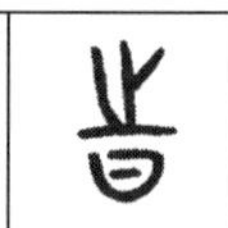	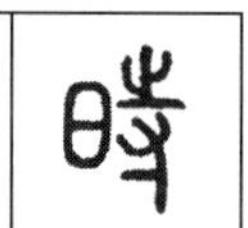
때 시	甲骨文	金文	小篆

갑골문의 자형은 止(지)와 日(일)로 구성되어 있다. 해와 달이 운행하여 사계절을 이룬다는 데서 '계절'이란 뜻이 나왔다. '때', '시간', '시대' 등의 뜻으로 쓰인다.

示	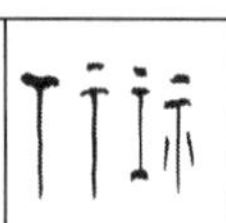	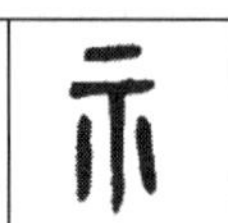	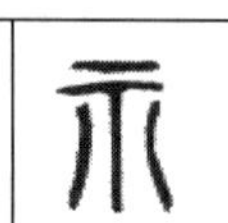
보일 시	甲骨文	金文	小篆

여러 가지 설이 있으나 신에게 제물을 바치는 장면을 본뜬 것으로 보는 설이 널리 알려져 있다. 이 때 가운데의 '丅'는 신에게 제물을 바치기 위한 돌 제탁, 윗부분 '一'은 위에 얹은 희생, 아랫부분 좌우의 'l'은 희생에서 떨어지는 핏방울이다. '귀신'을 뜻하는 글자다.

兕	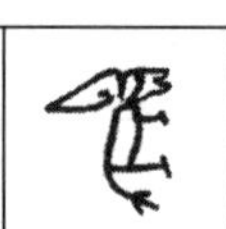	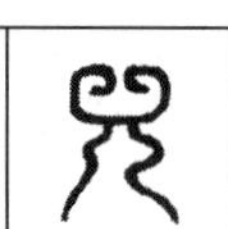	
외뿔소 시	甲骨文	金文	小篆

갑골문 자형은 외뿔이 달린 물소의 모습을 본뜬 글자이다.

尸			
주검 시	甲骨文	金文	小篆

갑골문 자형은 엉덩이를 땅바닥에 대지 않은 채 쪼그리고 앉아 있는 사람의 모습을 본뜬 글자이다. 본래의 뜻은 옛날에 제사지낼 때 죽은 사람을 대신하여 제사를 접수하는 사람인 시동(尸童)을 뜻한다.

視			
볼 시	甲骨文	金文	小篆

자형은 示(시)와 見(견)으로 이루어져 있다. 눈으로 하늘을 바라보는 것을 뜻한다.

息			
숨쉴 식	甲骨文	金文	小篆

자형은 코〔自〕와 심장〔心〕을 합한 것으로 본래의 뜻은 '숨'이다. 호흡은 끊어지지 않고 심장은 뛰면서 지속되어야 하는 생명의 원천이므로 대(代)를 계속하는 '자식'의 뜻으로 쓰이게 되었다.

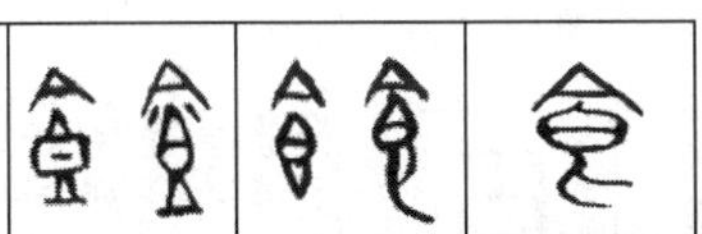

食			
먹을 식	甲骨文	金文	小篆

윗부분 '亼'은 그릇의 뚜껑, 아랫부분 '艮'은 제기 모양의 그릇에 담긴 음식을 나타낸다. 먹을 수 있는 음식의 뜻에서 '먹다'의 뜻이 생겨났다.

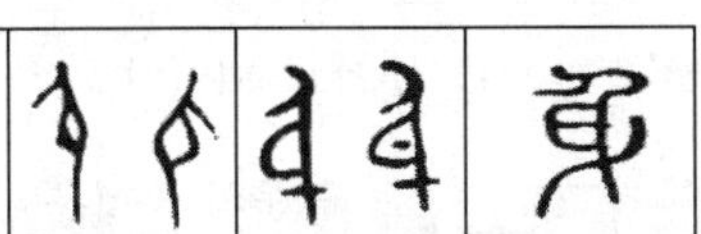

身			
몸 신	甲骨文	金文	小篆

배 나온 사람의 모습이다. '배'라는 뜻에서 점차 '몸'이라는 뜻으로 쓰이게 되었다.

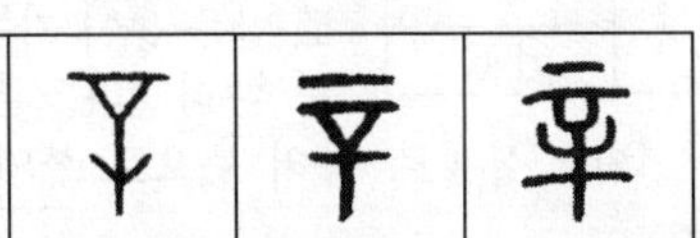

辛			
매울 신	甲骨文	金文	小篆

고대 노예나 죄수의 얼굴에 글자를 새길 때 사용하던 칼의 모양을 본뜬 글자이다. 손잡이가 있고 양쪽으로 날이 있어 자를 수 있으며 끝이 뾰족하여 찌를 수 있다. 양쪽으로는 코를 자르는 의형(劓刑)에 쓰이고 뾰족한 끝으로는 사람의 뺨이나 이마를 찢는 경형(黥刑)에 쓰였다. '맵다', '고생하다'의 뜻으로 쓰인다.

信		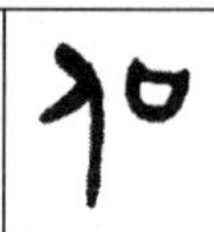	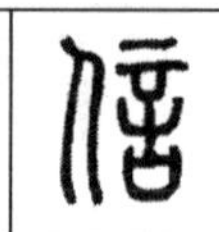
믿을 신	甲骨文	金文	小篆

사람〔人〕과 말〔言〕로 이루어진 글자이다. 본래의 뜻은 '성실하다'이다. 이 뜻이 확대되어 '신뢰', '신임', '소식', '진실로' 등의 뜻으로 쓰이게 되었다.

申		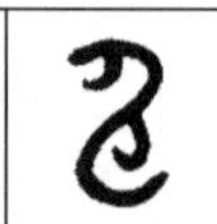	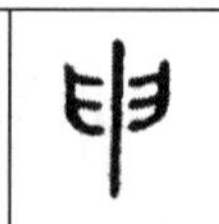
번개 신	甲骨文	金文	小篆

자형은 번개 칠 때 구름 사이에 나타나는 번갯불의 모습이다. 申(신)은 電(번개 전)의 본자이다. 申이 날짜를 기록하는 간지로 쓰이게 되자, 雨를 덧붙여 電을 만들었다. 지지(地支)의 하나로 쓰인다.

新	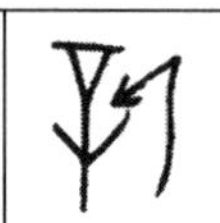	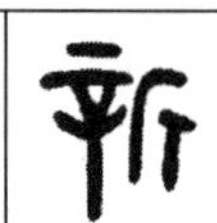	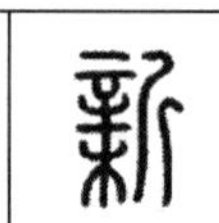
새 신	甲骨文	金文	小篆

자형은 辛(신)과 斤(근)으로 이루어졌다. 본뜻은 '도끼로 나무를 찍어 쓰러뜨려서 집으로 가져오다'이다. 곧 땔나무이다. 新은 薪(땔나무 신)의 본자이다. 지금은 '새롭다'라는 뜻으로 쓰인다.

臣	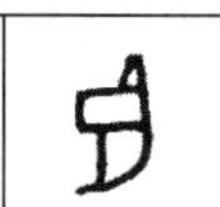		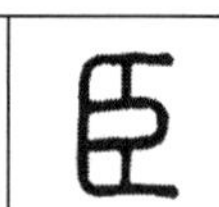
신하 신	甲骨文	金文	小篆

자형은 결박되어 무릎 꿇고 고개 숙인 채 치켜뜬 포로의 눈을 나타낸 모습이다. 본뜻은 이처럼 '포로'나 '노예'였지만 차츰 군주의 뜻을 받들어 백성들을 감시하는 '신하', '관리'를 뜻하게 되었다.

實			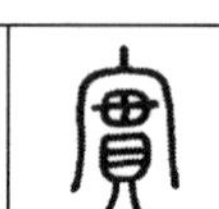
열매 실	甲骨文	金文	小篆

금문의 자형은 宀(면)과 田(전), 貝(패 : 돈을 뜻함)이다. 방 가운데 땅의 세금으로 받은 돈이 가득하다는 뜻을 나타낸다. 본래의 뜻은 '부유하다'이다. 지금은 '열매', '씨', '실제로' 등의 뜻으로 쓰인다.

心			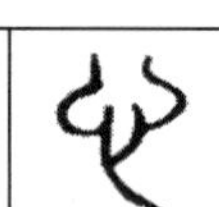
마음 심	甲骨文	金文	小篆

심장의 모습을 본뜬 것이다. 심장이 인체의 중앙에 위치하여 '중앙', '중심'의 뜻으로 쓰인다.

十	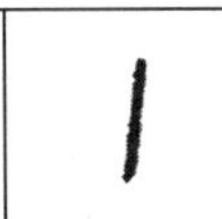	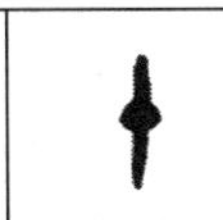	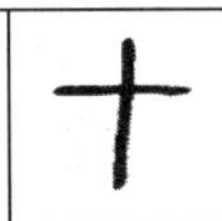
열 십	甲骨文	金文	小篆

갑골문을 보면 한 줄의 세로 선이었는데, 금문에서는 가운데에 점을 찍은 모습으로 나타난다. 이 가운데의 점이 점점 길어져 지금의 글자가 되었다. 숫자 '10'을 뜻한다.

雙		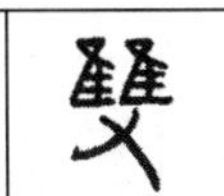	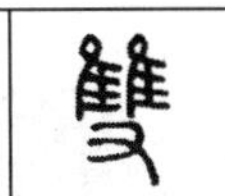
쌍 쌍	甲骨文	金文	小篆

한 손으로 두 마리의 새를 잡고 있는 모습이다. 본래의 뜻은 '두 마리의 새'이다. '쌍', '짝'이란 뜻으로 쓰인다.

我	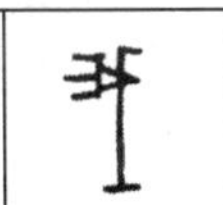	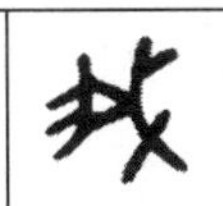	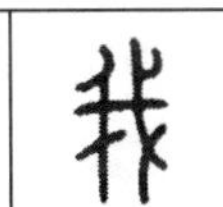
나 아	甲骨文	金文	小篆

갑골문 자형은 긴 자루와 세 갈래의 칼날이 있는 무기의 모습을 본뜬 글자이다. 본래의 뜻은 형벌에 사용되는 무기이었으나 자신을 가리키는 1인칭 대명사로 사용하였다.

牙			
어금니 아	甲骨文	金文	小篆

아래위가 맞물려 있는 짐승의 이빨을 본뜬 글자이다.

兒		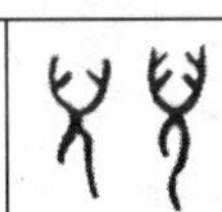	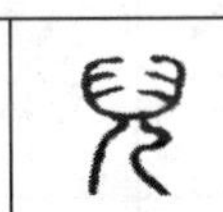
아이 아	甲骨文	金文	小篆

고대 중국의 어린이들이 머리카락을 두 뿔처럼 묶었던 모습을 본뜬 글자이다. '아이'라는 뜻으로 쓰인다.

安			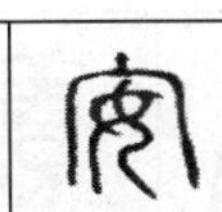
편안할 안	甲骨文	金文	小篆

윗부분 '宀'(면)은 지붕, 아래의 '女'(여)는 여자이다. 여자는 집 안에 있어야 안전하다는 뜻이다. 뒤에 '편안하다'는 뜻으로 널리 쓰이게 되었다.

巖			
바위 암	甲骨文	金文	小篆

갑골문의 자형은 산 위에 몇 덩이의 암석이 놓여 있는 모습이다. 본래의 뜻은 '암석이 솟아서 형성된 산봉우리'이다. '바위', '낭떠러지'의 뜻으로 쓰인다.

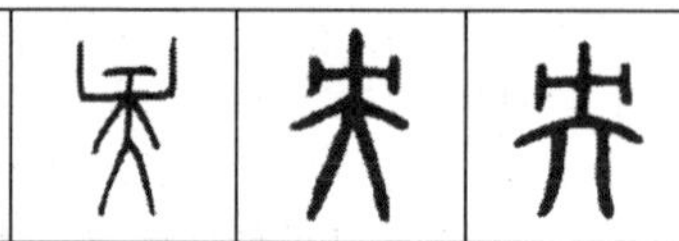

央			
가운데 앙	甲骨文	金文	小篆

갑골문 자형은 사람의 목에 형틀을 차고 있는 모습으로 재앙을 나타낸다. 央은 殃(재앙 앙)의 본자이다. 베개를 베고 누운 사람이라 보기도 한다. 베개를 벨 때는 가운데를 벤다.

野			
들 야	甲骨文	金文	小篆

갑골문과 금문의 자형은 林과 土로 이루어져 있다. 마을에서 멀리 떨어진 숲과 흙덩이를 본뜬 글자이다. 丄는 남근석(男根石)의 모양으로 보기도 한다. 소전 자형은 里(田 + 土)와 予를 합친 글자로 보았다. '들', '거칠다'의 뜻으로 쓰인다.

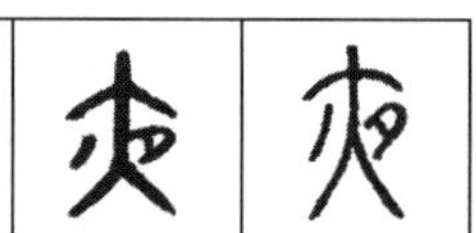

夜			
밤 야	甲骨文	金文	小篆

자형은 夕(석)과 亦(역)으로 이루어져 있다. 亦의 오른쪽 한 점이 생략되고 그 자리에 夕이 들어가 있다. 본래의 뜻은 '밤'이다.

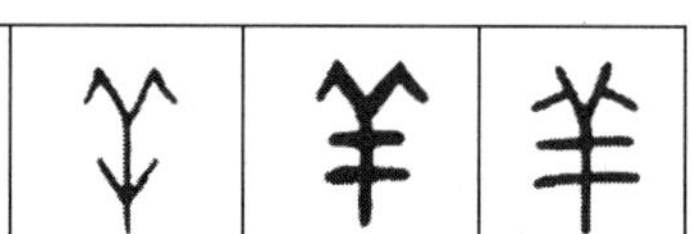

羊			
양 양	甲骨文	金文	小篆

정면에서 본 양의 머리 모습을 본뜬 글자이다. '양'이란 뜻이다.

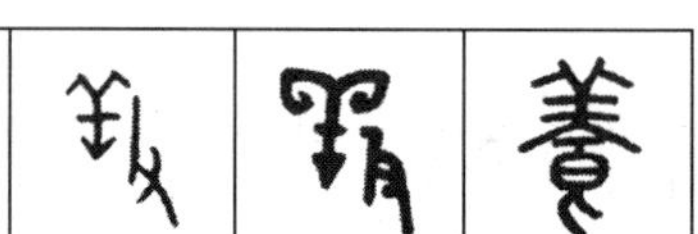

養			
기를 양	甲骨文	金文	小篆

갑골문 자형은 사람이 손에 채찍을 들고 양을 치는 모습이다. 본래의 뜻은 '가축을 기르다'이다. '기르다', '양육하다'의 뜻으로 쓰인다.

魚			
고기 어	甲骨文	金文	小篆

물고기의 머리, 몸체, 꼬리, 지느러미, 비늘의 모습을 본뜬 글자이다. '물고기'란 뜻으로 쓰인다.

漁			
고기잡을 어	甲骨文	金文	小篆

갑골문과 금문의 자형은 여러 가지이다. 물고기가 물에서 놀고 있는 모양, 낚싯대로 물고기를 낚는 모양, 손으로 물고기를 잡는 모양, 그물로 물고기를 잡는 모양 등이 있다. 본래의 뜻은 '물고기를 잡다'이다.

圉			
감옥 어	甲骨文	金文	小篆

갑골문 자형은 죄인이 두 손에 칼을 차고 감옥에 꿇어 앉아 있는 모습이다. 본래의 뜻은 '감옥'이다. '마부', '마구간'의 뜻으로도 쓰인다.

言			
말씀 언	甲骨文	金文	小篆

아랫부분은 입, 윗부분은 관악기를 부는 입으로 본뜻은 '말'이다.

輿	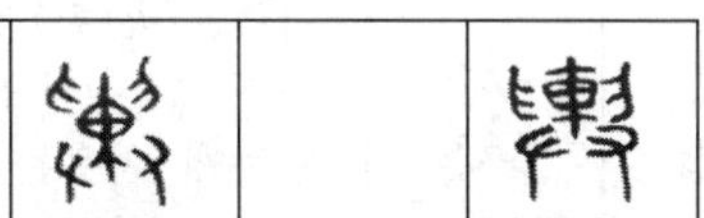		
수레 여	甲骨文	金文	小篆

갑골문의 좌우상하는 (두 사람의) 네 손의 모습이고, 가운데는 가마 형태의 탈 것이다. 두 사람이 들고 있는 가마를 본뜻으로 한다. 가마를 든 사람은 가마 크기에 따라 두 사람 또는 그 이상이 되는데, 여기에서 '여럿'이라는 뜻이 생겨났다.

亦			
또 역	甲骨文	金文	小篆

한 사람이 두 팔을 벌리고 있고, 그 밑에 점이 두 개 있는 모습이다. 亦은 腋(겨드랑이 액)의 본래자이다. 지금은 '역시', '또한'의 뜻으로 쓰인다.

逆			
거스를 역	甲骨文	金文	小篆

본래의 글자는 屰(역)으로, 머리는 아래로 다리는 위로 향하고 있는 사람의 모습이다. 본래의 뜻은 '순종하지 않다'이다.

然			
그럴 연	甲骨文	金文	小篆

자형은 火(화), 犬(견), 月(육)으로 이루어져 있다. 然은 燃(탈 연)의 본래자로 그 뜻은 '타다'이다. 지금은 '그러하다', '그러나' 등의 뜻으로 쓰인다.

燕			
제비 연	甲骨文	金文	小篆

갑골문의 자형은 한 마리 제비가 위로 날아가는 모습을 본뜬 글자이다. 가위처럼 생긴 제비 꼬리의 특징이 잘 나타나 있다.

淵			
못 연	甲骨文	金文	小篆

갑골문의 자형은 물이 깊은 큰 못을 본뜬 글자이다.

炎			
불탈 염	甲骨文	金文	小篆

자형은 火(화)를 위아래로 겹쳐 놓은 것으로 불길이 강하게 치솟는 모양이다. 본뜻은 '불꽃이 위로 올라가다'이다. 炎은 焰(불탈 염)의 본자이다.

葉			
잎 엽	甲骨文	金文	小篆

금문 자형의 아랫부분은 나무를 본뜬 것이고, 윗부분은 듬성듬성 달린 잎사귀를 본뜬 것이다. '잎'이란 뜻이다.

榮			
영화로울 영	甲骨文	金文	小篆

금문의 자형은 엇갈려 있는 두 자루 횃불의 모습이다. 본래의 뜻은 '밝다'이다. '번영하다', '영화' 등의 뜻으로 쓰인다.

永			
길 영	甲骨文	金文	小篆

갑골문의 자형은 큰 강물에서 헤엄치는 사람의 모습이다. 또는 강물이 길게 흘러가거나 강 물결이 출렁이며 넘실거리는 모습으로 보기도 한다. '길다'란 뜻으로 쓰인다.

藝	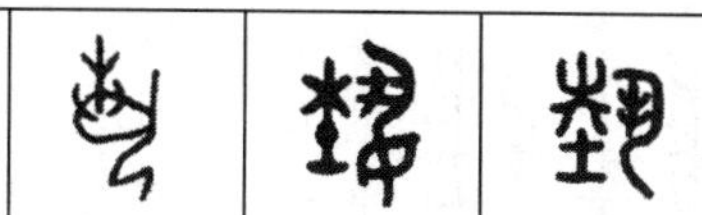		
심을 예	甲骨文	金文	小篆

한 사람이 땅에 무릎을 꿇고 앉아 나무를 심고 있는 모습이다. '재능', '기술', '예술' 등의 뜻으로 쓰인다.

烏		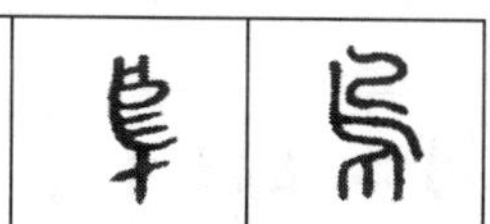	
까마귀 오	甲骨文	金文	小篆

까마귀의 모습을 본뜬 글자이다. 까마귀는 몸이 검어서 눈이 보이지 않기 때문에 鳥(새 조)의 모양에서 눈 부분이 빠져있다. '까마귀'란 뜻이다.

午			
공이 오	甲骨文	金文	小篆

벼를 찧는 데 쓰는 절굿공이를 본뜬 글자이다. 午는 杵(공이 저)의 본자이다. 뒤에 와서 간지의 이름으로 쓰이게 되었다. 지금은 '정오', '지지(地支)의 하나'로 뜻이 쓰인다.

玉	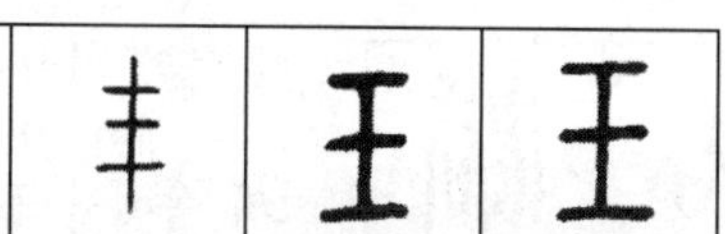		
구슬 옥	甲骨文	金文	小篆

갑골문의 자형은 구멍 뚫린 여러 개의 옥을 수직으로 실에 꿰어져 있는 모양을 본뜬 글자이다. 王(왕)과 자형이 비슷하지만 玉(옥)은 가로선 간의 간격이 일정하고 王은 그렇지 못하다.

曰			
가로 왈	甲骨文	金文	小篆

갑골문의 자형은 입 위에 짧은 가로선을 덧붙여 입으로 말하고 있는 것을 나타낸다. 본래의 뜻은 '말하다'이다.

王	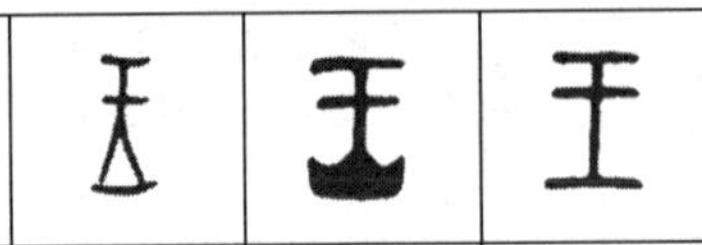		
임금 왕	甲骨文	金文	小篆

한 자루의 커다란 도끼의 모습을 본뜬 글자이다. 윗부분은 도끼의 자루이고, 아랫부분은 넓은 도끼의 날이다. 큰 도끼는 힘과 권위의 상징이었으므로 고대의 최고통치자를 王이라 부르게 된 것이다.

往	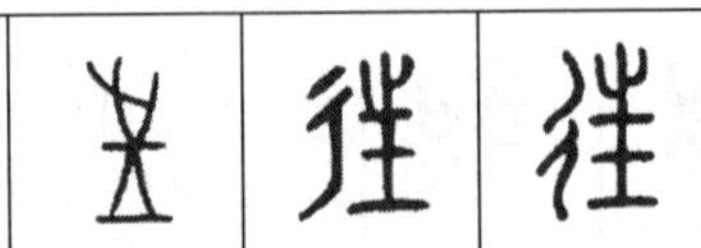		
갈 왕	甲骨文	金文	小篆

갑골문의 자형은 윗부분은 止(발 지)로 뜻을 나타내고, 아랫부분은 王(왕)으로 음을 나타낸다. 본래의 뜻은 '가다'이다.

要	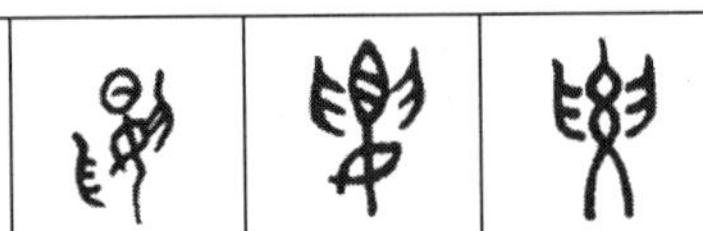		
요구할 요	甲骨文	金文	小篆

한 여자가 허리에 두 손을 얹고 있는 모습이다. 본래의 뜻은 '허리'이다. 뒤에 '중요하다', '기다리다'의 뜻을 갖게 되었다.

夭	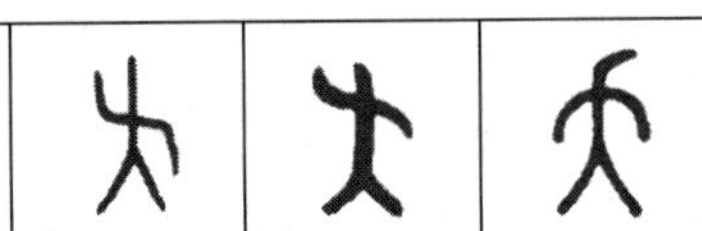		
어릴 요	甲骨文	金文	小篆

갑골문 자형은 한 사람이 양 손을 아래위로 흔들며 춤을 추는 모습이다. 몸을 앞으로 숙인 채 달리는 모습으로 보기도 한다. '젊어서 일찍죽다', '무성하다'의 뜻으로 쓰인다.

浴			
목욕할 욕	甲骨文	戰國文字	小篆

갑골문의 자형은 한 사람이 큰 대야 안에 서 있고 그의 몸에서 물방울이 떨어지는 모습이다. 사람이 대야 안에서 몸을 씻는 데서 '목욕하다'란 뜻이 나왔다.

用	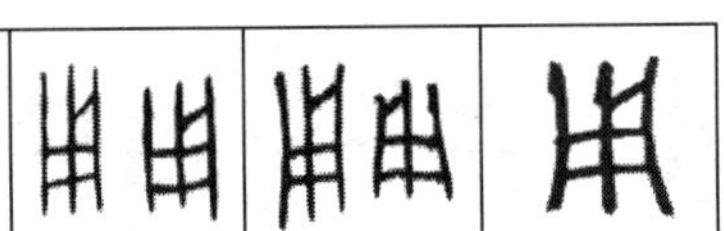		
쓸 용	甲骨文	金文	小篆

본래 '나무통'의 모습을 본뜬 글자이다. 통이 이러저러한 다양한 쓰임을 가지는 도구이므로, 여기에서 '쓰다', '쓰이다'라는 뜻이 생겨났다. '쓰다', '쓰이다'라는 뜻을 가진다.

友			
벗 우	甲骨文	金文	小篆

두 개의 왼 손, 또는 두 개의 오른손 모양이다. '우호', '사이좋은'을 본뜻으로 한다. '벗'이라는 뜻으로 쓰인다.

雨	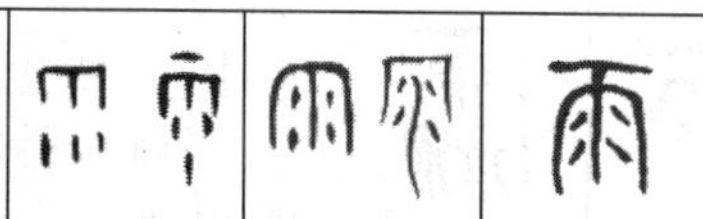		
비 우	甲骨文	金文	小篆

윗부분 '一'은 하늘을 뜻하고, 그 아랫부분은 '빗방울'의 모습이다. '비'의 뜻으로 쓰인다.

右	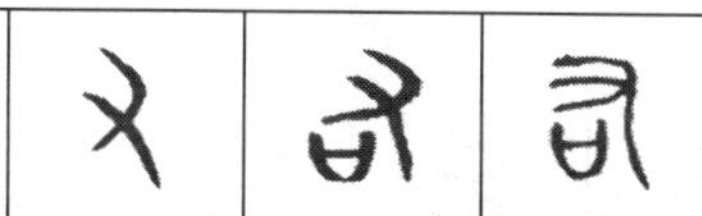		
오른쪽 우	甲骨文	金文	小篆

'又'(우)와 '口'(구)로 이루어진 글자로 '又'(우)는 오른손, '口'(구)는 입을 뜻한다. 손과 입으로 남의 일을 돕는다는 뜻에서 '돕다'의 뜻을 가지게 되었으나 '오른쪽'의 뜻으로 널리 쓰이자, '돕다'는 본뜻을 '佑'(우)로 대신하게 되었다.

牛	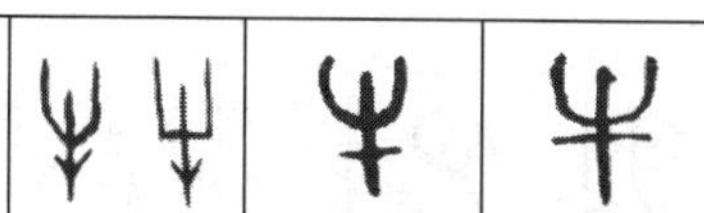		
소 우	甲骨文	金文	小篆

소를 정면에서 바라본 모양이다. '소'라는 뜻이다.

又			
또 우	甲骨文	金文	小篆

자형은 하나의 오른손의 모양이다. 본뜻이 바뀌면서 뒤에 와서는 주로 '또', '게다가'의 뜻으로 쓰였다.

羽			
깃 우	甲骨文	金文	小篆

갑골문 자형은 새의 날개 깃털 두 개를 생생하게 본뜬 글자이다. 본래의 뜻은 '새의 날개에 있는 깃털'이다.

雲	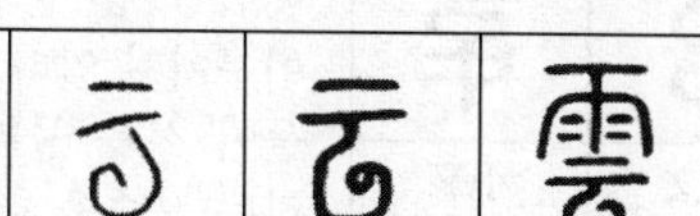		
구름 운	甲骨文	金文	小篆

갑골문과 금문은 뭉게구름의 모습을 본뜬 글자이다. 雲의 본자는 云(이를 운)이었는데, 云이 '말하다'의 뜻으로 많이 쓰이자, 소전 이후 雨를 덧붙여 雲을 만들었다. '구름'의 뜻이다.

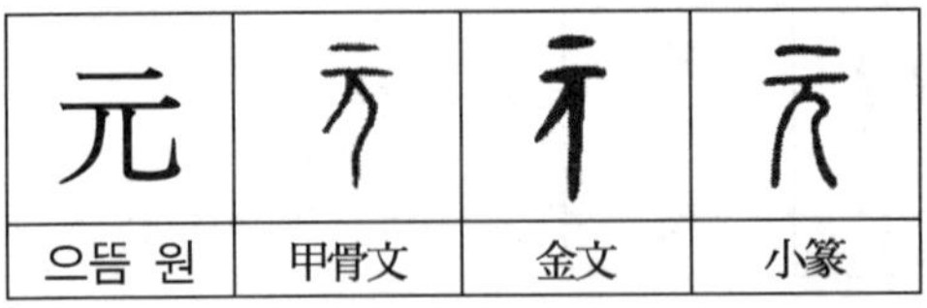

옆으로 서 있는 사람의 모습이다. 본래의 뜻은 '머리'이다.

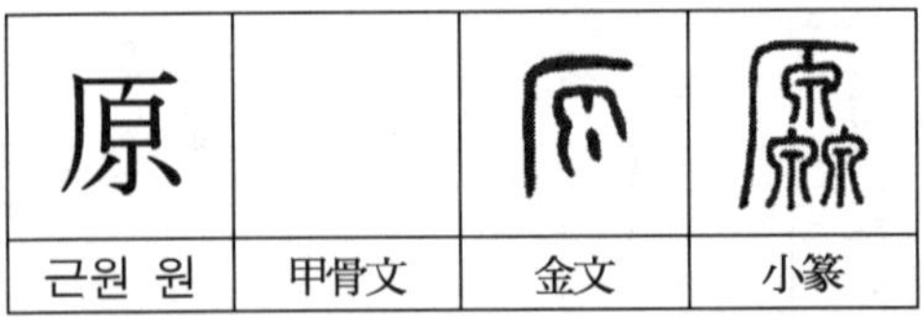

낭떠러지 밑에서 샘물이 솟아나오고 있는 모습이다. 본래의 뜻은 '수원'(水源)이다. 지금은 '근본', '원인', '원천' 등의 뜻으로 쓰인다.

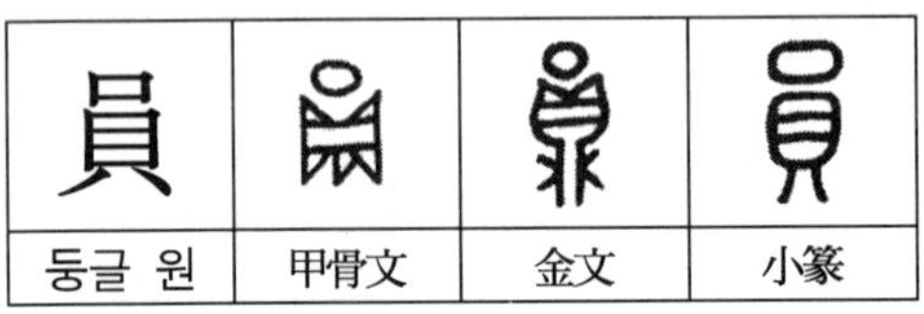

갑골문 자형의 아랫부분은 솥〔鼎〕이고, 윗부분은 솥의 둥근 테두리를 본뜬 글자이다. 員은 圓(둥글 원)의 본자이다. '둥글다', '구성원' 등의 뜻으로 쓰인다.

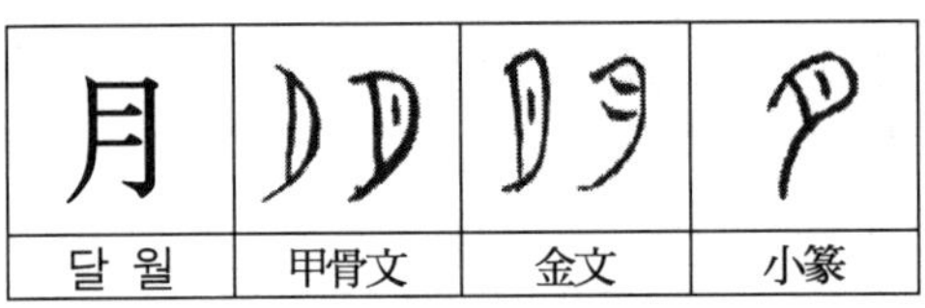

달의 모양을 본뜬 것이다. '달'이라는 뜻으로 쓰인다.

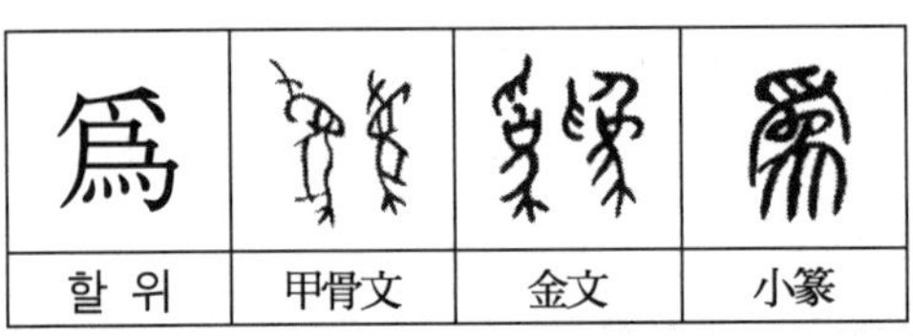

아랫부분은 코끼리의 모습, 윗부분은 코끼리의 긴 코를 잡고 있는 '손'(又)의 모습이다. '코끼리를 부리다', '코끼리를 부려 일하다'라는 뜻이었는데, 지금은 '하다'라는 의미로 널리 쓰이고 있다.

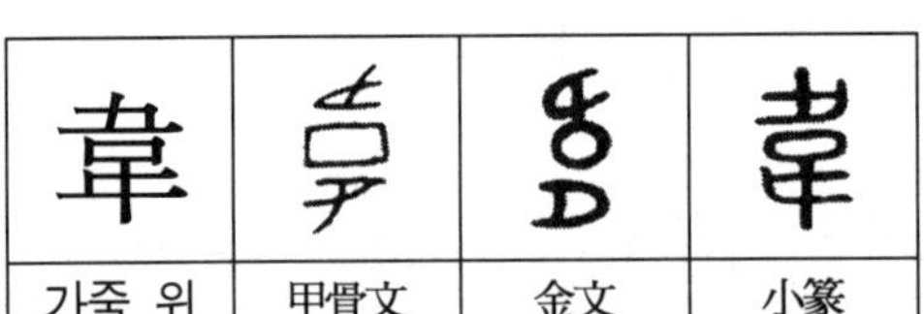

갑골문 자형은 성과 성을 에워싼 양 발의 모양으로 이루어져 있다. 여러 사람들이 성을 둘러싸고 포위하는 모습을 나타낸다. 韋는 圍(둘러쌀 위)의 본자이다. '어긋나다', '등지다' 등의 뜻으로 쓰인다.

乳	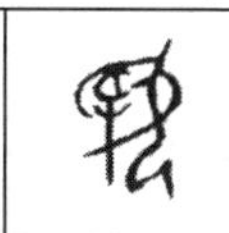	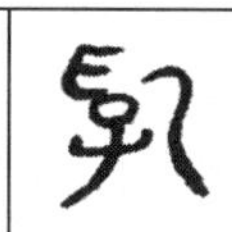	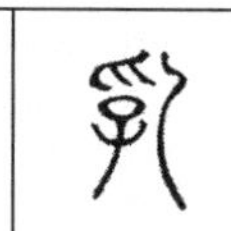
젖 유	甲骨文	金文	小篆

왼편의 윗부분은 '손', 왼편의 아랫부분은 '아이', 오른편은 '어머니의 유방'을 나타낸다. 어머니가 아이에게 젖을 먹이는 모양을 나타낸 글자로, '젖'이라는 뜻으로 쓰인다.

育	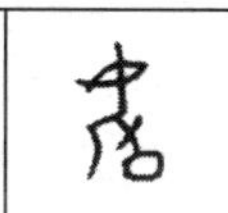		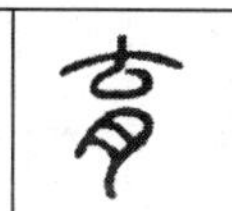
기를 육	甲骨文	金文	小篆

한 여자와 그녀의 아래에 거꾸로 놓여있는 아기의 모습으로 본래의 뜻은 '아이를 낳다'이다.

聿	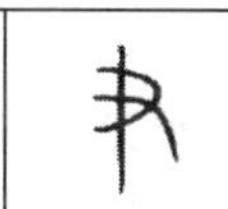		
붓 율	甲骨文	金文	小篆

갑골문과 금문의 자형은 손에 붓을 쥐고 있는 모습을 본뜬 글자이다. 聿은 筆(붓 필)의 본자이다.

飮	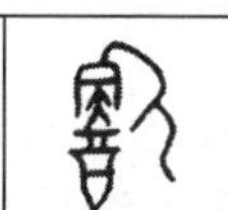		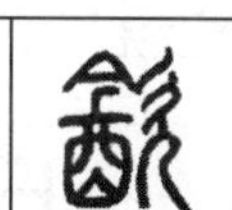
마실 음	甲骨文	金文	小篆

한 사람이 손으로 술 항아리를 잡고 머리를 숙인 채 술을 마시고 있는 모습이다. '마시다'의 뜻으로 쓰인다.

邑			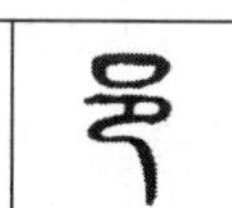
고을 읍	甲骨文	金文	小篆

윗부분 '口'는 사면이 담으로 둘러싸인 성, 아랫부분 '巴'는 한 자리에 앉아있는 사람의 모습이다. 사람들이 모여 사는 장소로 '城市'(성시)를 뜻한다.

義	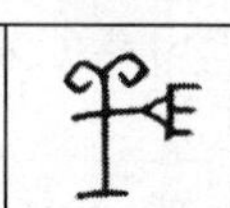		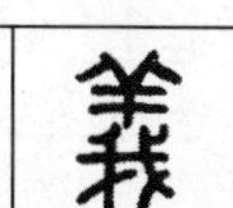
옳을 의	甲骨文	金文	小篆

갑골문 자형의 윗부분은 새의 깃털로 만든 장식이며, 아랫부분은 톱니 모양의 날이 달린 무기의 모습이다. 본래의 뜻은 '새의 깃털로 장식한 무기'이다. 이것으로 위엄 있는 모습을 드러내고자 하였다. 義는 儀(거동 의)의 본자이다. 한편 羊(양)과 我(아)로 이루어진 글자로 보아, 양을 도살하여 제사에 희생으로 삼는다고 보기도 한다.

意			
뜻 의	甲骨文	金文	小篆

자형은 音(음)과 心(심)으로 이루어져 있다. 말은 마음속의 생각을 표출하기 때문에 마음의 소리라고 했다. '뜻', '생각', '의도' 등을 나타낸다.

疑			
의심할 의	甲骨文	金文	小篆

갑골문 자형은 지팡이를 든 노인이 갈림길에서 머리를 흔들며 골똘히 생각하는 모습을 나타낸다. 본래의 뜻은 '골똘히 생각하다'이다.

衣	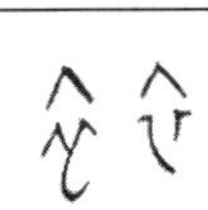	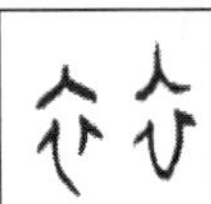	
옷 의	甲骨文	金文	小篆

옷깃을 세운 웃옷을 본뜬 글자이다. 첫 획 점(丶)은 빳빳이 세운 옷깃의 모양이다.

耳	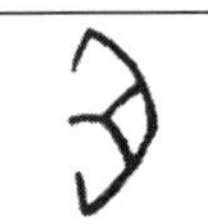		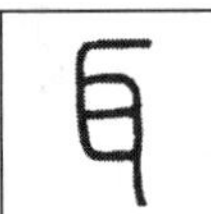
귀 이	甲骨文	金文	小篆

갑골문의 자형은 사람의 한쪽 귀를 완전히 그려놓은 모습이다. 소전 이후의 자형은 점차 변하여 닮지 않게 되었다. '귀'의 뜻으로 쓰인다.

異			
다를 이	甲骨文	金文	小篆

갑골문의 자형은 몸은 사람이고 머리는 귀신 가면을 쓰고, 두 손을 벌리고 있는 모습이다. 이것은 매우 특이하고 괴상한 모습이다. '다르다', '이상하다'의 뜻으로 쓰인다.

二	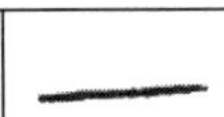		
두 이	甲骨文	金文	小篆

두 개의 산가지가 나란히 있는데 이것으로 숫자 2를 표시했다. '둘'의 뜻이다.

而			
말이을 이	甲骨文	金文	小篆

사람의 구레나룻이 아래로 드리워져 있는 모습이다. 뒤에 와서는 본래의 뜻이 없어지고 '너'와 '그리고'의 뜻으로 사용되었다.

益	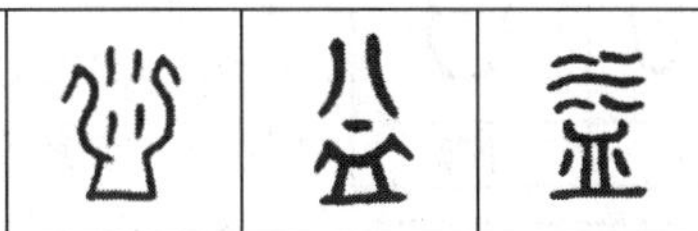		
더할 익	甲骨文	金文	小篆

갑골문의 자형은 皿(명)과 水(수)로 이루어져 있다. 그릇에 물이 가득 넘쳐 밖으로 흘러나오는 모습을 나타낸 것이다. 益은 溢(넘칠 일)의 본자이다. '늘어나다', '이롭다', '이익' 등의 뜻으로 쓰인다.

翼	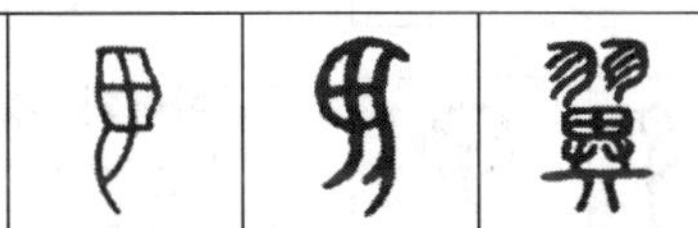		
날개 익	甲骨文	金文	小篆

자형은 새의 한쪽 날개의 모습이다. 윗부분의 선들은 날개에 있는 깃털의 모습이다.

印	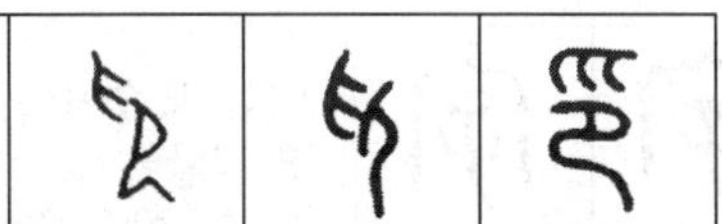		
도장 인	甲骨文	金文	小篆

큰 손으로 꿇어앉은 사람의 머리를 강제로 내리누르고 있는 모습이다. 印은 抑(누를 억)의 본래자로 그 뜻은 '내리누르다'이다. 뒤에 의미가 확대되어 '도장'이란 뜻으로 쓰였다.

因	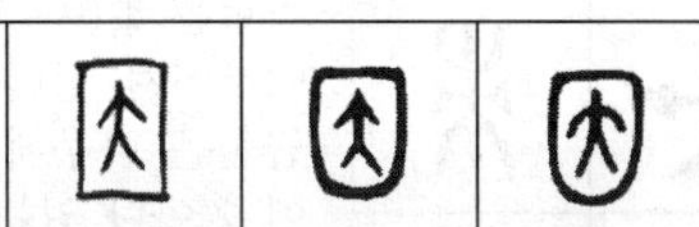		
인할 인	甲骨文	金文	小篆

한 사람이 돗자리 위에 누워 있는 모습이다. 因은 茵(자리 인)의 본래자로, 그 뜻은 '돗자리', '요'이다. 뒤에 '인하여', '때문에' 등의 뜻으로 쓰이게 되었다.

人	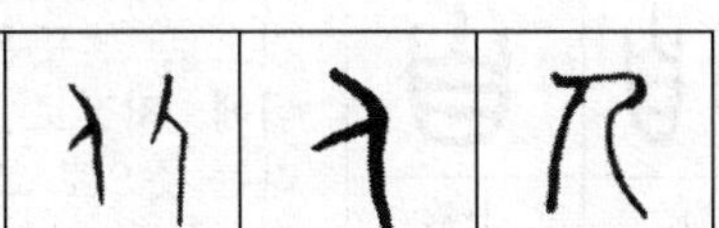		
사람 인	甲骨文	金文	小篆

한 사람이 서 있는 모양이다. '사람'이라는 뜻으로 쓰인다.

一			
한 일	甲骨文	金文	小篆

하나의 산가지로 숫자 1을 표시했다. '하나', '같다' 등의 뜻으로 쓰인다.

日	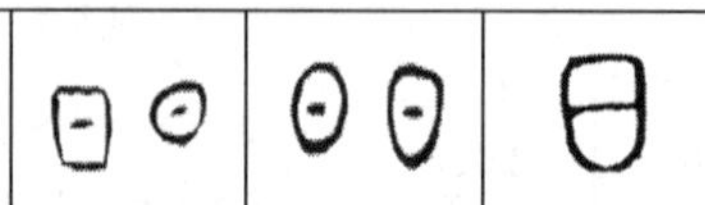		
해 일	甲骨文	金文	小篆

'해'의 모양을 본뜬 것이다. '해', 또는 '해'가 떴다가 지는 기간인 '날(하루)'이라는 뜻을 가진다.

孕	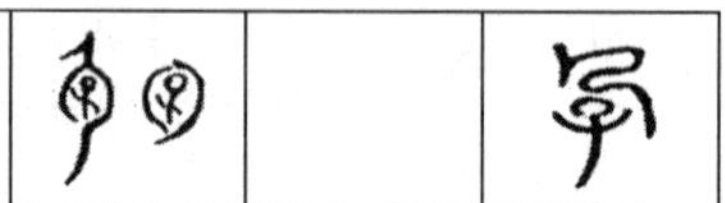		
아이밸 잉	甲骨文	金文	小篆

아래의 '子'는 아이, 위의 '乃'는 아이를 밴 몸의 배가 강조된 모양이다. '아이를 배다'라는 뜻으로 쓰인다.

子			
아들 자	甲骨文	金文	小篆

갓난아이가 강보 속에서 두 손을 움직이는 모양이다. 본뜻은 '아이', '아들'의 뜻으로 쓰인다.

字			
글자 자	甲骨文	金文	小篆

아들〔子〕이 집〔宀〕 아래에 있는 모습이다. 본래의 뜻은 '낳아서 기르다'이다. 뒤에 '양육하다', '임신하다'의 뜻을 갖게 되었다. 지금은 '문자'의 뜻으로 쓰인다.

刺			
찌를 자	甲骨文	金文	小篆

자형은 朿(자)와 刂(도)로 이루어져 있다. 갑골문과 금문은 나무에 가시가 많이 돋아나 있는 모습이다. '찌르다', '가시' 등의 뜻으로 쓰인다.

自	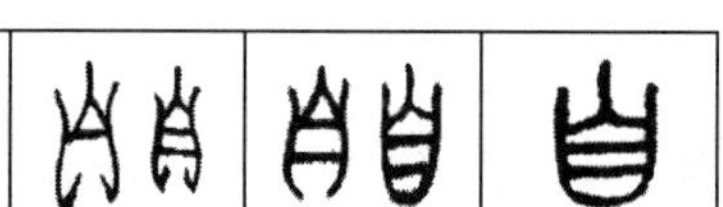		
스스로 자	甲骨文	金文	小篆

사람의 코 모양을 나타낸 것으로 본뜻은 '코'이다. 뒤에 '저절로', '~로부터'라는 뜻으로 쓰이게 되자, **鼻**(비)를 만들어 '코'라는 뜻으로 사용하였다. **鼻**(비)의 '畀'(비)는 본래 '주다'라는 뜻을 가지나 여기에서는 발음부호 역할을 한다.

雀			
참새 작	甲骨文	金文	小篆

갑골문 자형은 小(소)와 隹(추)로 이루어져 있다. 작은 새를 뜻하는 것으로 참새를 나타낸다.

爵			
잔 작	甲骨文	金文	小篆

고대에 사용하던 술잔의 모양을 본뜬 글자이다. 뒤에 와서 '작위'란 뜻으로 쓰였다.

殘			
해칠 잔	甲骨文	金文	小篆

갑골문 자형은 두 자루 창의 모습이다. 창을 들고 서로 싸우면 해치게 된다는 데에서 '해치다'의 뜻이 되었다. '흉악하다', '남다' 등의 뜻으로 쓰인다.

臧	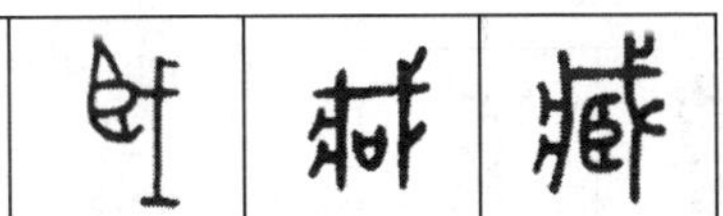		
감출 장	甲骨文	金文	小篆

갑골문 자형은 튀어나온 눈의 상형인 臣(신)과 창의 상형인 戈(과)로 이루어져 있다. 창의 뾰족한 엽날이 전쟁 포로의 눈을 찌르고 있는 모습이다. 본래의 뜻은 '노예'이다. 고대에는 이런 끔직한 방법으로 노예를 만들었다. '감추다', '착하다' 등의 뜻으로 쓰인다.

長	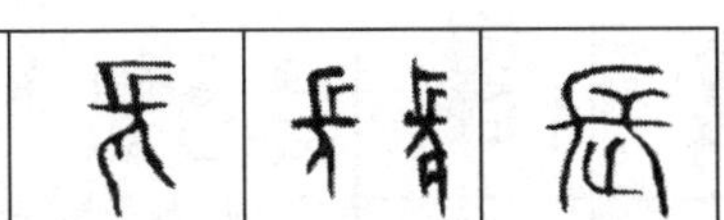		
길 장	甲骨文	金文	小篆

갑골문의 윗부분은 풀어헤친 머리칼, 아랫부분은 '人'(사람 인)의 변형이다. 옛날 은나라 때 머리숱이 성근 노인들은 산발한 채 지냈는데, 이 모습을 그린 것이다. '산발한 노인'이라는 뜻이었는데 나중에 '어른', '우두머리', '길다'의 뜻으로 널리 쓰이게 되었다.

才	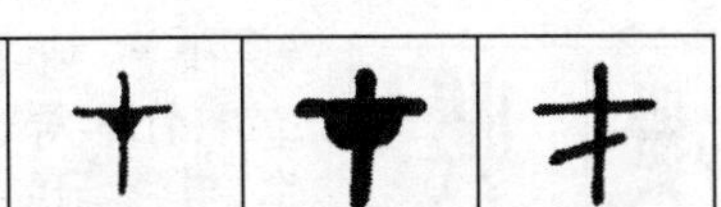		
재주 재	甲骨文	金文	小篆

초목이 땅 위로 처음 돋아나는 모양이라고 풀이되는 글자이다. 一은 '지면', 윗부분은 '돋아난 새싹', 아랫부분은 '뿌리'의 모습을 본떴다고 한다. 본래의 뜻은 '초목의 맨 처음의 모습'이다. 지금은 거의 쓰이지 않고, '재능', '소질' 등의 뜻으로 쓰인다.

翟		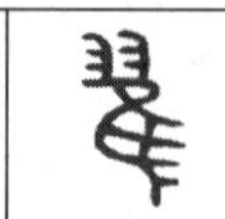	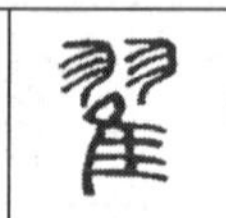
꿩 적	甲骨文	金文	小篆

금문 자형은 羽(우)와 隹(추)로 이루어져 있다. 깃털이 새의 대가리 위에 달린 모습으로, 새의 꽁지깃이 날개보다 높이 올라올 정도로 긴 '꿩'을 뜻한다.

赤			
붉을 적	甲骨文	金文	小篆

자형은 大(대)와 火(화)로 이루어져 있다. 불빛이 사람의 얼굴에 붉게 비치고 있음을 나타낸다. '붉다', '벌거벗다' 등의 뜻으로 쓰인다.

田	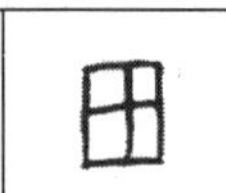	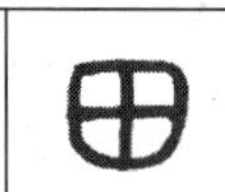	
밭 전	甲骨文	金文	小篆

구획이 잘 나누어지고 정돈이 된 밭의 모양을 본뜬 글자이다.

前			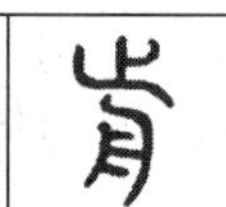
앞 전	甲骨文	金文	小篆

갑골문의 윗부분은 발을 뜻하는 止(지)이고 그 아래는 대야의 모습이다. 조상신을 모신 종묘에 들어가기에 앞서 반드시 발을 대야 물에 담가 깨끗이 씻어야 했다. '앞서', '먼저' 등의 뜻이 이렇게 생겼다.

專	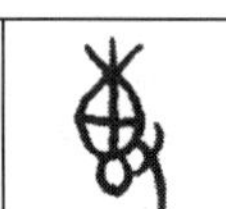		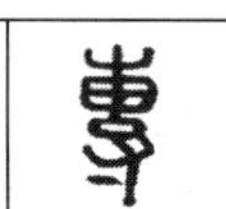
오로지 전	甲骨文	金文	小篆

갑골문의 자형은 한 손으로 물레의 실감개(북)을 돌리고 있는 모습으로 '굴리다'가 본뜻이다. 專은 轉(구를 전)의 본래자이다. 실감개에 실을 감을 때는 실감개가 수레바퀴 구르듯 한다. 그런데 이 일을 할 때 한마음으로 전심하지 않으면 실이 고르게 감기지 않는다는 데에서 '오로지 하다'는 뜻이 생겼다.

典			
법 전	甲骨文	金文	小篆

윗부분은 대나무를 쪼갠 조각(竹簡:죽간)을 끈으로 엮은 冊(책)의 모양, 아랫부분은 왼손과 오른손 두 손으로 두 손으로 책을 들고 있는 모습이다. 이처럼 공손히 들고 있는 책은 귀한 책이라는 의미에서, '귀한 책'을 본뜻으로 한다.

電			
번개 전	甲骨文	金文	小篆

윗부분 '雨'(우)는 비, 아랫부분 '申'(신)은 번쩍이는 모습이다. 비가 내리는 가운데 번개가 번쩍인다는 뜻이다. 본뜻은 '번개'였다가 '빠르다'는 뜻으로 쓰인다.

折			
꺾을 절	甲骨文	金文	小篆

큰 도끼로 나무를 찍어서 꺾고 있는 모습이다. 본래의 뜻은 '꺾다'이다.

絶			
끊을 절	甲骨文	金文	小篆

갑골문의 자형은 한 타래의 실이 세 개의 가로 선에 의해 끊어지는 모습이다. 소전 자형에 오면 糸(멱), 刀(도), 卩(절)로 구성되므로 오늘날 쓰는 絶의 色은 관계가 없는 글자이다. '끊다', '떨어지다'의 뜻으로 쓰인다.

節			
마디 절	甲骨文	金文	小篆

갑골문의 자형은 꿇어앉은 자세로 음식 앞으로 다가서는 사람의 모습이다. 본래의 뜻은 '대나무 마디'이다. '때', '명절', '절약하다' 등의 뜻으로 쓰인다.

占			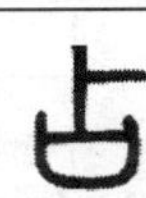
점칠 점	甲骨文	金文	小篆

자형은 卜(복)과 口(구)로 이루어져 있다. 윗부분은 점을 치는 것이고, 아랫부분은 점쟁이가 길흉을 말하는 것이다. '점'이란 뜻이다.

丁			
장정 정	甲骨文	金文	小篆

자형은 못대가리의 모습을 본뜬 글자이다. 위에서 아래로 본 것도 있고, 옆에서 본 것도 있다. 또한 '물고기의 눈깔', '사람의 머리', '쇳덩어리' 등의 모습을 본떴다고 보기도 한다.

鼎	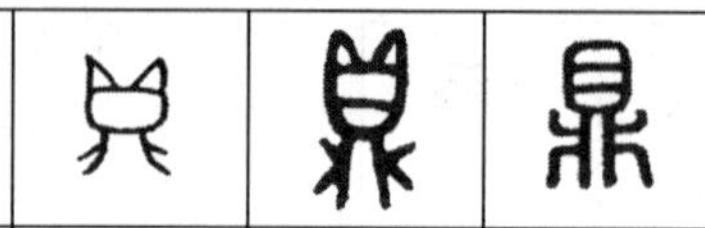		
솥 정	甲骨文	金文	小篆

세 발과 두 귀가 붙어 있는 음식을 삶는 솥을 본뜬 글자이다.

井	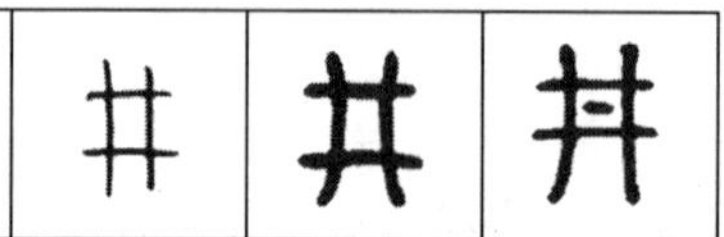		
우물 정	甲骨文	金文	小篆

자형은 나무를 교차하여 사각형 모양으로 만든 우물의 입구 모습을 본뜬 글자이다.

晶			
밝을 정	甲骨文	金文	小篆

갑골문 자형은 하늘에 떠 있는 세 개의 별 모양을 본뜬 글자이다. 본래의 뜻은 '반짝이다'이다.

正	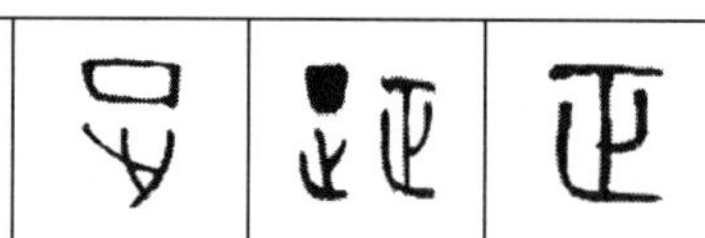		
바를 정	甲骨文	金文	小篆

갑골문을 보면 윗부분 '一'은 '口'로 되어있는데, 걸어가는 목표 또는 공격의 대상인 '성'(城)을 뜻한다. 아랫부분은 '발'〔止〕의 상형이다. 이 글자는 처음에는 가서 잘못된 것을 바로잡아준다는 '정벌'(征伐)의 뜻으로 쓰였으나 뒤에 '바로잡다', '바르다' 등의 뜻으로 널리 쓰이게 되었다.

祭			
제사 제	甲骨文	金文	小篆

갑골문을 보면 왼편은 고깃덩어리, 오른편은 고깃덩어리를 잡고 있는 손, 고깃덩어리의 옆에 있는 점은 뚝뚝 떨어지는 핏방울이다. 따라서 잡은 지 얼마 안 되는 희생의 고기임을 알 수 있다. 귀신을 뜻하는 '示'(시)는 금문에서 처음 나타난다. 이 글자는 손으로 고기를 들어 바치는 모양으로 '제사'라는 의미로 널리 쓰인다.

齊	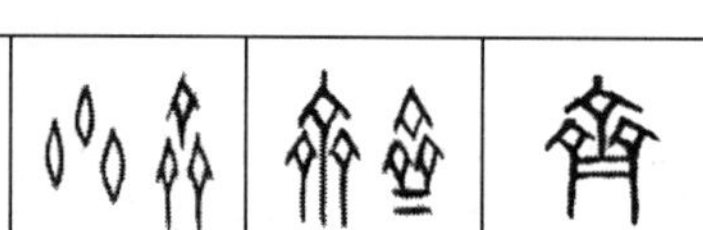		
가지런할 제	甲骨文	金文	小篆

갑골문에 보이는 것은 농작물의 이삭, 또는 이삭이 달린 줄기로 잘 자란 농작물이 키를 가지런히 하고 있는 모습이다. '가지런하다'라는 뜻으로 쓰인다.

鳥			
새 조	甲骨文	金文	小篆

새의 모습을 본뜬 글자이다. 뾰족한 부리와 가느다란 발톱이 드러나 있다. '새'란 뜻이다.

棗		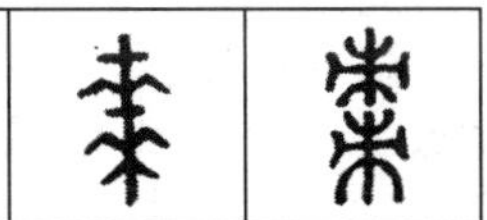	
대추나무 조	甲骨文	金文	小篆

자형은 朿(가시 자)를 위아래로 겹쳐놓은 모습이다. 고대에 가시가 많이 달린 대추나무의 모양을 나타낸 글자이다.

弔	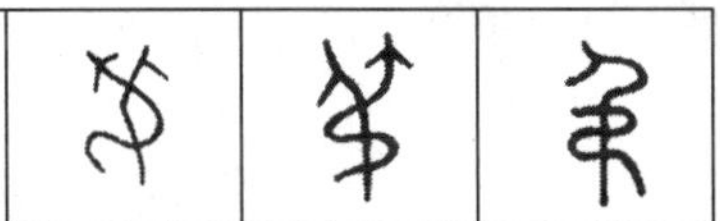		
조상할 조	甲骨文	金文	小篆

갑골문 자형은 한 사람이 사냥할 때 쓰는 주살(줄을 매단 화살)을 메고 있는 모습이다. 본래의 뜻은 없어지고 지금은 '죽은 사람을 조문하다'는 뜻으로 널리 쓰인다.

爪			
손톱 조	甲骨文	金文	小篆

자형은 물건을 움켜쥐고 있는 사람의 손 모양을 본뜬 글자이다. 손가락 세 개로 단순화시켰다. '손톱', '새나 짐승의 발톱' 등의 뜻으로 쓰인다.

朝	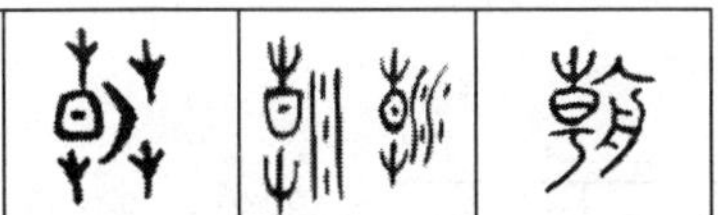		
아침 조	甲骨文	金文	小篆

왼편의 아래 위에 풀을 나타내는 艸(초), 가운데에 해의 모양인 日(일)이 있으며, 오른편에는 달의 모양인 '月'(월)이 있다. 풀숲이 펼쳐져 있는 곳에 한쪽에서는 아침 해가 떠오르고 한쪽에서는 아직 서녘 하늘가에 달리 걸려있음을 볼 수 있다. 이른 새벽의 모습이다. 지금은 '아침'이라는 뜻으로 쓰인다.

足	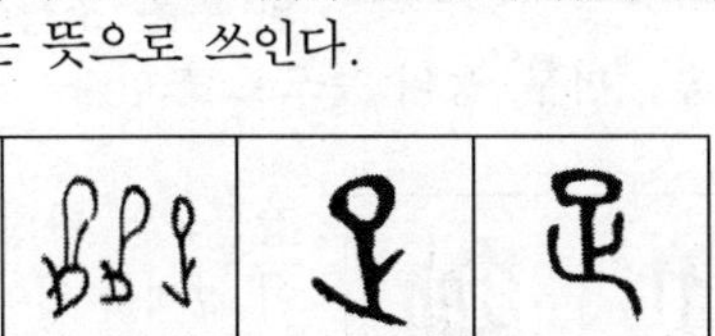		
발 족	甲骨文	金文	小篆

갑골문의 모양은 발꿈치, 발바닥, 장딴지를 완전히 갖춘 사람의 다리 모양이다. 본뜻은 '다리', '充實'(충실), '滿足'(만족)의 뜻으로 쓰인다.

族			
겨레 족	甲骨文	金文	小篆

갑골문 자형은 깃발 아래 화살촉이 위로 향하고 있는 모습이다. 갑골문에 따라 여러 개의 화살이 보인다. 깃발로서 군중이 모임을 나타냈고, 화살로써 전투에 참여하는 것을 드러냈다. 고대에는 가족이나 씨족이 하나의 전투 단위였다. 그러므로 한 종족이라 부른 것이다.

尊			
높을 존	甲骨文	金文	小篆

자형은 酉(유 : 술 그릇)와 廾(공)으로 이루어진 글자로, 두 손으로 술항아리를 바쳐 들고 있는 모습이다. 공경하는 마음으로 술을 바친다는 데서 '존경하다', '존중하다'의 뜻으로 쓰인다.

卒			
군사 졸	甲骨文	金文	小篆

고대에 노예나 병사들에게 입혔던 표시가 붙어 있던 옷을 나타낸 것이다. 물고기 비늘 모양의 청동 조각을 엉성하게 달아놓은 '갑옷'을 본뜬 모습으로 보기도 한다. 처음에는 장수들이 입었는데 더 견고한 철제 갑옷이 개발되자 부하들에게 넘겨주었고, 차츰 전투병도 착용하게 되고부터 '병졸'의 뜻을 가지게 되었다고 한다. '마치다', '죽다', '갑자기' 등의 뜻으로도 쓰인다.

宗			
마루 종	甲骨文	金文	小篆

자형은 宀(면)과 示(시 : 제탁의 모습)로 이루어져 있다. 한 건물 안에 제단이 놓여있는 모습이다. 본래의 뜻은 '조상에게 제사지내는 사당'이다. '사당', '종족', '마루' 등의 뜻으로 쓰인다.

從	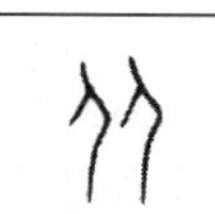	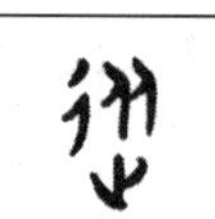	
좇을 종	甲骨文	金文	小篆

갑골문의 자형은 한 사람이 앞에서 걸어가고, 다른 사람이 뒤에서 좇아가는 모습이다. 본래의 뜻은 '따라가다'이다.

左			
왼 좌	甲骨文	金文	小篆

갑골문의 자형은 왼손의 모습이다. 금문의 자형은 𠂇(좌)와 工(공)으로 바뀌었다. 𠂇는 왼손의 모습이고, 工은 목수의 필수품인 곡척(曲尺)이나 손도끼의 모습이라고 한다. 左의 본뜻은 공구를 들고 일을 돕는다는 데서 '돕다'이다. 본뜻을 잃고 '왼쪽'의 뜻으로 널리 쓰이게 되었다.

罪		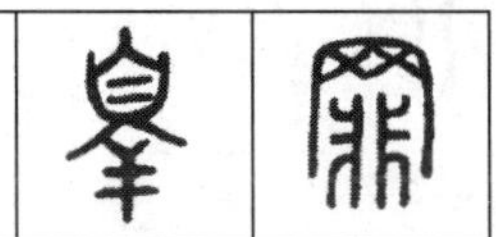	
허물 죄	甲骨文	金文	小篆

금문의 자형은 自〔코〕와 辛(신)으로 이루어져 있다. 칼로 코를 베는 방법으로 죄인을 처벌한다는 뜻이다. 罪는 辠(허물 죄)의 대용자(代用字)이다.

走			
달릴 주	甲骨文	金文	小篆

한 사람이 뛰어가고 있는 모습이다. '달리다'의 뜻으로 쓰인다.

舟			
배 주	甲骨文	金文	小篆

선체가 휘어져 있는 배의 모양을 본뜬 글자이다. 배의 가로목까지 나타나 있다. 본래의 뜻은 '배'이다.

朱	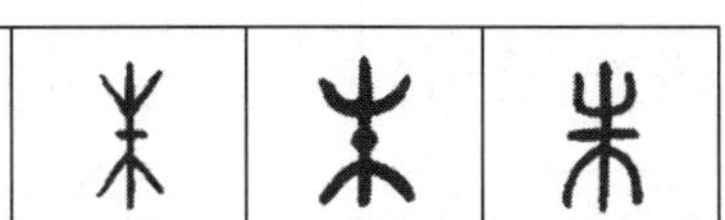		
붉을 주	甲骨文	金文	小篆

나무줄기의 모습을 나타낸 글자이다. 이 글자가 '붉다'라는 뜻으로 널리 쓰이자 木을 덧붙여 株(줄기 주)를 만들었다. '붉다'는 뜻으로 쓰인다.

主			
주인 주	甲骨文	金文	小篆

갑골문의 자형은 대청이나 뜰의 땅바닥에 고정시켜 놓은 횃불을 본뜬 글자이다. 아랫부분이 횃불의 자루이며, 윗부분은 불꽃의 모습이다. 主는 炷(심지 주)의 본래자이다. 소전의 자형은 등잔으로 보기도 한다. 상고시대에 불씨는 매우 귀중하여 우두머리만이 보관하였다. 그래서 主가 '우두머리'를 뜻하게 되었다.

鑄			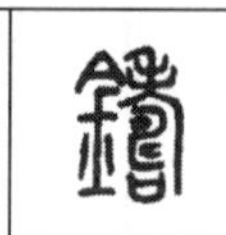
쇠 부어 만들 주	甲骨文	金文	小篆

갑골문 자형은 금속을 녹인 주물(鑄物)이 들어 있는 솥을 거꾸로 들어 아래에 있는 거푸집에 쏟아 붇는 모습을 나타낸다.

州	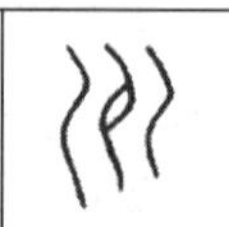	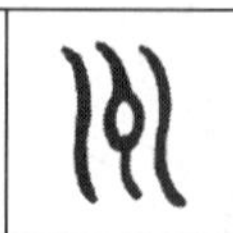	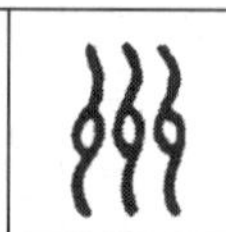
고을 주	甲骨文	金文	小篆

갑골문의 자형은 흐르는 강물 가운데 있는 섬의 모양을 본뜬 글자이다. 州는 洲(섬 주)의 본자이다. '고을', '마을'의 뜻으로 쓰인다.

竹		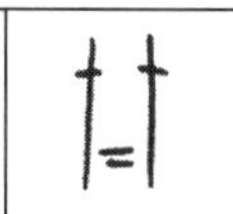	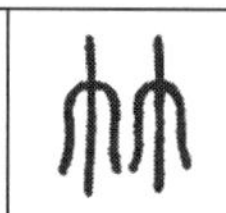
대 죽	甲骨文	金文	小篆

자형은 아래로 드리워진 두 개의 대나무 잎사귀를 본뜬 글자이다. '대나무'란 뜻이다.

中		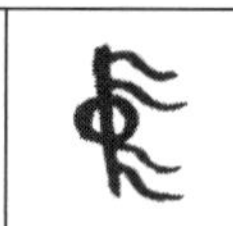	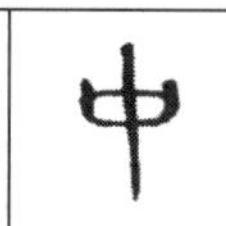
가운데 중	甲骨文	金文	小篆

세로획은 '긴 장대', '口(구)'는 사람들이 사는 범위를 뜻한다. '가운데', '중앙'이라는 뜻이다.

衆	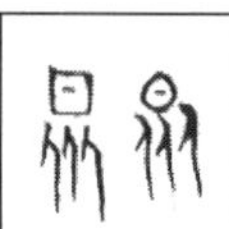	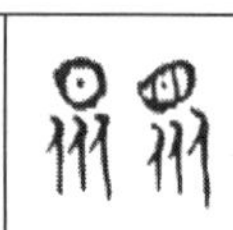	
무리 중	甲骨文	金文	小篆

윗부분은 '태양', 아랫부분은 태양 아래서 일을 하는 '노예들'를 나타낸다. 갑골문에는 노예가 세 사람 나와 있는데 많다는 뜻을 담고 있다. 본뜻은 '많다', 나중에 '사람의 무리'라는 뜻으로도 쓰이게 되었다.

卽		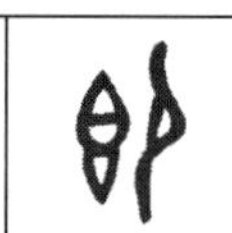	
곧 즉	甲骨文	金文	小篆

왼쪽은 음식물이 담긴 그릇이고, 오른쪽은 한 사람이 음식물을 대하고 꿇어앉은 모습이다. 본래의 뜻은 '음식물 앞으로 다가가다'이다. 뒤에 '접근하다', '가까이가다'의 뜻을 갖게 되었다.

之	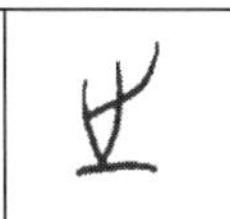		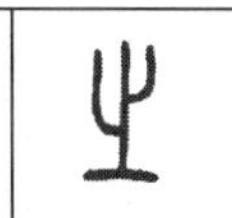
갈 지	甲骨文	金文	小篆

자형의 위에 있는 것은 발이고 아래에 있는 것은 출발 지점을 나타낸다. 본래의 뜻은 '가다', '…로 가다'이다.

旨	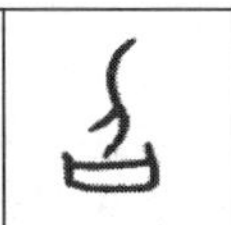	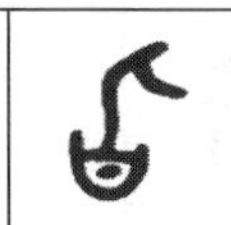	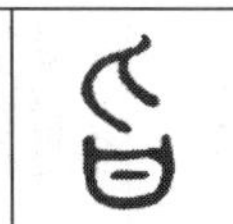
맛 지	甲骨文	金文	小篆

갑골문 자형은 숟가락 하나와 입 하나로 이루어져 있다. 맛있는 음식을 입 안에 떠 넣는 것을 나타낸다.

止	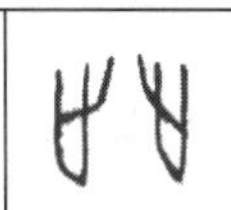		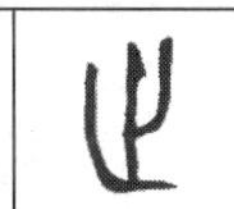
발 지	甲骨文	金文	小篆

발바닥'의 모습으로 '발'을 뜻한다. 지금은 '그치다'라는 뜻으로 쓰인다.

至	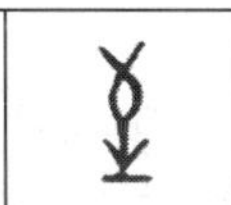	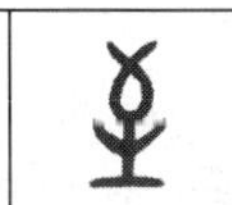	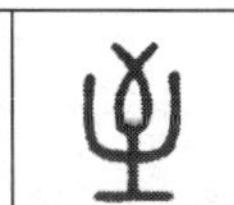
이를 지	甲骨文	金文	小篆

갑골문 자형은 화살이 목표 지점에 도달하였음을 나타낸다. 본래의 뜻은 '도달하다'이다. '지극하다'의 뜻으로도 쓰인다

進	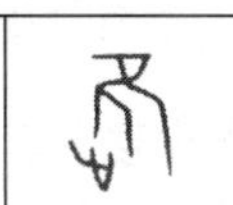	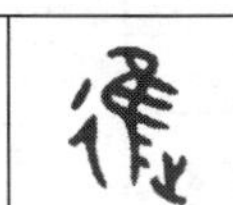	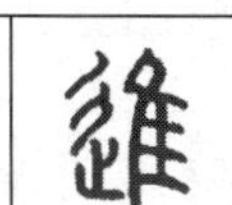
나아갈 진	甲骨文	金文	小篆

갑골문의 자형은 隹(추)에 止(지)가 덧붙여 있는 모습이다. 본래의 뜻은 '앞으로 나아가다'이다.

盡			
다할 진	甲骨文	金文	小篆

갑골문의 자형은 한 손으로 수세미를 잡고 그릇을 씻고 있는 것을 본뜬 글자이다. 그릇에 있던 밥과 반찬을 이미 다 먹었음을 나타낸다. '다하다', '끝나다' 등의 뜻으로 쓰인다.

辰			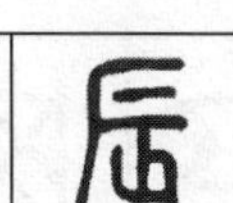
별 진	甲骨文	金文	小篆

조개의 껍질을 갈아서 만든, 풀을 매는 농기구를 본뜬 모습이다. 조개를 본뜬 모습으로 보기도 한다. 본래의 뜻은 '대합조개'〔蜃 : 대합조개 신〕이다.

塵			
티끌 진	甲骨文	金文	小篆

자형은 세 마리의 사슴〔鹿〕과 흙으로 사슴 떼가 달릴 때 일어나는 흙먼지를 나타낸다.

疾			
병 질	甲骨文	金文	小篆

갑골문 자형은 人(인)과 矢(시)로 이루어져 있는데, 날카로운 화살이 사람의 가슴을 향해 날아가는 모습이다. 본래의 뜻은 '병들다'이다. '미워하다', '빠르다'의 뜻으로도 쓰인다.

集			
모일 집	甲骨文	金文	小篆

새가 나무 위에 앉아 쉬고 있는 모습이다. '모으다', '모이다' 등의 뜻으로 쓰인다.

執			
잡을 집	甲骨文	金文	小篆

갑골문의 자형은 한 사람의 두 손이 차꼬에 묶여 있음을 나타낸다. 본래의 뜻은 '체포하다'이다. '잡다', '맡다' 등의 뜻으로 쓰인다.

鬯			
울창주 창	甲骨文	金文	小篆

울금초(鬱金草)와 기장으로 빚은 맛있는 술이 가득한 술잔의 모양을 본뜬 글자이다.

倉			
곳집 창	甲骨文	金文	小篆

양곡 창고의 모습을 본뜬 글자이다. 윗부분은 창고의 지붕이고, 중간 부분은 창고의 한쪽 문이다. '창고'란 뜻이다.

窗			
창 창	甲骨文	金文	小篆

窗은 원자는 囪(창)으로 고대에 대나무로 간단하게 만든 창틀의 모양을 본뜬 글자이다. '창'이란 뜻이다.

采			
캘 채	甲骨文	金文	小篆

한 손으로 나무에 달린 열매를 따고 있는 모습이다. '따다', '캐다'의 뜻으로 쓰인다.

冊	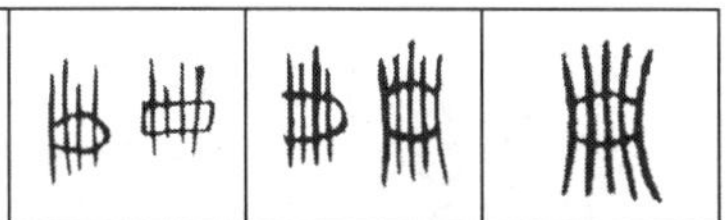		
책 책	甲骨文	金文	小篆

종이가 발명되기 전 중국에서는 대나무를 쪼갠 조각(竹簡:죽간)의 표면을 종이처럼 사용했다. 이러한 죽간들을 끈으로 엮어 책을 만들었는데, 이 글자는 만들어진 책의 모습을 본뜬 것이다. '책'이라는 뜻으로 쓰인다.

陟	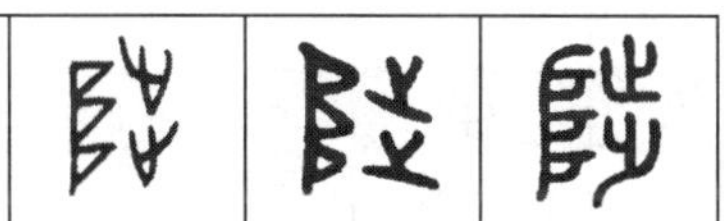		
오를 척	甲骨文	金文	小篆

갑골문과 금문 자형은 阜(阝:언덕 부)와 두 개의 止(지)로 이루어져 있다. 언덕 아래에서 위로 올라가는 두 발의 모습을 나타낸 것이다. 본래의 뜻은 '오르다'이다.

川	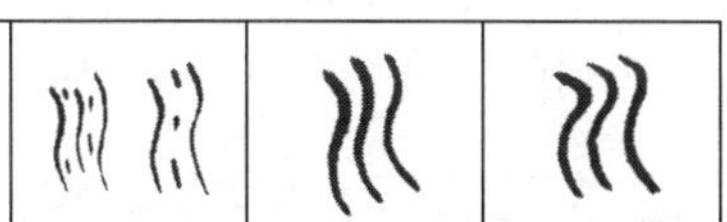		
내 천	甲骨文	金文	小篆

갑골문의 모양은 굽이 흐르는 강물의 모습이다. 양쪽의 곡선은 강의 언덕, 가운데는 흐르는 물이다. 본뜻은 '강물의 흐름'인데 '내'라는 뜻으로 쓰인다.

天			
하늘 천	甲骨文	金文	小篆

갑골문의 모양은 정면을 향해 서 있는 사람의 모양이다. 본뜻은 '사람의 머리'였는데 '정수리 위의 하늘', '자연계'의 뜻으로 쓰인다.

千	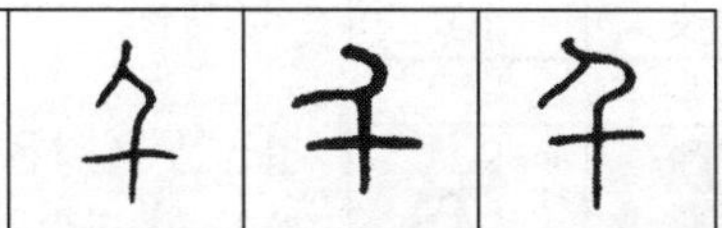		
일천 천	甲骨文	金文	小篆

갑골문의 자형은 十(십)과 人(인)으로 이루어져 있다. 고대에는 사람이 최고 백세까지 산다고 여겨 한 사람으로 숫자 100을 표시했다. 한 사람이 100을 나타내므로 열 사람은 1000을 나타낸다. '일천'이란 뜻이다.

泉	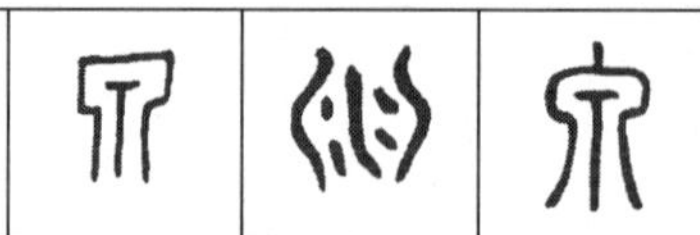		
샘 천	甲骨文	金文	小篆

산의 돌 틈 사이에 있는 샘에서 물이 솟구쳐 흘러나오는 모습이다. 본래의 뜻은 '물이 솟아나오는 곳'이다. '샘'이란 뜻이다.

綴			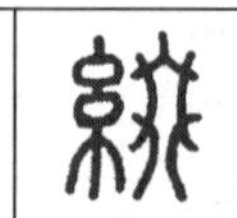
꿰맬 철	甲骨文	金文	小篆

案席(안석 : 벽에 세워 놓고 앉을 때 몸을 기대는 방석)의 짧은 실이나 실이 서로 연결된 모양을 본뜬 글자이다. 본래의 뜻은 '꿰매어 붙이다'이다.

妾	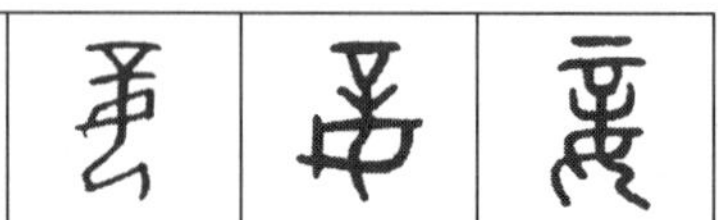		
첩 첩	甲骨文	金文	小篆

갑골문 자형은 한 여자가 꿇어 앉아 있고, 머리 위에 형벌용 칼이 있는 모습이다. 아버지, 남편, 오빠, 자식들 중 누군가 저지른 죄로 얼굴에 경(黥)을 치게 된 것이다. 때론 전쟁에서 지고 적국에서 잡혀온 포로였다. 이리하여 강한 자, 이긴 자의 성적 노리개가 되었다. 후세에는 '정식으로 혼례를 치르지 않고 데리고 사는 여자'를 지칭하기도 하였다.

聽	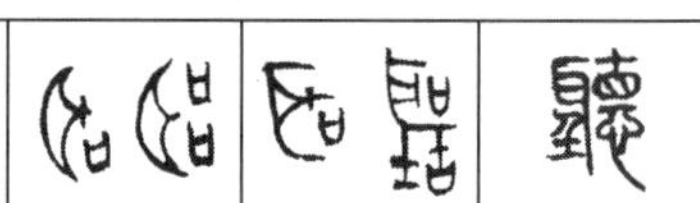		
들을 청	甲骨文	金文	小篆

갑골문을 보면 귀 한 개에 입 하나, 또는 귀 한 개에 입 둘로 이루어져 있다. '귀기울여 여러 사람의 말을 듣다'라는 뜻을 가진다. '듣다'라는 뜻으로 널리 쓰인다.

彘			
돼지 체	甲骨文	金文	小篆

갑골문 자형은 한 마리의 멧돼지가 화살에 맞은 모습이다. 본래의 뜻은 '멧돼지'이다.

焦			
그을릴 초	甲骨文	金文	小篆

갑골문 자형은 활활 타는 불이 한 마리의 새를 태우고 있는 모양이다.

初			
처음 초	甲骨文	金文	小篆

왼편의 '衤'(의)는 '저고리'의 모양, 오른편은 '칼'을 나타낸다. 옷감에 칼을 대는 것이 마름질의 출발이다. 따라서 '시작', '처음'이라는 뜻으로 널리 쓰이게 되었다.

蜀			
나라이름 촉	甲骨文	金文	小篆

갑골문의 자형은 애벌레의 큰 눈과 꼬부라진 몸을 본뜬 글자이다. 본래의 뜻은 '나비 애벌레'이다. 지금은 주로 나라이름과 지명으로 쓰인다.

寸		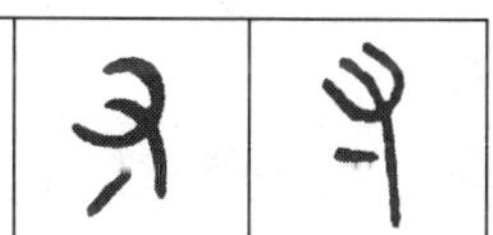	
마디 촌	甲骨文	金文	小篆

위에 손가락과 손목이 있고 엄지손가락 아래에 짧은 획이 그어져 있는 모습이다. 짧은 획은 손목에서 맥박을 느낄 수 있는 부위를 가리킨다고 보기도 한다. 손바닥 끝에서 약 3㎝ 떨어져 있는 곳으로 이것이 한 마디〔一寸〕의 길이이다.

追	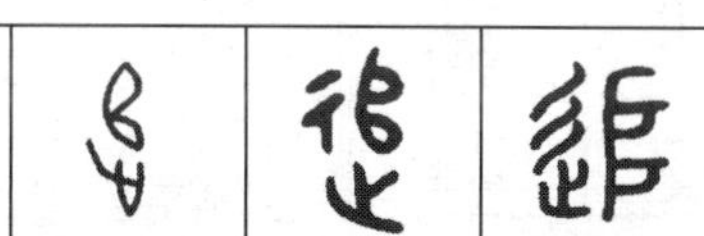		
쫓을 추	甲骨文	金文	小篆

갑골문 자형은 弓(궁)과 止(지)로 이루어져 있다. 활을 가지고 적군을 추격하는 것을 나타낸 것이다.

帚			
비 추	甲骨文	金文	小篆

갑골문 자형은 거꾸로 세워놓은 빗자루의 모습을 본뜬 글자이다.

芻			
꼴 추	甲骨文	金文	小篆

갑골문 자형은 한 손으로 풀을 뽑고 있는 모습이다. 본래의 뜻은 '풀을 베다'이다.

祝	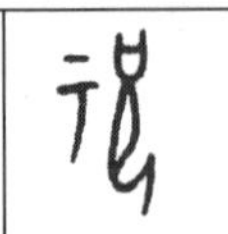	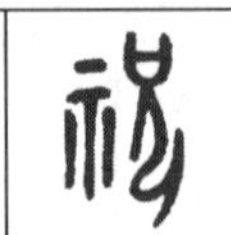	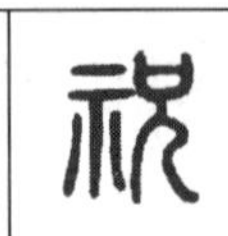
빌 축	甲骨文	金文	小篆

자형은 한 사람이 제탁(祭卓) 앞에 꿇어앉아서 하늘을 향해 입을 크게 벌리고 신에게 복을 비는 모습이다. 본래의 뜻은 '제사지낼 때 신에게 기원하는 사람'이다.

逐	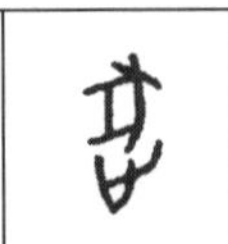	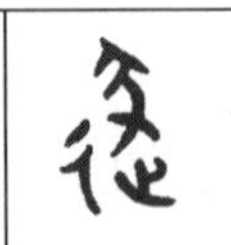	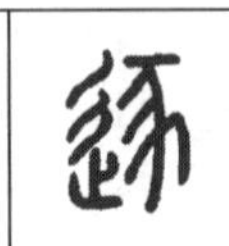
쫓을 축	甲骨文	金文	小篆

갑골문 자형은 윗부분이 돼지〔豕〕이고, 아랫부분이 발〔止〕인데 사람이 돼지를 쫒아가는 것을 나타낸다.

春	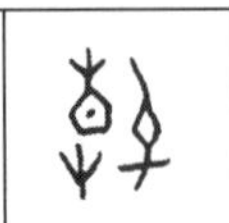	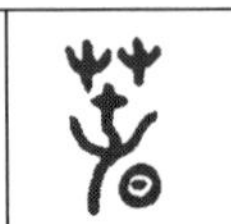	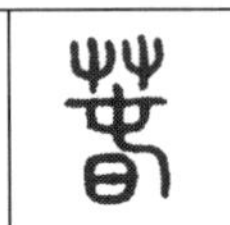
봄 춘	甲骨文	金文	小篆

갑골문 자형은 林(림), 艸(초), 日(일), 屯(어려울 준)의 네 글자가 둘 혹은 셋이 모이기도 하고, 혹은 넷이 모이기도 하는 여러 형태가 있다. 屯은 새싹이 땅거죽을 뚫고 나오는 모양을 본뜬 것이다. 태양이 빛을 비추면 초목의 싹이 트고, 화초가 우거지는 봄날을 뜻한다.

出	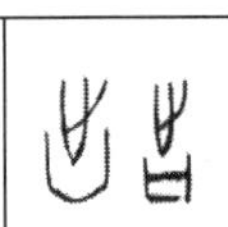	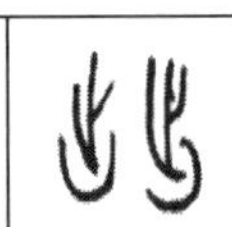	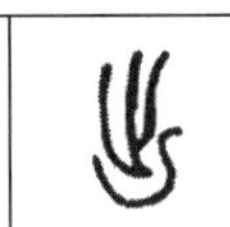
날 출	甲骨文	金文	小篆

갑골문을 보면 다리가 구덩이에서 밖으로 나오는 모습이다. 사람이 집에서 밖으로 달려 나오는 뜻으로 본뜻은 '밖으로 나오다'인데 '出發'(출발), '生産'(생산)의 뜻으로 쓰인다.

蟲	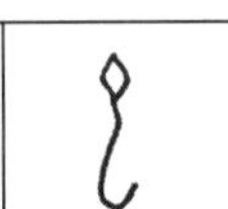	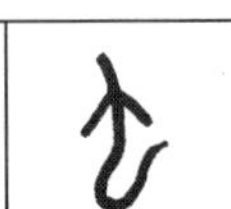	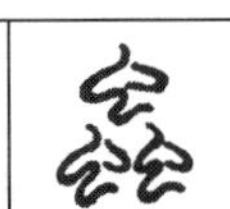
벌레 충	甲骨文	金文	小篆

한 마리 벌레의 모습을 본뜬 글자이다. '벌레'란 뜻을 나타낸다.

取		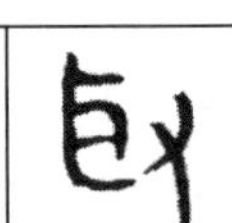	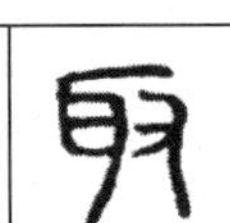
취할 취	甲骨文	金文	小篆

왼편은 '귀'의 모양, 오른편은 귀를 잡아당기는 손의 모습이다. 전쟁터에서 전공(戰功)을 증명하기 위해 죽인 시체의 귀를 자르는 모습으로, 지금은 '취하다'라는 뜻으로 쓰인다.

吹			
불 취	甲骨文	金文	小篆

자형은 口(구)와 欠(흠)으로 이루어져 있다. 입을 모아 급히 바람을 부는 모습을 나타낸다.

臭			
냄새 취	甲骨文	金文	小篆

갑골문 자형은 自(자)와 犬(견)으로 이루어졌다. 본래의 뜻은 '코로 냄새를 맡다'이다. 개의 코가 가장 예민하기 때문에 코〔自〕와 개로써 그 뜻을 표시했다.

齒			
이 치	甲骨文	金文	小篆

갑골문의 자형은 사람의 입 안에 이빨이 여러 개 나 있는 모습이다. '이'라는 뜻을 나타내며, 사람이나 짐승의 '나이'를 비유하는 데 쓰이기도 한다.

七			
일곱 칠	甲骨文	金文	小篆

갑골문의 가로선은 잘리는 물건을, 세로선은 자르는 칼을 뜻한다. 七(칠)은 切(끊을 절)의 본래자이다. '일곱'이란 뜻이다.

沈			
가라앉을 침	甲骨文	金文	小篆

갑골문의 자형은 한 마리의 소가 강 가운데에 빠져 있는 모양이다. 沈(침)은 소를 황하(黃河)에 던져 황하의 신을 모시던 상대(商代)의 제사 이름이다. 소가 강 속으로 던져지면 결국 가라앉기 마련이므로 '가라앉다'라는 뜻이 나왔다.

稱			
일컬을 칭	甲骨文	金文	小篆

갑골문의 자형은 한 손을 물고기를 잡고 그 무게를 저울에 달아보는 모습이다. 본래의 뜻은 '무게를 달다'이다. '부르다', '칭찬하다' 등의 뜻으로 쓰인다.

妥	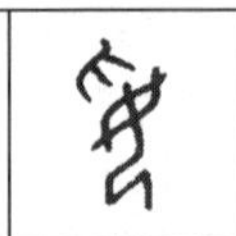	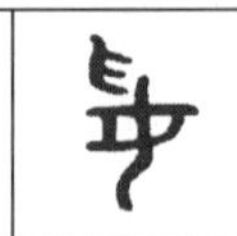	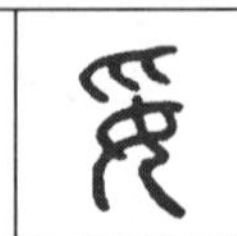
온당할 타	甲骨文	金文	小篆

자형은 爪(조)와 女(여)로 이루어져 있다. 하나의 큰 손이 무릎을 꿇고 있는 여자를 내리누르는 것으로 강제로 굴복시켰음을 뜻한다. 본래의 뜻은 '안정'이다.

彈	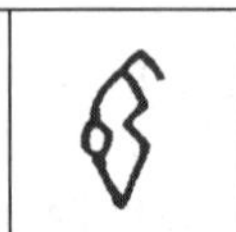		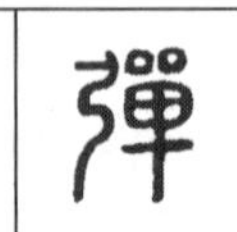
탄알 탄	甲骨文	金文	小篆

갑골문 자형은 활과 활의 줄에 금속의 탄환이 놓여 있는 모습이다. 본래의 뜻은 '탄알을 쏘는 활'이다. 그리고 '탄알'을 가리킨다.

泰		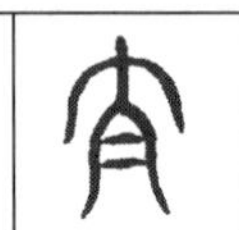	
클 태	甲骨文	金文	小篆

소전 자형은 大(대), 廾(공), 水(수)로 이루어져 있다. 사람이 두 손을 물에 씻고 있는 모습이다. 본래의 뜻은 '씻다'이다.

兎			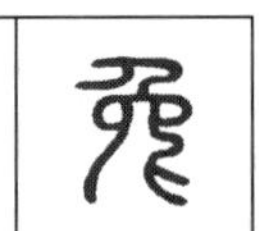
토끼 토	甲骨文	金文	小篆

갑골문과 금문을 보면 기다란 귀와 유연한 몸뚱이, 짧은 다리 및 꼬리 등 토끼의 모습을 본뜬 글자임을 알 수 있다. '토끼'라는 뜻이다.

土	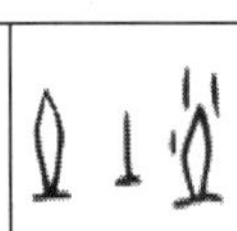	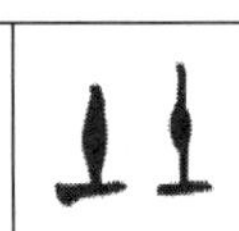	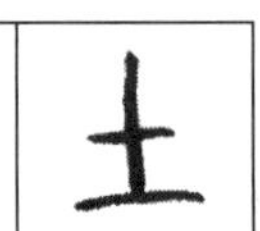
흙 토	甲骨文	金文	小篆

갑골문을 보면 봉긋한 흙무더기의 모습으로 나와 있다. 본래 '흙무더기'의 뜻으로 사용되었는데, 지금은 '흙'이라는 뜻으로 쓰인다.

鬪			
싸움 투	甲骨文	金文	小篆

머리에 깃털을 꽂은 두 사람이 서로 치면서 싸우고 있는 모습이다. 본래의 뜻은 '싸우다', '다투다'이다.

貝		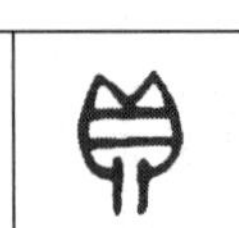	
조개 패	甲骨文	金文	小篆

조가비를 쫙 벌리고 있는 조개의 모습을 본뜬 글자이다. '조개'란 뜻이다.

敗			
패할 패	甲骨文	金文	小篆

갑골문의 자형은 한 손으로 막대기를 잡고 솥을 때리고 있는 모습이다. 본래의 뜻은 '부수다'이다. '패하다', '실패하다', '썩다' 등의 뜻으로 쓰인다.

閉			
닫을 폐	甲骨文	金文	小篆

금문의 자형은 두 짝 문의 중간에 빗장을 꽂아 놓은 모습이다. '닫다'란 뜻이다.

包			
쌀 포	甲骨文	金文	小篆

갑골문 자형은 사람의 뱃속에 아기가 있는 모습이다. 包는 胞(태보 포)의 본자이다. '싸다', '포함하다'의 뜻으로 쓰인다.

暴			
사나울 폭	甲骨文	金文	小篆

소전의 자형은 日(일), 出(출), 廾(공), 米(미)를 합한 글자이다. 오랫동안 구름 속에 숨어 있던 해가 나오니 두 손으로 곳간에서 곡식을 꺼낸다는 데서 '햇볕에 쬐다'가 본뜻이다. '갑자기', '사납다'의 뜻으로 쓰인다.

表			
겉 표	甲骨文	金文	小篆

소전의 자형은 밖은 衣(의)이고 안은 毛(모)로 이루어진 글자이다. 본래의 뜻은 '밖에 입는 웃옷'이다. '겉', '표면' 등의 뜻으로 쓰인다.

豐			
풍성할 풍	甲骨文	金文	小篆

고대 제수품을 담아놓는 그릇에 제수(祭需)가 가득한 모양을 본뜬 글자이다. '풍성하다', '풍년'의 뜻으로 쓰인다.

皮			
가죽 피	甲骨文	金文	小篆

금문 자형은 짐승의 가죽을 손으로 벗기고 있는 모습이다. 짐승 가죽을 대어 만든 방패를 손에 들고 있는 모습이라 보기도 한다. 본래의 뜻은 '짐승 가죽을 벗기다'이다.

畢			
마칠 필	甲骨文	金文	小篆

갑골문 자형은 사냥할 때 쓰이는 긴 자루가 달린 그물의 모습을 본뜬 글자이다. 본래의 뜻은 '사냥하다'이다. '끝내다', '다하다' 등의 뜻으로 쓰인다.

夏			
여름 하	甲骨文	金文	小篆

자형에 대한 유래가 정확하지 못하다. 한 손에 도끼를 든 장대한 무사를 본뜬 모습, 매미를 본뜬 모습, 맨 머리와 두 팔과 발바닥을 다 드러내고 앉은 사람을 본뜬 모습, 기우제에서 춤추는 무당의 모습 등 다양하다. 본래의 뜻은 '중국사람' 곧 중원 지방에 살던 고대 부족의 이름이다. '여름'이란 뜻이다.

下			
아래 하	甲骨文	金文	小篆

자형은 두 개의 가로선으로 되어 있다. 윗부분에 있는 것은 지평선이고, 아랫부분에 있는 것은 지사(指事) 부호이다. 지평선 아래에 있다는 뜻이다. '아래', '내려가다', '낮다' 등의 뜻으로 쓰인다.

何			
어찌 하	甲骨文	金文	小篆

한 사람이 두 손으로 괭이 자루를 잡고 어깨에 메고 앞으로 걸어가고 있는 모습이다. 오늘날에는 '무슨', '어떤' 뜻으로 쓰인다.

學			
배울 학	甲骨文	金文	小篆

갑골문의 윗부분은 새끼줄과 그것을 묶는 두 손이고 아랫부분은 지붕의 모습이다. 금문에 이르면 아랫부분에 아이〔子〕가 첨가된다. 옛날에는 억새 등으로 지붕을 덮고 바람에 날아가지 않도록 묶는 것이 집안의 중요한 일이었는데, 이런 일은 자식의 입장에서는 꼭 배워야할 일이었다. 이 글자는 이러한 의미를 담은 것으로 '배우다'라는 뜻을 가진다.

寒			
찰 한	甲骨文	金文	小篆

금문의 자형은 지붕〔宀〕, 짚북데기〔茻〕, 짚북데기 사이에 몸을 웅크린 사람〔人〕, 얼음〔冫〕이 모여서 이루어진 글자이다. 집 주변에 짚북데기를 펼쳐 추위를 막아보려고 하여 날씨가 매우 춥다는 것을 나타내었다. '차다'의 뜻으로 쓰인다.

閑			
막을 한	甲骨文	金文	小篆

자형은 門(문)과 木(목)으로 이루어진 글자이다. 문 가운데 나무가 있는 것으로 '문지방', '문턱'을 나타낸다. 뒤에 '한가하다'는 뜻을 나타내어 閒(한)과 통용되었다.

陷			
빠질 함	甲骨文	金文	小篆

갑골문 자형은 한 사람이 함정에 빠져있는 것을 나타냈다. 금문에서는 함정 위에 입구를 더하고 함정 바닥에 뾰족한 말뚝을 박아 놓았다. 본래의 뜻은 '함정', '함정에 빠지다'이다.

函			
함 함	甲骨文	金文	小篆

갑골문과 금문 자형은 장방형 또는 타원형의 주머니 모습인데, 한쪽에는 허리에다 매다는 작은 고리가 달려있다. 본래의 뜻은 '화살을 넣는 주머니'이다.

解			
풀 해	甲骨文	金文	小篆

갑골문의 윗부분은 뿔과 그것을 움켜진 두 손, 아랫부분은 소의 머리 모양이다. 나중에 뿔을 뽑던 왼손은 생략되고 오른손 대신 칼(刀)이 들어갔다. '뽑다'가 본뜻이며 나중에 '풀다' '해결하다' 등의 뜻으로 사용되었다.

行			
갈 행	甲骨文	金文	小篆

갑골문 자형은 완전한 십자로의 모양을 본뜬 글자이다. 본래의 뜻은 '길'이다. '가다', '행하다', '행실' 등의 뜻으로 쓰인다.

鄕	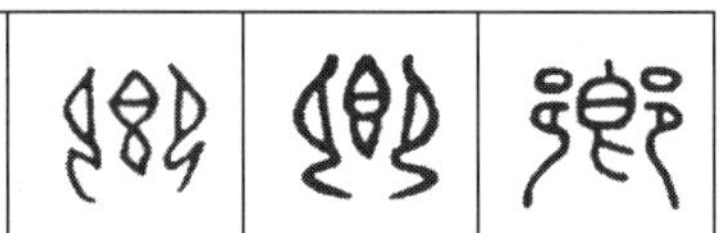		
시골 향	甲骨文	金文	小篆

두 사람이 서로 마주 보고 앉아 있고, 가운데에 음식물이 놓여 있는 모습이다. 본래 '술과 음식을 차려 사람을 초대하다' 뜻이다.

香			
향기 향	甲骨文	金文	小篆

자형은 黍(서)와 口(구)로 이루어져 있다. 이 곡식은 달콤한 향내가 나서 먹기에 좋다는 데서 '향기', '향내'의 뜻으로 쓰인다.

向			
향할 향	甲骨文	金文	小篆

자형은 宀(면)과 口(구)로 이루어진 글자로 북쪽으로 난 창문을 뜻하였다. 지금은 '방향', '향하다'의 뜻으로 쓰인다.

革			
가죽 혁	甲骨文	金文	小篆

금문의 자형은 털을 뽑은 다음 햇볕에 말려 잘 다듬어진 가죽의 모습으로 두 뿔, 대가리, 몸체, 꼬리가 다 붙어있다. 본래의 뜻은 '짐승의 가죽'이다. 몸통을 제거하고 남은 껍질은 본모양이 아니라는 데서 '바꾸다', '고치다'라는 뜻도 생겨났다.

縣			
매달 현	甲骨文	金文	小篆

금문 자형은 사람의 머리 하나를 새끼줄로 묶어 나무에 매달아 놓은 모습이다. 縣은 懸(매달 현)의 본자이다.

頁			
머리 혈	甲骨文	金文	小篆

갑골문의 자형은 사람의 모습으로 커다란 머리와 큰 눈을 강조하고 있다. 본래의 뜻은 '머리'이다.

穴			
구멍 혈	甲骨文	金文	小篆

자형은 고대 사람들이 살던 굴과 굴을 떠받치고 있는 지주목(支柱木)을 본뜬 모습이다. '구멍'이란 뜻이다.

血			
피 혈	甲骨文	金文	小篆

갑골문의 자형은 그릇 안에 둥근 점이 있는 모습으로, 제사 때 바쳤던 희생물의 피를 표시한다. '피'란 뜻이다.

夾			
낄 협	甲骨文	金文	小篆

갑골문 자형은 두 사람이 보다 큰 한 사람을 양쪽 겨드랑이 아래에서 부축하고 있는 모습이다. 본래의 뜻은 '부축하다'이다. 뒤에 와서 '양 겨드랑이 사이에 끼다'라는 뜻으로 쓰이고 있다.

兄			
맏 형	甲骨文	金文	小篆

갑골문을 보면, 어떤 사람이 제단 앞에서 무릎을 꿇고 하늘을 향해 기도를 드리는 모습임을 알 수 있다. 제를 올리는 일은 '어른'이 했다고 한다. 차츰 '형'이라는 뜻으로 사용되었다.

虎	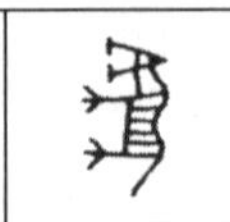	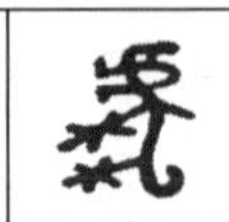	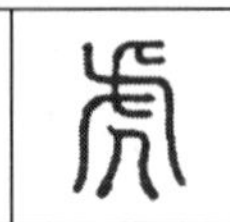
범 호	甲骨文	金文	小篆

머리는 위로, 꼬리는 아래로 향하고 있는 한 마리의 야수의 모습을 본뜬 글자이다. 갑골문의 자형은 큰 입을 벌리고, 날카로운 이빨과 발톱이 있으며, 몸에 줄무늬가 있어 호랑이임을 분명하게 나타낸다. '호랑이'란 뜻이다.

戶	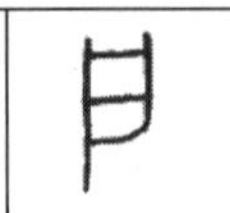	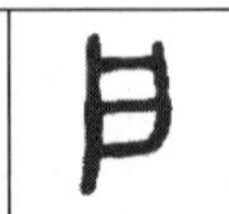	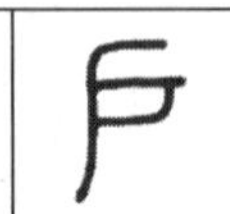
외짝문 호	甲骨文	金文	小篆

한 짝 문(지게문)의 모습을 본뜬 글자이다. '문'이란 뜻이다.

好	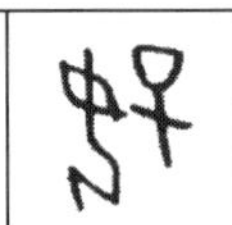	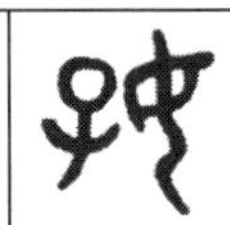	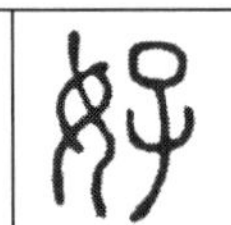
좋아할 호	甲骨文	金文	小篆

한 부인이 아이를 안고 있는 모습이다. 아기가 태어나면 누구나 좋아하고 즐거워하므로 본래 '좋아하다'의 뜻으로 쓰인다.

虹	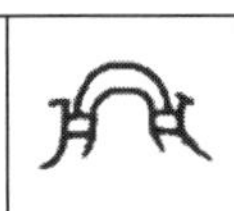	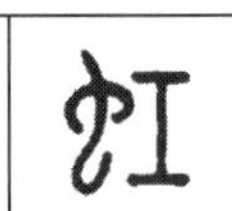	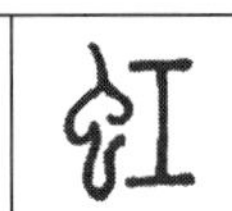
무지개 홍	甲骨文	金文	小篆

갑골문의 자형은 무지개의 모양을 본뜬 글자이다. 고대인들은 무지개가 어떻게 생기는지 알지 못했다. 그래서 머리가 두 개 달린 거대하고 신이한 동물이 땅으로 내려와 물을 마시는 것이라고 보았다. 고대부터 내려온 용(龍) 문화의 반영이다.

和			
화할 화	甲骨文	金文	小篆

자형은 龠(약)과 禾(화)로 이루어져 있다. 생황과 비슷한 고대의 악기로 그 소리가 매우 온화하였다고 한다. 和의 고자(古字)는 龢(풍류 조화될 화)이다. '온화하다', '조화롭다' 등의 뜻으로 쓰인다.

畫	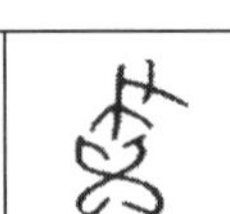		
그림 화	甲骨文	金文	小篆

갑골문 자형의 윗부분은 손으로 붓을 쥔 모습이고, 아랫부분은 붓으로 그린 여러 무늬와 선의 모습이다. 본래의 뜻은 '그리다'이다.

華			
꽃 화	甲骨文	金文	小篆

금문의 자형은 꽃잎과 꽃받침과 줄기를 그린 한 송이 꽃의 모습이다. 華는 花(꽃 화)의 본자이다. '꽃', '빛나다'의 뜻으로 쓰인다.

化			
될 화	甲骨文	金文	小篆

두 사람이 있는데, 하나는 바로 서고 하나는 거꾸로 선 모습이다. 본래의 뜻은 '모양이 바뀌다', '변화하다'이다.

火			
불 화	甲骨文	金文	小篆

타오르는 불꽃의 모양으로 '불'이라는 뜻이다.

禾			
벼 화	甲骨文	金文	小篆

맨 위의 왼쪽으로 기울어진 획은 익어서 고개 숙인 이삭, 가운데의 세로획은 줄기, 가운데의 가로획은 좌우로 뻗은 잎, 가운데에서 좌우로 기울어진 획은 뿌리를 나타낸다.

回			
돌 회	甲骨文	金文	小篆

물이 소용돌이치는 모습이다. 본래의 뜻은 '빙빙돌다'이다. '돌다', '돌아오다'의 뜻으로 쓰인다.

獲			
얻을 획	甲骨文	金文	小篆

갑골문의 자형은 한 손으로 새를 잡고 있는 모습이다. 본래의 뜻은 '잡다', '얻다'이다.

孝			
효도할 효	甲骨文	金文	小篆

자식〔子〕이 지팡이를 대신하여 부모님을 업고 있는 모습이다. '효도'라는 뜻으로 쓰인다.

熏			
연기 낄 훈	甲骨文	金文	小篆

금문 자형은 화로가 들어있는 대바구니의 모습을 본뜬 것이다. 바구니 안의 점은 연기와 불꽃이 있음을 보이는 것이다.

休			
쉴 휴	甲骨文	金文	小篆

'人'(인)과 '木'(목)으로 이루어졌다. 한 사람이 큰 나무에 기대어 쉰다는 뜻이다. 본뜻은 '쉬다'인데 '아름답다'는 뜻으로도 쓰인다.

黑			
검을 흑	甲骨文	金文	小篆

금문의 자형은 묵형(墨刑)을 당한 죄수의 모습을 본뜬 글자이다. 묵형을 할 때 얼굴과 몸의 이곳저곳에 먹물이 배이게 된다. 이때 사용하는 먹에서 비롯하여 '검다'라는 뜻이 생겼다.

欠			
하품 흠	甲骨文	金文	小篆

갑골문 자형은 한 사람이 꿇어 앉아 입을 크게 벌리고 하품을 하는 모습이다. 본래의 뜻은 '하품을 하다'이다.

喜			
기쁠 희	甲骨文	金文	小篆

자형은 북〔壴〕과 입〔口〕으로 이루어져 있다. 북을 치면서 입을 크게 벌리고 기뻐하며 웃는다는 뜻을 나타낸다. 본뜻은 '즐거워하다', '기뻐하다'이다.

한자한문교육총서 29

한자 자원 교육론

2009년 5월 15일 초판 발행
2009년 5월 11일 초판 인쇄

저　자　한은수
발행인　이계황
발행처　(사)전통문화연구회
서울시 종로구 낙원동 284-6 낙원빌딩 411호
전화 : (02)762-8401　전송 : (02)747-0083
전자우편 : juntong@juntong.or.kr
사이버書堂 : cyberseodang.or.kr
등　록　1989. 7. 3.　제1-936호

인쇄처 : 한국법령정보주식회사(02-462-3860)

ISBN　978-89-91720-24-4　94370
89-85395-54-8(세트)

정가 16,000원